Max Gallo

Max Gallo est né à Nice en 1932. Agrégé d'histoire, docteur ès lettres, il a longtemps enseigné, avant d'entrer dans le journalisme – éditorialiste à *L'Express*, directeur de la rédaction du *Matin de Paris* – et d'occuper d'éminentes fonctions politiques : député de Nice, parlementaire européen, secrétaire d'État et porte-parole du gouvernement (1983-1984). Il a toujours mené de front une œuvre d'historien, d'essayiste et de romancier.

Ses œuvres de fiction s'attachent à restituer les grands moments de l'Histoire et l'esprit d'une époque. Elles lui ont valu d'être un romancier consacré. Parallèlement, il est l'auteur de biographies de grands personnages historiques, abondamment documentées (*Napoléon* en 1997, *De Gaulle* en 1998), écrites dans un style extrêmement vivant qui donne au lecteur la place d'un spectateur de premier rang.

Depuis plusieurs années Max Gallo se consacre à l'écriture.

VICTOR HUGO

DU MÊME AUTEUR
CHEZ POCKET

NAPOLÉON

1. LE CHANT DU DÉPART
2. LE SOLEIL D'AUSTERLITZ
3. L'EMPEREUR DES ROIS
4. L'IMMORTEL DE SAINTE-HÉLÈNE

LA BAIE DES ANGES

1. LA BAIE DES ANGES
2. LE PALAIS DES FÊTES
3. LA PROMENADE DES ANGLAIS

DE GAULLE

1. L'APPEL DU DESTIN (1890-1940)
2. LA SOLITUDE DU COMBATTANT (1940-1946)
3. LE PREMIER DES FRANÇAIS (1946-1962)
4. LA STATUE DU COMMANDEUR (1962-1970)

BLEU, BLANC, ROUGE

1. MARIELLA
2. MATHILDE
3. SARAH

MAX GALLO

VICTOR HUGO

Tome I

Je suis une force qui va !...

XO
EDITIONS

ISBN 2-266-12608-3

Oh ! par pitié pour toi, fuis ! — Tu me crois peut-être
Un homme comme sont tous les autres, un être
Intelligent, qui court droit au but qu'il rêva.
Détrompe-toi. Je suis une force qui va !
Agent aveugle et sourd de mystères funèbres !
Une âme de malheur faite avec des ténèbres !
Où vais-je ? je ne sais. Mais je me sens poussé
D'un souffle impétueux, d'un destin insensé.

VICTOR HUGO, *HERNANI*

Prologue

Oh ! cette double mer du temps et de l'espace
Où le navire humain toujours passe et repasse...

Cet homme vêtu de noir qui écrit debout, près d'une fenêtre ouverte, c'est Victor Hugo, un jour du mois de mai 1830.

Il a eu vingt-huit ans le 26 février.

Ses cheveux mi-longs, châtain clair, sont rejetés en arrière. Le front ainsi dégagé est vaste, bombé. Le visage aux traits réguliers est empâté et le col blanc de la chemise autour duquel est nouée une large cravate serre un cou gras qu'un début de double menton masque en partie. Tout le corps d'ailleurs paraît lourd. Le gilet, échancré, aux vastes revers, forme de nombreux plis autour de la taille.

Victor Hugo, enveloppé dans ces vêtements amples, donne l'impression d'un homme installé, d'un notable engoncé dans sa réussite, sa chaîne d'or s'échappant du gilet.

Et cependant le visage, un peu enflé, conserve quelque chose d'enfantin. Le regard n'exprime aucune arrogance, plutôt de la lassitude, presque de la tristesse. La peau est blafarde.

Tout dans cette silhouette, ce costume, suggère la gravité, la solennité, l'acceptation ennuyée plus que satisfaite de la renommée.

Il est le poète comblé des *Odes et Ballades*, des *Orientales*, l'auteur de *Cromwell*, une première œuvre conçue pour la scène — mais les personnages et les rebondissements sont si nombreux qu'elle n'a pu être jouée. Cependant, elle a été lue, discutée, louée. Sa préface a fait figure de manifeste. On a attendu avec impatience les pièces suivantes de l'auteur. L'année précédente, il a écrit *Marion de Lorme*, acceptée le 14 juillet 1829 par le Théâtre-Français, et interdite par la censure. Que d'égards cependant pour Victor Hugo ! Le roi Charles X a longuement reçu celui qu'il avait invité à son sacre, à Reims, en 1825. Il n'est pas loin de penser ce que Hugo écrit dans la préface de *Marion de Lorme* : rien n'interdit de voir apparaître « un poète qui serait à Shakespeare ce que Napoléon est à Charlemagne » ! Hugo, bien sûr !

Il s'est donc remis au travail. Et il y a trois mois, la veille même de son vingt-huitième anniversaire, le 25 février, son nouveau drame, *Hernani*, a été joué au Théâtre-Français, faisant de l'auteur le prince de la jeunesse romantique. Elle s'est battue pour *Hernani*, guidée par Théophile Gautier, Alexandre Dumas.

Le lendemain de la représentation, Hugo a même reçu une lettre de Chateaubriand :

« J'ai vu, Monsieur, écrit l'auteur le plus célèbre du temps, la première représentation de *Hernani*. Vous connaissez mon admiration pour vous. Ma vanité s'attache à votre lyre, vous savez pourquoi. Je m'en vais, Monsieur, et vous venez. Je me recommande au souvenir de votre muse. Une pieuse gloire doit prier pour les morts. »

Qu'espérer de plus quand on a noté, à quatorze ans, dans son journal, à la date du 10 juillet 1816 : « Je veux être Chateaubriand ou rien » ?

On a vingt-huit ans et « on est ».

Poète, auteur célèbre, chevalier de la Légion d'honneur, gratifié de pensions par le roi et le gouvernement, romancier lu par des milliers de lecteurs, pour *Le Dernier Jour d'un condamné*. Et qui pense à écrire un grand roman, *Notre-Dame de Paris*, que l'éditeur Gosselin attend avec impatience, après avoir offert des sommes importantes à l'auteur.

On comprend sa pose hiératique, son air de majesté lasse, et on s'attend à des gestes lents, à de la componction.

Or, c'est d'un mouvement vif que Victor Hugo trempe sa plume d'oie dans l'encrier. Puis il écrit vite, comme si les mots lui étaient dictés, et il couvre le côté droit de la feuille d'une écriture penchée, régulière, rapide, faisant crisser la plume sur le papier, ne s'arrêtant que rarement. Comme si, entre cette manière d'écrire et son corps, entre ses yeux au regard incertain et cette gloire installée, il y avait divorce.

Comme si, sous la plénitude apparente, se cachait un gouffre, une interrogation lancinante.

Où vais-je ? je ne sais. Mais je me sens poussé
D'un souffle impétueux, d'un destin insensé *[1].

Comme si Victor Hugo voulait mettre en garde celui qui estime qu'il est déjà une lourde statue, vieillie avant le temps, ensevelie sous les succès, la notoriété, l'argent aussi, comme s'il voulait convaincre qu'il n'est pas un homme que la gloire rassure…

Oh ! par pitié pour toi, fuis ! — Tu me crois peut-être
Un homme comme sont tous les autres, un être
Intelligent, qui court droit au but qu'il rêva.
Détrompe-toi. Je suis une force qui va !
Agent aveugle et sourd de mystères funèbres !
Une âme de malheur faite avec des ténèbres[2] *!*

Il lève les yeux.

Il regarde par la fenêtre ce paysage où le mois de mai fait surgir l'alignement vert pâle des cultures maraîchères.

Ici et là, quelques rares maisons isolées.

Hugo n'est pas encore habitué à ce quartier des Champs-Élysées où il ne s'est installé, avec sa

* Les notes bibliographiques ont été réunies en fin de volume *(N.d.É.)*.

femme Adèle et leurs trois enfants, Léopoldine, Charles et François-Victor, que depuis quelques jours. L'hôtel particulier du 9, rue Jean-Goujon, dont il n'occupe que le deuxième étage, est entouré de terrains vagues. La rue François-Ier, toute proche, monte en pente douce vers l'Arc de triomphe, au milieu des champs cultivés.

Il regrette la maison qu'il occupait 11, rue Notre-Dame-des-Champs. Elle était au cœur de la ville, mais un jardin permettait à sa fille de six ans, aux fils de quatre et deux ans, de jouer librement. Et il suffisait de pousser une porte pour accéder au jardin du Luxembourg.

Les amis, Théophile Gautier, Alexandre Dumas, Charles Nodier, Alfred de Vigny et surtout Sainte-Beuve — ce poète et critique qui venait deux fois par jour en voisin —, se réunissaient au salon. Ils lisaient leurs œuvres. On acclamait l'auteur. On célébrait le triomphe d'*Hernani*.

Un temps, vu de ce nouveau domicile situé à la périphérie de la ville, en ce mois de mai où Charles X, qui sent que le pays lui échappe, vient de dissoudre la Chambre des députés, qui semble déjà si loin !

Hugo écrit :

Maintenant, jeune encore et souvent éprouvé,
J'ai plus d'un souvenir profondément gravé,
Et l'on peut distinguer bien des choses passées
Dans ces plis de mon front que creusent mes
[pensées[3].

En fait, s'il y a encore peu de rides sur ce large front, l'impression que donne ce visage lisse et rond est celle d'une nostalgie. La bouche si bien dessinée exprime une moue boudeuse. Le regard est voilé, fixe, comme si les yeux ne s'attardaient pas sur les détails de cette campagne, mais cherchaient un point où le passé et l'avenir pourraient se rejoindre.

Oh ! cette double mer du temps et de l'espace
Où le navire humain toujours passe et repasse[4]...

Mais en ce printemps 1830, peut-être parce qu'il a le sentiment d'avoir atteint ce qu'il désirait si fort, il y a dix ans...

J'avais donc dix-huit ans ! j'étais donc plein de [songes !
L'espérance en chantant me berçait de mensonges[5]

... et qu'il peut dire : *À présent, j'ai senti, j'ai vu, je sais*[6]*...*, c'est le passé qui le retient.

Il se souvient de sa mère, Sophie Trébuchet, morte en juin 1821 — il avait à peine dix-neuf ans ; de l'un de ses deux frères, Eugène, son aîné de deux ans, interné depuis ce jour d'octobre 1822 où, lors de son mariage avec Adèle, le malheureux avait été saisi de folie ; de Léopold, son premier fils qui, à peine né, avait dû être porté en terre, en octobre 1823 ; et enfin de son père, le général Léopold Hugo, mort en janvier 1828, il y a un peu plus de deux ans.

Comment ces souvenirs ne voileraient-ils pas son regard ? Comment ne pas se répéter sans complaisance, mais comme une obsession qui vient ternir l'éclat de la gloire :

Rien ne reste de nous ; notre œuvre est un
[problème.
L'homme, fantôme errant, passe sans laisser même
[Son ombre sur le mur[7] *!*

Et cependant, il doit continuer d'écrire parce qu'il faut faire « une œuvre qui est aussi une besogne », puisque c'est elle seule qui apporte les revenus permettant de vivre, de louer — cher ! — au comte de Mortemart de Boisse le deuxième étage de l'hôtel particulier de la rue Jean-Goujon. Heureusement, *Hernani* a du succès et les droits d'auteur permettent de subvenir aux besoins et même de placer cinq mille francs à cinq pour cent.

C'est aussi cela, cette gestion bourgeoise d'une vie, qu'on devine quand on voit cet homme jeune qui a grossi, qui s'habille comme un notable, qui veille sur « une populace de marmots », trois enfants et bientôt un quatrième, puisque Adèle approche du terme de sa grossesse. Elle a déjà dit qu'elle ne veut plus d'enfants, cinq en huit ans, c'est trop ! Elle fait donc, et fera, chambre à part.

Comment ne pas regretter les temps d'autrefois ?

Que vous ai-je donc fait, ô mes jeunes années,
Pour m'avoir fui si vite et vous être éloignées,
Me croyant satisfait ?

Hélas ! pour revenir m'apparaître si belles,
Quand vous ne pouvez plus me prendre sur vos
[ailes,
Que vous ai-je donc fait[8] *?*

Et, pire que le souvenir, il y a cette intuition que l'amour a disparu.

Non seulement Adèle est lasse des étreintes qui conduisent à des maternités successives, mais elle se détourne pour regarder un courtisan empressé, ce Sainte-Beuve dont Alfred de Vigny dit qu'il est « un petit homme assez laid ». Et c'est vrai qu'il a une « figure commune », le nez trop long, le menton effacé, une bouche aux lèvres serrées par l'amertume. On ne lui connaît pas de liaisons. Il vit, à vingt-six ans, avec sa mère, peut-être est-il atteint d'une malformation qui le paralyse, ne lui laissant que la possibilité de fréquenter les catins, ou de s'asseoir dans le salon des Hugo, de regarder Adèle.

— Il parle en faisant des grimaces obséquieuses et révérencieuses comme une vieille femme, conclut Vigny.

Mais il a publié des critiques élogieuses d'*Odes et Ballades* et demeure proche des Hugo, jurant de son amitié : « Vous êtes tout pour moi, mon cher ami, écrit-il le 7 mai. Je n'ai compté que depuis que je vous ai connu et quand je m'éloigne de vous, ma flamme s'éteint... »

Et cependant il suffit de quelques jours, en ce mois de mai précisément, pour que les liens se distendent, parce que Hugo a deviné cette attirance réciproque entre Adèle et lui : « Il y a entre l'ami de la maison et le bonheur du ménage, écrit Hugo, le rapport du diviseur au quotient. »

Il ne s'étonne pas que Sainte-Beuve ne veuille pas connaître les deux poèmes qu'il lui a consacrés. Il lit avec un mélange de tristesse et de mépris la lettre que ce dernier lui adresse, le 31 mai, n'avouant pas l'amour qu'il porte à Adèle et que celle-ci — Victor le craint — lui rend.

« Je veux vous écrire, commence Sainte-Beuve, car hier, nous étions si tristes, si froids, nous nous sommes si mal quittés que tout cela m'a fait bien du mal ; j'en ai souffert tout le soir, en revenant, et la nuit. Je me suis dit qu'il m'était impossible de vous voir souvent à ce prix, puisque je ne pouvais vous voir toujours ; qu'avons-nous en effet à nous dire, à nous raconter ? Rien, puisque nous ne pouvons tout mettre en commun comme avant. Je m'aperçois que je ne vous ai pas demandé vos vers à moi ; mais qu'importent vos vers, ceux-là plutôt que d'autres ! C'est tous que je voudrais ; c'est vous, c'est Madame Hugo, à toute heure et sans fin. »

Hugo relit une nouvelle fois cette lettre. La personnalité de Sainte-Beuve est fuyante, et cependant les regards échangés entre Adèle et lui ne trompent pas. Cette duplicité, ou tout au moins cette incapacité d'exprimer la vérité, le trouble.

Rien n'est donc sûr, rien ne dure. Il a l'impression qu'il découvre en lui, chez les autres, autour de lui, un monde souterrain qui l'angoisse :

Car la pensée est sombre ! Une pente insensible
Va du monde réel à la sphère invisible ;
La spirale est profonde, et quand on y descend,
Sans cesse se prolonge et va s'élargissant,
Et pour avoir touché quelque énigme fatale,
De ce voyage obscur souvent on revient pâle[9] *!*

Son visage a cette pâleur qui étonne alors que les lauriers et les louanges s'accumulent comme pour le triomphe d'un jeune empereur des lettres. Elle révèle l'anxiété.

On ne le voit joyeux que « lorsque l'enfant paraît », mais l'angoisse le serre de nouveau. Son premier fils est mort. Il exprime cette hantise :

Seigneur ! préservez-moi, préservez ceux que [j'aime,
[...] De jamais voir, Seigneur ! l'été sans fleurs [vermeilles,
La cage sans oiseaux, la ruche sans abeilles,
La maison sans enfants[10] *!...*

Ils sont là, Léopoldine, l'aînée, si tendre, si belle, Charles, et puis François-Victor. Bientôt un autre enfant va naître...

Hugo les regarde. Il a le sentiment que dans une vie, et la sienne lui paraît déjà si pleine, si lourde de désillusions aussi, le seul joyau, ce sont les premières années :

Naître, et ne pas savoir que l'enfance éphémère,
Ruisseau de lait qui fuit sans une goutte amère,

Est l'âge du bonheur, et le plus beau moment
Que l'homme, ombre qui passe, ait sous le
[firmament[11] *!*

Il observe longuement ses enfants. Il « prend au sérieux toute cette aurore ». Et pense à sa propre enfance. Dans l'incertitude qui est la sienne, elle est l'unique repère. Il écrit :

Et je sais d'où je viens, si j'ignore où je vais[12].

Il se souvient :

Ce siècle avait deux ans ! Rome remplaçait Sparte,
Déjà Napoléon perçait sous Bonaparte,
Et du premier consul, déjà, par maint endroit,
Le front de l'empereur brisait le masque étroit.
Alors dans Besançon, vieille ville espagnole,
Jeté comme la graine au gré de l'air qui vole,
Naquit d'un sang breton et lorrain à la fois
Un enfant sans couleur, sans regard et sans voix ;
Si débile qu'il fut, ainsi qu'une chimère,
Abandonné de tous, excepté de sa mère,
Et que son cou ployé comme un frêle roseau
Fit faire en même temps sa bière et son berceau.
Cet enfant que la vie effaçait de son livre,
Et qui n'avait pas même un lendemain à vivre,
C'est moi[13]*…*

PREMIÈRE PARTIE

1802 - 1808

1802

Enfant, sur un tambour ma crèche fut posée.
Dans un casque pour moi l'eau sainte fut puisée…

Victor Hugo sait.

Il a voulu tout connaître de sa naissance, cette nuit du 26 février, dans une chambre du premier des deux étages d'une maison cossue dont les dix fenêtres donnent sur la Grande Rue de Besançon et la place Saint-Quentin.

Sa mère, Sophie, a trente ans et déjà deux fils, Abel et Eugène, âgés de quatre et deux ans. Quand ils ont entendu le premier cri de l'enfant, ils sont entrés dans la chambre, avec leur père, le chef de bataillon Léopold Hugo, un homme de vingt-neuf ans, robuste, trapu, aux cheveux châtains, au front bas, le visage joufflu et le teint rougeaud.

Ils ont regardé ce nouveau-né, « pas plus long qu'un couteau », si petit, si chétif, que l'accoucheur en le montrant a dit qu'il ne vivrait pas. « Il tenait si peu de place qu'on eût pu en mettre une demi-douzaine comme lui » dans le fauteuil où on l'avait posé, tout emmailloté.

Il était dix heures trente et il neigeait.

On s'est penché sur lui, guettant son souffle, ses vagissements.

... Je vous dirai peut-être quelque jour
Quel lait pur, que de soins, que de vœux, que
[d'amour,
Prodigués pour ma vie en naissant condamnée,
M'ont fait deux fois l'enfant de ma mère obstinée [14],

confiera Victor autour des années 1830, quand il sera attiré par son enfance comme on l'est par une source.

Il imagine, il se souvient :

Ô l'amour d'une mère ! amour que nul n'oublie [15] !

Mais il a appris aussi que sa mère espérait une fille, après deux fils. On l'aurait appelée Victorine puisque le parrain choisi, sollicité par Sophie, était le général Victor Fanneau de Lahorie, l'ami de la famille, celui dont l'allure aristocratique, l'élégance, la culture fascinaient Sophie depuis qu'elle l'avait rencontré en 1798 à Paris, alors qu'elle était mariée depuis moins d'un an à Léopold.

Et elle avait retrouvé ce Lahorie à Nancy. Il était devenu le protecteur de Léopold, homme influent puisqu'il était le chef d'état-major du général Moreau, commandant de l'armée du Rhin.

Il avait obtenu que Léopold soit nommé adjudant de place, à Lunéville. Et là, dans cette ville qu'il gouvernait, Léopold avait été distingué par Joseph Bonaparte, le frère du Premier Consul. Mais Napoléon Bonaparte se méfiait de Moreau et des officiers qui entouraient ce général ambitieux et jaloux, ce républicain hostile à un Napoléon Bonaparte rêvant d'un consulat à vie et sans doute d'une couronne.

Il avait donc fallu quitter sans avancement Lunéville pour la garnison de Besançon. Une longue route, un voyage lent, les Vosges à franchir.

Victor Hugo sait.

La voiture s'est arrêtée au sommet du Donon.

Léopold Hugo et Sophie descendent pendant que les chevaux soufflent après la montée. C'est la fin du mois de juin. La vue depuis ce massif des Vosges s'étend sur la plaine d'Alsace et la trouée de Belfort qui conduit à Besançon.

Léopold Hugo est un homme d'instinct, au visage sanguin, aux manières frustes. Il aime les femmes comme un soldat.

Ses quatre frères se sont engagés comme lui dans les armées de la République. Deux sont morts à Wissembourg, Léopold est l'aîné des deux derniers — Louis et François-Juste —, qui sont toujours sous les armes. Il a conquis ses galons de capitaine en Allemagne, puis dans cette guerre de Vendée où l'on s'égorge.

C'est là, près de Châteaubriant, dans le petit domaine de la Renaudière, qu'il a connu Sophie

Trébuchet, orpheline, Vendéenne mais « bleue » elle aussi. Son grand-père maternel a été procureur du Tribunal révolutionnaire, au service de Carrier le terroriste, qui noya les contre-révolutionnaires dans la Loire. Son oncle, commissaire de la Guerre, est le mari complaisant d'une épouse, maîtresse de Carrier. Et Marie-Joseph Trébuchet, le frère de Sophie, a également servi ce même Carrier.

Une femme décidée, Sophie, séduite par Léopold Hugo, beau gaillard qui se fait appeler Brutus et auquel, en 1797, elle force la main pour qu'il l'épouse.

On vit quelques mois à Paris, à l'Hôtel de Ville, puis à l'hôtel de Toulouse, rue du Cherche-Midi, où siège le premier conseil de guerre permanent de la 17e division militaire, dont le capitaine Hugo est devenu rapporteur.

On se lie d'amitié avec le greffier Pierre Foucher, un homme de l'Ouest qui cache ses opinions monarchistes, son attachement à l'Église. Mais, en 1798, on n'est plus guillotiné pour cela ! Et Hugo — Léopold, car on a remisé le surnom de Brutus — est témoin du mariage de Foucher avec Anne-Victoire Asseline.

— Ayez une fille, a-t-il lancé joyeusement au moment des noces, j'aurai un garçon et nous les marierons ensemble ! Je bois à la santé de leur ménage.

Victor Hugo sait.

Il imagine son père en garnison à Nancy, puis la

naissance des fils, Abel, en 1798, et Eugène, en 1800.

Il devine les tensions qui apparaissent entre sa mère et le soldat Hugo, qui part faire campagne dans l'armée du Rhin et laisse sa femme à Nancy, dans cette maison héritée de son père, Joseph Hugo, maître menuisier, et où vivent encore sa mère, Jeanne-Marguerite, et sa sœur, Marguerite, dite Goton, épouse Martin-Chopine.

Léopold se bat. Il franchit le Rhin et le Danube. Napoléon Bonaparte gouverne, et Sophie est sensible aux belles manières de Victor Fanneau de Lahorie.

Elle écrit à son mari. Elle ne veut plus vivre sous l'autorité sèche des femmes Hugo, 81, rue des Maréchaux à Nancy. Elle veut retourner chez elle, dans l'Ouest.

Léopold s'inquiète, il répond :

« Je n'ai pu fermer l'œil, une fièvre brûlante m'a interdit tout sommeil ; le jour paraît et je me jette tout trempé de sueur à la table où j'ai commencé ma lettre. Cruelle et trop aimée Sophie, voilà l'effet de quelques phrases trop dures… Ne m'abuse donc plus, parle-moi franchement, m'aimes-tu encore ? Ma conversation t'est-elle de quelque intérêt et si je consens à te laisser dans ta famille, m'y conserveras-tu un cœur fidèle, penseras-tu à moi ? Me donneras-tu chaque jour de tes nouvelles ? M'y peindras-tu chaque jour le sentiment véritable de ton cœur ? »

Sophie hésite, mais renonce à rentrer dans sa famille. Elle suit Léopold qui devient gouverneur de Lunéville, et lorsqu'il part comme chef de bataillon pour la 20e demi-brigade, en garnison à Besançon, elle l'accompagne avec ses fils.

Et au sommet du Donon, en ces derniers jours de juin, Léopold, en soldat et en mari qui use de son bien, renverse sa femme sous les sapins vosgiens.

Victor Hugo sait.

Il a lu cette lettre que lui a adressée son père, comblé par ce fils prodige qui tout enfant déjà rimait…

… chantant des vers d'une voix étouffée ;
Et ma mère, en secret observant tous mes pas,
Pleurait et souriait, disant : « C'est une fée
Qui lui parle, et qu'on ne voit pas[16] *! »*

Léopold a raconté que Victor avait été « créé non sur le Pinde, mais sur l'un des pics les plus élevés des Vosges, lors d'un voyage de Lunéville à Besançon, et tu sembles te ressentir de cette origine presque aérienne ».

Mais dans cette nuit du 26 février, Victor n'est d'abord que ce nouveau-né qui semble hésiter à vivre, que sa mère surveille avec inquiétude, et dont le père trouve qu'il « ressemble si peu à un être humain », cependant que ses frères, déjà vigoureux, marmonnent qu'ils attendaient une sœur, Victorine, et qu'ils n'ont que ce paquet de linge qui fait penser, comme ânonne Eugène, à une « bébête ».

Mais Victor Hugo vit.

Et le matin du 27, Léopold le porte à la mairie pour le faire inscrire sur les registres de l'état civil.

« Du huitième du mois de ventôse, l'an Dix de la République.

« Acte de naissance de Victor-Marie Hugo, né le jour d'hier à dix heures et demie du soir, fils de Joseph, Léopold, Sigisbert Hugo, natif de Nancy (Meurthe) et de Sophie, Françoise Trébuchet, native de Nantes (Loire Inf.), profession chef de bataillon de la 20e demi-brigade, demeurant à Besançon, mariés, présenté par Léopold Sigisbert Hugo, le sexe de l'enfant a été reconnu être mâle.

« Premier témoin, Jacques Delelée, chef de brigade, aide de camp du général Moreau, âgé de quarante ans, domicilié audit Besançon.

« Second témoin, Marie Anne Dessirier, épouse dudit Delelée, âgée de vingt et cinq ans, domiciliée à la dite ville.

« Sur la réquisition à nous faite par ledit Joseph Léopold Sigisbert Hugo, père de l'enfant.

« Et ont signé Hugo / Dessirier, ép. Delelée / Delelée.

« Constaté suivant la loi, par moi Charles Antoine Seguin, adjoint au Maire de cette commune, faisant les fonctions d'officier public de l'état civil.

« Ch. Seguin, adj. »

Cet enfant, inscrit sur le registre, il faut le maintenir en vie alors qu'il semble chaque jour menacé de mourir, avec « sa petite tête qu'il ne porte pas encore et qui tombe sur son épaule », avec « ses petites jambes et ses petits bras qui n'ont que des peaux qui pendent, comme disent les nourrices ».

On l'entoure, on le couve. Sophie est une « mère obstinée ». Léopold déborde d'énergie et de volonté.

Lorsqu'il combattait en Vendée, son chef de corps, Muscar, avait composé pour lui une joyeuse oraison funèbre :

Hic Jacet le major de notre bataillon,
Universel rieur, il mourut de trop rire.
Gai jusque sur le Styx, il fit rire Pluton,
Oh, pour le coup, les morts vont aimer leur [empire.

Près de sept années ont passé depuis ce temps-là. Léopold rit moins. Mais il reste ce convive plein d'entrain qui s'anime à la fin du dîner, « qui fronce sa narine à la façon des lapins, ce qui est une grimace des Hugo », qui prend ses fils dans ses bras, qui a gardé les manières d'un « sans-culotte », lecteur du *Catéchisme révolutionnaire*. Et ni lui ni Sophie ne jugent bon de faire baptiser Victor.

En cette année de Concordat avec le pape, de Consulat à vie, et quand on a servi en outre aux côtés du général Moreau et qu'on a choisi pour parrain de son fils le général Victor Fanneau de Lahorie, en disgrâce, poussé par Napoléon Bonaparte hors de l'armée, on est vite accusé, si on dénonce les malversations du chef de la brigade, d'être un « intrigant ». On a beau répéter : « Moi, je n'ai jamais rien voulu tirer de la guerre, je l'ai commencée pauvre et je la finirai de même », on est suspect.

On n'est pas inscrit au tableau d'avancement. On est muté à Marseille avec sa brigade et poursuivi par les mêmes accusateurs.

Il a donc fallu quitter Besançon, avec ses trois fils et sa femme, lasse de cette vie incertaine, de ce mari insatiable, qui maintenant s'inquiète. Et s'il était chassé de l'armée pour ses amitiés avec Moreau et Lahorie ? Comment vivraient-ils, lui et son ménage de trois enfants ? Il faut que quelqu'un défende sa cause, à Paris, auprès de Joseph Bonaparte. Le frère du Consul, lorsqu'il était à Lunéville, n'a-t-il pas écrit à son ministre : « Le citoyen Hugo a été très utile. Vous comprenez, citoyen ministre, que mon intérêt pour lui est légitime et je vous demande comme une chose personnelle le grade de chef de brigade pour le citoyen Hugo » ?

Il faut lui rappeler cela, voir aussi le général Clarke, qui commandait en chef à Lunéville et qui est devenu un proche de Napoléon Bonaparte, son ministre de la Guerre — et peut-être même rencontrer Lahorie, qui a dû garder de l'influence.

Mais pour harceler ces personnages, leur soumettre ses requêtes, se rappeler à leur souvenir, il faut être à Paris. Et comment s'éloigner de sa garnison quand on y est surveillé, que les supérieurs guettent vos fautes ?

C'est Sophie qui quittera Marseille, le 28 novembre, pour Paris.

Elle était la « mère obstinée », elle devient la mère absente, celle que l'on remplace par Claudine, l'épouse de l'ordonnance de Léopold Hugo. Mais qu'est devenu « l'amour d'une mère, amour que nul n'oublie » ?

« Ton Abel, ton Eugène, ton Victor prononcent tous les jours ton nom, écrit à Sophie Léopold. Jamais je ne leur donnai tant de bonbons parce qu'eux, comme moi, n'ont jamais eu de privation aussi pénible que celle qu'ils éprouvent. Le dernier appelle plus souvent sa maman, sa “ma maman”, et cette pauvre maman n'a pas le bonheur de l'entendre. Si une larme coule à chacune de mes paupières, si maintenant elles inondent mon visage, elles feront des larmes de sympathie quand tu vas me lire. N'est-ce pas, ma Sophie ?

« Ton Victor entre, il m'embrasse, je l'embrasse pour toi et lui fais baiser cette place… pour que tu y recueilles au moins dans ton éloignement quelque chose de lui ; j'y joins aussi le baiser le plus ardent. Je viens de lui donner du macaron dont j'ai soin d'avoir une provision dans mon tiroir, et il s'en va courir en le suçant. »

Victor vit donc avec ses frères et son père qui, le 29 décembre, est affecté à la garnison de Bastia, signe de disgrâce, puisque la plus grande partie de la 20e demi-brigade s'embarque pour Saint-Domingue et une campagne que l'on imagine glorieuse.

Léopold écrit :

« Les enfants se portent assez bien… Victor t'appelle toujours. Si le pauvre petit ne te reconnaît pas, au moins se rapprochera-t-il aisément de toi, car il semble toujours qu'il a perdu quelque chose. »

1803

Ô l'amour d'une mère ! amour que nul n'oublie !
Pain merveilleux qu'un dieu partage et multiplie !

Cela, le sentiment d'avoir perdu une part de lui-même, Victor l'a donc éprouvé en même temps qu'il apprenait à marcher, à parler, à vivre.

Il n'a pas conscience que passent les premiers jours de l'année, il ne se souvient pas de l'appartement de Marseille où son père prépare le départ pour Bastia, mais il sait que lui manquent la douceur et la présence de sa mère, et il devine que même l'ombre protectrice de son père peut disparaître.

Léopold Hugo hésite en effet.

« Je réfléchirai d'ici au départ sur l'embarquement des enfants, écrit-il à Sophie. Si tu n'obtiens rien, tu reviendras ; alors, si je les laissais à Marseille avec Claudine, sous la surveillance d'un ami, tu les y prendrais et viendrais avec eux me rejoindre par le bateau de poste qui part tous les dix jours de Toulon pour Bastia ou la Corse. Si tu obtiens quelque chose, je les prendrai à mon passage et te les amènerai. »

L'enfant perçoit la menace de cette nouvelle séparation.

Il ne comprend pas ce qui se trame, ni ce qui se murmure autour de lui. Mais le désarroi, les inquiétudes et la jalousie de son père créent un climat qui le touche. C'est comme s'il partageait les attentes de son père, qui implore Sophie avec humilité :

« Je te recommande de m'écrire plus souvent. C'est dans notre éloignement la seule preuve que je puisse recevoir de ta tendresse ; conserve-la-moi pure, et je te promets de faire tout ce qui dépendra de moi pour te rendre la plus heureuse des épouses. Je ne chercherai point à t'être infidèle, je vis pour toi seule. »

Mais alors, d'où vient cette irritation de Léopold, qui s'écrie : « Je suis trop jeune pour vivre seul, trop bien portant pour ne pas être porté aux femmes » ?

Victor se recroqueville dans un coin. Il pleure sans raison, dit-on.

Plus d'un mois passe puis, en février, on embarque avec le père pour Bastia. On est dans ses bras sur le pont de ce navire que secoue la houle d'hiver. Les frères, Abel et Eugène, s'accrochent à ses jambes.

« On dirait quelque guerrier gigantesque, qui a recueilli dans son casque trois bambins aux chairs rebondies, aux bonnes figures d'angelots et qui les porte légèrement tout au long de l'étape avec des précautions de maman », écrira Sainte-Beuve après avoir écouté Hugo.

C'est qu'il est émouvant, ce père soldat remplaçant la mère, alors que celle-ci, c'est ce qu'il craint, revoit sans doute le général Lahorie, s'attarde en vain à Paris, ne répond pas aux lettres.

« Ce silence, ma chère Sophie, m'a fait d'autant plus de peine que je n'ai reçu aucune nouvelle de toi… il y a aujourd'hui cinquante-deux jours ; il m'en ferait bien davantage si je connaissais moins tes principes, ton attachement à tes devoirs, à un époux qui t'adore, à tes chers et bons petits enfants. »

Les enfants sentent l'irritation de leur père, son angoisse qu'alimente la jalousie et qui prend chaque jour plus de place. Il est contraint de les laisser seuls durant ses heures de service, plus lourdes car le traité d'Amiens avec l'Angleterre a été rompu, la guerre est là, toute proche, et la demi-brigade doit passer de Corse à l'île d'Elbe, ce qui afflige Léopold :

« Ce sera un grand retard pour nos lettres. L'hiver, on n'y en reçoit aucune, et si la guerre a lieu, j'y serai bloqué. Si je l'étais seul au moins, mais si j'y suis assiégé avec mes enfants !… »

Cette angoisse pèse sur Victor. Il s'accroche à son père quand on veut le confier à une « promeneuse », une Corse : « Il était triste et on aurait dit qu'il se plaignait d'être envoyé avec une femme qui ne parlait pas notre langue, raconte Léopold à Sophie. Il s'y habitue, poursuit-il, mais il m'a beaucoup inquiété pour ses dents. Rapporte au moins du vaccin… »

Mais il faut aussi quitter cette femme, peu à peu devenue familière, abandonner Bastia pour Porto-Ferrajo. Ce port de l'île d'Elbe dont les maisons s'étagent sur les collines est un bourg sans attrait. Les rues, dont quelques-unes seulement sont pavées, sont encombrées de détritus et d'ordures. Les cochons et les chiens y cherchent leur nourriture. Les logements sont aussi sales que les ruelles. La chaleur y est accablante.

« Nous sommes dans un pays brûlant, écrit Léopold, où tout est d'une affreuse rareté et par conséquent d'un prix fou… Les deux aînés se portent très bien, ils apprennent la langue italienne… Victor ne s'acclimate pas aussi bien que ses frères. Il est faible, la dentition est pour lui une opération difficile et je crains qu'il n'ait des vers. J'ai demandé de l'herbe grecque dont les Corses font le plus grand cas et en ce moment il doit m'en être arrivé de Bastia. Il a encore quelques croûtes à la tête, mais elles sont peu de chose. Du reste, il dit le nom de ses frères, beaucoup d'autres petits mots, le sien entre autres. Il fait quelques pas seul, mais avec trop de précipitation pour les continuer plus longtemps. Toujours content, je l'entends rarement crier ; c'est le meilleur enfant possible, ses frères l'aiment beaucoup. »

Triste ou content, l'enfant Victor Hugo ? Différent. Le premier mot qu'il prononce, avec ceux de *maman* et de *papa,* est italien : *cattiva* (méchante) pour se plaindre d'une domestique. Seule la présence de son père le rassure. Et de l'île d'Elbe, il dira, évoquant non pas un souvenir, mais une impression :

Je visitai cette île, en noirs débris féconde,
Plus tard, premier degré d'une chute profonde[17].

Et lorsqu'il veut parler de son enfance, avec ce père soldat qui lui tient lieu de mère, il ajoute :

Enfant, sur un tambour ma crèche fut posée.
Dans un casque pour moi l'eau sainte fut puisée.
Un soldat, m'ombrageant d'un belliqueux faisceau,
De quelque vieux lambeau d'une bannière usée
Fit les langes de mon berceau[18].

Mais le soldat est de plus en plus las du rôle qu'il joue. Ce n'est pas seulement une mère pour ses enfants qui lui manque, mais une femme.

— Je suis dans l'âge où les passions ont le plus de vivacité..., répète-t-il.

Et une femme, Catherine Thomas, âgée d'à peine vingt ans, s'approche.

On la dit fille de l'économe de l'hôpital de Porto-Ferrajo, accusé de malversations, mais elle prétend être de noblesse espagnole, comtesse de Salcano, déjà veuve d'un officier, Anacleto Antoine d'Almeg.

Qu'importe son identité ! Elle se donne et s'attache à Léopold pendant l'été 1803, et Léopold peut écrire à Sophie une lettre où percent les ressentiments :

« Tout le monde me gronde de ce que je sors peu ; tout le monde s'étonne que tu ne viennes pas et que j'aie avec moi les enfants. Cela fait jaser, il me revient quelque chose et je ne dis mot. »

Ce ton qui a changé inquiète Sophie. Elle n'a rien obtenu pour Léopold, comment peut-elle dès lors justifier la prolongation de son séjour à Paris ? Elle veut aussi revoir et reprendre ses enfants. Elle part pour Marseille, puis Livourne où elle embarque pour Porto-Ferrajo.

Ses fils sont là, sur le quai.

Elle les aperçoit de la proue d'un navire qui vient d'essuyer entre Livourne et l'île d'Elbe l'attaque d'un vaisseau barbaresque. Léopold, qui s'était rendu à Livourne pour l'accueillir, s'est beaucoup dépensé, allant d'un canon à l'autre.

Il est le mari glorieux, qui doit enfin obtenir son dû.

Mais les conditions de vie sont rudes. L'eau est rare, la viande dure, le pain gris.

— Je couche sur une paillasse, dit Léopold, et si je n'avais pas mes draps, je serais obligé de me contenter de mon grabat tout nu.

C'est sur cette couche qu'il veut renverser Sophie. Elle se débat. Voilà treize mois qu'elle a quitté ce rustre, côtoyé Victor Fanneau de Lahorie et ses proches, les quelques officiers qui complotent au nom de la République ou du roi contre Napoléon Bonaparte. Les Chouans s'associent aux Jacobins, Cadoudal et le général Pichegru à Moreau. Et la police de Fouché est sur leurs traces.

Et elle doit maintenant subir cet homme aux manières frustes et exigeantes. Heureusement, les enfants sont entre eux, heureux de retrouver leur mère.

Ô l'amour d'une mère ! amour que nul n'oublie !
Pain merveilleux qu'un dieu partage et multiplie !
Table toujours servie au paternel foyer !
Chacun en a sa part et tous l'ont tout entier[19] *!*

Mais où est le « paternel foyer » ?

On entend les voix des parents qui se heurtent, des portes qui claquent.

Léopold veut son bien : prendre sa femme autant qu'il lui plaît. Cette Catherine Thomas n'est qu'une liaison de circonstance. « Ainsi, ma chère Sophie, je crois qu'il vaudrait mieux que je te fisse un enfant de plus plutôt que de te délaisser pour une autre. »

Sophie s'insurge. Elle ne veut plus. Elle prend prétexte de l'infidélité de Léopold pour se dérober, accuser. Elle est l'offensée. Elle s'en va avec ses enfants, après à peine un mois passé.

C'est novembre, avec la mer creusée par le vent humide. Les enfants, sur le navire qui gagne Livourne, sont maintenant serrés contre leur mère, qui porte dans ses bras Victor.

À nouveau une séparation, une perte.

Hugo dira plus tard, se souvenant de ce qu'avec ses frères il avait ressenti pendant son enfance :

« Près de leur mère, près de leur père, malgré la division, leurs cœurs se chauffaient, ils sentaient la douceur du nid, mais la famille vite s'échappait, l'orage venait, leur mère était amère, leur père irrité ; quand ils avaient le père, ils n'avaient pas la mère, jamais les deux ! Jamais qu'un tronçon de famille, une idée à peine formée s'évanouissait, l'une chassait l'autre ! »

1804

Je vous dirai peut-être quelque jour
Quel lait pur, que de soins, que de vœux, que
[d'amour...

La berline s'arrête, à Paris, devant l'hôtel des Messageries, rue Notre-Dame-des-Victoires, le 16 février.

Victor a deux ans. Il sent déjà, il sait, que le monde n'est pas un, mais divisé en deux forces qui s'opposent, que « l'une chasse l'autre », que là où est la mère n'est pas le père.

Sophie lui a manqué. Maintenant, il souffre de l'absence de Léopold, cet homme bavard et tendre qui lui donnait des macarons et le berçait.

Durant tout le voyage, entre Porto-Ferrajo et ces rues bruyantes de Paris, il s'est blotti contre sa mère, avec à nouveau ce sentiment de perte.

Qu'est devenu cet homme qui chaque jour le rassurait ?

Où sont la mer, le soleil, la lumière, l'horizon sans limites ? Ici, le ciel de février est gris.

Il entre dans la petite cour du 24, rue de Clichy où sa mère habite, en face du jardin Tivoli. Au fond, il y a un puits, « près de ce puits était une auge, et un saule dont les branches tombaient dans l'auge ».

Il regarde, il s'assied dans un coin.

Pierre Foucher, l'ami greffier de Léopold — qui est maintenant père d'une fillette de trois mois, Adèle —, le trouve, quand il rend visite à Madame Hugo, « languissant, pleurnichant et bavant sur son tablier ». C'est que Victor perçoit de nouveau l'inquiétude.

Avant, c'était à Marseille, puis en Corse et à l'île d'Elbe, celle de son père. Maintenant, c'est celle de sa mère. Il entend des murmures.

Il ne peut savoir que Sophie vient d'apprendre que la police de Fouché a arrêté les généraux Pichegru, Moreau, le chouan Cadoudal, pour conspiration contre le consul Bonaparte, dont on annonce qu'il va se faire proclamer empereur. Bonaparte va donner l'ordre d'enlever le duc d'Enghien, qui sera fusillé le 21 mars.

On cherche leurs complices, et notamment ce général Victor Fanneau de Lahorie.

Sophie a lu des affiches apposées sur le domicile du parrain de Victor, rue Gaillon. Elles décrivent ce suspect, « cinq pieds deux pouces, des cheveux noirs à la Titus ; des sourcils noirs, des yeux noirs, assez grands ouverts quoique enfoncés ; le tour des yeux jaune, le teint marqué de petite vérole, le rire sardonique ».

Lahorie s'est réfugié 19, rue de Clichy mais, souffrant, il ne se sent pas en sécurité chez son hôte ; et un soir il arrive chez Sophie, porté sur un brancard.

Ces chuchotements, cette angoisse, ces ombres qui traversent l'appartement créent une atmosphère et une animation pleines d'anxiété qui marquent l'enfant.

Un homme vient d'entrer dans sa vie.

« Victor Fanneau de Lahorie, expliquera-t-il plus tard, était un gentilhomme breton rallié à la République. Il était l'ami de Moreau, Breton aussi. En Vendée, Lahorie connut mon père, plus jeune que lui de vingt-cinq ans *. Plus tard, il fut son ancien à l'armée du Rhin ; il se noua entre eux une de ces fraternités d'armes qui font qu'on donne sa vie l'un pour l'autre. En 1801, Lahorie fut impliqué dans la conspiration de Moreau contre Bonaparte. Il fut proscrit ; sa tête fut mise à prix ; il n'avait pas d'asile ; mon père lui ouvrit sa maison[20]... »

Ce n'est pas le père, mais la mère qui accueille en fait Lahorie.

Mais l'adulte Victor Hugo ne veut pas savoir ce que l'enfant a ignoré, que son père est resté à Porto-Ferrajo, puis que, affecté de nouveau en Corse, il

* Le général Fanneau de Lahorie (1766-1812) n'avait en fait que sept ans de plus que Léopold Hugo (1773-1828).

a tenté de renouer les liens rompus avec sa femme, en plaidant sa cause, en expliquant ce qu'il ressentait :

« Adieu, Sophie, rappelle-toi quelquefois que rien ne peut me consoler de ton absence ; que j'ai un ver rongeur qui me mine, le désir de te posséder… Que je sens les besoins de te serrer contre mon cœur… Je n'ai vu dans ton départ qu'une volonté ferme de me fuir, d'éviter les caresses qui t'étaient importunes, de te soustraire à des scènes de ménage que ta tête bretonne rendait beaucoup trop longues… On peut bien à mon âge et avec mon tempérament, malheureusement trop ardent, avoir pu s'oublier quelquefois, mais la faute ne fut jamais qu'à toi… »

Pourtant il répète : « Je n'aime et je dis bien vrai, je n'aime toujours que toi seule. »

Et il est tellement pris par cette succession de reproches et de tentatives de justification qu'il oublie de mentionner qu'il a été fait, le 14 juin, chevalier de la Légion d'honneur…

Qu'importe à Sophie ! Elle ne répond pas. Elle a ses fils. Elle ignore les accusations et les justifications de Léopold :

« Né avec un caractère qui ne m'a point créé d'ennemi, dit-il encore, et qui a attaché beaucoup de personnes, je t'ai vue malheureuse avec moi, rechercher de t'en éloigner pour des prétextes spécieux et m'abandonner au feu des passions de mon âge. »

De tout cela, Victor ne connaît que cette sensation d'incertitude, que cette tristesse que provoquent l'absence de son père et l'irritation de sa mère, qui repousse loin d'elle ces lettres où son mari continue de la harceler. « Je sens bien chaque jour ce que la privation des enfants me cause, celle que j'éprouve de ne t'avoir plus ne m'est pas moins sensible. Mais à quoi me servirait-il de me plaindre ? Je me résigne, ce qui ne me contente pas tout à fait. »

Un ultime espoir :

« Pourquoi ne pas hasarder un dernier voyage, je dis un dernier voyage, car je ne veux plus de fantaisies, ni d'espérances. »

Alors, Victor se tasse, enfant silencieux, cependant que tonnent les canons et que résonnent les cloches des églises de Paris qui annoncent le sacre de Napoléon, à Notre-Dame, le 2 décembre.

1805

Maman, que faut-il donc que ce cœur te souhaite ?
Des trésors ? — des honneurs ? — des trônes ? —
[Non ; ma foi[21] *!*

Victor entend les cloches sonner pour toutes ces célébrations qui jalonnent l'année, que ce soit, en mars, pour le couronnement de Napoléon, qui devient roi d'Italie, en septembre, lorsque les soldats de la Grande Armée franchissent le Rhin, ou pour saluer le soleil qui s'est levé sur le champ de bataille d'Austerlitz, le 2 décembre.

Mais il ignore les églises, l'odeur d'encens, le murmure des prières, les fidèles agenouillés et les têtes qui s'inclinent.

« Ma mère n'aimait pas les prêtres. Cette forte et austère femme n'entrait jamais dans une église ; non à cause de l'église, mais à cause des prêtres. Elle croyait à Dieu et à l'âme ; rien de moins, rien de plus. Je ne crois pas l'avoir entendue plus de deux ou trois fois dans sa vie prononcer ce mot :

les prêtres. Elle les évitait. Elle ne parlait jamais d'eux. Elle avait pour eux une sorte de sévérité muette... »

Elle ne leur confierait pas Victor, qu'elle conduit à l'école de la rue du Mont-Blanc, mais il est encore si petit — trois, quatre ans — que Mlle Rose, la fille du maître, le garde dans sa chambre. Elle l'installe sur le lit. Il observe la jeune fille « mettre ses bas ».

Ce n'est rien qu'une vision inattendue, des gestes nouveaux, des mains qui glissent sur le tissu, ces pieds, ces jambes qui sont toujours cachés et qui tout à coup se dévoilent. Il est fasciné, et ces images reviennent, alors qu'on le place devant la fenêtre de la salle de classe et qu'il regarde la pluie tomber.

L'eau monte, les rues du quartier sont envahies. On ne peut venir le chercher, et il doit attendre, avec une sensation d'angoisse et d'abandon. Le père n'est plus là et voici que la mère est une nouvelle fois absente.

Il est cet enfant que la tristesse enveloppe, qui craint d'être condamné à la solitude parce que ceux qui le protègent, le rassurent, disparaissent.

Ce n'est qu'une attente de quelques heures, un jour d'inondation, mais elle avive ces impressions ressenties dans les premières années.

Il est un enfant aux aguets, sensible, qui perçoit que sa mère vit difficilement sa situation.

Elle aussi est sur ses gardes. Elle ne répond toujours pas aux lettres de Léopold. Il a été transféré à l'armée de Masséna, en Italie. Il se distingue héroïquement à la bataille de Caldiero contre les Autrichiens, sur la route de Vicenza. Il entre à Bassano. Il rencontre à Milan son ami Pierre Foucher, qui s'enrichit en approvisionnant l'armée. Il marche vers le sud, puisque Masséna, sur les ordres de Joseph Bonaparte, doit conquérir Naples, où règnent les Bourbons qu'il faut chasser, comme on l'a fait de ceux de France.

Lorsqu'il écrit, Léopold continue à plaider sa cause auprès de Sophie : « Je ne cherche des femmes que pour le besoin, mais mon cœur est tout à toi. »

En fait, il ne se sent plus du tout responsable de la situation. Après tout, ce mariage, c'est Sophie qui l'a voulu ! Il prend ses distances, la vouvoie.

« Rappelez-vous que, quand je dus vous épouser, vous me fîtes espérer qu'il vous revenait quelque chose de votre père. Il n'en a rien été ; si cela n'a point été de votre faute, tous les reproches ne peuvent non plus tomber sur moi. J'ai pu à différentes fois placer en terre quelques petites sommes et vous n'avez pas voulu, tantôt parce que vous n'aimiez pas mon pays, d'autres fois parce que vous espériez du vôtre et tout a été dépensé.

« Je vous répète que je ne suis point homme à abandonner ma famille, mais je ne puis faire plus que ce que je vous promets. »

Victor devine l'aigreur de sa mère.

Cet homme, Lahorie, qui un temps a habité le 24, rue de Clichy, a quitté le domicile mais il revient parfois, et ce sont de nouveau les chuchotements cependant qu'on éloigne les enfants, qu'on accompagne Victor à l'école de la rue du Mont-Blanc.

Il retrouve la fenêtre, puisqu'il est trop jeune encore pour suivre un enseignement.

Il peut voir les ouvriers qui s'activent sur le chantier de l'hôtel du cardinal Fesch, l'oncle de Napoléon. Ils hissent à l'aide d'un cabestan des pierres de taille. La corde se tend. Un ouvrier est monté sur le bloc qui s'élève. Tout à coup, avec le sifflement d'un fouet, la corde se rompt, la pierre tombe, entraînant l'ouvrier, l'écrasant sur le sol, sous ses arêtes vives que le sang rougit.

La mort violente vient d'entrer dans la mémoire de Victor.

1806

J'ai des rêves de guerre en mon âme inquiète ;
J'aurais été soldat, si je n'étais poète...

Cet homme écrasé, ce n'est plus seulement pour Victor une impression diffuse, c'est déjà un souvenir, et chaque jour désormais, un nouveau fait, un nom, une émotion s'inscrivent dans la mémoire de l'enfant de quatre ans.

Il est plus sensible aux humeurs de sa mère, à sa nervosité, qui traduisent les préoccupations et les colères de cette femme de trente-quatre ans qui élève seule ses fils. Elle est douce, attentive, aimante avec eux, mais elle se dresse contre le monde qui l'entoure, la police de Fouché qui rôde rue de Clichy à la recherche de Lahorie, contre l'argent qui manque et contre ce Léopold qui semble, à Naples, depuis que Joseph Bonaparte a été couronné roi à la place des Bourbons, avoir bénéficié d'un avancement. Il a été nommé major du régiment Royal-Corse.

Mais quand Sophie évoque l'idée de se rendre à Naples, il refuse.

« Oublies-tu donc ce qu'il en coûterait pour un tel voyage, ignores-tu que je ne saurais où prendre l'argent pour le faire ? Et quand, dans une supposition je m'en trouverais assez, n'aurais-je pas à craindre que tu me retrouvasses cette foule de défauts qui t'ont si promptement décidée à me quitter et que tu ne me quitterais pas une seconde fois ? Il vaut donc mieux que tu donnes à Paris tes soins à l'éducation des enfants, et quand des temps plus heureux luiront pour nous, nous pourrons songer à nous réunir. Tu es tranquille, rien ne te tourmente, tu es encore une fois plus heureuse que moi… »

Cette guerre épistolaire, qui se poursuit toute l'année avec des accalmies, des armistices — « Donne-moi donc de tes nouvelles ou dis-moi avec franchise que tu ne veux plus m'en donner… » —, des contre-attaques — « Tu m'as fait perdre le désir de ta réunion à moi avant que je n'aie un emploi stable ou avant qu'une paix générale bien cimentée ne me le permette… » —, Victor en ignore la cause et les péripéties.

Il ne sait rien des angoisses de Sophie pour le sort de Lahorie qui, traqué, est aussi malade, avec la mâchoire dont il ne peut maîtriser le tremblement. Mais il en subit les contrecoups.

Il sent qu'il y a quelque part des menaces qui s'accumulent, qui frappent sa mère, qui ont éloigné son père.

Sont-elles liées à ce nom de Fra Diavolo, qu'il entend répéter ?

Ce brigand, fait chef de guerre et duc par les Bourbons et qui soulève contre les Français les paysans du royaume de Naples, c'est Léopold Hugo qui le pourchasse et réussit à le capturer, à le ramener à Naples, où il sera exécuté le 10 novembre.

Plus tard, ce nom de Fra Diavolo resurgira de la mémoire de Hugo quand, en 1830, on montera à Paris l'opéra de Daniel-François Auber, *Fra Diavolo ou l'Hostellerie de Terracine*, dont Eugène Scribe et Casimir Delavigne ont écrit le livret.

« Les aventures de Fra Diavolo ont laissé une réputation légendaire, confiera-t-il. Voleur de grand chemin et défenseur du sol natal, mélangeant le droit et l'assassinat, c'était en effet une de ces figures sur lesquelles l'histoire hésite et qu'elle abandonne à l'imagination des romanciers. »

C'est d'abord simplement ce nom étrange, Fra Diavolo, que Victor retient, avec celui d'Avellino, un chef-lieu de province d'une quinzaine de milliers d'habitants, situé à quatre-vingt-quinze kilomètres de Naples et dont Léopold Hugo vient d'être nommé gouverneur par Joseph Bonaparte, en récompense de sa victoire contre Fra Diavolo.

L'enfant écoute.

Il devine que sa mère s'apprête au départ puisque, à Paris, elle n'a plus de ressources, qu'elle ne peut plus rencontrer Lahorie qui se cache, et que

Léopold paraît en mesure d'assurer aux enfants un avenir.

Léopold annonce enfin, alors qu'il s'est rendu à Naples, que Joseph Bonaparte l'a nommé colonel du Royal-Corse : « Je m'attends à repartir sous peu de jours. Je vais tâcher avant mon départ d'obtenir pour Abel une place à l'École militaire du royaume ; peut-être en obtiendrai-je une aussi pour Eugène. »

Abel a huit ans, Eugène, six. Ils doivent exulter à cette idée. Quant à Victor, auquel le père promet « beaucoup de bonbons », il ne lui reste qu'à rêver de ce que l'on offre à ses frères aînés.

Les souvenirs afflueront plus tard, quand il écrira :

J'ai des rêves de guerre en mon âme inquiète ;
J'aurais été soldat, si je n'étais poète.
Ne vous étonnez point que j'aime les guerriers !
Souvent, pleurant sur eux, dans ma douleur muette,
J'ai trouvé leur cyprès plus beau que nos lauriers[22].

1807

Avec nos camps vainqueurs, dans l'Europe
[asservie
J'errai, je parcourus la terre avant la vie...

Victor Hugo, c'est un enfant qui dans quelques mois aura six ans.

Il tremble de froid dans cette diligence qui a quitté Paris au mois de décembre. La pluie cingle les vitres et le vent de la course glace les jambes et les épaules.

Il se serre contre sa mère et ses frères. Il a l'impression qu'à chaque tour de roue, la diligence va verser dans ces fossés qui bordent la route crevée d'ornières.

Déjà on aperçoit, enveloppées dans les nuages d'hiver, les Alpes, ce col du Mont-Cenis qu'il faudra franchir si l'on veut gagner l'Italie, puis rouler vers Naples, afin de retrouver le père qui n'a pas été prévenu de ce voyage.

Déjà, après seulement quelques jours, la maison

familière de la rue de Clichy, l'école de la rue du Mont-Blanc paraissent des contrées perdues, heureuses, alors que l'on s'enfonce dans les vallées dont les versants sont couverts de neige, qu'il faut descendre de voiture pour franchir le col du Mont-Cenis.

Victor se glisse avec sa mère dans un traîneau fermé par des peaux et des plaques de corne. Abel et Eugène, eux, gravissent puis descendent le col à dos de mulet.

On plonge dans une nouvelle vallée, envahie par le brouillard et d'où surgissent ces étranges toits d'ardoises de Suse, qui forment comme un entassement de surfaces grises.

On a faim. On mange, dans la cabane d'un berger, des cuisses d'aigle rôties.

On roule dans la vallée du Pô, vers Parme inondé.

Il fait si froid qu'on a jeté sur le plancher de la diligence des brassées de paille, et les enfants, souvent, collent sur les vitres des brins avec lesquels ils dessinent des croix. Ils sont surpris et s'esclaffent quand ils découvrent que les paysans se signent en les voyant.

Le voyage dure plusieurs semaines, mais chaque jour est une surprise. Victor dévore des yeux tout ce qu'il voit.

Sa curiosité avide vient masquer la peur qui souvent le taraude. Il a le sentiment exaltant de traverser des espaces immobiles, tel un conquérant pressé.

Avec nos camps vainqueurs, dans l'Europe asservie
J'errai, je parcourus la terre avant la vie ;
[...] Le haut Cenis, dont l'aigle aime les rocs [lointains,
Entendit, de son antre où l'avalanche gronde,
Ses vieux glaçons crier sous mes pas enfantins[23].

Peu à peu le ciel s'éclaircit, et c'est tout à coup l'éblouissement de la mémoire, le soleil qui rappelle Marseille, la Corse, l'île d'Elbe. Puis, dans cette lumière bleue qui semble annoncer les retrouvailles avec le père dont, dans le souvenir, la silhouette se découpe sur l'horizon d'une mer étincelante, voici Rome, les rues ocre de l'*Urbs*, les ponts sur le Tibre, le Castel Sant'Angelo, les statues, les vestiges romains.

Victor ne se lasse pas de regarder, d'enfouir dans sa mémoire ces couleurs, ces images, qui seront autant de matériaux quand il racontera son enfance :

Vers l'Adige et l'Arno, je vins des bords du Rhône.
Je vis de l'Occident l'auguste Babylone,
Rome, toujours vivante au fond de ses tombeaux,
Reine du monde encore sur un débris de trône,
Avec une pourpre en lambeaux[24].

Mais dès que la diligence s'engage dans les Abruzzes et roule vers le sud, le paysage change.

De l'aridité pierreuse surgissent ici et là des arbres. Et souvent Victor voit, pendus à leurs branches, des corps déchiquetés, des têtes séparées du tronc, des restes humains que le soleil a séchés et qui sont là pour que les brigands de grand chemin, qui dévalisent les voyageurs, se souviennent du sort qui les attend.

Il ne peut quitter des yeux ces morts qui lui rappellent le corps écrasé de l'ouvrier de la rue du Mont-Blanc, et c'est la vision de la cruauté du monde et des hommes qui s'inscrit plus profondément encore dans sa mémoire.

Puis, tout à coup, du sommet d'un dernier col, Victor aperçoit le golfe de Naples et, comme un collier blanc bordant la mer, la ville qui s'étire, dominée par ce haut massif d'où s'échappent des fumerolles. Il écarquille les yeux, il voudrait tout voir, tout engloutir des paysages et des parfums.

Naples, aux bords embaumés, où le printemps
[s'arrête
Et que Vésuve en feu couvre d'un dais brûlant,
Comme un guerrier jaloux qui, témoin d'une fête,
Jette au milieu des fleurs son panache sanglant[25].

Et ces deux officiers aux uniformes chamarrés, à l'allure martiale, qui s'avancent, sont le père et l'oncle Louis Hugo, qui au début de l'année s'est illustré à la bataille d'Eylau et qui a rejoint son frère à Naples.

L'un et l'autre saisissent Victor, le soulèvent au bout de leurs bras cependant qu'autour d'eux, sur cette place ensoleillée où arrivent les diligences, grouille la foule napolitaine, bariolée et bruyante, et que caracolent des soldats.

Mon envie admirait et le hussard rapide,
Parant des gerbes d'or sa poitrine intrépide,
Et le panache blanc des agiles lanciers,
Et les dragons, mêlant sur leur casque gépide
Le poil taché du tigre aux crins noirs des
[coursiers[26].

1808

Quand je balbutiais le nom chéri de France,
Je faisais pâlir l'étranger…

Victor regarde ses parents, enfin côte à côte. Comme si le monde divisé tout à coup se réunissait. Son père joue avec lui. Il annonce qu'il l'a fait inscrire sur les listes du Royal-Corse. Et l'enfant s'imagine soldat « hussard rapide », « agile lancier », dragon.

Il aime cette ville ensoleillée, aux couleurs brutales, le noir des soutanes des prêtres s'opposant aux rouges des bonnets, la misère et la crasse aux façades baroques. Il joue dans le jardin des Foucher — installés à Naples comme fournisseurs de l'armée — avec Adèle et son frère Victor. On se lance des oranges, on vit sans contrainte, sans discipline, comme s'il s'agissait de vacances qui s'étirent sur toute l'année.

Néanmoins, après seulement quelques jours, le rêve de l'unité familiale devient un cauchemar, que Victor voudrait chasser de son esprit mais qu'il doit subir.

Il s'enferme dans le silence. « Il est posé, réfléchi, il ne dit jamais qu'à propos », précise Léopold.

Victor souffre des orages qui opposent ses parents.

Le père regagne son palais de gouverneur à Avellino, il laisse sa femme et ses fils à Naples. Et Victor entend des mots prononcés avec mépris par sa mère :

— Cette femme, dit Sophie, cette Catherine Thomas…

Car à Avellino, Léopold vit maritalement avec sa jeune maîtresse de vingt-quatre ans. Après tout, il n'a pas sollicité la venue de sa femme. Et il le dit, le crie :

— Tu es forte de ta conscience ! lance-t-il à Sophie. La mienne ne me reproche rien et, pour donner plus de raison à l'un qu'à l'autre, il faudrait jeter tous les torts d'un côté. Laissons le temps apaiser le souvenir d'aussi fatales circonstances. Élève les enfants dans le respect qu'ils nous doivent, avec l'éducation qui leur convient ; mets-les à même de rendre un jour des services. Rattachons-nous à eux puisque nous nous sommes prouvé les difficultés de nous rattacher l'un à l'autre. Si nos divisions ont altéré pour eux l'espoir d'un bien-être à venir, il faut qu'ils le retrouvent dans leur éducation et dans mes services.

Dans le visage fermé de sa mère, dans sa pâleur, la manière qu'elle a de rester cloîtrée dans les pièces d'un palazzo napolitain, où ils logent, Victor lit la colère, l'hostilité au père.

On se rend pourtant à Avellino, par ces routes sinueuses, sous une chaleur accablante. On découvre le palais du gouverneur, délabré, dont les plafonds sont crevassés et que Catherine Thomas n'a abandonné que pour quelques jours.

En effet, Sophie et les enfants rentrent à Naples. Victor ne connaîtra donc jamais qu'un « tronçon de famille » et ce sentiment d'abandon qui le fait s'accrocher à sa mère, se serrer contre elle.

Léopold annonce qu'il part pour l'Espagne rejoindre Joseph Bonaparte, qui vient de se voir, en juin, désigné par son frère comme roi d'Espagne. Et dès juillet, Joseph a fait appel à Léopold Hugo, parce que les Espagnols se sont soulevés, qu'ils mènent depuis la révolte des 2 et 3 mai, à Madrid, une guérilla implacable contre les Français. Léopold s'est illustré contre Fra Diavolo, et Joseph Bonaparte s'en souvient. Il le nommera colonel du Royal-Étranger.

Naturellement, il est parti avec Catherine Thomas, laissant sa femme et ses fils à Naples, et prodiguant depuis l'Espagne des conseils que Sophie accueille avec fureur :

« Les enfants recevront une éducation qui me permettra de pousser leur carrière et de cette manière ils ne se ressentiront point de la rupture que nous avons établie entre nous, écrit-il. Il faudra qu'ils ignorent cette rupture et être assez prudents pour ne pas les en rendre participants par des éclats injurieux contre l'un ou l'autre. »

Victor sent sa mère blessée. Léopold accepte bien facilement, avec la sagesse que donne l'indifférence, cette séparation. Catherine Thomas est près de lui. Que ferait-il de cette « démone » de Sophie, qui se refuse et l'accuse, et qui durant ce séjour à Naples a même prétendu qu'elle était de nouveau enceinte ? Il a demandé qu'elle cherche « quelqu'un d'habile » pour se « débarrasser promptement » de l'enfant.

« Nous nous sommes prouvé que nous ne pouvions pas vivre ensemble, dit-il encore d'un ton léger. Mais l'intérêt de nos enfants l'ayant emporté sur la nécessité d'un acte public de séparation, tu devras les élever dans un égal respect pour moi, comme pour toi… »

L'automne passe, et l'hiver. Parfois des averses violentes s'abattent sur Naples, et Victor ressent cette désolation du paysage méditerranéen quand le gris et le noir remplacent les couleurs vives. L'humeur de sa mère est aussi sombre que le ciel.

Dans les derniers jours du mois de décembre, ils quittent Naples pour Bologne et Milan. Puis, de Lyon, ils prendront la diligence qui relie régulièrement cette ville à Paris.

Victor scrute attentivement le paysage et les gens pendant ce voyage qui dure près de six semaines.

Chez dix peuples vaincus, je passai sans défense,
Et leur respect craintif étonnait mon enfance ;
Dans l'âge où l'on est plaint, je semblais protéger
Quand je balbutiais le nom chéri de France,
Je faisais pâlir l'étranger[27].

DEUXIÈME PARTIE

1809 - 1813

1809

Notre mère disait : « Jouez, mais je défends
Qu'on marche dans les fleurs et qu'on monte
[aux échelles. »

Victor gardera toujours le souvenir de ce premier voyage :

Et, tout enfant encor, les vieillards recueillis
M'écoutaient racontant, d'une bouche ravie,
Mes jours si peu nombreux et déjà si remplis [28] *!*

Mais depuis que, le 7 février, la diligence s'est arrêtée dans la cour de l'hôtel des Postes et qu'il a donc retrouvé Paris, Victor est de nouveau inquiet.

Le père, sa force, sa voix puissante, son uniforme couvert de parements dorés, ses bras entre lesquels l'enfant de sept ans se sentait à la fois faible, protégé et fier, et tous ces soldats qui l'entouraient, l'oncle Louis parmi eux, sont désormais aussi loin, aussi inaccessibles qu'un rêve, que ces palais napolitains ou celui d'Avellino, où l'on a vécu.

Il n'est pas besoin à Victor de connaître les lettres que ses parents échangent pour savoir qu'entre eux, il n'est plus question d'amour, ni de tendresse.

« Je vous ai écrit différentes lettres, Sophie, répète Léopold, et vous n'avez répondu à aucune ; si vous ne me répondez pas, je vois bien que c'est parce que j'ai assuré la régularité de votre pension et que vous ne vous trouvez pas dans le besoin d'argent. »

Il verse en effet quatre mille francs par an à Sophie. Et cela suffit pour vivre, sinon dans le luxe, du moins dans l'aisance et le confort.

Cependant Victor n'est pas rassuré. Le « tronçon de famille » s'émiette encore.

Abel, le frère aîné, âgé de onze ans, devient pensionnaire au lycée. On quitte l'appartement de la rue de Clichy pour un autre, plus exigu, au 250 de la rue Saint-Jacques. On l'abandonne à son tour et Sophie conduit Victor et Eugène visiter la nouvelle demeure.

On s'engage d'abord dans l'étroite impasse des Feuillantines, qui s'ouvre entre le 261 et le 263 de la rue Saint-Jacques. Des branches d'arbres la recouvrent en partie. On avance jusqu'au numéro 12. C'est là ! On pousse une grille. On aperçoit au fond d'une cour une vaste maison, des pièces donnant de plain-pied sur un jardin immense, une vigne, une allée de marronniers, un puisard asséché, et « au fond du jardin, il y avait de très grands arbres qui cachaient une ancienne chapelle à demi ruinée [29]… ».

Victor et Eugène échappent à leur mère, s'élancent et parcourent ce jardin comme s'il s'agissait d'une forêt vierge.

« On voyait sur les murs, parmi les espaliers vermoulus et décloués, des vestiges de reposoirs, des niches de madones, des restes de croix, et çà et là cette inscription : *Propriété nationale* [30]. »

Ils reviennent vers Sophie qui visite, en compagnie du propriétaire, la salle à manger, le salon, les chambres, ensoleillées, remplies par le chant des oiseaux.

L'homme explique que cette maison s'était appelée le couvent des Feuillantines, qui avait eu pour protectrice, en 1622, Anne d'Autriche, puis qu'il avait été vendu comme bien national pendant la Révolution.

Les frères Hugo vont et viennent « dans ces vastes chambres d'abbaye, dans ces décombres de monastère, sous ces voûtes de cloître démantelé [31] ». Victor a trouvé sa maison d'enfance.

Un ancien prêtre de l'Oratoire, La Rivière, qui s'est marié pour éviter les persécutions au temps de la Révolution, a ouvert une école rue Saint-Jacques. Il va enseigner le français, le latin et le grec aux deux frères.

Les enfants de Pierre et Anne-Victoire Foucher, Adèle et Victor, viennent jouer dans le jardin.

On a accroché une balançoire aux branches des

marronniers. On monte à l'assaut du puisard, on va écouter, tremblant, le monstre, « le Sourd », et on a imaginé qu'il se cache au fond du puits. Malgré les interdictions, on court jusqu'à la chapelle.

Et parfois, on s'immobilise. Le canon tonne au loin. On entend des fanfares, des cavalcades. Paris célèbre une nouvelle victoire impériale… Victor lève la tête.

« Des deux dômes qui dominaient le jardin des Feuillantines, l'un, tout près, le Val-de-Grâce, masse noire, dressait une flamme à son sommet, et semblait une tiare qui s'achève en escarboucle, l'autre, lointain, le Panthéon, gigantesque et spectral, avait autour de sa rondeur un cercle d'étoiles, comme si, pour fêter son génie, il se faisait une couronne des âmes de tous les grands hommes auxquels il est dédié [32]. »

La musique, les acclamations, les canonnades attirent.

Victor trompe la surveillance de sa mère, court le long de l'impasse des Feuillantines, puis de la rue Saint-Jacques :

Dans une grande fête, un jour, au Panthéon,
J'avais sept ans, je vis passer Napoléon.

Pour voir cette figure illustre et solennelle,
Je m'étais échappé de l'aile maternelle ;
Car il tenait déjà mon esprit inquiet ;
Mais ma mère aux doux yeux, qui souvent [s'effrayait

En m'entendant parler guerre, assauts et bataille,
Craignait pour moi la foule, à cause de ma taille.

Et ce qui me frappa, dans ma sainte terreur,
Quand au front du cortège apparut l'empereur,
[...]
Ce fut de voir, parmi ces fanfares de gloire,
Dans le bruit qu'il faisait, cet homme souverain
Passer, muet et grave, ainsi qu'un dieu d'airain[33] *!*

Puis Victor retourne au jardin : « Je vivais dans les fleurs. Je vivais dans ce jardin des Feuillantines, j'y rôdais comme un enfant, j'y errais comme un homme [34]… »

Il cueille les boutons d'or et les liserons. Il aperçoit La Rivière qui approche, un livre sous le bras. Il va jusqu'au hallier, au fond du jardin.

« Je considérais à travers les branches la vieille chapelle dont les vitres défoncées laissaient voir la muraille intérieure bizarrement incrustée de coquillages marins. Les oiseaux entraient et sortaient par les fenêtres. Ils étaient là chez eux. Dieu et les oiseaux, cela va ensemble [35]. »

Il monte alors dans sa chambre, détaille une nouvelle fois ce petit tableau encadré de noir et qui, fixé au-dessus du lit, représente une vieille tour moisie, délabrée, entourée d'eaux profondes et noires… Il laisse son imagination errer, découvrir ces nuées, ces montagnes qui encerclent la tour. Il prie.

Chaque jour est ainsi, aux Feuillantines, découverte et rêverie.

On explore le jardin et la maison qui recèlent toujours des mystères. On mêle ce que La Rivière vient d'enseigner, ces vers latins, ces textes grecs, à ce que l'on voit et imagine.

Notre mère disait : « Jouez, mais je défends
Qu'on marche dans les fleurs et qu'on monte aux [échelles. »

Abel était l'aîné, j'étais le plus petit.
Nous mangions notre pain de si bon appétit,
Que les femmes riaient quand nous passions près [d'elles.

Nous montions pour jouer au grenier du couvent.
Et là, tout en jouant, nous regardions souvent,
Sur le haut d'une armoire, un livre inaccessible.

Nous grimpâmes un jour jusqu'à ce livre noir ;
Je ne sais pas comment nous fîmes pour l'avoir,
Mais je me souviens bien que c'était une Bible.
[...]
Des estampes partout ! Quel bonheur ! Quel délire !
[...]
Nous lûmes tous les trois ainsi tout le matin,
Joseph, Ruth et Booz, le bon Samaritain,
Et toujours plus charmés, le soir nous le relûmes[36].

Le lendemain, les jeux recommencent. On entoure la petite Adèle de moqueries et de prévenances. Victor se dispute avec Eugène l'honneur de pousser la balançoire sur laquelle elle s'est assise. On se bat avec Victor Foucher, le frère. On le « torture », on lui serre les poignets jusqu'à les rendre bleus.

Les jours passent, heureux.

« C'est dans cette maison que grandissaient sous le Premier Empire les trois jeunes frères. Ils jouaient et travaillaient ensemble, ébauchant la vie, ignorant la destinée, enfances mêlées au printemps, attentifs aux livres, aux arbres, aux nuages, écoutant le vague et tumultueux conseil des oiseaux, surveillés par un doux sourire. Sois bénie, ô ma mère [37] ! »

Il la voit, un soir où tonne le canon des Invalides, où le ciel est illuminé par un feu d'artifice, où l'on célèbre Wagram, victoire énorme vomie par « neuf cents bouches de feu », aller à la rencontre, pâle tout à coup, d'un « homme de haute stature apparu dans le clair-obscur des arbres ».

L'homme s'approche, échange quelques mots avec Sophie, puis murmure, en posant sa main sur l'épaule de Victor :

— Enfant, souviens-toi de ceci : avant tout, la liberté [38].

C'est Victor Fanneau de Lahorie, qui va vivre en proscrit dans la chapelle.

Victor ne voudra jamais savoir, reconnaître, que sa mère l'a accueilli, une nouvelle fois, sans que Léopold en soit averti. Et l'enfant — comme l'homme plus tard — se raconte la fable d'un père ouvrant sa porte à un ami pourchassé par la police de Fouché.

Mais cet homme, caché dans la chapelle, c'est un bonheur de plus.

Il mange à la table familiale, il jardine, il lit, assis parmi les fleurs. Il fait réciter leurs leçons aux enfants. Il traduit les auteurs latins.

Victor l'appelle « parrain », l'observe avec des yeux admiratifs.

Lahorie vit dans cette chapelle où la pluie et la neige entrent par les croisées sans vitres. « Il avait derrière l'autel un lit de camp, avec ses pistolets dans un coin et un Tacite qu'il me faisait expliquer[39]. »

Il prend Victor sur ses genoux. Il ouvre ce Tacite, un *in-octavo* relié en parchemin, il lit : *Urbem Roman a principio reges habuere*. Il lui demande de traduire, le corrige, répète : « La ville de Rome au commencement fut entre les mains de rois », puis il murmure :

— Si Rome eût gardé ses rois, elle n'eût pas été Rome.

Et il redit : « Enfant, avant tout la liberté[40]. »

Sophie explique qu'il ne faut pas dévoiler aux visiteurs la présence du parrain. Et même quand, un matin d'automne, l'oncle Louis entre dans la maison, son long sabre au côté, en uniforme de colonel, paré de broderies, de galons et de médailles, il faut se taire, garder le secret.

Louis Hugo s'assoit, pérore, câline les enfants, annonce avec emphase que leur père, gouverneur de la province de Ségovie, puis de celle de Guadalajara, chargé de mener l'offensive contre la guérilla, s'est conduit si brillamment que le roi Joseph Bonaparte l'a nommé général !

« Général Léopold Hugo », répète Victor en regardant cet oncle qui fait traîner son sabre, qui parle de ses batailles.

À mes frères aînés, écoliers éblouis,
Ce qui suit fut conté par mon oncle Louis,
Qui me disait à moi, de sa voix la plus tendre :
— Joue, enfant ! — me jugeant trop petit pour [comprendre.
J'écoutais cependant, et mon oncle disait :

— Une bataille, bah ! savez-vous ce que c'est ?
De la fumée. À l'aube on se lève, à la brune
On se couche ; et je vais vous en raconter une.
Cette bataille-là se nomme Eylau ; je crois
Que j'étais capitaine et que j'avais la croix ;
Oui, j'étais capitaine. Après tout, à la guerre,
Un homme, c'est de l'ombre, et ça ne compte [guère[41]*...*

Victor écoute, fasciné.

Napoléon, l'oncle Louis, le général Hugo et le général Lahorie s'inscrivent, glorieux, dans sa mémoire.

L'oncle Louis achève son récit :

Je vis mon colonel venir, l'épée en main.
— Par qui donc la bataille a-t-elle été gagnée ?

— Par vous, dit-il. — La neige était de sang
[baignée.
Il reprit : — C'est bien vous, Hugo ? C'est votre
[voix ?
— Oui. — Combien de vivants êtes-vous ici ?
[— Trois[42].

1810

La neige nous avait tous couverts en silence
D'un suaire, et j'y fis en me dressant un trou...

Tout au long des jours qui ont suivi, Victor s'est répété sans fin ces épisodes que son oncle Louis avait racontés d'une voix si enthousiaste :

La neige nous avait tous couverts en silence
D'un suaire, et j'y fis en me dressant un trou...
[...]
Et l'aube se montra, rouge, joyeuse et lente ;
On eût cru voir sourire une bouche sanglante.
Je me mis à penser à ma mère [43]*...*

Victor regarde la sienne, et songe à son père, général, le général Hugo, qui affronte une guérilla impitoyable et cruelle, qui écrit à Sophie des lettres remplies de chiffres :

« Je vous répète que le domaine peut être de soixante mille francs, payables en trois ou quatre mois… Vous pouvez donc conclure, je ne pense pas qu'il vous faille d'autre autorisation, puisque vous n'avez pas cessé d'être mon épouse. Je ne vous limite pas dans mes vues : votre intérêt est au moins égal au mien, c'est celui de nos enfants… »

Ces soixante mille francs mis à la disposition de Sophie pour l'achat d'un domaine en France ne représentent qu'un peu plus de la moitié de ce qu'a touché comme solde, cette année, le général. Le roi Joseph récompense ainsi sa bravoure et lui attribue même le titre de comte de Siguenza.

Comte Léopold Hugo, général de l'armée impériale !

Ces mots résonnent dans la tête de Victor. L'année est martiale. Le canon tonne, les fanfares font écho aux cloches : on défile dans Paris pour célébrer le mariage de Marie-Louise de Habsbourg et de Napoléon, empereur.

À table, Lahorie commente ces nouvelles, la disgrâce de Fouché, la nomination, au ministère de la Police, de Savary.

Victor observe, écoute.

Son parrain, calme à l'habitude, paraît fébrile lorsqu'il rappelle qu'il a été le compagnon d'armes de Savary, qu'il a confiance en lui, que l'Empereur, maintenant sûr de son pouvoir, peut oublier son passé et lui laisser la liberté.

Il y a la voix suppliante de Sophie qui conseille la prudence, et Lahorie qui annonce qu'il ira voir Savary.

Et le matin du 30 décembre, alors que Sophie, Victor et son frère déjeunent en compagnie de Lahorie, la bonne annonce que deux hommes sont à la grille et demandent à le voir.

Victor saisit l'angoisse de sa mère lorsque son parrain se lève, s'avance dans la cour à la rencontre des deux hommes. On lui laissera à peine le temps de faire ses adieux. On vient de l'arrêter. On va le conduire au donjon de Vincennes.

L'homme qui parlait de liberté, qui traduisait Virgile et Tacite, le parrain qui suppléait le père absent, disparaît. C'est comme si une crevasse s'ouvrait sous les pas de Victor.

Hugo n'oubliera ni cet homme ni cette arrestation.

« L'influence sur moi a été ineffaçable, dira-t-il. Ce n'est pas vainement que j'ai eu, tout petit, de l'ombre de proscrit sur ma tête, et que j'ai entendu la voix de celui qui devait mourir dire ce mot du droit et du devoir : Liberté [44]. »

1811

L'Espagne me montrait ses couvents, ses bas
[tilles ;
Burgos, sa cathédrale aux gothiques aiguilles...

Victor erre dans le jardin des Feuillantines.

Depuis l'arrestation de son parrain, de celui qui se faisait appeler M. de Courlandais — peut-être parce que Louis XVIII s'était réfugié en Courlande —, la tristesse et le silence ont envahi le couvent et les allées.

La chapelle est vide, mais le volume de Tacite est posé sur le lit de camp, rendant l'absence de Lahorie encore plus sensible.

Victor observe sa mère.

Jamais Sophie n'a semblé aussi déterminée. Elle reçoit des officiers qui arrivent de Madrid et se présentent comme les envoyés de Joseph Bonaparte, roi d'Espagne. Joseph se souvient d'elle, de leur rencontre, jadis à Lunéville. Il est choqué, disent ses messagers, par le comportement du général Léopold Hugo, comte de Siguenza, qui vit avec cette Catherine Thomas comme si elle était son épouse.

Victor se souvient de ce nom, de l'expression fermée, rageuse, de sa mère. Il écoute ce qu'elle dit du « funeste ascendant », des « horribles conseils de cette malheureuse femme ».

L'énergie de sa mère le frappe. Elle se rend chez les banquiers Ternaux, retire douze mille francs.

Elle pose sur la table un dictionnaire et une grammaire d'espagnol. Elle dit à ses fils qu'ils ont trois mois pour apprendre cette langue.

On part donc pour l'Espagne ?

Elle fait ouvrir les armoires, remplir les malles.

Elle explique qu'on ne peut se rendre à Madrid, à partir de la frontière espagnole, qu'en convoi, protégé par des milliers de soldats, des canons, et qu'il faut attendre que l'un d'eux soit prévu pour rejoindre Bayonne. Le convoi comprendra des fonctionnaires se rendant auprès du roi, et surtout douze millions d'or — le trésor — que Napoléon envoie à son frère pour faire fonctionner le royaume d'Espagne.

Victor s'impatiente durant ces semaines d'hiver. On ne joue plus, on apprend l'espagnol, on attend dans la maison et le jardin silencieux.

Et enfin, le 10 mars, la diligence tirée par quatre chevaux s'ébranle.

Sophie, Abel et deux domestiques — Claudine et Bertrand — ont pris place à l'intérieur. Victor et

Eugène ont obtenu de voyager sur le toit : en avant de la rotonde où sont entassés les bagages, existe un siège à deux places, protégé seulement par une capote de cabriolet. On y est exposé aux vents de la route, à la poussière, à la pluie et au froid. Mais on vit le voyage, sans confort mais sans obstacle.

Victor ne se lasse pas de cette succession de paysages, de ces villes traversées, Blois, Angoulême, Bordeaux, de ces fleuves tumultueux qu'il faut franchir — comme la Dordogne — sur des bacs.

Ici, à Angoulême, il est fasciné par les deux tours de la cathédrale, là par les vagues qui creusent le fleuve. À Bordeaux, il mord à pleines dents dans des petits pains, il regarde ces filles vêtues de rouge qui servent les voyageurs. Il a neuf ans et ce voyage est une découverte sensuelle, physique, du monde et des gens. Il se gave d'images, de visages, de parfums, d'émotions.

Lorsque la diligence arrive à Bayonne, ces dix jours de route l'ont déjà mûri. Il est heureux lorsqu'il apprend qu'il va falloir patienter plus d'un mois dans cette ville, dans l'attente de la formation du convoi.

« Je me rappelle avec bonheur ce mois passé à Bayonne », écrira-t-il plus tard [45].

Tout l'enchante, la maison adossée aux remparts — « C'est là sur les talus de gazon vert, parmi les canons retournés… les mortiers renversés, la gueule contre terre, que nous allions jouer dès le matin » —, les navires dans l'embouchure de l'Adour, les chardonnerets achetés aux garçons de la ville et qu'il enferme dans des cages d'osier, et ces représentations d'un mélodrame, *Les Ruines de Babylone* de Pixérécourt, que donne le théâtre de Bayonne et auxquelles ils assistent, six soirs de suite, croyant chaque fois — ils ont loué une loge pour un mois — que le spectacle va changer ! Mais si l'ennui vient, devant la répétition, que de surprises le premier soir, quand le Génie, le Tyran apparaissent sur la scène, que la trappe s'ouvre sur un souterrain où se cache la victime du Tyran !

L'imaginaire prend forme, la rêverie s'anime.

Et puis il y a la fille de la propriétaire qui lit à voix haute pour Victor.

« Pendant qu'elle lisait, je n'écoutais pas le sens de ses paroles, j'écoutais le son de sa voix. Par moments, mes yeux se baissaient ; mon regard rencontrait son fichu entrouvert au-dessous de moi et je voyais avec un trouble mêlé d'une fascination étrange sa gorge ronde et blanche qui s'élevait et s'abaissait doucement, dans l'ombre vaguement dorée d'un chaud reflet du soleil. Il arrivait parfois dans ces moments-là, qu'elle levait tout à coup ses grands yeux bleus, et elle me disait : Eh bien, Victor, tu n'écoutes pas ?

« J'étais tout interdit, je rougissais et je tremblais… Je ne l'embrassais jamais de moi-même, c'était elle qui m'appelait et me disait : Embrasse-moi donc… Qu'est-ce que j'éprouvais, moi si petit, près de cette grande belle fille innocente ? Je l'ignorais alors. J'y ai souvent songé depuis. Bayonne est resté dans ma mémoire comme un lieu vermeil et souriant. C'est là qu'est le plus ancien souvenir de mon cœur… C'est là que j'ai vu poindre dans le coin le plus obscur de mon âme cette première lueur inexprimable, aube divine de l'amour [46]. »

Mais le convoi se forme à Irun et il faut quitter Bayonne, se séparer de la jeune fille.

« Elle était blonde et svelte et me paraissait grande… Le jour où nous partîmes, j'eus deux grands chagrins : la quitter et lâcher mes oiseaux. »

On monte dans un carrosse tiré par six chevaux. Victor grimpe avec Eugène jusqu'au cabriolet, cependant que le marquis de Saillant, qui commande l'escorte, s'installe aux côtés de la générale Hugo, comtesse de Siguenza.

Le carrosse s'ébranle et c'est déjà la montagne, les ravins, les routes escarpées, puis Irun, et cette foule de soldats, de cavaliers, de voitures qui se mettent en route dans le désordre, les postillons cherchant à être en tête du convoi.

C'est l'Espagne. On traverse le village d'Ernani, puis on entre dans le bourg de Torquemada, que les troupes françaises ont incendié.

Victor, depuis le cabriolet, découvre ce pays austère, rude et hostile, ces morts le long des routes, cette peur qui saisit le convoi quand, dans le franchissement du col de Mondragon, on craint les attaques des guérilleros, dont on croit distinguer les silhouettes sur les crêtes. Au campement de Salinas, il s'écarte, tombe et se blesse à la tête. Il s'évanouit.

« On lui mit sur la blessure une feuille de pourpier et le lendemain, il ne restait plus de cette chute sanglante qu'une petite cicatrice. »

À Mondragon, le carrosse reste un instant en équilibre au bord d'un gouffre.

Plus loin, sur la route, on croise une troupe de soldats mutilés, de blessés, qui rentrent en France, se traînant dans le désordre.

Il se sent lui aussi soldat :

Parmi les chars poudreux, les armes éclatantes,
Une muse des camps m'emporta sous les tentes ;
Je dormis sur l'affût des canons meurtriers ;
J'aimai les fiers coursiers, aux crinières flottantes,
Et l'éperon froissant les rauques étriers.

J'aimai les forts tonnants, aux abords difficiles ;
[...] Et les vieux bataillons qui passaient dans les
[villes,
Avec un drapeau mutilé [47].

Puis ce sont les villes de Burgos, de Valladolid, de Ségovie. Et la poussière qui recouvre les voitures et les hommes, avant qu'une pluie diluvienne ne transforme les chemins en ruisseau et la terre en boue.

Victor vit ce voyage dans une permanente exaltation. Il a le sentiment d'appartenir à la nation victorieuse qui dicte sa loi aux peuples. Et en même temps il mesure, à l'hostilité manifestée par les habitants, la résistance de ces mêmes peuples.

Quand une roue du carrosse se brise, et que l'on

reste seuls alors que le convoi s'éloigne, chacun craint une attaque des insurgés, et la lenteur mise par le postillon pour réparer révèle peut-être qu'il est complice de la guérilla. Heureusement, surgissent les cavaliers français.

À Ségovie, le gouverneur, comte de Tilly, reçoit avec faste la comtesse Hugo et ses fils. Peu à peu se confirme dans la pensée de l'enfant de neuf ans qu'il est bien le fils d'un héros, qu'il participe à une épopée, et il commence à dire qu'il est le baron Victor Hugo, puisqu'il est le troisième fils du comte !

Il est donc lié par toutes ses fibres familiales, et par son expérience vécue, à l'histoire impériale, et parce qu'il est un enfant, il peut d'autant plus transfigurer ce qu'il vit en mythe.

Mais c'est aussi l'Espagne qu'il découvre. Les sonorités et les couleurs de ce pays s'incrustent en lui.

Là, je voyais les feux des haltes militaires
Noircir les murs croulants des villes solitaires ;
La tente, de l'église envahissait le seuil ;
Les rires des soldats, dans les saints monastères,
Par l'écho répétés, semblaient des cris de deuil.
[...]
L'Espagne me montrait ses couvents, ses bastilles ;
Burgos, sa cathédrale aux gothiques aiguilles ;
Irun, ses toits de bois ; Vittoria, ses tours ;
Et toi, Valladolid, tes palais de familles,
Fiers de laisser rouiller des chaînes dans leurs [cours[48].

Il entre, le 11 juin, dans l'un de ces palais, celui de Masserano, dans la rue de la Reine à Madrid. C'est là que Mme la générale Hugo et ses fils sont logés.

C'est l'étonnement, l'émerveillement devant le luxe, la démesure des grandes pièces, la galerie des portraits, la dignité distante de l'intendant du prince de Masserano. Victor et ses frères explorent ces vastes salons opulents. Et l'ébahissement devant tant de richesse, de meubles qui paraissent étranges, d'immenses vases de Chine, fait oublier la déception provoquée par l'absence de leur père.

Tout ce voyage pour l'atteindre, et Léopold ne semble même pas averti de leur arrivée !

Lorsqu'il l'apprendra, ce sera la fureur, le sentiment d'avoir été joué, la demande de divorce, le 10 juillet, et surtout sa volonté de « faire placer dans un collège les trois enfants mâles qu'il a eus avec vous… ».

C'est le gouverneur de Madrid qui notifie cette demande et cette exigence à Sophie, dès le 11 juillet :

« Je vous prie instamment, Madame, poursuit-il, de ne pas vous opposer aux volontés de votre mari et de remettre de bonne grâce les enfants à un chargé de pouvoirs. Époux et père moi-même, je remplis avec regret un pénible devoir… »

Victor ne pressent pas encore le destin qui le guette.

Il court dans la galerie des portraits. Il est troublé par la générale Lucotte, une jeune femme dont les enfants jouent avec les fils Hugo. Mais Victor n'a d'yeux que pour leur mère, grisé par cette blonde au corps généreux, coquette, aux parfums entêtants.

Et quand ce n'est pas elle qu'il guette, il se tourne vers Pepita, la fille du marquis de Monte Hermosa.

Moi, je me croyais un homme,
Étant en pays conquis.
[...]
Et c'était presque une femme
Que Pepita mes amours.
L'indolente avait mon âme
Sous son coude de velours.

Je palpitais dans sa chambre...
[...]
Je disais quelque sottise ;
Pepa répondait : Plus bas !
M'éteignant comme on attise ;
Et pendant ces doux ébats,

Les soldats buvaient des pintes
Et jouaient au domino
Dans les grandes chambres peintes
Du palais Masserano[49].

Et tout à coup, comme si la comète qui, en cette année 1811, parcourt le ciel — annonçant pour les uns la chute prochaine de Napoléon, saluant pour les autres la naissance de son fils, le roi de Rome, le 20 mars — s'abattait sur la tête de Victor, voici qu'on le conduit avec ses frères, sur ordre de Léopold, au collège des Nobles tenu par des moines.

Et que sa mère l'y abandonne, expliquant qu'elle doit se soumettre à la loi cruelle de leur père.

Les bâtiments sont sinistres, les cours minuscules, les couloirs interminables, les fenêtres d'étroites fissures. Les moines patriotes sont hostiles envers ces fils d'un général français, que leur mère a déclarés protestants pour qu'ils n'aient pas à servir la messe.

Après le jardin enchanté des Feuillantines, le luxe stupéfiant du palais Masserano et les rêveries amoureuses, Victor a le sentiment de tomber dans un puits sombre.

Abel quitte vite le collège, admis dans le corps des pages du roi Joseph. Victor et Eugène se serrent l'un contre l'autre, dans ces grands dortoirs vides, car la plupart des nobles espagnols ont quitté Madrid avec leurs enfants. Des crucifix sont suspendus au-dessus de chaque lit. Comme un rappel de la souffrance et une invitation au remords.

Dans les allées passe Corcovita, un bossu à l'uniforme bariolé, veste rouge, culotte bleue et bas jaunes.

Les quelques jeunes pensionnaires espagnols manifestent leur haine pour ces Français mécréants, mais qui savent si bien leur Tacite !

Après les avoir admis, au vu de leur âge, en classe de septième, les moines surpris de leurs connaissances latines les placent en rhétorique, où ils rivalisent avec des jeunes gens de sept ans leurs aînés.

On se bat avec certains — Eugène est blessé par le comte de Belverana, Victor affronte un certain Elespuru, au visage monstrueux —, on attend avec impatience les visites de Sophie, de la générale Lucotte et d'Abel.

Mais après leur départ, la solitude paraît plus grande encore.

Quel est donc ce père qui condamne ainsi ses fils à l'enfermement ? Et qu'on ne voit jamais !

Il commence à faire plus sombre encore dans ces bâtiments, maintenant que viennent l'automne et le froid. La nourriture est à peine suffisante parce que les récoltes sont mauvaises, les denrées rares.

Victor tombe malade, sa gorge est douloureuse. On identifie les oreillons. On le soigne en le confiant à une nourrice, qui lui donne son lait. Il guérit, mais les visites de sa mère deviennent plus rares, parce que Léopold est revenu s'installer à Madrid et qu'il vit, au vu de tous, avec « cette » Catherine Thomas.

Un jour, il apparaît enfin, mais en compagnie de cette femme dont le nom seul faisait grimacer Sophie. Et il faut la saluer, monter en sa compagnie dans la calèche, se promener dans les rues de Madrid, au Prado, se sentir déchiré face à cet homme en uniforme et cette jeune femme radieuse, avoir l'impression de trahir sa mère.

Victor peut imaginer sa douleur, si elle les aperçoit, et il a même l'impression de l'avoir vue dans l'une de ces rues de Madrid qu'il parcourt en calèche avec son père et Catherine Thomas.

Mais il a la certitude, connaissant l'énergie de Sophie, qu'elle se bat pour les arracher à ce collège, pour leur rendre les Feuillantines, leur éviter d'être malheureux.

Il ne se trompe pas.

Sophie envoie de nombreuses requêtes à Joseph Bonaparte. Elle proteste contre l'injure qui lui est faite par son époux, installé à Madrid avec cette « malheureuse femme et ses horribles conseils ».

Elle se défend contre les accusations formulées par Léopold, qui a appris par la rumeur l'hospitalité offerte rue des Feuillantines au général Lahorie. Elle affirme que ce dernier a favorisé à plusieurs reprises la carrière de Léopold, et que c'est pour cette seule raison qu'elle l'a accueilli chez elle, comme un ami de son mari. Lahorie, par ailleurs, n'est plus emprisonné au secret, c'est donc qu'on a reconnu qu'il n'est pas un conspirateur dangereux !

Elle harcèle tant Joseph Bonaparte que, las de cette querelle publique, de ce scandale qui nuit à la réputation de sa cour, il écrit à Léopold, le menaçant de l'éloigner :

« Je ne dois pas vous cacher que je préfère ce parti au spectacle qu'offre votre famille depuis trois mois », conclut-il.

Un jour d'hiver, Victor voit sa mère s'avancer dans le long couloir du collège des Nobles.

Elle a obtenu la garde de ses deux jeunes fils, à la condition de regagner la France. Et qui la retiendrait en Espagne, dans ce pays en rébellion contre les Français, dans cette ville de Madrid assiégée par la révolte, et où l'on commence à souffrir de la disette ?

Quant à Léopold, qu'il s'affiche avec Catherine Thomas ! L'un de ses traitements — celui de majordome — sera directement versé à son épouse.

Et Lahorie a fait parvenir à Sophie, anonymement, mais elle a deviné l'identité de son correspondant, une somme de cinq mille francs, pour qu'elle ne soit pas dans le besoin.

Pourquoi rester en Espagne ?

Elle entraîne Victor et Eugène. On partira pour Paris avec le prochain « convoi ».

1812

Grandir, vivre ! Laisser refroidir sans murmure
Tout ce sang jeune et pur, bouillant chez mes
[pareils...

Il regarde les dernières maisons de Madrid qui disparaissent derrière l'épais nuage de poussière que soulèvent les fantassins, les prolonges d'artillerie, les cavaliers qui entourent les voitures du convoi qui vient, ce 3 mars, de quitter la ville.

Victor est inquiet. Sa curiosité toujours vive est cependant voilée par l'angoisse.

Il a à peine aperçu son père, qui lui a remis pour son dixième anniversaire une montre en or à double boîtier. Il la sent, lourde, dans son gousset. Il imagine que des guérilleros voudront s'en emparer. Il se défendra. Mais ils sont innombrables ! Le maréchal de Bellune, qui rentre en France avec ce convoi, l'a dit : toute l'Espagne est soulevée contre les Français. La vigilance s'impose à chaque instant. La discipline militaire la plus stricte doit régner dans le convoi, chacun, même les femmes et les enfants, doit s'y soumettre.

Victor songe à son frère Abel qui reste à Madrid avec son père, et qu'il a vu dans son uniforme bleu à aiguillette de page du roi. Il voudrait être lui aussi l'un de ces soldats.

Et j'accusais mon âge : — « Ah ! dans une ombre
[obscure,
Grandir, vivre ! Laisser refroidir sans murmure
Tout ce sang jeune et pur, bouillant chez mes
[pareils,
Qui dans un noir combat, sur l'acier d'une armure,
Coulerait à flots si vermeils ! »

Et j'invoquais la guerre, aux scènes effrayantes[50] *!*

Il en est le témoin effrayé à Burgos, à Valladolid, à Vittoria. Là, des pénitents gris et noirs, portant des lanternes allumées, conduisent à l'échafaud où il sera garrotté un homme terrorisé auquel ils présentent un crucifix.

Le condamné est attaché sur un âne, le dos tourné vers la tête de l'animal. Il jette des regards affolés autour de lui.

Plus loin, sur la route, la voiture frôle le corps d'un homme découpé, dont les membres ont été rassemblés afin qu'ils puissent être crucifiés, et dont le sang jaillit encore.

L'horreur et la peur augmentent à chaque tour de roue, et Victor et Eugène se tassent dans la voiture.

On s'arrête. On attend des renforts tant la route est peu sûre. Ce n'est que lorsque, enfin, on atteint la France que l'angoisse desserre son étreinte. Mais le souvenir des scènes vues, l'empreinte de l'Espagne, de ses noms, de sa violence, de sa démesure, de son énergie farouche à résister, reste en lui, comme aussi cette douleur provoquée par l'absence de son père.

Et comme pour sceller cette déception, Victor constate qu'à Bordeaux on lui a volé la montre que son père lui avait offerte.

Tristesse, blessure…

Mais lorsque, au début du mois d'avril, après plus d'un mois de voyage, Victor retrouve la maison et le jardin des Feuillantines, et le professeur La Rivière, sa joie est si grande que la douleur s'efface.

Il conserve de ce séjour en Espagne des images cruelles à l'eau-forte, et le souvenir d'un père, général et comte, nommé commandant de la place de Madrid le jour même du départ du convoi.

Tout cela semble aussi irréel qu'un rêve et un cauchemar, alors que les allées sous les marronniers s'ouvrent aux jeux.

Il retrouve Adèle Foucher, dont le père rentre d'Italie. Il a été nommé chef du bureau de recrutement au ministère de la Guerre. Mais la famille Foucher continue d'habiter rue du Cherche-Midi, à l'hôtel de Toulouse où siège le conseil de guerre.

Le rapporteur de ce conseil, Delon, a un fils, Édouard, polytechnicien, qui vient en uniforme impasse des Feuillantines, et joue avec Eugène, Adèle et Victor.

On abandonne la balançoire et la brouette sur laquelle il y a seulement quelques mois on promenait Adèle, un bandeau sur les yeux. On court encore, mais le plus souvent on se regarde, on raconte. Victor rivalise avec Eugène pour attirer l'attention d'Adèle, si brune qu'il pense en la fixant à la Pepita du palais Masserano.

Mais, pudique et grave, Adèle s'éloigne vite, rejoignant les parents qui bavardent au salon.

Victor observe les adultes. Sa mère lui paraît si différente de Anne-Victoire Asseline Foucher, la mère d'Adèle ! Elle est altière et énergique. Elle parle de la voix nette de quelqu'un qui a des opinions fortes et ne cherche pas à les dissimuler.

Sophie condamne l'Empire, la nouvelle guerre que Napoléon a entreprise, franchissant le Niémen, le 24 juin, et s'enfonçant ainsi dans l'immensité russe.

Elle voit Lahorie, réussit à le faire transférer du fort de Vincennes à la prison de la Force. Elle prend contact avec un monarchiste, l'abbé Lafon, des généraux, Malet et Guidal, quelques autres qui rêvent de constituer un gouvernement d'union qui chasserait « l'usurpateur » du roi et de la République.

Elle connaît et approuve leur projet : faire croire à Paris que Napoléon est mort en Russie, et s'emparer du pouvoir à l'occasion du trouble et de l'hésitation provoqués par la disparition de l'Empereur.

Dans la nuit du 22 octobre, alors que depuis quelques jours les nouvelles qui arrivent de Russie sont mauvaises, que l'on sait que Moscou a été incendié en septembre et que les soldats de la Grande Armée vont devoir, alors que s'annonce l'hiver, quitter la ville — et peut-être l'ont-ils déjà fait —, le général Malet annonce la mort de Napoléon, libère Lahorie, qui fait aussitôt arrêter le ministre de la Police, Savary, et prend sa place.

Victor perçoit la fébrilité de sa mère, qui se rend chez les Foucher, à l'hôtel de Toulouse où, dès le matin du 23 octobre, des messagers annoncent que la conspiration a été déjouée, que ses initiateurs sont arrêtés et seront déférés devant le conseil de guerre, dont le rapporteur est Delon.

Elle ne s'effondre pas, Sophie Hugo. Elle n'est pas femme à pleurer et à se lamenter.

Elle tente seulement de fléchir Delon, mais celui-ci rédige un réquisitoire sévère et, dans la nuit du 28 octobre, treize inculpés sont condamnés à mort, dont Victor Fanneau de Lahorie.

Sophie a attendu le verdict à l'hôtel de Toulouse, à quelques pas de la salle où il est prononcé.

La cour du bâtiment et les rues voisines sont envahies par les troupes, mais elle réussit à se rendre jusqu'à la plaine de Grenelle, lieu de l'exécution, puis elle suivra le tombereau où les corps ensanglantés des condamnés ont été jetés afin d'être conduits jusqu'au cimetière de Vaugirard, où ils seront inhumés dans la fosse commune.

Sombre automne.

La Grande Armée a été recouverte par la neige russe et des milliers d'hommes se sont noyés dans la Berezina.

Napoléon est rentré à Paris, où vient d'être publié le *Bulletin de la Grande Armée* qu'il a dicté.

Sophie le lit d'une voix lente : « Notre cavalerie était tellement démontée que l'on a dû réunir les officiers auxquels il restait un cheval pour en former quatre compagnies de cent cinquante hommes. Les généraux y faisaient fonction de capitaines, et les colonels de sous-officiers. Cet escadron sacré… »

L'ombre s'étend.

Un soir d'octobre, Victor, tenant la main de sa mère, regagne l'impasse des Feuillantines.

Sophie s'arrête, s'approche d'une affiche blanche collée sur la colonne droite du portail. Les passants passent rapidement, ne jetant qu'un coup d'œil à ce texte comme s'ils avaient peur d'en prendre connaissance.

Elle demande à son fils de lire.

« Je lus. Je lus ceci : — *Empire français. — Par sentence du premier conseil de guerre, ont été fusillés en plaine de Grenelle, pour crime de conspiration contre l'Empire et l'Empereur, les trois ex-généraux Malet, Guidal et Lahorie.*

« — Lahorie, me dit ma mère, retiens ce nom.

« Et elle ajouta :

« — C'est ton parrain.

« Tel est le fantôme que j'aperçois dans les profondeurs de mon enfance [51]. »

1813

J'eus dans ma blonde enfance, hélas ! trop
[éphémère,
Trois maîtres : — un jardin, un vieux prêtre et
[ma mère.

Victor lit, allongé sur le sol jonché de livres.

Il a l'impression que ce qu'il a vécu, ses voyages en Espagne, que l'injustice dont il a été le témoin — puisque le général Lahorie, son parrain qui savait si bien expliquer et traduire Tacite, a été proscrit puis fusillé —, que la façon d'apprendre qui est la sienne, en marchant aux côtés du maître, ce bon La Rivière, au milieu des fleurs et sous les arbres, sont évoqués là, dans ces livres, les *Voyages* de Spallanzani ou du capitaine Cook, *L'Affaire Calas* de Voltaire, ou l'*Émile* de Rousseau.

Ces livres lui parlent. Ce qu'ils rapportent l'enthousiasme ou l'indigne, comme s'ils étaient l'écho de ce qu'il a déjà ressenti et de ce qu'il imagine. Et parfois, quand il lit *Les Amours du cheva-*

lier de Faublas, ou ces vers de Saint-Just qui décrivent les épaules d'une femme, ou des phrases de Rétif de la Bretonne qui racontent des aventures nocturnes, il est ému jusqu'à tressaillir, les joues en feu.

Il se tourne. Son frère Eugène lit aussi dans cet entresol où les livres s'entassent. On entend la voix de Royol, le singulier propriétaire de ce cabinet de lecture où Victor se rend presque chaque après-midi, avec Eugène.

Leur mère les envoie chercher des livres pour elle, et les laisse choisir à leur guise. Ils vagabondent de Voltaire à Rousseau, de Corneille à Diderot.

Ils lisent tout. Ils sont libres.

Royol, ce singulier témoin d'un autre siècle, avec ses souliers à boucles et ses cheveux poudrés, les a conduits jusqu'à l'entresol où il entrepose dans le désordre les ouvrages qui pourraient choquer ses lecteurs habituels. Puis il les a abandonnés. Quant à Sophie, elle n'imagine pas qu'un livre puisse être pernicieux.

Alors Victor court de page en page, d'un philosophe à un poète, d'un auteur licencieux à un romancier. Et, rentré rue des Feuillantines, il écrit ses premiers vers, en les récitant à haute voix, jusqu'à ce que le son des mots s'accorde.

Il a seulement onze ans, mais la tête pleine de souvenirs, d'images et de situations extrêmes, sur lesquels viennent se déposer, comme d'autres expériences, les émotions qu'il éprouve en explorant ces livres.

Lorsqu'il va à la rencontre d'Adèle, il lui semble qu'elle n'est pas cette petite fille de dix ans, mais l'une de ces héroïnes croisées au fil des pages et que rejoignent ainsi les silhouettes de la générale Lucotte ou de Pepita s'avançant dans les galeries du palais Masserano.

Il entraîne Adèle. Il s'assied près d'elle. Ils lisent épaule contre épaule. Leurs cheveux se mêlent. Leurs lèvres se frôlent peut-être.

Victor vit ou rêve cet instant.

Adèle s'éloigne.

« J'avais le paradis dans le cœur », se souvient-il.

Il rejoint le maître La Rivière, sous les marronniers. Il récite les vers qu'il a composés. L'ancien oratorien l'écoute avec bienveillance, lui répond en scandant Virgile et d'autres auteurs grecs et latins.

J'eus dans ma blonde enfance, hélas ! trop
[éphémère,
Trois maîtres : — un jardin, un vieux prêtre et ma
[mère.

Le jardin était grand, profond, mystérieux,
Fermé par de hauts murs aux regards curieux,
[...]

Le prêtre, tout nourri de Tacite et d'Homère,
Était un doux vieillard. Ma mère — était ma
[mère[52] *!*

Un jour d'été, Victor voit La Rivière qui s'avance à la rencontre d'un visiteur…

Lorsque cet homme entra, je jouais au jardin,
Et rien qu'en le voyant je m'arrêtai soudain.
C'était le principal d'un collège quelconque [53].

Il s'agit en fait du proviseur du lycée Napoléon, qui vient demander à Mme Hugo de bien vouloir inscrire ses fils dans son établissement plutôt que de les laisser apprendre dans le désordre. Il argumente en faveur de la « sévère étude »…

Et qu'enfin il fallait aux enfants — loin des mères —
Le joug, le dur travail et les larmes amères [54].

Victor se souvient du collège des Nobles de Madrid, et il imagine celui où « cet homme chauve et noir, très effrayant pour moi », propose de l'enfermer.

Ses bancs de chêne noirs, ses longs dortoirs [moroses,
Ses salles qu'on verrouille et qu'à tous leurs piliers
Sculpte avec un vieux clou l'ennui des écoliers,
Ses magisters qui font, parmi les paperasses,
Manger l'heure du jeu par les pensums voraces,
Et, sans eau, sans gazon, sans arbres, sans fruits [mûrs,
Sa grande cour pavée entre quatre grands murs [55].

Sophie hésite, ébranlée par les arguments du proviseur.

Que faire ? Que vouloir ? Qui donc avait raison,
Ou le morne collège, ou l'heureuse maison [56] *?*

Il guette, inquiet, sa décision puis, quand il apprend que sa mère ne suivra pas les conseils de l'« homme chauve et noir », il se laisse aller à la joie. Il restera l'élève de La Rivière, et :

Dès lors, en attendant la nuit, heure où l'étude
Rappelait ma pensée à sa grave attitude,
Tout le jour, libre, heureux, seul sous le firmament,
Je pus errer à l'aise en ce jardin charmant [57].

Bien sûr, il n'est pas seul. Eugène est près de lui, lisant à ses côtés dans l'entresol du cabinet de lecture, écoutant les mêmes leçons de La Rivière, s'essayant lui aussi à composer des poèmes, et couvant du regard Adèle.

Victor est irrité par ce compagnon de tous les instants, qui est aussi un aîné de deux ans qui veut s'imposer, ce qu'il n'accepte pas.

Peut-être la présence d'Abel, qui a atteint sa quinzième année, pourrait-elle éviter que ce tête-à-tête entre ses deux frères ne devienne une rivalité permanente…

Et précisément, Abel est rentré en France, avec son père, après les défaites françaises face à l'insurrection espagnole. Madrid a dû être évacué, le

27 mai, et c'est le général Léopold Hugo qui a commandé aux troupes durant la difficile retraite.

Maintenant, il est à Pau, avec Abel, il n'est plus général, mais chef de bataillon. D'ordre de l'Empereur, chaque officier retrouve son grade, quel qu'ait été celui qu'il a obtenu au service du roi d'Espagne.

Sophie le sait, s'inquiète, écrit à Abel, fustige Léopold comme s'il était responsable de ses malheurs et non victime de l'évolution de la situation en Espagne. Elle fait mine de se lamenter sur le « malheureux » Léopold Hugo.

« Vois, dit-elle à Abel, où peuvent conduire le défaut de principe et les passions extravagantes. Quelle belle destinée que ton père a gâtée ! Tous les avantages qu'il pouvait retirer de son service d'Espagne sont perdus pour sa famille et pour lui-même. Il revient de là avec des dettes… »

C'est comme si Léopold Hugo incarnait à ses yeux l'Empire et l'Empereur, ce régime et cet homme qui ont condamné à mort Lahorie. Et elle le hait.

« Je crois bien, poursuit-elle, qu'il n'a pas achevé de payer cette maison qu'il a achetée à cette femme ! »

La voilà, la « funeste » personne, Catherine Thomas !

« Comment vivra-t-il, et nous aussi, avec le reste ? Si tu sais quelque chose relativement au paiement de cette maison, mande-le-moi, dans ta première lettre… Il est affreux de voir un père de famille se dépouiller, ainsi que tous les siens, pour une femme semblable… »

Il faut qu'Abel la renseigne, espionne son père.

« Je vois, mon pauvre ami, que tu as beaucoup à souffrir avec cette femme », ajoute-t-elle. Et si Léopold interdisait à Abel de correspondre avec sa mère : « Écris-moi à son insu », recommande-t-elle enfin.

Quelques jours plus tard, voici Abel, vigoureux jeune homme, qui rentre aux Feuillantines.

Son père est parti pour l'Allemagne, où la guerre a recommencé avec l'Autriche. Et l'Empereur vient d'être battu à Leipzig, à la mi-octobre.

L'atmosphère s'alourdit. Victor sent sa mère tendue.

— Je n'ai reçu depuis le mois de novembre dernier que deux mille cinq cents francs ! peste-t-elle.

Sur qui peut-elle compter, maintenant que Lahorie est mort et que Léopold a perdu l'essentiel de ses revenus et vit avec « cette femme » ?

Un matin de décembre, Victor voit sa mère traverser rapidement les pièces, regarder longuement le jardin. Elle vient d'apprendre que la ville de Paris, afin de prolonger la rue d'Ulm, a décidé d'exproprier le jardin des Feuillantines.

Sophie sait ce que ces massifs de fleurs, ces arbres et ces allées ont représenté pour Victor et ses frères. Elle va donc quitter l'ancien couvent pour un hôtel Louis XV, 2, rue des Vieilles-Tuileries, dans le prolongement de la rue du Cherche-

Midi, en face de l'hôtel de Toulouse où habitent les Foucher et leurs enfants, et donc Adèle.

Sophie louera le rez-de-chaussée, qui donne sur un petit jardin où poussent quelques arbres. Elle installera les enfants dans les chambres du deuxième étage.

On emménage le 31 décembre.

Victor fait le tour du jardin, en quelques pas.

Et tout à coup, il lui semble reconnaître une voix. Il lève les yeux. La générale Lucotte est penchée à une fenêtre de la maison… La belle et blonde coquette du palais Masserano habite avec ses enfants au premier étage !

Exalté, il s'enferme dans sa chambre et commence à écrire un poème qu'il offrira à Rosalie Lucotte le lendemain, 1er janvier.

Madame, en ce jour si beau
Qui nous annonce un an nouveau,
Je vous souhaite de bonnes années,
Des jours de soie et d'or filés,
Et surtout en votre vieillesse
De bons enfants et des richesses.
Ainsi, Madame, pour en finir,
C'est avec bien du plaisir
Que je vous présente en ce jour
Et mon hommage et mon amour [58].

Il aura douze ans dans deux mois.

TROISIÈME PARTIE

1814 - 1817

1814

J'ai droit à la colère à mon âge. L'offense,
Tombant du père au fils, est la fin de l'enfance...

Ce poème qu'il vient d'écrire pour la générale Lucotte, Victor le relit, le récite…

... Que je vous présente en ce jour
Et mon hommage et mon amour.

Il a le sentiment que les mots ont le pouvoir de le grandir.

Il n'est plus, ce 1er janvier, un enfant mais un poète, un être qui n'a pas d'âge. Oubliées, les à peine douze années de sa vie !

Il est, en écrivant, devenu le frère de tous ces auteurs latins et grecs dont La Rivière et Lahorie lui ont fait apprendre les vers. S'il compose des poèmes, il va devenir le compagnon de Tacite, de Virgile ou d'Homère.

Il a l'impression d'avoir découvert le secret de la fabrication de soi. Il est un alchimiste. Il peut, s'il écrit, s'il utilise tous ces mots, toutes ces images qu'il sent accumulés en lui, entrer dans la vie, vite. Il songe à tous ces livres dévorés dans l'entresol du cabinet de lecture de Royol et dont les phrases sont là, dans sa mémoire.

Il trempe sa plume. Il signe le poème à Rosalie Lucotte :

« Par son serviteur, Victor Hugo. »

Cette phrase, ces vers le grisent.

Il prend un cahier. Il va chaque jour écrire. Il commence… Il recopie des vers de Virgile, il les traduit. Et dans les jours suivants, il imagine une pièce de théâtre, *Le Palais enchanté*, puis une autre, *Le Château du Diable*, sur le modèle de celle qu'il a vue à Bayonne, ou bien des spectacles de marionnettes auxquels il a assisté dans le jardin du Luxembourg.

Leur mère a d'ailleurs acheté un théâtre de carton, avec des figurines en bois, afin que Victor et Eugène inventent et mettent en scène leurs propres intrigues.

Mais comment partager avec Eugène le secret de la fabrication de soi ? Comment ne pas s'opposer à ce frère plus âgé qui lui aussi se met à écrire ? Aurait-il dérobé le secret ? Serait-il un voleur de mots ? Voudrait-il, grâce à eux, attirer l'attention de Rosalie Lucotte, être distingué par elle, ou bien devenir le préféré d'Adèle Foucher ?

Car elle est revenue jouer avec eux, Adèle, accompagnée de son frère Victor. Ils sont voisins.

Il faut seulement traverser la rue du Cherche-Midi et faire quelques pas dans celle des Vieilles-Tuileries.

On se retrouve avec les enfants de Mme Lucotte, dans le jardin — vite interdit par Sophie ! —, dans la cour, dans la remise où le général Lucotte a rentré sa calèche et où sont entassées les malles de son épouse. On joue. On se bouscule. On se poursuit. On se serre sur les banquettes. On se frôle. On a les joues en feu. On est surpris par ce qu'on ressent, ce trouble, cette émotion.

Victor souvent quitte la cour, délaisse les jeux. Il s'enferme dans sa chambre, il écrit dans son cahier. Il se sent après chaque mot différent. Il est fébrile, exalté parce que, autour de lui, tout change aussi, comme si le rythme du monde était accordé à celui de sa propre transformation.

Il voit passer chaque jour, dans les rues du Cherche-Midi et des Vieilles-Tuileries, des voitures chargées de soldats. Il les suit des yeux. Il écoute sa mère et Pierre Foucher qui parlent à voix basse.

Il apprend que son père a été nommé commandant de la place de Lunéville, que les armées prussienne, russe, autrichienne, avancent, que les batailles maintenant se déroulent en France et que l'Empereur s'efforce, en rassemblant toutes ses troupes, celles que l'on voit défiler dans les rues de Paris, d'arrêter l'invasion.

On entend parfois le canon.

Et bientôt Victor constate que sa mère ne dit plus

l'Empereur ou Napoléon, mais *Buonaparte*. Elle prononce ce mot avec une expression de dédain et de mépris, comme lorsqu'elle parlait de Catherine Thomas, la mauvaise, la malheureuse, la funeste. Elle dit que Buonaparte est fou, qu'il a abandonné ses soldats dans les sables d'Égypte et les neiges de Russie, que c'est un ogre, un débauché et que, heureusement, les Alliés vont le mettre à la raison !

Elle s'approche de Victor, le prend contre elle alors que la rumeur du canon devient de plus en plus forte, en cette fin du mois de mars.

Sophie exulte, chausse des souliers verts pour marquer qu'elle piétine l'Empire dont le vert est la couleur. Elle embrasse Victor et ses deux autres fils avec ferveur. On vient d'apprendre que Paris a capitulé, que le tyran Buonaparte a abdiqué, qu'il vogue vers l'île d'Elbe…

L'horrible île d'Elbe ! Que ses fils se souviennent ! C'est là qu'était cette mauvaise femme.

Mais tout va être différent. L'assassin de Lahorie est enfin châtié ! Et Victor se souvient de l'homme qui, dans le jardin des Feuillantines, lui parlait de liberté, lui lisait Tacite, et dont il découvrit le nom, un jour, sur une affiche qui annonçait son exécution.

Son parrain est vengé. C'est la fête !

Pierre Foucher se joint à la ronde, partage cette joie.

On s'en va applaudir le comte d'Artois, frère de Louis XVI, qui fait son entrée dans Paris, le

12 avril. Il caracole sur un cheval blanc. Il distribue des morceaux de ruban blanc.

Victor en saisit un, l'arbore. Il regarde autour de lui. Ce ne sont que cocardes blanches. Les officiers, les généraux, les maréchaux de la Grande Armée se sont ralliés à Louis XVIII, l'aîné d'Artois.

Victor crie, comme la foule : « Vive le roi ! »

Il assiste, le 3 mai, au défilé royal depuis une fenêtre du Palais de Justice, dans la tour Saint-Jean. Pierre Foucher a obtenu ce privilège. Il est à côté d'Adèle. Une nouvelle vie commence.

« Vive le roi ! »

Louis XVIII, affalé dans sa calèche, salue de la main. La Garde, hier encore impériale, suit la voiture à pas lents et de mauvaise grâce.

On se précipite vers Notre-Dame pour assister à la célébration du *Te Deum*.

« Vive le roi ! »

Il semble à Victor que jamais il n'a vu sa mère aussi rayonnante, aussi sûre d'elle. Elle écoute, les yeux mi-clos, avec condescendance, la lettre de Léopold qu'Abel vient de recevoir et qu'il lit.

Le père a défendu Thionville, refusant de se rendre, défendant la place qui lui avait été confiée, jusqu'à ce que l'ordre de cesser le combat lui en ait été notifié par le nouveau ministre de la Guerre.

« La manière dont j'ai servi, écrit-il, me vaudra sans doute la bienveillance de Sa Majesté. Si Thionville est rendue à la France, il n'est qu'une voix ici pour dire que je lui ai conservé cette place. »

Et Abel, dans son habit neuf aux reflets verts, son pantalon gris clair, sa redingote foncée que lui a fait tailler Sophie pour saluer le retour du fils aîné, un jeune homme de seize ans, répète d'une voix solennelle l'une des phrases de la lettre : « Ton père a fait son devoir. »

Lui aussi est donc rallié à Louis XVIII !

« Vive le roi ! » peut crier de nouveau Victor.

Sa cocarde blanche n'est pas signe de trahison du père, elle est adhésion à ce monde nouveau, qui coïncide avec la fin de l'enfance. Elle est partage de la passion de la mère.

Sophie serre longuement Victor et Eugène contre elle. Elle annonce qu'elle doit partir avec Abel pour Thionville.

Buonaparte a abdiqué, Léopold doit le faire aussi, rompre avec cette femme avec laquelle il vit aux yeux de tous dans une belle maison de Thionville.

Il faut, maintenant que l'ordre est rétabli, que l'usurpateur n'est plus que le roitelet de cette île d'Elbe — celle des mauvais souvenirs —, que Léopold fasse son devoir, respecte les bonnes mœurs, assure à sa famille, à son épouse et ses trois fils, un avenir. Et s'il s'y refuse, eh bien, qu'on sache qu'il s'agit d'un « père dénaturé », et qu'on rende justice à l'épouse, qu'il assure à ses enfants pension et portion de sa fortune.

Qu'il paie ! Comme Buonaparte a payé.

Elle se rend à Thionville pour obtenir cela, abdication et réparation.

Victor et Eugène la voient s'éloigner, un jour de mai ; les domestiques, Mme Feuillye et sa fille Antoinette, les amis qui sont aussi les voisins *, les Lucotte et les Foucher, veilleront sur eux.

Mais que l'absence de la mère est douloureuse !

Ce lundi 16 mai, Victor commence à écrire sa première lettre :

« Ma chère maman,

« Depuis ton départ, tout le monde s'ennuie de ne plus te voir, Mme Feuillye et Toinette se plaignent de ton absence. Nous allons très souvent voir M. et Mme Foucher, comme tu nous l'as dit. M. Foucher nous a proposé de suivre les leçons que M. Asseline donne à son fils. Nous l'avons remercié. Nous travaillons tous les matins au dessin et aux mathématiques. Une lettre cachetée de noir et adressée à Abel est arrivée le soir de ton départ **. M. Foucher a promis de te la faire passer. Personne n'est venu vous demander. Hier dimanche, M. Foucher a eu la bonté de nous mener au Muséum et aux Tuileries. Il nous a fait aussi dîner chez lui.

« Je n'ai plus rien à te marquer, je t'embrasse de

* L'hôtel de Toulouse, où habitent les Foucher, est situé au n° 31 de l'actuelle rue du Cherche-Midi ; et le n° 2 de la rue des Vieilles-Tuileries, où logent les Lucotte et Sophie Hugo, correspond au n° 42 de la même rue du Cherche-Midi.

** Sans doute une lettre de Léopold Hugo annonçant la mort de sa mère.

tout mon cœur, ainsi qu'Abel. Reviens bien vite. Sans toi, nous ne savons que dire et que faire, nous sommes tout embarrassés. Nous ne cessons de penser à toi. Maman ! Maman !

« Adieu, chère maman, porte-toi bien et écris à ton soumis et respectueux fils,

« Victor. »

Il regarde Eugène qui écrit de son côté des lettres plus longues, où il parle de Mme Lucotte, qui a « offert de venir chez elle passer les soirées et le temps que nous aurions de libre ».

Victor a l'impression qu'Eugène lui vole une part de lui-même, de cette réalité et de ces sentiments que lui veut maîtriser avec les mots.

Et parfois il se rebelle quand Eugène, qui vient d'écrire encore une lettre à leur mère, l'invite à en rédiger une. Victor refuse et il sait qu'Eugène va noter : « Victor n'a pas voulu faire sa lettre aussitôt que la mienne… »

Mais comment en vouloir à Eugène, ce presque double, ce compagnon d'études et de jeux, de rêves et d'inquiétudes, et tout à coup, le 17 juin, ce frère en malheur ?

Ils voient ensemble arriver une femme revêche. Elle dit qu'elle est Mme Marguerite Martin-Chopine, dite Goton, la sœur de leur père, leur tante, et qu'elle a reçu ordre, procuration légale, pour conduire les fils de son frère chez elle. Elle n'habite pas loin, au numéro 20 de la rue du Vieux-

Colombier. Elle les entraîne, les fait conduire à son domicile.

Victor et Eugène regardent autour d'eux, perdus, ces hommes qui posent les scellés sur la porte de leur maison. Ils comprennent qu'on veut prendre tout ce que leur mère a construit et qui est leur nid.

Le désespoir les accable. Ils ont peur. Ils refusent de céder à cette femme qui exige qu'ils l'appellent leur tante. Elle est « Madame », seulement « Madame ». Ils demandent à voir leur mère, à lui écrire.

Victor l'imagine, à Thionville, tombée dans une trappe qu'a ouverte l'autre mauvaise femme, Catherine Thomas la funeste, qui doit être à l'origine du malheur qu'ils subissent.

Et leur père, se peut-il qu'il soit complice de cette machination ?

Mais n'est-ce pas lui qui, à Madrid, les a fait enfermer dans ce collège des Nobles ?

Victor ne sait heureusement rien de ce qui se passe à Thionville, de la manière dont Léopold a accueilli sa mère, l'humiliant, la forçant à cohabiter avec Catherine Thomas, lui imposant la présence de cette dame avec laquelle il s'enferme dans la chambre, ignorant son épouse et son fils, répétant que Sophie, Mme Trébuchet, est une démone, une sorcière, une gueuse assoiffée d'argent et qu'il ne l'a « jamais tant abhorrée ».

La colère aveugle Léopold. Il veut arracher ses enfants à la femme qui n'a même pas été capable de leur faire suivre des études régulières dans un établissement scolaire.

Mais Victor entend « Goton » s'en prendre à leur mère, à Pierre Foucher : de quoi se mêle ce Monsieur, qui a écrit à Léopold que ses « deux enfants sont mal, extrêmement mal, sous tous les rapports, dans l'endroit où ils se trouvent maintenant » ? Il a insisté sur leur désespoir. Il a conseillé une « séparation de corps et de biens », afin que les tribunaux n'aient pas à se prononcer sur les accusations réciproques. Et il faudrait, a-t-il ajouté, « pourvoir à l'entretien, à l'éducation, à l'avancement des trois enfants ».

Victor, son épaule appuyée à celle d'Eugène, observe leur ennemie. Lorsqu'elle s'adresse à eux, ils ne lui répondent pas, ils disent qu'ils veulent leur mère. Et quand Mme Martin-Chopine dit qu'elle est leur tante, qu'ils doivent obéir aux ordres de leur père, ils détournent la tête.

Se peut-il que le père soit complice ?

Victor repousse cette question au plus profond de lui, mais quand il retrouve sa mère et Abel, à la fin juin, il sait que la rupture entre ses parents est définitive, et qu'à Thionville sa mère a été bafouée.

Il l'entend protester, s'indigner contre la décision de la justice de paix qui lui a donné l'ordre d'abandonner sa maison et d'aller là où bon lui semblait. Il l'entend relire la requête qu'elle adresse au procureur du roi, près le tribunal de première instance du département de la Seine.

« C'est contre cette mesure extraordinaire —

d'expulsion de sa maison —, contre cet acte dont l'effet est de jeter sur le pavé une mère et ses enfants et de laisser toute une famille en proie aux premiers besoins, que la dame Hugo réclame par cette requête.

« Elle vous supplie, Monsieur, d'ordonner ou de faire ordonner que les scellés dont il est question soient levés, et qu'elle soit réintégrée avec ses enfants dans son logement. »

C'est fait, le 5 juillet.

Victor, en compagnie de ses frères, rentre dans la maison du numéro 2 de la rue des Vieilles-Tuileries.

Il peut recommencer à écrire, à jouer avec Adèle et Victor Foucher, avec les enfants de Rosalie Lucotte. Et à rêver en regardant cette femme.

Mais il sent bien que c'est une autre partie de sa vie qui commence. Il apprend que son père s'est installé à Paris, avec Catherine Thomas, rue du Pot-de-Fer, puis rue des Postes.

Léopold demande à jouir des biens de la communauté conjugale, et veut exercer son autorité parentale sur ses fils.

Il a été félicité pour sa résistance à Thionville, décoré de la croix de Saint-Louis, et fait maréchal de camp, au mois de novembre. Il n'est cependant plus, depuis le mois de septembre et comme tant d'autres officiers de la Grande Armée, qu'un demi-solde, et le nouveau ministre de la Guerre, le maréchal Soult, a décidé de placer ses anciens camarades chassés de l'armée en résidence forcée, comme des suspects.

L'image du père se trouble encore un peu plus pour Victor et ses frères. Léopold a répudié leur mère. Il leur a fait éprouver le désespoir. Il les a privés de leur maison.

La blessure de Victor est à vif.

Le père a souffleté le fils...
Alors le fils a dit : — Je m'en vais. L'ombre est
[faite
Pour les fuites sans fond, et la forêt muette
Est une issue obscure où tout s'évanouit.
L'insulte est une fronde et nous jette à la nuit.
J'ai droit à la colère à mon âge. L'offense,
Tombant du père au fils, est la fin de l'enfance.
Nul ne répond du gouffre, et, qui s'en va, va loin.
L'affront du père, ô bois, je vous prends à témoin,
Suffit pour faire entrer le fils en rêverie[59].

1815

Ma mère des vertus m'offrait un pur modèle,
Elle eut formé mon cœur... Je suis séparé
[d'elle!...

Victor regarde la lettre que son frère Eugène vient de poser devant lui. Elle est écrite par ce père qui ne cesse de les blesser, eux, ses fils et leur mère, ce père auquel il sait qu'il doit pourtant respect et obéissance, et dont, au fond de lui, presque malgré lui, il admire les exploits. Il lit :

« Mes chers enfants,

« J'ai reçu avec sensibilité les vœux que vous m'avez adressés en date du 1er, au renouvellement de cette année.

« J'agrée ces vœux, mes bons amis, les miens comme toutes mes démarches auront toujours votre bonheur pour principal objet.

« Bientôt vous me serez rendus et vous me verrez sans cesse occupé du perfectionnement de votre éducation.

« Je vous embrasse tous trois du meilleur cœur. »

Victor se tourne vers sa mère. Il n'ose pas répéter cette phrase, cette menace : « Bientôt vous me serez rendus… »

Il est désespéré. Il connaît la détermination paternelle.

Il entend Pierre Foucher et Mme Lucotte évoquer avec Sophie le jugement de référé qui va être prononcé dans quelques jours. Et quand, le 26 janvier, celui-ci est notifié, Victor n'est pas surpris par la colère et le désarroi de sa mère.

Léopold a renoncé à sa demande de divorce, mais il exige que son épouse vienne habiter chez lui, 35, rue des Postes. « L'autorité maritale a repris toute sa force, et la femme y est soumise sans restriction », lit-on dans le jugement. Ce n'est qu'une manœuvre juridique, permettant de s'emparer de la communauté des biens et d'obtenir la garde des enfants.

Sophie déclare qu'elle va introduire une requête, qu'elle veut demeurer rue des Vieilles-Tuileries et conserver ses enfants près d'elle. Mais il faut du temps.

Le 10 février, Léopold est là, menaçant, accompagné d'un huissier, exhibant le jugement qui lui rend son autorité.

Il parle fort. Il lance des ordres à ses fils. Qu'ils rassemblent leurs livres, qu'ils se préparent à le suivre ! Dès aujourd'hui, il les conduira à la pension Cordier, 41, rue Sainte-Marguerite, où ils poursuivront des études régulières afin, c'est son vœu, qu'ils entrent à Polytechnique.

Il fait ouvrir les armoires, les tiroirs, il fait sortir tout le linge de la maison, l'argenterie. Il hurle. Il dit que cela lui est nécessaire pour les enfants.

Il bouscule Sophie qui tente de s'y opposer. Il crie.

Les voisins sont accourus. Il y a là M. et Mme Delon, le général Lucotte et sa femme. Les domestiques, le portier de la maison assistent aussi à la scène.

Victor ferme les yeux, se bouche les oreilles. C'est comme si on le frappait. Il ne veut ni voir ni entendre.

Plus tard, sa mère racontera comment Léopold « poussa l'outrage jusqu'à lui cracher trois fois au visage, en lui disant que c'était pour prouver à tout le monde l'estime qu'il avait pour elle, et dit contre elle en invectives les plus grossières et les plus outrageantes, et l'accusa d'avoir eu des enfants pendant son absence, d'avoir mené une vie débordée ».

Victor n'a pas entendu, pas vu. Mais il sait.

Il marche en compagnie d'Eugène derrière leur père. Léopold a mis à exécution sa promesse et sa menace : « Bientôt vous me serez rendus. »

Ils pénètrent dans un boyau sombre, le passage du Dragon. Victor a l'impression d'entrer dans l'antre de Vulcain. Tout au long de la venelle s'ouvrent des ateliers de forgerons. La lueur des foyers éclaire ces hommes, torse nu, en tablier de cuir, dont les coups de marteau semblent faire trembler la rue.

Au bout du passage du Dragon, il y a la prison de l'Abbaye. Et la rue Sainte-Marguerite est comprise entre les forges des hommes du fer et les cellules des détenus.

Ils entrent dans la pension Cordier. Deux cours réduites — et sur le mur de l'une d'elles on a peint des arbres, comme si on voulait rappeler qu'ici le jardin des Feuillantines ne peut surgir que de la rêverie — entourent un bâtiment noir qui ne comporte qu'un étage et des mansardes.

Victor se serre contre Eugène quand il voit s'avancer un homme vêtu d'une houppelande, coiffé d'un bonnet polonais dont les pointes garnies de fourrure lui retombent de part et d'autre du visage. Ses doigts jouent avec une grosse tabatière. Il prise souvent. C'est Cordier. Près de lui se tient son adjoint, Decotte, professeur de mathématiques, à l'allure pleine de morgue et aux gestes brutaux.

C'est donc entre ces mains-là, dans cette pension-là, que leur père les laisse !

Léopold dit seulement qu'il voudrait que ses fils bénéficient d'un traitement particulier, qu'ils ne soient mêlés aux autres pensionnaires qu'au moment des récréations et au réfectoire.

Un répétiteur, au visage avenant malgré les cicatrices de la petite vérole, Félix Biscarrat, entraîne aussitôt Victor et Eugène afin de leur montrer leur chambre, sous les combles, qu'ils partageront avec un autre interne.

Biscarrat se montre fraternel, leur décrit les usages de la pension, parle des coups de tabatière que Cordier donne sur la tête des élèves récalcitrants, ou bien de Decotte, un homme violent dont il faut se méfier.

C'est Biscarrat qui encaisse, le 12 février, la première somme versée par Léopold.

« Je soussigné, écrit-il, reconnais avoir reçu de Monsieur Hugo trois cents francs pour le quartier de pension de ses fils, à échoir le 10 mai 1815. »

Il faut donc vivre là, à la pension Cordier. Subir ce Decotte, sale et prétentieux, tenter d'éviter les coups de tabatière de Cordier. Ne même pas trouver le repos dans la chambre, car elle est glacée l'hiver, étouffante l'été !

Et cependant, Victor ne veut pas pleurer. Il ouvre son cahier de vers. Il écrit :

Ma mère des vertus m'offrait un pur modèle,
Elle eut formé mon cœur… Je suis séparé d'elle !…
Séparé de ma mère !… Ô vous, sensibles cœurs,
Jugez si ma tristesse égale mes malheurs[60] *!*

Entre les leçons, il y a les jeux dans la cour. On se bat. Eugène a pris la tête d'une bande d'élèves, qu'il a nommés « les veaux », son « peuple » dont il est le roi.

Qu'imagine-t-il ? Être seul capable de conduire une troupe ? Victor rassemble d'autres élèves. Ils seront « les chiens » et l'on combattra « les veaux ». On s'oppose avec vigueur. Lors des quelques sorties que font les pensionnaires, on continue de se battre. Les élèves s'élancent comme des meutes hostiles. Puis on rentre.

Victor ouvre son cahier, écrit durant plusieurs jours :

Tout est calme... et moi seul, ô douleur trop [amère !
Séparé d'une tendre mère,
Privé du bonheur de la voir,
J'exhale en soupirant mon sombre désespoir[61]*...*

Car Sophie ne vient pas voir ses fils. Les jours de visite et de sortie, Victor et Eugène retrouvent Mme Martin-Chopine, qui montre à Cordier une lettre de son frère. Elle parle avec arrogance. Le général a repris du service armé, maintenant que Napoléon est revenu de l'île d'Elbe et que le roi s'est enfui. L'Empereur a nommé Léopold commandant supérieur de la place de Thionville.

Et voilà ce que Léopold a écrit à sa sœur : « Je te confie le soin de mes deux jeunes enfants placés chez M. Cordier et sous aucun prétexte je n'entends qu'ils soient remis ni à leur mère ni sous sa surveillance. C'est à toi seule que je me confie et c'est à toi que M. Cordier doit en répondre... »

Ils sortent donc avec ladite Goton, qui leur répète ce que Léopold a ajouté dans sa lettre : « Tu leur diras que quoique éloigné d'eux, je songe sans cesse à leur bonheur et à leur éducation. » Ils écoutent. Ils continuent de l'appeler « Madame ».

Victor regarde autour de lui cette ville bouillonnante que traversent les divisions de cavalerie, les fantassins ; des manifestants, venus des faubourgs en blouse et galoches, crient : « Vive l'Empereur ! »

Le destin semble hésiter en ce printemps. Les beaux jours tardent à venir et de brusques averses glacées succèdent à de tendres journées.

Lorsque Victor rentre à la pension et que la porte se referme derrière lui, c'est comme si la vibration de l'air, ce frémissement qu'il a perçu au cours de la promenade, la tension d'une ville à l'affût des nouvelles — Napoléon, à la tête de l'armée, marche vers la Belgique, où les troupes de toute l'Europe, commandées par Wellington, s'apprêtent à envahir la France —, cédait brusquement la place à une atmosphère confinée.

Alors il écrit des vers, des tirades de théâtre.

On pousse les bancs dans l'une des salles de cours. Des élèves montent sur cette scène improvisée. On joue les épisodes des guerres de l'Empire. Et parfois Victor est Napoléon !

Il se sent divisé. Il écrit dans sa grammaire latine « Vive le roi ! », et il écoute la rumeur, avec angoisse. Son père se bat pour l'Empereur. Ce père le fait souffrir, cependant il l'admire.

Mais il veut marquer son opposition. Ce n'est pas lui qui lui écrit, c'est Eugène qui prend la plume.

« Paris, ce 15 mars 1815.

« Nous avons reçu, mon cher papa, ta lettre du 5, elle nous a causé un grand plaisir. Tu désires savoir où nous en sommes de nos études, nous commençons à faire des vers latins et nous expliquons Horace, Virgile, Tacite et Cicéron. Mais une chose qui nous serait fort nécessaire en ce moment-ci, c'est le dessin, car nous oublions le peu que nous en savons ; quand nous étions à la maison, Abel nous en donnait des leçons et nous faisions déjà quelques progrès, mais nous sommes venus ici et cela a été laissé de côté.

« Quant à nos maîtres, tu peux être sûr que nous leur portons tout le respect que nous leur devons et que nous faisons notre possible pour les contenter.

« Nous te prions, cher papa, de nous fixer une certaine somme, par semaine ou par mois, comme il te plaira, car nous ne serions pas fâchés de savoir ce que nous aurions à dépenser quand on nous donnerait de l'argent.

« Adieu, mon cher papa, porte-toi bien et aime toujours,

« Tes fils soumis et respectueux. »

Eugène tend la lettre, mais Victor refuse de la signer. Eugène hausse les épaules, paraphe lui-même *« Victor, Eugène »*.

Victor maîtrise sa colère contre ce frère qui vient d'avoir quinze ans, dont il sait qu'il est capable de fureur. À la fin d'un dîner, rue des Vieilles-Tuileries, il y a quelques mois, peut-être parce que Adèle Foucher était présente et qu'elle semblait l'ignorer, Eugène a tout à coup lancé contre le mur une pomme de toutes ses forces, puis il s'est levé de table, sans un mot.

Mais c'est pourtant le frère qu'il faut aimer, celui avec lequel on s'oppose à Mme Martin, qui les condamne tous les deux, qui leur dit que leur père stigmatise leur attitude :

« J'ai été révolté de leur style et de leur exigence envers toi ; ils semblent, ces Messieurs, qu'ils se déshonoreraient en te donnant le titre de tante et en t'écrivant avec attachement et respect. C'est à leur maudite mère qu'il faut attribuer la conduite des enfants... »

À ces moments-là, Victor se sent frère et complice d'Eugène. Il réclame avec lui de nouveaux vêtements :

« Nous avons besoin d'être habillés complètement », écrit Eugène. Mais Léopold fait dire par sa sœur « qu'il ne faut pas que ces Messieurs s'imaginent qu'ils détruiront un habillement neuf tous les six mois et que je le leur remplacerai par un autre. Il faudra faire boucher les trous avec des pièces et alors ils s'en prendront à eux seuls s'ils n'ont pas une tenue décente... ».

Victor laisse à Eugène le soin d'argumenter, d'écrire et de signer la lettre à leur père.

« Tu dois penser quel a été notre plaisir, dit Eugène, quand nous avons été certains qu'il ne t'était rien arrivé de fâcheux. »

Car, le 18 juin, Waterloo a mis fin, après cent jours d'illusions, à la nouvelle aventure de Napoléon.

L'Empereur abdique le 22 juin, et Léopold, qui a résisté une nouvelle fois à Thionville, n'est plus qu'un demi-solde, assigné à résidence à Blois, où il vit avec Catherine Thomas.

Vaincu, Léopold Hugo, comme Napoléon ! Victor jubile, avec le sentiment que toute la France et l'Europe sont libérées du tyran, alors qu'il est maintenu dans cette prison pension, loin de sa mère.

Chère et bonne maman, toi qui dès mon enfance
M'élevas, me nourris,
Accepte ce tribut de la reconnaissance
Que t'offre un de tes fils.
C'est en vain que le soir, le malheur qui [m'oppresse
M'ôte la liberté,
Je vais faire éclater la joie et la tendresse,
De ce cœur enchanté.
Que ne te dois-je point[62] *?...*

Il se souvient du jardin des Feuillantines, de la liberté qui leur était laissée, des journées passées dans l'entresol du cabinet de lecture, de l'émotion éprouvée lorsqu'il côtoyait Adèle et qu'il voyait la générale...

Non, il ne veut pas écrire à son père ! Il ne veut pas signer cette lettre qu'Eugène termine par cette phrase :

« Adieu, mon cher papa, nous t'embrassons de tout notre cœur. Daigne agréer les vœux que font pour ton bonheur,

« Tes fils soumis et respectueux. »

Il écrit rageusement dans son cahier :

Le Corse a mordu la poussière,
L'Europe a proclamé Louis,

L'Aigle perfide et meurtrière
Tombe devant les fleurs de Lys.
Vive le Roi, dont la présence
Nous a su rendre le bonheur[63].

Leur mère, en effet, profitant des circonstances, est venue leur rendre visite rue Sainte-Marguerite, à l'insu du père et de la tante, et avec la complicité de Cordier et de Félix Biscarrat.

Elle n'a pas obtenu la garde et l'éducation de ses deux plus jeunes fils, mais un jugement lui a rendu son logement rue des Vieilles-Tuileries, et ses meubles. Mieux encore, Léopold doit lui verser une pension de cent francs par mois. C'est une revanche !

On traque les partisans de Buonaparte. Et l'Empereur déchu est loin, relégué, comme un demi-solde. Napoléon est à Sainte-Hélène, Léopold est à Blois.

Tyran, tu ne peux plus sur nous
Assouvir ta stupide rage[64]...

Et le roi punit ceux qui l'ont trahi, il venge Lahorie.

Ce sont les généraux et les maréchaux de l'Empire qu'on fusille. Ainsi Ney, le 7 décembre.

Victor écrit d'une plume vengeresse :

Enfin ce maréchal perfide,
Ce Ney va marcher à la mort :
Tremblez, cohorte régicide ;
Jacobins, voilà votre sort[65].

Il va avoir quatorze ans.

Il dira :

J'ai droit à la colère à mon âge[66]...

1816

Ô Maman ! Daigne donc, sur ces faibles essais,
Jeter un regard peu sévère...

Victor a besoin d'écrire, comme chaque nuit.

Mais il lui faut attendre que le silence s'établisse dans la pension. Cordier et Decotte guettent, arpentent les couloirs. Ils peuvent ouvrir la porte. Ils ont répété que, en application d'une circulaire du ministre Fontanes, édictée en 1812, la versification est interdite dans les collèges et les lycées pour les jeunes gens de moins de dix-sept ans. Écrire de la poésie est, selon Fontanes, une dangereuse distraction, un tourment stérile.

Alors, immobile dans son lit, il guette les bruits de pas.

Il murmure. Il récite sans fin des vers de Virgile, d'Horace, de Lucrèce. Il les traduit. Il compose, sur leur modèle, ses propres poèmes. Il imagine une tragédie et il en trouve le titre, *Irtamène*. Il songe à Voltaire, à Racine. Il forge ses mots à partir de la colère qu'il éprouve contre son père, contre ce Buonaparte, contre les ennemis de sa mère. Il cisèle avec ivresse le dernier vers de cette pièce qui en compte mille cinq cent huit, et qui fait le récit de la lutte d'un roi légitime contre un usurpateur :

Quand on hait les tyrans, on doit aimer les rois.

Il soumettra *Irtamène* à Félix Biscarrat, leur pion complice, qui rime lui-même, qui a déjà jugé d'autres œuvres de Victor, et aussi celles d'Eugène, parce que le frère écrit. Cette course contre Eugène ne cesse jamais.

Mais Biscarrat, lorsqu'il a lu les deux *Déluges*, ces poèmes épiques que les frères Hugo lui présentaient, a été prudent, attentif à ne pas se prononcer trop clairement. Victor ne doute pas cependant que ce qu'il écrit soit meilleur que les œuvres d'Eugène.

Il est impossible que son frère ressente avec autant de force instinctive cette nécessité d'écrire, de transformer en mots tout ce qu'il éprouve. La colère contre son père, mais aussi la nostalgie du jardin des Feuillantines, et la tendresse de sa mère. Avec ce sentiment imprécis, un élan, un trouble, au souvenir de Mme la générale Lucotte, ou des jambes de Rosalie, la lingère de la pension Cordier, l'amie de Biscarrat qui, un jour, a gravi devant Victor l'échelle qui conduit au dôme de la Sorbonne. Lorsqu'il a levé la tête, il a vu ses mollets, ses cuisses, ses tissus, ses dentelles, qui depuis le hantent.

Écrire, c'est faire fondre tous ces sentiments, et

tout ce que l'on a appris, et tout ce que l'on rêve, dans le grand creuset intérieur où se forgent les mots. Écrire, c'est laisser couler hors de soi tout ce que l'on est, puis marteler cette matière en fusion, comme le font les forgerons de l'impasse du Dragon avec le fer.

Écrire, c'est comme respirer. Si l'on s'arrête, on meurt.

Victor se lève. Il allume la bougie dont la flamme vacille parce que de l'air froid glisse sous la porte, s'infiltre par le vasistas au travers duquel il perçoit les tours de l'église Saint-Sulpice, et les bras du télégraphe Chappe qui les surmonte.

Il commence :

Tout ce que veut du Roi la famille chérie,
Ces Bourbons dont le bras protégea la patrie[67]...

Les sentiments qu'il éprouve sont la matière en fusion, les mots sont le métal que l'on forge, et les vers deviennent un glaive.

Il s'arrête d'écrire. Le poète est comme un soldat. Il agit. Il combat. Il est comme Chateaubriand, l'opposant à Buonaparte, aujourd'hui ministre d'État du roi. Comme Voltaire qui dénonçait les injustices, il faut brandir ses œuvres comme une arme.

Victor note, à la date du 10 juillet, sur ce cahier que relie un bout de ficelle : « Je veux être Chateaubriand ou rien. »

Puis il regarde avec une rage mêlée de désespoir la bougie qui se consume trop vite, Eugène et lui ne disposant même pas des quelques sous nécessaires pour en acheter d'autres.

Voilà des semaines, des mois même, qu'Eugène tente d'arracher à leur père un peu d'argent. Et ils se sont heurtés au mauvais vouloir de Mme Martin-Chopine, leur tante, qui a d'abord refusé de leur dire que Léopold était à Blois, que Catherine Thomas avait acheté, dès le 10 février, une maison 73, rue de Foix, avec quel argent, sinon celui du père, manière ainsi de l'enlever à son épouse, à ses fils !

Qu'Eugène écrive !

« Mme Martin a refusé jusqu'ici de nous dire où tu étais ; ce n'est qu'hier qu'elle a consenti à nous l'apprendre… Adieu, mon cher papa, nous attendons ta réponse avec impatience : tant pour avoir de tes nouvelles que pour être soulagés dans nos besoins. Nous t'embrassons de tout notre cœur. Porte-toi bien, et aime toujours,

« Tes fils soumis et respectueux. »

Et qu'Eugène signe aussi pour Victor !

À quoi cela sert-il d'ailleurs d'écrire ? Puisque l'intermédiaire, cette Goton, insultante, qui se « récrie aussitôt après nous sans ménager ses termes, sans penser au respect qu'elle se doit à elle-même… Nous aimons mieux renoncer à nos semaines que d'avoir désormais aucun rapport avec elle. Si cependant ton intention est que nous payions nos dettes et que nous ne soyons pas tout à fait sans argent, nous te prions d'en charger Abel, plutôt que tout autre ».

La colère submerge Victor. Les mots ne suffisent plus à l'exprimer.

Dans les cours de la pension, on se bat plus violemment entre le troupeau des « veaux » et la meute des « chiens ». Eugène est l'adversaire, comme si se dresser contre lui n'était pas seulement vouloir frapper un rival plus âgé mais punir aussi le témoin de la déchirure familiale, celui qui sait quel est le comportement du père, ce que précisément personne ne devrait connaître !

Les affrontements deviennent acharnés. Lors d'une sortie des élèves, au bois de Boulogne, Victor reçoit une pierre envoyée par l'un des compagnons d'Eugène. Il s'effondre, le genou tuméfié, peut-être brisé. Il ne peut tenir debout. On le porte. On le couche. Il restera alité plusieurs semaines, ne suivant plus les cours de mathématiques et de dessin auxquels leur père tient tant, puisqu'il destine ses fils à Polytechnique.

Il peut ainsi rêver autant qu'il le veut, écrire des centaines de vers, reprendre *Irtamène*, commencer une pièce pour Rosalie Lucotte…

… Mais, si je ne sais pas écrire,
Madame, je sais bien aimer[68].

Et grisé par ce travail incessant, le souffle de cette forge, se répéter « Je veux être Chateaubriand ou rien » puis ajouter, après avoir relu ce qu'il a écrit et se souvenant d'un vers de Saint-Just : « J'ai quinze ans, j'ai mal fait, je pourrai faire mieux. »

Il bondit de joie, ému jusqu'aux larmes, quand il voit s'avancer dans la petite chambre sa mère qui, bravant les interdits, est venue voir son fils malade. Elle annonce qu'elle reviendra chaque jour.

D'ailleurs leur père est à Blois, en résidence forcée avec sa « malheureuse et funeste compagne ». Victor, la gorge serrée, lit à sa mère quelques-uns des vers qu'il a écrits. Il lui dédie cette tragédie, *Irtamène*. Il sait qu'il prend l'avantage sur Eugène, contraint de continuer d'assister aux cours, exclu de cette chambre où la mère se penche sur son fils blessé.

Moment de bonheur, Victor murmure cette dédicace qu'il vient de composer :

Ô Maman ! Daigne donc, sur ces faibles essais,
Jeter un regard peu sévère ;
Ces enfants de ton fils, Maman, accueille-les
Avec le sourire d'une mère !
… Ce ne sont pas de ces fleurs immortelles
Dont Racine se pare au céleste banquet ;
Ce sont des fleurs, simples et naturelles,
Comme mon cœur ; maman, je t'en offre un bouquet[69].

La présence de Sophie, sa douceur, sa compréhension, rendent encore plus insupportable le comportement de son père. Mais Victor, après avoir fait part de son indignation, laisse Eugène écrire « nos demandes sont pressantes, nos besoins le sont plus encore ». C'est que Victor et Eugène suivent désormais les cours de mathématiques élémentaires et de philosophie au collège Louis-le-Grand, tout en restant élèves de la pension Cordier.

« Nous allons quatre fois par jour au collège,

continue Eugène, par la pluie et par la neige ; tu sens qu'il faut bien laisser à nos habits, à nos souliers, le temps de sécher ; comment le faire si nous n'avons pas de quoi changer ? »

Quand Victor lit la réponse, il est révolté. Léopold expose ses griefs. Eugène éprouve les mêmes sentiments que lui. Il prend une nouvelle fois la plume, et Victor lit par-dessus son épaule :

« Quant à la fin de ta lettre, nous ne pouvons te cacher qu'il nous est extrêmement pénible de voir traiter notre mère de malheureuse, et cela dans une lettre ouverte qui ne nous a été remise qu'après avoir été lue… Nous avons vu ta correspondance avec maman : qu'aurais-tu fait dans ces temps où tu la connaissais, où tu te plaisais à trouver le bonheur près d'elle, qu'aurais-tu fait à la personne assez osée pour tenir un pareil langage ? Elle est toujours, elle a toujours été, la même, et nous penserons toujours d'elle comme tu en pensais alors.

« Telles sont les réflexions que ta lettre a fait naître en nous ; daigne réfléchir sur la nôtre, et sois assuré de l'amour qu'auront toujours pour toi,

« Tes fils soumis et respectueux.

« E. Hugo. »

Eugène glisse la lettre vers Victor, qui la signe.

Il est affecté par les propos paternels. Il pense qu'il l'est bien plus que son frère aîné. Il écrit, avec colère, dans ces courtes heures que lui laisse l'emploi du temps du collège et de la pension. Car, partis de la rue Sainte-Marguerite pour Louis-le-Grand à huit heures du matin, ils ne quittent ce collège qu'à cinq heures du soir. Et à la pension Cordier, ils travaillent sous la direction de M. Decotte, de six à dix heures. Mathématiques, dessin, rédaction se succèdent… Ce n'est qu'après, la nuit, que Victor ouvre son cahier et que ses sentiments deviennent mots, vers, récits du « dernier jour ».

Tremblez ! méchants, tremblez ! Vos âmes criminelles
Subiront dans l'Enfer les peines éternelles
Pour prix de leurs forfaits [70].

Il écrit et ce n'est plus à son père qu'il pense, même si à l'origine il y avait cette blessure infligée. C'est ce mystère de la transmutation de ce que l'on ressent, en vers, qui rend chaque jour davantage le besoin d'écrire plus grand.

Le 14 décembre 1816, il a terminé, relu, *Irtamène*. Il voudrait en remettre la copie à sa mère.

Sophie n'habite plus rue des Vieilles-Tuileries, elle s'est installée dans un appartement plus modeste et sans jardin, mais d'un loyer moins élevé, situé 18, rue des Petits-Augustins, proche de Saint-Sulpice *.

Victor et Eugène voudraient connaître ce nouveau logement, mais leurs sorties sont « partagées entre la messe, le travail et la promenade », et sous la surveillance des « pions » de la pension Cordier.

Eugène plaide pour qu'Abel puisse venir les chercher les jours de congé.

* L'actuelle rue Bonaparte.

« Tu nous as souvent toi-même, cher papa, fait l'éloge de notre frère Abel, écrit-il, et tes propres discours prouvent que tu le regardes avec nous comme le meilleur des fils et le plus tendre des frères. » Il explique que leurs résultats scolaires sont excellents, leurs notes en arithmétique sont les plus élevées de la classe, dans les compositions ils ont obtenu les troisième et quatrième places. « Nous te demandons donc, cher papa, de sortir avec Abel, les jours de congé. »

C'est la fin du mois de décembre, le temps des festivités.

Victor et Eugène attendent une réponse à leur demande. C'est un refus. Victor laisse une fois encore Eugène écrire :

« Puisque toutes nos prières sont inutiles, nous ne te demandons pas de sortir avec Abel, malgré la bien douce satisfaction que nous aurions à l'embrasser, depuis si longtemps que nous ne l'avons vu, et nous tâcherons de nous résigner à passer le jour de l'an comme les autres, c'est-à-dire depuis deux ans sans voir nos parents... Nous nous efforcerons toujours de satisfaire nos maîtres, puisque c'est le moyen de te contenter et de nous faire supporter notre situation avec moins de peine... »

Victor ne signe pas cette lettre. Il ouvre son cahier, il écrit :

L'Éternel a parlé, le Monde est dans l'attente,
Seule de Gabriel la trompette éclatante
Trouble la paix des cieux[71].

1817

Mon Virgile à la main, bocages verts et sombres,
Que j'aime à m'égarer sous vos paisibles ombres !

Il a quinze ans.

Il marche auprès de Félix Biscarrat, parmi les élèves de la pension Cordier que le surveillant conduit une fois par semaine en promenade. Il récite à voix basse quelques-uns de ses derniers vers :

Maintenant s'offre à mes regards
Le temple heureux du génie et des arts,
[...] Et bientôt, le front ceint du laurier tutélaire,
J'entrerai glorieux au fond du sanctuaire[72].

Il sait que Biscarrat l'admire, le soutient.

Le surveillant se penche, murmure :

— C'est une chose sans exemple qu'un jeune homme de votre âge réunisse tous les talents dont sont bien loin les cinq sixièmes des membres de l'Institut. Vous y siégerez sous peu et vous les renverserez tous !

Victor écoute. Il sent monter en lui une énergie joyeuse. Il se répète : « Je veux être Chateaubriand ou rien. »

Cet écrivain, son modèle, a osé, après avoir été persécuté par Buonaparte, défier les « monarchistes selon la Charte », ces gens pusillanimes qui n'osent pas vouloir une royauté absolue. Ils sont soucieux de gouverner avec l'appui des anciens de l'Empire.

Ils ont chassé du ministère Chateaubriand, qui n'a plus ni pension ni fonction. On dit de lui que c'est un ultraroyaliste. Eh bien, alors, il faut être ultra ! conclut Victor.

Il regarde autour de lui. Tout lui est émotion.

Des jeunes filles, en enjambant les plaques de glace qui parsèment les chaussées en cet hiver froid, laissent voir leurs chevilles, et cela suffit pour qu'une bouffée de chaleur lui embrase les joues.

Je ferai de vous ma bergère
Sinon tout au moins un soleil[73]...

Mais la promenade s'achève. Il faut rentrer rue Sainte-Marguerite, dans cette pension sombre où Victor se sent prisonnier. Il est impatient d'échapper à la férule de Cordier et de Decotte. Ces études lui pèsent. Ce qu'il voit de Paris le déçoit.

Il écrira, plus tard :

En 1817… il y avait encore des Prussiens en France… Dans les contre-allées du Champs-de-Mars, on apercevait de gros cylindres de bois, gisant sous la pluie, pourrissant dans l'herbe, peints en bleu avec des traces d'aigles et d'abeilles dédorées. C'étaient les colonnes qui, deux ans auparavant, avaient soutenu l'estrade de l'empereur au Champ de Mai… On grattait les N au Louvre. Le pont d'Austerlitz abdiquait et s'intitulait pont du Jardin du Roi… L'Institut laissait rayer de sa liste l'académicien Napoléon Bonaparte… Dans les journaux vendus, des journalistes prostitués insultaient les proscrits de 1815 [74]…

Il veut être ultra. Et cependant il ne peut oublier que son père, même s'il n'est relégué qu'à Blois, est l'un de ces proscrits, de ces demi-solde dont on rogne le traitement.

Mme Martin-Chopine ne cesse de répéter ce que son frère lui écrit, à savoir qu'il est « obligé de prendre sur son nécessaire pour donner du superflu à ses enfants ». Et que « pour donner il faut avoir ». Qu'il faut « beaucoup d'ordre et d'économie » pour soutenir les frais et les charges qui l'accablent. « Mes enfants ne connaissent pas encore ce langage-là, mais je l'ai fait entendre à leur mère, à qui depuis le 1er janvier, je ne donne plus que quatre-vingts francs par mois… »

Quand Victor entend ainsi sa tante marteler les reproches ou les justifications du père, il a le sentiment d'être, comme ses frères, victime d'une injustice.

Et c'est encore Eugène qui écrit afin de protester, qui raconte la « scène dégoûtante » que Mme Martin leur a faite pour une histoire d'argent, de prix de leçons de dessin. Elle garde l'argent pour elle ! Eugène ajoute — et Victor signe la lettre — qu'elle les calomnie : « Il est faux que nous lui ayons ri au nez quand elle nous disait que tu te faisais mille privations pour nous, quand elle nous exposait ta position. »

Mais ce qu'elle ne rapporte pas, c'est que Victor a mal aux yeux, c'est qu'il a été désigné, avec Eugène, par le professeur de philosophie pour se présenter au concours organisé entre les quatre collèges de Paris. N'est-ce pas là la preuve de la qualité et du sérieux de leur travail ?

Néanmoins, Léopold semble ne s'intéresser qu'à l'argent, aux frais d'études qu'il faut réduire. C'est humiliant. Cela devient une obsession. Il faut de l'argent pour tout et ils n'en ont pas. Mme Martin ne donne pas ce qu'elle s'était engagée à verser.

Il faut qu'Eugène insiste :

« Nous vous prions de nous faire passer les six francs qui nous reviennent. »

Il faut demander à Abel, l'aîné, d'intervenir :

« Il est impossible que Victor et Eugène n'aient pas besoin de quelques sous, ne fût-ce que pour payer leurs chaises à la messe, quelques livres de haute littérature qui leur sont nécessaires. »

Et pour toute réponse, le père diminue encore ce qu'il alloue pour la pension, les études, les petits frais. Il dit même qu'il « doute aujourd'hui très fort » de pouvoir conduire ses fils jusqu'à l'École polytechnique. Et, naturellement, c'est Sophie qu'il accuse : « Il m'avait fallu trente ans de peines, de dangers et de travaux pour arriver au point où j'étais parvenu ; je touchais au moment de recueillir lorsqu'une femme atroce, sans égards pour l'avenir de ses enfants, ni pour le sien, est venue placer les torches de l'incendie au centre d'une moisson toute prête. »

C'est de leur mère qu'il parle ainsi !

Victor est indigné, dévasté par ces accusations, cette guerre sordide entre ses parents, cet argent qu'ils se disputent.

Il se fait à lui-même un serment : ne jamais dépendre des autres, même des plus proches ! Ne devoir ce que l'on possède qu'à soi, qu'à sa « besogne » ! Et donc se vouer au travail, à ses œuvres, pour parvenir à cette liberté.

Il acquiert dans cette année, celle de ses quinze ans, la conviction qu'il ne peut, à l'avenir, compter que sur lui-même.

Car chaque lettre paternelle est une nouvelle déception. Et la tante se fait une joie de répéter les propos les concernant :

« Tu ne m'apprends absolument rien de nouveau sur la conduite des enfants, je les considère comme perdus s'ils restent plus longtemps sous la cruelle conduite de leur mère. »

Victor est accablé devant cette incompréhension. Léopold n'imagine même pas ce que Sophie représente pour son dernier fils. Elle est celle à laquelle il peut lire et dédier ses œuvres. Elle écoute, elle approuve, elle admire. Il lui dit :

Ce n'est qu'à toi que j'ose avoir recours,
De tes sages avis prête-moi le secours[75]...

Et Victor a besoin de ce soutien puisque celui du père se dérobe.

Il n'est donc plus question de songer à Polytechnique. Mais que faire d'autre ? Lorsque Eugène propose à leur père de leur « laisser » entreprendre l'étude du droit, « tu dépenses pour nous deux plus de deux mille francs. Donne-nous en mille six cents, ôte-nous d'ici (de la pension Cordier) et laisse-nous faire comme tant d'autres jeunes gens qui n'ont pas plus de ressources que nous. Nous gagnerons tous à cette mesure... », Léopold ne répond pas.

Victor mesure ainsi qu'il doit agir vite, acquérir son indépendance et pour cela être reconnu comme poète, comme écrivain, faire que l'énergie qui est en lui, ces mots qui se bousculent, deviennent le moyen de vivre. Les mots peuvent ouvrir toutes les portes, celles de la gloire, celles du pouvoir. Chateaubriand ou rien !

Il apprend que l'Académie française a choisi comme sujet de son concours de poésie le thème du « Bonheur que procure l'étude dans toutes les situations de la vie ». Il se met aussitôt à l'œuvre, écrivant d'un seul élan trois cent trente-quatre vers.

Mon Virgile à la main, bocages verts et sombres,
Que j'aime à m'égarer sous vos paisibles ombres !
Que j'aime, en parcourant vos aimables détours,
À pleurer sur Didon, à plaindre ses amours !
Là, mon âme tranquille et sans inquiétude,
S'ouvre avec plus d'ivresse au charme de
[l'étude[76]*...*

Il est porté par un enthousiasme conquérant. Il se décrit renonçant aux « honneurs frivoles »...

Mes deux auteurs chéris, et Tibulle, et Virgile,
Sans cesse pleureront mon solitaire asile[77]*...*

Il s'agit, maintenant que le dernier vers est écrit, de profiter d'une sortie des élèves de la pension, en compagnie de Félix Biscarrat mis dans la confidence, pour déposer le poème à l'Académie.

Mais avant, pour cette première œuvre lancée au monde, cet acte de naissance, il veut écrire une dédicace, rendre hommage à M. de La Rivière, le professeur du jardin des Feuillantines. Victor compose rapidement son envoi :

Maître chéri, daigne accepter
Le faible essai, que mon cœur te présente :
C'est toi qui le premier à ma raison naissante
Des leçons de l'étude appris à profiter ;
C'est par toi seul que j'ai pu la chanter,
C'est pour toi seul que je la chante[78]*.*

Il court avec Biscarrat dans les escaliers de

l'Académie. On rencontre un huissier, qui accepte de recevoir l'œuvre et l'inscrit sous le numéro 15.

Alors commence l'attente.

Mais il ne peut rester inactif. Il songe à une tragédie en cinq actes qui se déroulerait dans le monde brumeux, glacé et fantomatique du Nord. Il imagine le temple d'Odin, des prêtres, des guerriers. Un crime est commis.

Quoi ! Seigneur ! quoi ! c'est vous qui ravîtes la vie
À Duncar, roi si cher à la Scandinavie !
Qu'entends-je ? c'est par vous qu'il se vit
[égorger[79] !...

Il intitule son œuvre *Athélie ou les Scandinaves*. Mais il ne va pas jusqu'au bout du projet, se contentant de dresser le plan des différentes scènes, impatient d'entreprendre autre chose et anxieux du résultat du concours de l'Académie.

Il bouillonne d'idées, commence un opéra-comique, un vaudeville en vingt-quatre scènes auquel il donne un titre énigmatique : *A.Q.C.H.E.B.* Il rêve de le voir représenter, de connaître le succès, de toucher des droits d'auteur, d'entendre le public acclamer la dernière scène, où enfin se dévoile le secret du titre.

Il prend contact avec un compositeur, mais peu à peu le rêve s'effondre, prématuré. Il ne peut répondre à Félix Biscarrat qui lui demande :

– Avez-vous enfin lu votre ouvrage devant l'assemblée des acteurs et des actrices du Théâtre Favart ?

En fait, son opéra-comique n'a jamais affronté l'épreuve de la lecture publique. Mais peu importe. Victor éprouve, à avoir jonglé avec les mots, composé des duos, des chansons, inventé des situations comiques, une sorte d'ivresse. Et il fredonne le couplet final, quand l'un des personnages se tourne vers le parterre, et chante :

Les auteurs peuvent-ils attendre,
Messieurs, même grâce de vous ?
Si par hasard, à leur jeunesse,
Vous accordez quelque pardon,
Ils rediront, pleins d'allégresse,
À Quelque Chose Hasard Est Bon[80]...

Il se sent joyeux. Il a la certitude de jouer chaque jour avec plus de facilité des mots, des rimes, de la phrase.

Il lui arrive souvent d'avoir l'impression que sa pensée est soulevée, scandée par le rythme d'un poème qui ne s'achève jamais, qui prend des formes diverses, mais continue de sourdre en lui. Il devient un virtuose et cela le grise.

Et tout à coup, voici Abel qui traverse l'une des cours de la pension Cordier, qui l'interpelle durement : qu'avait-il besoin d'indiquer dans son poème adressé à l'Académie française son âge, « trois lustres » ? Les académiciens ont cru que l'auteur se jouait d'eux. Ils ont mentionné l'œuvre, mais elle n'est pas primée !

Victor se souvient de ces quelques vers, où il a avoué ses quinze ans :

Si le ciel, me lançant sur le torrent du monde,
Livre mon frêle esquif à la merci de l'onde,
Moi, qui toujours fuyant les cités et les cours,
De trois lustres à peine ai vu finir la course,
Qui pourra me guider ? quelle main courageuse
Dirigera ma nef sur la mer orageuse[81] *?*

Abel le prend par l'épaule, le félicite avec l'autorité d'un aîné, de l'auteur aussi, qui a publié au début de l'année un *Traité du mélodrame* et qui est introduit dans les journaux. À dix-neuf ans, Abel organise déjà des déjeuners littéraires.

Il murmure à Victor qu'Eugène aussi a présenté une œuvre au concours de l'Académie, mais qu'il n'a rien obtenu.

Victor tente d'étouffer cette joie, ce sentiment de triomphe qui l'envahissent.

Il a, sans le vouloir, vaincu ce rival, fraternel mais résolu. Il se sent coupable d'éprouver ce plaisir. Il veut l'oublier, remercier ces académiciens, Raynouard, le secrétaire perpétuel de l'Académie, et François de Neufchâteau, qui l'un et l'autre le reçoivent.

Neufchâteau l'invite à déjeuner et lui confie qu'à treize ans il avait été lui-même distingué par Voltaire. Et ce doyen de l'Académie raconte à l'adolescent quelques-uns de ses souvenirs du 18 Brumaire. Victor écoute avec déférence. Puis Neufchâteau le charge d'effectuer pour lui des recherches sur Gil Blas de Santillane, puisqu'il connaît l'espagnol.

Victor est humble et respectueux.

Il est comme enveloppé dans un rêve. Il a le sentiment d'avoir franchi une étape décisive.

Il remercie Raynouard :

Ô Raynouard...
[...] Un jeune élève de Virgile
Ose de sa muse inhabile
T'adresser les accords nouveaux.
Il te doit tout : c'est toi dont l'indulgence
Sut arracher du gouffre de l'oubli
Son faible essai dans l'ombre enseveli.

Il flatte le comte François de Neufchâteau :

Ce vieillard, qui du goût nous montra le sentier,
Voltaire, chargé d'ans, mais imposant encore,
Des feux de son couchant embellit ton aurore ;
Il te nomme son héritier...

Il découvre et fait déjà habilement ses premiers pas dans le monde des lettres.

Il lit et relit l'article que lui consacre le *Journal de commerce, de politique et de littérature*, du 26 août :

« Et quel est le grave censeur qui ne se laisserait pas dérider par un enfant de quinze ans, qui envoie ingénument sa pièce à l'Académie, et fait, peut-être sans le savoir, des vers que tout le monde regarderait comme une bonne fortune poétique ? Cet enfant se peint lui-même, errant dans les bois, un

Virgile à la main, lisant les amours de Didon, et puis il vous dit avec la candeur de son âge :

Là, mon cœur est plus tendre, et sait mieux compatir
À des maux, que peut-être il doit un jour sentir !

« Parents auxquels appartient ce disciple de Virgile… voyez avec quelle tendresse il faut élever cette innocente et douce créature… ! »

C'est de lui qu'on parle, c'est lui que les académiciens ont remarqué, reçu !

Avoir été distingué ainsi, fût-ce seulement par une mention, le renforce dans la certitude qu'il doit accéder à la gloire, devenir l'un de ces poètes dont les noms résonnent de siècle en siècle. Être Chateaubriand, ce n'est plus seulement un désir, un rêve, c'est un projet qui commence à naître.

Et puis, brusquement, Victor trébuche sur une autre réalité.

Decotte, ce brutal, vient de souffleter Eugène. Et malgré les accessits que les deux frères ont obtenus en mathématiques, en philosophie, malgré cette mention de l'Académie française et cet article, leur père n'a manifesté aucune satisfaction. D'ailleurs, Abel le lui a reproché : « Où tout autre père se glorifierait de tels enfants, tu ne vois que des misérables, prêts à déshonorer un nom que tu as su rendre recommandable par ta gloire militaire. »

Et la responsable de cette attitude, c'est, ajoute Abel, « cette femme, ce mauvais génie, ce démon de l'enfer, cette infernale créature ». Victor approuve quand il conclut : « Un jour tu nous connaîtras mieux... L'heure de notre vengeance sera arrivée, nous retrouverons notre père et l'artisan de malheur tremblera à son tour... »

Ainsi le fossé se creuse-t-il davantage encore entre les fils et le père. Léopold le dit à sa sœur : « Je n'écris plus à Abel. Une lettre impertinente qu'il m'a écrite m'a obligé à rompre tout commerce avec lui. Je n'écris jamais que peu de lignes à ses frères, parce que tous ainsi que lui sont décidément du parti de leur mère, et que je n'ai que de mauvais procédés à espérer pour les énormes sacrifices qu'ils me coûtent tous et qui me ruinent. »

L'incompréhension encore, l'argent toujours.

Alors, fuir cette déception, cette rancœur, ces petitesses si humiliantes, dans l'exaltation au travail. Et affirmer qu'on est ultraroyaliste, comme pour mieux s'opposer à ce général d'Empire.

Le 11 novembre, Victor ouvre son cahier. Il veut écrire un poème à la gloire du duc d'Angoulême. Le fils du comte d'Artois — frère de Louis XVIII — est le dernier dauphin de France. Grand amiral, il visite les ports français.

La France en d'Angoulême admirait sans alarmes
L'un des princes chéris qui tarirent ses larmes,
Et le plus grand de ses guerriers.
[...]
Et les Bourbons, race chérie,
Calment les maux de la patrie[82]...

Victor feuillette ses cahiers, ses esquisses de tragédie, son opéra-comique. Il parcourt à nouveau le poème qui lui a valu d'être mentionné par l'Académie. Et de l'emporter sur Eugène !

Le 29 décembre, il laisse, avec une sorte d'indifférence, son frère vaincu écrire à leur père :

« Une nouvelle année va commencer, mon cher papa. Nous espérons qu'elle sera plus heureuse pour toi et pour nous. Tous nos vœux, tu le sais, sont pour le bonheur de nos parents ; il nous est doux de te témoigner ce qu'il nous sera un jour si doux de te prouver par notre conduite ; daigne donc, mon cher papa, agréer les vœux que nous faisons pour toi, et l'assurance de l'inaltérable attachement de,

« Tes fils soumis et respectueux. »

Lorsque Eugène a signé la lettre, il la tend à Victor, qui la paraphe à son tour : *V. M. Hugo*.

Puis Victor reprend son cahier.

L'année a été pleine. Il lui semble qu'il a enfin déchiré la chrysalide.

Le dernier jour de cette année, il décide d'offrir à sa mère cet opéra-comique dont il a rêvé qu'il lui apporterait gloire et argent.

C'est donc à toi, mère sensible et sage,
Que j'adresse aujourd'hui ma prose et mes couplets ;
Je brave les rigueurs d'une muse volage,
Je brave tout si je te plais [83].

QUATRIÈME PARTIE

1818 - 1821

1818

Gloire, c'est à toi que j'aspire ;
Ah ! fais que ton grand nom m'inspire...

Victor se dirige rapidement vers le numéro 18 de la rue des Petits-Augustins. Là, au troisième étage, sa mère, comme chaque jour, l'attend.

Eugène marche près de lui. Il se tient un peu en retrait, la tête baissée, le visage fermé. Victor avance au contraire en regardant droit devant lui, avec assurance, dégageant ainsi son front ample. Les mèches blond foncé encadrent ses joues rondes, cachent ses oreilles. La bouche est petite, pincée, les yeux sont grands.

Victor semble vouloir se vieillir, avec cette expression grave, hautaine, comme s'il désirait compenser par le sérieux sa jeunesse.

Il n'a que seize ans. Et lorsqu'il se regarde dans un miroir, avec son gilet, sa cravate et sa redingote noirs, il éprouve un curieux sentiment. La tête semble lourde sur un corps qui de ce fait paraît anormalement petit. Les bras et les jambes sont grêles. Mais il a le port de tête et les mimiques d'un enfant qui jouerait à l'homme rassis, sérieux, et grave. Et la silhouette malingre accuse cette contradiction.

Victor la perçoit. Il l'exprimera lorsque, le temps ayant passé, il évoquera cette année 1818 :

Quand je sortis du collège, du thème,
Des vers latins, farouche, espèce d'enfant blême
Et grave, au front penchant, aux membres [appauvris ;
Quand, tâchant de comprendre et de juger, j'ouvris
Les yeux sur la nature et sur l'art, l'idiome,
Peuple et noblesse, était l'image du royaume ;
La poésie était la monarchie [84]...

Il monte, suivi par Eugène, les trois étages de cette maison qui fit partie autrefois du couvent des Petits-Augustins.

Sophie est dans sa chambre, dont le plafond voûté rappelle qu'elle fut autrefois une portion de la chapelle du couvent.

À la pension Cordier, personne n'ose plus interdire à Victor et à Eugène cette visite quotidienne qu'ils font à leur mère en sortant du collège Louis-le-Grand, avant de rentrer rue Sainte-Marguerite. Dans quelques mois, ils auront terminé leurs études secondaires, et comment imposer à ces jeunes gens une discipline destinée à des élèves quelconques ?

Victor a mesuré l'impuissance de Decotte et des surveillants de la pension. Son regard les ignore. Il est poète, il veut la gloire. Il se l'avoue, comme si la brève notoriété dont il a bénéficié, grâce à la mention accordée par l'Académie française, avait avivé son désir.

Gloire, c'est à toi que j'aspire ;
Ah ! fais que ton grand nom m'inspire,
Et mes vers pourront t'obtenir.
[...] Gloire ! ô gloire, sois mon idole :
Que ton sourire me console
Et couronne un jour mes accords ;
Que l'avenir soit ma patrie,
Et que la voix du Temps me crie :
« Tu vivras, malgré mes efforts[85] *! »*

Il lui suffit de regarder sa mère pour savoir qu'elle le soutient, qu'elle est persuadée qu'il sera un grand poète, et cette confiance qu'elle lui accorde le renforce. Il le dit :

Tu me tiens lieu de tout : tiens-moi donc lieu de [muse[86].

Sophie a préparé pour ses fils une petite pièce avec une table de travail où ils pourront écrire, lorsqu'ils auront quitté la pension Cordier.

Par la fenêtre, il aperçoit la cour du musée des Petits-Augustins, tout encombrée de sculptures et de fragments de stèles et de colonnes. Il rêve, fasciné par ces vestiges des tombeaux des rois qui, pendant la Révolution, ont été transportés là, depuis la basilique de Saint-Denis.

Louis XVIII a décidé que le musée devra les restituer à Saint-Denis, mais ils s'entassent encore dans la cour. Et leur présence inspire Victor. L'appartement — comme la maison — sont d'ailleurs chargés d'histoire. Les murs de l'ancien couvent des Petits-Augustins et la chambre à coucher de la mère sont imprégnés de souvenirs. Comment ne pas penser à ce qui a eu lieu ?

Il a écrit *La Mort de Louis XVII*. Il se sent plus que jamais ultra…

« Terre, dois à tes Rois ton bonheur et ta gloire ;
« Respecte leur puissance et chéris leur mémoire ;
« Tes devoirs sont leurs droits[87]*… »*

Et il dénonce cette Révolution qui a mutilé les tombeaux et décapité les souverains. Il abhorre ce temps où :

Sur l'infâme échafaud le sang des rois ruisselle[88]…

Il regarde son frère qui, assis en face de lui, écrit avec la même fébrilité que la sienne. Cela l'irrite et le taraude.

Eugène, qu'il avait cru vaincu, ne renonce pas. Il écrit une *Ode sur la mort du duc d'Enghien*, avec laquelle il veut participer au concours de poésie de l'académie des Jeux floraux de Toulouse, l'une des plus célèbres de France. Et Victor a décidé d'y envoyer *La Mort de Louis XVII* et *Le Désir de la gloire*.

Il est atteint par cette compétition qui ne cesse

pas, cette mauvaise humeur d'Eugène et son autorité d'aîné, et aussi l'amour que leur mère lui manifeste, l'admiration qu'elle lui porte, comme s'il était lui aussi destiné à être un jour célèbre.

Mais il ne peut lui en vouloir. Et il partage l'indignation d'Eugène quand il apprend que Léopold la traite de « gueuse ». Car le jugement de séparation des deux époux a été prononcé le 3 février, et Sophie a obtenu la « surveillance de ses enfants et, de plus, une provision de trois mille francs, à charge pour elle de participer à leur éducation, à leur nourriture et à leur entretien ».

Alors Léopold s'est indigné : « Il revient à ma gueuse la moitié de ma propriété de Madrid », ce château et ces terrains qui avaient été accordés au général quand il servait le roi d'Espagne, Joseph Bonaparte. Ces biens ont été confisqués dès le rétablissement des Bourbons, mais Victor rêve lui aussi à cette fortune. Et Sophie n'est pas satisfaite du jugement.

— Elle enrage, dit Léopold, elle fulmine contre le tribunal, contre moi, contre tout le monde !

Victor, lorsqu'il quitte l'appartement de sa mère pour retourner dormir à la pension Cordier, a, comme Eugène, le sentiment d'un gâchis.

Eugène le repousse. Il a des gestes brusques, des regards qui tout à coup s'égarent, des colères inattendues suivies de longs silences. Après, il reste prostré. Puis brusquement, il a des attitudes et des propos hautains, comme s'il voulait affirmer son autorité d'aîné, sa supériorité.

Victor l'entend rire, annoncer d'une voix claironnante que le secrétaire perpétuel de l'académie des Jeux floraux, le poète Pinaud, vient de le prévenir que son *Ode sur la mort du duc d'Enghien* a été primée, qu'elle a obtenu quinze voix sur seize, et qu'elle est la seule à avoir été distinguée parmi les quatre-vingt-sept reçues par l'Académie !

Victor se sent battu, trompé. Ses poèmes ont été ignorés. Il doit donc redoubler d'efforts pour reconquérir la première place, pour vaincre définitivement ce frère qu'il croyait avoir distancé.

Il écrit avec encore plus de fougue et de détermination. Les mots s'ajoutent aux mots tout au long des nuits.

Il exalte le souvenir des *Vierges de Verdun*, ces jeunes filles condamnées pour avoir, en 1792, apporté des fleurs aux Prussiens puis aidé les émigrés, et qui ont refusé d'échanger leur liberté contre leur vertu.

Quoi ! Ce trait glorieux, qui trahit leur belle âme
Sera donc l'arrêt de leur mort[89] *!*

Il répond à un certain M. Ourry, qui a vanté la modération du gouvernement du ministre Decazes, monarchiste selon la Charte. Victor est un ultra, hostile aux libéraux.

Suis-je ultra ? je ne sais, mais je hais tout excès.
Quand je vois un Bourbon, mon cœur se sent
[français[90].

Il veut chaque fois l'emporter sur Eugène, imposer sa supériorité.

Mais il doit accepter de participer avec lui à ces banquets littéraires que leur frère Abel organise chaque premier jour du mois, au restaurant Édon, rue de l'Ancienne-Comédie.

Eugène se tient à l'écart, morose, un peu méprisant, distant. Victor se lève, dit ses poèmes, se fait applaudir quand il évoque ses *Adieux à l'enfance*, le souvenir de la jeune amie Adèle Foucher, qu'il devait déjà disputer à Eugène dans le jardin des Feuillantines.

Et si quelque beauté naissante
Venait sourire à nos discords,
Il fallait nous voir corps à corps
Frémir d'une rage vaillante,
Lutter et redoubler d'efforts
Pour attirer sa vue errante [91].

Les félicitations qu'il reçoit décuplent son énergie.

Il propose que les participants au banquet publient un livre en commun. Il prend le pari d'écrire un texte en quinze jours. Et la nuit même, il commence ce premier long récit en prose.

Il met en scène deux hommes que les événements historiques vont, à Saint-Domingue, rapprocher, opposer. L'un, Delmar, est le neveu d'un colon qui possède des centaines d'esclaves, et parmi eux, l'autre héros du texte, Bug-Jargal. Delmar sauve Bug, qui protégera Delmar et se sacrifiera.

Il écrit avec enthousiasme, découvrant les plis et les replis de la prose romanesque, campant ses personnages dans la tourmente révolutionnaire et la profusion végétale de l'île.

Les mots le font vivre dans un monde qui surgit de son imaginaire mais dont la réalité s'impose à lui.

Je me promenai un jour avec mon oncle dans ses vastes possessions. Les esclaves tremblant en sa présence redoublaient d'efforts et d'activité…

Peu importe la couleur de la peau de Bug et de ses compagnons. Ils sont des hommes souffrants, héroïques, capables de se sacrifier pour respecter leur serment.

Il est ému comme s'il venait d'écrire ce qu'il avait vécu. Il a oublié ses convictions politiques. Il n'est plus un ultra, soucieux de préserver les hiérarchies entre les hommes, mais un romancier pour qui, en tout homme vivant, il y a une âme, une part sacrée d'humanité.

Mais il faut abandonner *Bug-Jargal*, les affrontements épiques, les choix nobles héroïques, pour retrouver la réalité, les colères d'Eugène, son attitude hostile, à l'écart de la table du restaurant Édon.

Victor a besoin de se confier.

Il écrit à Biscarrat qui se trouve à Nantes, et quelques jours plus tard, il reçoit une lettre du surveillant qui ose dire ce qu'il n'a fait que suggérer. Biscarrat évoque la « pauvre tête » d'Eugène, ses vertiges, ses silences si absolus qui « n'annoncent rien de bon ».

« Sa position vraiment critique, continue-t-il, m'afflige beaucoup, pour lui, pour sa famille, pour vous surtout. Observez-le ; faites bien en sorte qu'il ne lise pas cette triste peinture de sa maladie. L'irritation qu'elle lui causerait pourrait bien le faire retomber dans ses lubies, hélas trop fréquentes. Ce que c'est que de nous, mon pauvre ami, ce que c'est que de nous ! Il est vrai que le pauvre diable n'a jamais eu sa tête entièrement à lui ; j'étais si loin de présumer cependant qu'il tomberait si promptement en démence. »

Victor relit plusieurs fois la lettre. Il est bouleversé. Il aime le frère, mais il veut vaincre le rival. Ces sentiments contradictoires le déchirent. C'est comme s'il souffrait d'une partie de lui-même, qu'il veut dominer et qu'il veut garder en lui.

Il approuve Eugène, quand celui-ci écrit à leur père, le 20 juillet, pour le convaincre de les autoriser à faire leur droit.

Eugène semble avoir toute sa raison. Il argumente avec talent. La charge financière serait moins lourde, dit-il. Trois années d'études suffisent. La connaissance du droit permet d'être admis « aux emplois de l'administration militaire et à la plupart des charges de l'administration civile. Si d'ailleurs nous nous trouvions dans le cas d'embrasser tous les deux la carrière du barreau, ce n'est pas dans une ville comme Paris que deux avocats pourraient se nuire ».

Eugène se soucie donc de ne pas faire surgir entre eux une rivalité professionnelle.

Et pourtant, il écrit ! Mais tous les Hugo écrivent… Abel, et maintenant Léopold, qui veut faire publier un journal historique sur le *Blocus de Thionville* et envisage d'écrire ses Mémoires.

Victor s'interroge. Quel sera donc l'avenir de ses relations avec Eugène maintenant que les études secondaires s'achèvent, que, le 10 août, les prix du concours des quatre collèges de Paris sont remis, dans les salons de l'Institut ?

C'en est donc fini de la pension Cordier !

Léopold s'est rangé aux arguments d'Eugène. Et c'est Victor qui décide de lui répondre. Comme s'il voulait sur ce terrain-là aussi supplanter son frère.

« Nous allons commencer notre droit, écrit-il. Sois sûr, mon cher papa, que dans tous les temps nous ferons une étude pour mériter ta satisfaction par des travaux et notre conduite. Cette année même, ce n'est pas sans quelque honneur que nous avons terminé nos cours : nous ne doutons pas du plaisir que tu éprouveras en apprenant que nous avons obtenu des accessits dans nos classes et au grand concours des autres collèges.

« Nous espérons, mon cher papa, que tu voudras bien donner les ordres relatifs à notre sortie, aussitôt que tu le jugeras convenable pour l'époque fixée, et recevoir l'assurance de la reconnaissance et de l'attachement avec lequel nous sommes,

« Tes fils soumis et respectueux.

« V. M. Hugo. »

Et Eugène signe.

Victor se sent enfin libre.

Il n'a pas voulu mentir à son père, mais sa décision est prise : il s'inscrira avec Eugène à l'École de droit, mais il va écrire, encore écrire, à cette table, dans l'appartement de la rue des Petits-Augustins où ils vont loger, chez leur mère.

Par la fenêtre, il constate que l'on commence à déménager les stèles des tombeaux des rois qui se trouvaient dans la cour du musée. Et c'est comme si un vide se créait, là où gisaient ces vestiges de la grandeur monarchique. Mais la ville, quand on est libre de la parcourir à sa guise, suscite tant d'émotions !

Les femmes passent et on les suit du regard.

Sur le Pont-Neuf, au milieu d'une immense foule, on met en place une nouvelle statue de Henri IV. Les fanfares jouent. La statue s'avance, tirée par quarante chevaux et poussée par les badauds.

Victor est fébrile, impatient de vivre. Et cependant l'enthousiasme est terni par le souvenir de cette enfance qui déjà a disparu :

Ô temps ! qu'as-tu fait de cet âge ?
Ou plutôt qu'as-tu fait de moi !
Je me cherche, hélas ! Et ne vois
Qu'un fou, qui gémit d'être sage,
[...] Le bonheur passe avec l'enfance ;
Tel le cherche dans les amours,
Qui le perd avec l'innocence[92].

1819

Moi qui, dans tout excès, cherche un juste [équilibre,
Loin des indépendants je prétends vivre libre...

Victor est assis près du lit de sa mère. Elle est allongée, les yeux fermés. Dort-elle ?

Il se penche. Voilà plusieurs nuits, en ce début du mois de février, qu'il la veille. Sophie Hugo respire difficilement. Elle tousse. Les quintes sont longues et sèches.

La lueur des bougies dessine des arcs clairs sur le plafond voûté de la chambre.

Il est inquiet. Le médecin n'a diagnostiqué qu'une fluxion de poitrine, mais Sophie a le visage émacié. Qu'est devenue la femme forte et énergique qui exigeait de ses fils qu'ils travaillent chaque jour, ne quittant leur table d'écriture qu'en fin de journée ? Alors, raide, elle sortait avec eux. Ils marchaient devant elle jusqu'à l'hôtel de Toulouse, rue du Cherche-Midi, chez les Foucher.

On s'asseyait devant la cheminée, on échangeait quelques mots. Pierre Foucher prisait. Adèle continuait son ouvrage. Sophie prenait elle aussi quelques prises dans la tabatière que lui tendait Foucher. Victor se taisait, fixant longuement le visage d'Adèle, essayant de capter son regard. Mais il baissait les yeux, devinant qu'Eugène le surveillait d'un air furibond.

Ensuite on rentrait. Parfois, on rencontrait le frère aîné qui habitait à quelques centaines de mètres, 10, rue de Mézières.

Et la nuit, souvent, Victor reprenait ses cahiers, recommençait à écrire.

Puis la maladie s'est abattue, elle a dû s'aliter. Chaque fois qu'elle tousse, ses joues se creusent davantage, et Victor a l'impression qu'une douleur le griffe.

Il se souvient de ce qu'il a éprouvé il y a quelques mois, sur la place du Palais de Justice.

C'était midi, il faisait beau. On avait dressé un échafaud. Une femme était attachée à un poteau par un carcan qui lui serrait le cou. C'était une voleuse. La foule se pressait autour d'elle. Dans un réchaud plein de charbons ardents, un fer rougissait.

Le bourreau était monté sur l'échafaud, avait dénoué les cordons de la camisole de la jeune femme, lui dénudant ainsi le dos. Puis il avait saisi le fer et avait marqué l'épaule de la voleuse. « Le fer et le poing du bourreau disparurent dans une fumée blanche. »

Victor avait eu l'impression que sa poitrine avait été déchirée par le cri que la femme avait poussé.

Et c'était comme si les quintes de toux de sa mère ravivaient cette plaie. « Pour moi, c'était une voleuse, ce fut une martyre. Je sortis de là déterminé — j'avais seize ans — à combattre à jamais les mauvaises actions de la loi. »

Mais que faire pour empêcher le destin de frapper l'être que l'on aime ? Il ne quitte pas sa mère des yeux. Il a le sentiment d'une fatalité qui impose sa marque, là où elle veut, quand elle le veut.

Il faut aller son chemin en sachant qu'il peut à tout instant être interrompu. Et donc ne pas laisser les instants se dissiper. Et écrire pour vivre.

Sur les rocs, témoins de ma gloire,
J'écrirais mon nom et mon sort,
Et je serais sûr qu'à ma mort
Les rocs garderaient ma mémoire [93].

Il faut que l'œuvre lui permette d'ouvrir toutes les portes. Il a appris que François de Neufchâteau a lu, au cours d'une séance de l'Académie dont il est le doyen, et comme s'il s'agissait du résultat de ses recherches, cette *Revendication de Gil Blas par les Espagnols* que Victor Hugo a rédigée à sa demande. Et François de Neufchâteau n'a pas changé un seul mot. N'est-ce pas une preuve de son talent ?

Il faut forcer le destin, prendre de vitesse la fatalité qui un jour frappera.

Dans la chambre de sa mère, il rapproche les chandeliers de façon à éclairer le cahier qu'il vient de poser sur ses genoux.

Il faut qu'il écrive cette nuit une œuvre qu'il pourrait envoyer à l'académie des Jeux floraux. Il y joindrait des poèmes déjà écrits, *Les Vierges de Verdun* et *Les Derniers Bardes*. Il sait qu'Eugène s'apprête à participer au concours avec *La Mort du prince de Condé*.

Il faut le vaincre.

Il se souvient de la remise en place sur le Pont-Neuf de la statue de Henri IV. Voilà un thème qui peut être propre à séduire le jury des Jeux floraux, les poètes Alexandre Soumet, Jules de Rességuier, ou Pinaud.

Il écrit fiévreusement, revivant la scène.

Par mille bras traîné, le lourd colosse roule.
Ah ! volons, joignons-nous à ces efforts pieux.
Qu'importe si mon bras est perdu dans la foule !
Henri me voit du haut des cieux.
[...] De l'amour des Français, reçois la noble [preuve,
Nous devons ta statue au denier de la veuve,
À l'obole de l'orphelin.
N'en doutez pas, l'aspect de cette image auguste
Rendra nos maux moins grands, notre bonheur [plus doux ;
Ô Français ! Louez Dieu, vous voyez un roi juste,
Un Français de plus parmi vous[94].

Le matin, il dépose son poème sur le lit de sa mère. Elle lui demande d'un geste de le lui lire.

Un jour (mais repoussons tout présage funeste !)
Si des ans ou du sort les coups encor vainqueurs
Brisaient de notre amour le monument modeste,
Henri, tu vivrais dans nos cœurs[95]...

Elle le félicite. Il lit dans ses yeux l'admiration qu'elle lui porte. Victor la serre contre lui. Il veut lui dire tout ce qu'il lui doit, la remercier pour la confiance qu'elle lui accorde. Elle accepte que ses fils ne suivent pas les cours de l'École de droit et se vouent à l'écriture. Il sait qu'elle pense qu'ils auront l'un et l'autre un grand destin.

Il l'aide à se lever. Il veut qu'elle vive. Et lorsque, enfin, les jours suivants, elle peut à nouveau sortir et gagner la rue du Cherche-Midi pour y passer ses soirées en compagnie des Foucher, Victor se sent rassuré.

Il vient d'avoir dix-sept ans. Maintenant que le printemps s'annonce, on se rend souvent à Issy, au-delà du quartier de Vaugirard, où les Foucher louent une petite maison, en bord de Seine. En traversant les jardins, on peut gagner les collines, se promener sous les arbres.

Il suit des yeux Adèle, brune, pudique, mais qui ose souvent répondre à ses regards. Elle n'a que quinze ans et demi. Victor n'ose pas lui parler. Ils sont si rarement seuls, elle est surveillée par son père et sa mère, lui par Sophie et Eugène, dont la jalousie rageuse se manifeste par une expression hostile.

C'est un soir, au retour de chez les Foucher, qu'il trouve une lettre de Toulouse lui annonçant que le jury du concours de poésie a décerné le lys d'or au *Rétablissement de la statue de Henri IV*. Ses deux autres poèmes ont reçu chacun une distinction, une amarante réservée et une mention !

Non seulement le poème d'Eugène n'a pas été primé, mais Alexandre Soumet, membre du jury et poète célèbre, couvre Victor d'éloges.

« Depuis que nous avons vos odes, Monsieur, écrit-il, je n'entends parler autour de moi que de votre beau talent et des prodigieuses espérances que vous donnez à notre littérature… Vos dix-sept ans ne trouvent ici que des admirateurs, presque des incrédules. Vous êtes pour nous une énigme dont les muses ont le secret… »

Victor a le sentiment que cette fois-ci, justice lui est rendue. Eugène est écarté. La lettre d'Alexandre Soumet est une reconnaissance de la légitimité des ambitions qu'il porte en lui : Chateaubriand ou rien ! Il n'a jamais douté de son énergie et de son talent. Maintenant il est sûr que la gloire viendra vite le couronner.

Il doit oser exprimer ce qu'il ressent, ce qu'il est.

Il se sent déjà entouré d'admiration, de respect, d'étonnement aussi pour son jeune âge. Il apprend que lors du concours des lys d'or, il a été préféré à un poète de douze ans son aîné, Lamartine !

Soumet l'introduit dans le salon de Jacques Deschamps de Saint-Amand, dont les deux fils, Émile et Antoine, sont également poètes. Et là, dans cette maison de la rue Saint-Florentin, Victor rencontre beaucoup d'autres poètes. Ils sont catholiques, monarchistes, talentueux, tel ce jeune officier, Alfred de Vigny. Il les observe. Il est le plus jeune d'entre eux, mais il doit par son attitude faire oublier son âge, être à la hauteur de son talent et de ses ambitions. Il adopte une expression sévère, grave, un peu hautaine. Il découvre cette société littéraire dans laquelle il veut occuper la première place. Il doit en connaître les rouages, les mœurs, afin de s'y mouvoir avec habileté. Une ambition ne doit pas être aveugle.

Il écoute Félix Biscarrat qui lui répète :

— Jetez-vous à corps perdu dans la bonne cause, soutenez l'honneur des royalistes, s'il est vrai qu'ils manquent de muses pour les soutenir…

Et d'ailleurs, comment être l'un de ces « libéraux » ou de ces monarchistes tièdes, ou au contraire de ces nostalgiques de la Révolution, de ces descendants des bourreaux ?

Sa mère proclame partout qu'elle est vendéenne, qu'elle a eu à souffrir de la Révolution, et de ce Buonaparte qui a fait fusiller son parrain, Fanneau de Lahorie. Alors Victor redouble dans l'affirmation de ses convictions. Il est « royaliste, fanatique et austère * ».

* Dira-t-il de son double, le Marius des *Misérables*.

Il s'indigne quand les électeurs de Grenoble choisissent l'abbé Grégoire, l'ancien de la Convention, comme député. Plus que jamais, il veut être, il se sent « noble, généreux, fier, religieux, digne jusqu'à la dureté, pur jusqu'à la sauvagerie * », c'est-à-dire ultra, même s'il rejette ce mot.

Mais les « girouettes », ces hommes qui ont changé d'opinions au fil des circonstances, lui font horreur. Ils étaient pour le drapeau tricolore, ils honorent aujourd'hui le drapeau blanc à fleurs de lys, tout en se préparant à changer une nouvelle fois d'opinion si nécessaire.

Victor prend la plume, fustige cette « girouette » qui, s'adressant au « drapeau », se justifie :

Si le ciel t'a fait blanc, le hasard m'a blanchie.
Soyons frères, Drapeau : car d'honneur, si souvent
Je te tournai le dos : c'est la faute du vent.
Va, de mon amitié d'autres seraient avides ;
Je brille à l'Institut.

Et le drapeau répond :

Je flotte aux Invalides.
Laisse-moi, seul, paré de ma vieille couleur,
Au milieu de l'orage attendre un jour meilleur[96]...

Il méprise ces comportements. Il se cambre, royaliste. Et peu importe le résultat des élections

* *Ibid.*

de septembre, qui ont vu la victoire d'un Grégoire et des libéraux.

Il est vrai : l'anarchie, aux têtes renaissantes
S'éveille, et rouvre encor ses gueules menaçantes ;
Le trône, sous ses coups, commence à chanceler ;
Mais, pour le soutenir, on nous verra voler.
[...] Si j'étais accusé, sans même être entendu,
D'avoir trahi ce Roi que j'aurais défendu,
Montrant mon corps brisé, mes cicatrices vaines,
Et ce reste de sang, déjà froid dans mes veines,
J'irais dire à mon Roi, s'il voulait l'épuiser :
« Sire, il est tout à vous, vous le pouvez verser [97]. »

Tout l'exalte en cette dix-septième année de sa vie. Il a le sentiment que son destin se joue. C'est maintenant qu'il doit jeter ses cartes pour prendre date.

Il est maître ès Jeux floraux. L'académie de Toulouse lui donne à choisir entre une récompense de neuf cents francs ou un bijou représentant le lys d'or. La distinction, bien sûr, qu'on pourra arborer sur le gilet noir, lorsqu'on se rend à l'hôtel de Toulouse, chez les Foucher !

Il est assis, seul, sous les arbres, en compagnie d'Adèle. Il la regarde. Il lui murmure quelques vers, se sent tout à coup si timide devant cette jeune fille, bien plus qu'il ne l'est lorsqu'il rencontre d'autres poètes. Il dit, comme pour s'excuser : « Et le pupitre égare l'écrivain. »

Adèle ne baisse pas les yeux.

Il souhaite, ajoute-t-il, qu'ils se confient l'un à

l'autre le plus grand secret de leur vie. Ils disent presque en même temps qu'il l'aime et qu'elle l'aime.

Victor est bouleversé, déterminé. Il vient de dessiner son avenir, car il ne peut concevoir que le mariage avec Adèle, le plus vite possible, et donc il doit devenir un écrivain connu, installé, gagnant l'argent du ménage avec les mots. Car il n'est pas de ces jeunes gens qui ont des rentes !

L'entreprise est difficile. Il faut la tenir secrète, puisque les parents d'Adèle n'accepteront jamais de donner leur fille à quelqu'un qui n'est qu'un poète démuni. Et peut-être sa mère refusera-t-elle aussi que son fils, celui auquel elle prédit un avenir de gloire, épouse à dix-sept ans une jeune fille modeste, lui qui est le fils du comte Hugo, général, et dont les académies ont déjà célébré le talent.

Mais il se sent, ce 26 avril, après avoir entendu l'aveu d'Adèle en réponse au sien, « un courage de lion ».

Il écrit des poèmes politiques — un dialogue entre Voltaire et Malesherbes, un discours sur l'enseignement mutuel, une épître à Brutus. Il commence un mélodrame — *Inez de Castro* — en trois actes avec deux intermèdes.

Il n'est pas une seule minute du jour où il ne soit tendu vers son but, être l'un de ces poètes dont la voix résonne dans la cité.

Il prend régulièrement avec Eugène ses inscriptions à l'École de droit, mais c'est simplement pour que leur père continue d'envoyer la pension nécessaire à la poursuite de leurs études.

En fait, toutes les journées se passent à écrire, avant que le soir, pour quelques heures, on ne rejoigne les Foucher. Et Victor, dans le salon de l'hôtel de Toulouse ou les jardins d'Issy, doit se contenter de regarder Adèle, et parfois de lui glisser un billet sur lequel il a écrit quelques vers ou une lettre.

Puis commence une nouvelle nuit de travail.

Il a lu *Les Martyrs* de Chateaubriand et un article de l'écrivain intitulé « La Vendée », publié dans le journal que ce dernier a créé, *Le Conservateur*.

Victor se veut vendéen ! Ne l'est-il pas par sa mère ? Il imagine Sophie combattante, héroïque, se dressant, elle la « blanche », contre les « bleus », ce Léopold Hugo qui a continué de la persécuter tout au long de sa vie.

Il commence à écrire *Les Destins de la Vendée*. Il les dédie « À Monsieur le Vicomte de Chateaubriand ».

Ainsi sur les malheurs de la France éplorée
Gémissait la muse sacrée...
[...] Depuis, à nos tyrans rappelant tous leurs crimes,
Et vouant aux remords ces cœurs sans repentirs,
Elle a dit : « En ce temps la France eut des victimes,
Mais la Vendée eut des martyrs ! »
[...]
Souvent, dans ses desseins, Dieu suit d'étranges [voies,

Lui qui livre Satan aux infernales joies,
Et Marie aux saintes douleurs !
[...]
Et ces derniers Français que rien ne put défendre,
Loin de leur temple en deuil et de leur chaume en
[cendre,
Allaient conquérir des tombeaux [98] *!*

Quelques jours plus tard, il tient entre ses mains une plaquette portant son nom et le titre de son ode. C'est son premier texte imprimé ! Un ami d'Abel, Gilé, s'est chargé de la composition et de l'impression. Pour Victor, c'est comme une naissance…

Car cette plaquette se vend ! On la commente. Les libéraux la dénoncent avec mépris. Et Victor, vibrant d'abord de colère, lit dans le journal *La Renommée* — où Benjamin Constant attaque le ministère Dessolles-Decazes, l'accusant de céder aux pressions des ultras — ces quelques lignes : « Tant que M. Hugo chantera sur ce ton, il ne fera la réputation de personne, pas même la sienne. La trompette de M. Hugo n'est pas celle du Jugement dernier : nous la croyons propre à endormir les vivants, mais non pas à réveiller les morts. »

Au fond, c'est un moment de joie : il existe enfin dans le débat littéraire et politique !

Mais il veut frapper plus fort. Il publie quelques semaines plus tard une seconde brochure, *Le Télégraphe*, une satire où, prenant prétexte de l'instrument de Chappe placé sur les tours de Saint-Sulpice, qu'il a vu durant toutes ces années depuis sa soupente de la pension Cordier, il se prononce sur l'actualité, dénonçant les libéraux :

Quand Grégoire au Sénat vient remplir un banc vide,
Je le hais libéral, je le plains régicide,
Et s'il pleurait son crime, au lieu de l'estimer,
S'il s'exécrait lui-même, oui, je pourrais l'aimer.
Ainsi, jeune et brûlant d'un courroux qui m'honore,
Je fronde un siècle impur, censeur sans tâche [encore[99]...

Il se sent vivre en plongeant ainsi sa plume dans l'encre des événements.

Loin des indépendants je prétends vivre libre ;
Heureux si, par l'effroi de mes hardis pinceaux,
Je fais rugir le crime et grimacer les sots.
Je veux, en flétrissant leur audace impunie,
Adorer la vertu, rendre hommage au génie [100]...

Il a la conviction qu'il n'existe que s'il est publié. Il pèse donc de toutes ses forces sur Abel, sur Biscarrat, sur l'un de leurs amis, Jean-Joseph Ader, pour qu'ils lancent ensemble une publication trimestrielle, *Le Conservateur littéraire*, en hommage au *Conservateur* de Chateaubriand. Chaque volume, publié par livraison, compterait plus de quatre cents pages et chaque livraison serait vendue un franc cinquante, la première paraissant le 11 décembre. Victor y publiera *L'Enrôleur politique*, dialogue entre l'Adepte et l'Enrôleur [101] :

L'Adepte

… Vous qui voulez la paix, ô Fitz-Jame, ô [Villèle *,
Chateaubriand, je veux imiter votre zèle ;
Je veux puiser en vous, citoyens généreux,
L'espoir de voir un jour les Français plus [heureux…

L'Enrôleur

Cet homme est un ultra…

L'Adepte

Je suis un homme.

L'Enrôleur

À d'autres !
Ces royalistes-là font tous les bons apôtres.
Tu n'étais, disais-tu, d'aucun parti : fort bien !
Tu ne te trompais pas, que sont tes pareils ? Rien.
Ce n'est plus un parti.

L'Adepte

Non, c'est la France entière.

Le croit-il ? Il n'a pas encore dix-huit ans.

« Il était à cette saison de la vie où l'esprit des hommes qui pensent se compose, presque à proportions égales, de profondeur et de naïveté. Une situation grave étant donnée, il avait tout ce qu'il fallait pour être stupide ; un tour de clef de plus, il

* Orateurs ultras : Fitz-James, pair de France ; Villèle, futur chef du gouvernement de Charles X.

pouvait être sublime. Ses façons étaient réservées, froides, polies, peu ouvertes *... »

Il veut aller haut et loin. Il est ambitieux. Il est amoureux. Et entre ces deux forces, ces deux passions qui le dévorent, il y a une tension par où surgit, menaçante, inquiétante, l'idée de la mort, de la fatalité.

En ce mois de décembre qui termine l'année qui l'a vu couronné, aimé, publié, Victor écrit pour Adèle son premier poème d'amour.

Et il découvre en lui l'inquiétude.

Notre avenir commun ne pèse que sur moi !
Bientôt tu peux m'être ravie :
Peut-être, loin de toi, demain j'irai languir.
Quoi, déjà tout est sombre et fatal dans ma vie !
J'ai dû t'aimer, je dois te fuir !
[...]
Je puis voir de près le cercueil,
L'Élysée immortel est près des noirs royaumes,
Et la gloire et la mort ne sont que deux fantômes,
En habits de fête ou de deuil[102] *!*

* Dira-t-il de son double, le Marius des *Misérables*.

1820

Adieu surtout, hélas ! la trop douce espérance
Des baisers que tu m'as promis…

Victor feuillette les cinq premières livraisons du *Conservateur littéraire*. Il ne se lasse pas de parcourir des yeux les chroniques, les critiques, les odes, les satires qu'il a signées sous divers pseudonymes — onze bientôt ! — et qui occupent la plus grande partie de chaque brochure. Après la parution de la dixième, le 15 avril, on les réunira en un premier volume.

Il éprouve une sorte d'ivresse à être ainsi devenu, en quelques mois, depuis la publication de la première brochure, une personnalité qui compte parmi les gens de lettres, dans cette société où l'on s'épie, se jalouse, se déteste, même si l'on se congratule.

Mais il s'efforce de dissimuler aux autres la griserie que lui donne le fait de pouvoir publier régulièrement, dans « sa » revue, ce qu'il veut, de se hausser par la critique, et d'emblée, à la hauteur des plus grands poètes, André Chénier ou Schiller, ou bien d'être présent à toutes les premières théâtrales afin de rendre compte de la pièce.

On le respecte. On écoute ses avis.

— Dans les salons où j'ai été, on me croit l'être le plus froid qu'il y ait, confie-t-il, nul ne sait que je suis le plus passionné. Il veut s'imposer et il veut aimer Adèle, être aimé d'elle.

Il veut conquérir une influence politique, jouer un rôle, peut-être dans un ministère. Il proclame ses opinions : il est monarchiste, ultra si l'on veut. Et il ne dissimule pas ses ambitions.

Il regarde longuement Alexandre Soumet qui, en pesant ses mots, avec presque de la timidité, lui demande à quoi il se destine et si son intention est de se consacrer uniquement à la carrière des lettres. Victor répond :

— J'espère devenir un jour pair de France…

Et il n'est pas étonné que Soumet murmure :

— Vous le serez, vous le serez.

Il y faut de l'obstination, un travail constant, et peut-être du génie.

« Le génie, dit-il, c'est la vertu, seule chose capable d'exciter cette volonté ferme et constante par laquelle on désire une chose de toute sa vie, tout ou rien comme César… » Il en est sûr, « la poésie est l'expression de la vertu ». Hélas, « ce siècle… où l'on a découvert deux sortes de consciences, celle du cœur et celle de l'estomac », est impur.

C'est pour cela qu'il est ultra, pour se distinguer des « ventres », ces libéraux, ces girouettes, ces lâches qui vont à la mangeoire.

Il se sent ainsi fidèle à son enfance, aux courageux qui, aux Feuillantines, rendaient visite à Lahorie, et à ceux qui viennent s'asseoir dans le petit salon de sa mère.

Il y a parmi eux le marquis Coriolis d'Espinousse, qui a lu avec satisfaction les poèmes de Victor consacrés à la Vendée ou à la mort de Louis XVII.

Marquis, je m'en souviens, vous veniez chez ma
[mère.
[...] Quand j'étais royaliste et quand j'étais petit,

racontera Hugo plus tard.

Je bégayais, songeur naïf, mes premiers vers,
Marquis, vous leur trouviez un arrière-goût
[fauve...
[...]
Mais vous disiez : « Pas mal! Bien! C'est quelqu'un
[qui naît! »
Et, souvenir sacré! ma mère rayonnait[103].

Ce temps est passé. Il est un homme qui compte.

Il assiste, pour *Le Conservateur littéraire*, aux séances publiques de l'Académie française. Il se mêle à la foule des invités : « Un joli peuple de femmes élégantes, entourées d'un essaim de brillants amateurs des lettres, occupait les banquettes dès l'ouverture des portes, écrit-il, et n'est-ce pas sans beaucoup de peine que nous sommes parvenus à nous placer convenablement, nous-mêmes qui avons nos entrées ordinaires et extraordinaires à l'Institut[104] ? »

Il devient « quelqu'un ».

L'une de ses œuvres, *Moïse sur le Nil*, obtient une amarante réservée, décernée par l'académie des Jeux floraux de Toulouse. Et peu après, il reçoit de Pinaud, le secrétaire perpétuel de cette académie, une lettre lui indiquant que, maître ès Jeux floraux, il a le « droit d'assister à toutes les assemblées publiques et particulières, relatives au jugement des ouvrages, à l'adjudication et à la distribution des prix, conformément à nos statuts ». Il avance à grands pas vers la gloire : n'est-il pas passé, en quelques mois, de la place de candidat à celle de membre du jury ?

Et Pinaud le félicite pour « cet excellent *Conservateur littéraire*… où l'esprit, la raison, le savoir, le goût et la plus noble fermeté de caractère brillent comme à l'envi au profit des meilleures doctrines littéraires, morales et politiques ».

Ce sont ces doctrines qu'il veut défendre.

Quand il apprend, le 13 février, que le duc de Berry — le deuxième fils du comte d'Artois, qui porte les espoirs des ultras et qui est le dernier héritier du trône — a été assassiné, il prend aussitôt la plume pour dénoncer le meurtrier, Louvel, un bonapartiste qui a voulu en finir avec la postérité des Bourbons.

Il écrit dans la hâte, avec passion. Il pressent que l'événement tragique peut être pour lui l'occasion de faire entendre sa voix.

Il veut que l'ode qu'il compose soit publiée en brochure, avant d'être reprise dans *Le Conservateur littéraire*.

Berry, quand nous vantions ta paisible conquête,
Nos chants ont réveillé le dragon endormi ;
L'Anarchie en grondant a relevé la tête,
Et l'enfer même en a frémi,

note-t-il. Puis il pense au roi, ce vieux Louis XVIII, et il l'interpelle :

Monarque en cheveux blancs, hâte-toi, le temps
[presse ;
Un Bourbon va rentrer au sein de ses aïeux ;
Viens, accours vers ce fils, l'espoir de ta vieillesse ;
Car ta main doit fermer ses yeux !
[...]
Mais, quand périt l'espoir d'une tige féconde,
Qui pourra consoler, dans sa terreur profonde,
La France, veuve de ses rois [105] *?*

Il est fébrile, impatient. Il lui semble que cet événement auquel il vient d'attacher son nom peut provoquer de grands bouleversements dans sa vie.

Déjà le président du Conseil Decazes, jugé trop libéral, est écarté par Louis XVIII.

— Son pied a glissé dans une flaque de sang, commente Chateaubriand.

Le duc de Richelieu le remplace à la tête du gouvernement.

Justement, François de Neufchâteau lui annonce qu'il a fait lire *La Mort du duc de Berry* au duc, et que ce dernier l'a communiquée au roi, qui a été ému aux larmes en se reconnaissant dans ce « monarque en cheveux blancs ». Louis XVIII a décidé d'accorder à « Monsieur Hugo de Toulouse » — référence aux Jeux floraux — un prix de cinq cents francs pour son œuvre courageuse et salubre.

Victor exulte ! Sa mère l'embrasse, l'invite à se rendre chez Monsieur de Chateaubriand. L'écrivain aurait apprécié l'ode. Il aurait dit qu'il voulait connaître ce Victor Hugo, « l'enfant sublime ».

Il écoute François de Neufchâteau et quelques-uns des proches de l'académicien qui confirment que Chateaubriand accepterait de le recevoir à son domicile, au numéro 27 de la rue Saint-Dominique.

Il faut s'y rendre. N'est-ce pas l'occasion d'approcher enfin cet écrivain dont il rêve ? Alors, voyons quel est cet homme !

Il entre.

Chateaubriand, debout devant sa fenêtre, « en pantalon à pieds et en pantoufles, ses cheveux gris coiffés d'un madras, les yeux fixés sur un miroir, une trousse complète de chirurgien dentiste ouverte devant lui, se curait les dents, qu'il avait charmantes[106]... ».

Il attend. Chateaubriand l'observe puis, levant la main, lance :

— Monsieur Hugo, je suis enchanté de vous

voir. J'ai lu vos vers, ceux que vous avez faits sur la Vendée et ceux que vous venez de faire sur la mort du duc de Berry. Il y a, surtout dans les derniers, des choses qu'aucun poète de ce temps n'aurait pu écrire.

Il s'interrompt. Victor a la gorge nouée. Chateaubriand reprend :

— Mes vieilles années et mon expérience me donnent malheureusement le droit d'être franc, et je vous dis sincèrement qu'il y a des passages que j'aime moins, mais ce qui est beau dans vos odes est très beau.

Le ton est si souverain que Victor se sent « plutôt diminué qu'exalté ». Il balbutie quelques mots, il a hâte de partir.

Chateaubriand l'invite à revenir le voir. Il le trouverait tous les jours de sept à neuf heures du matin.

Victor quitte la rue Saint-Dominique, ému, cherchant à conserver chaque détail de l'entrevue. Il en est persuadé, il vient de rencontrer un génie. Et cet homme peut lui servir, non seulement de modèle, mais de guide. Il peut être un appui. Il sera un jour de nouveau au pouvoir. Le roi ne pourra pas longtemps ignorer ce fidèle.

Il fait à sa mère le récit de sa rencontre. Elle est attentive. Elle insiste pour qu'il se rendre de nouveau chez l'écrivain.

Elle vient de revoir un avocat, d'Agier, qu'elle a connu dans l'entourage de Fanneau de Lahorie.

D'Agier, qui avait défendu, en 1804, Cadoudal et Moreau, admire *Le Conservateur littéraire*.

C'est lui qui, en compagnie de François de Neufchâteau, a parlé de Victor à Chateaubriand. C'est à lui que l'écrivain a dit et répété qu'il considérait Victor comme un « enfant sublime ». Il faut, insiste Sophie, le revoir. Il tient entre ses mains une part de son destin.

Victor s'installe à sa table de travail. Il songe au chemin que les mots lui ont permis de parcourir. Il a en quelques mois conquis une influence et une notoriété qui le placent près du centre de cette société littéraire et politique qu'il voulait pénétrer. Le roi et Chateaubriand l'ont distingué. Il fréquente les salons littéraires, les salles de théâtre, les soirées de première et les séances de l'Institut.

Il pense à son frère Eugène, qu'il a définitivement vaincu. Eugène s'enferme chaque jour davantage dans un silence et une violence maladifs. Il a même fallu annoncer qu'il ne collabore plus au *Conservateur littéraire*. C'est comme une amputation, douloureuse et nécessaire.

Car Victor s'en persuade : la vie est une guerre, le poète est un soldat. Il doit avoir une stratégie, attaquer à bon escient, imposer son terrain de manœuvre, choisir ses ennemis et ses alliés.

Il prend une feuille, écrit : « À Monsieur le vicomte de Chateaubriand. » Voilà un allié. Il hésite, puis intitule le poème *Le Génie*.

Chateaubriand, je t'en atteste,
Toi qui, déplacé parmi nous,
Reçus du ciel le don funeste
Qui blesse notre orgueil jaloux :
Quand ton nom doit survivre aux âges,
Que t'importe, avec ses outrages,
À toi, géant, un peuple nain ?
Tout doit un tribut au génie.
Eux, ils n'ont que la calomnie ;
Le serpent n'a que son venin.
[...]
Dans cette arène où l'on t'admire,
Sois fier d'avoir tant combattu,
Honoré du double martyre
Du génie et de la vertu.
Poursuis : remplis notre espérance ;
Sers ton prince, éclaire la France
Dont les destins vont s'accomplir.
L'Anarchie, altière et servile,
Pâlit devant ton front tranquille
Qu'un tyran n'a point fait pâlir [107].

Il fera publier ce texte dans *Le Conservateur littéraire*. Et il mesure combien cette publication est un moyen efficace pour pénétrer le monde des lettres, y tenir un rôle de magistère, saluer la parution des œuvres, conseiller leurs auteurs, les traiter d'égal à égal, avec l'avantage que donne la situation de critique.

Il salue la parution des *Méditations poétiques* de ce « jeune poète » Lamartine… de douze ans son aîné et qui vient d'être nommé attaché d'ambassade à Naples. Il peut clamer, du haut de sa tribune :

— Veillez ! jeunes gens, recueillez vos forces, vous en aurez besoin le jour de la bataille !

Il sent qu'il devient peu à peu un homme vers qui l'on se tourne, comme s'il était déjà, à dix-huit ans, un maître.

Chateaubriand le reçoit plusieurs fois, le traite avec une familiarité amicale, se douchant nu devant lui, se faisant frictionner par son domestique, tout en parlant de ce gouvernement qui rétablit la censure :

— Ce sont des misérables et des imbéciles ! Mais la pensée est plus forte qu'eux et ils se blesseront à la frapper. S'ils ne compromettaient qu'eux ! Mais ils perdront la monarchie à ce jeu-là.

Victor l'écoute, fasciné. Chateaubriand lui confie même qu'il envisage d'accepter un poste diplomatique, sans doute à Berlin, et Victor comprend qu'il lui propose de l'accompagner comme attaché.

Quitter Paris ? Alors qu'il y conquiert justement sa place ? Alors qu'il a le sentiment de ne pas pouvoir vivre loin d'Adèle, avec qui il échange, dans l'angoisse d'être surpris, des lettres qui sont pour lui comme la continuation de ce travail d'écriture qui ne cesse jamais ?

Tout se mêle d'ailleurs, la correspondance et l'œuvre. Il publie dans *Le Conservateur littéraire* une élégie, *Le Jeune Banni*. Et le disciple de Pétrarque qu'il met en scène, Raymond, parle à son amour, Emma, comme Victor voudrait pouvoir parler à Adèle, lui réclamer les douze baisers qu'elle lui avait promis pour son poème *Premier Soupir*...

... Ces vers pour qui ton tendre amour
M'a promis des baisers, que ta pudeur craintive
Me refuse de jour en jour.
[...]
Ma jeune épouse, adieu ! L'instant fatal s'avance ;
Adieu surtout, hélas ! la trop douce espérance
Des baisers que tu m'as promis [108].

Il se persuade qu'elle lira ce poème avec moins de remords que les lettres qu'il a réussi à lui glisser lorsqu'il est assis près d'elle, dans le salon de ses parents.

Elle écrit, elle aussi.

« Maman me déclare donc qu'elle était très mécontente de ma préférence exclusive pour toi... Mais je t'aime et n'aime que toi. »

Il la sent tourmentée à l'idée de tromper sa mère, elle qui signe ses lettres « *Adieu, ta fidèle épouse, Adèle Foucher* ».

Car ils se sont voués l'un à l'autre.

Il répond : « Je pense que nous devons désormais conserver en public la plus grande réserve... Mais tu ne sais pas, mon Adèle, à quel point je t'aime. Je ne puis voir un autre seulement t'approcher, sans tressaillir d'envie et d'impatience, mes muscles se tendent, ma poitrine se gonfle, et il me faut toute ma force et toute ma circonspection pour me contenir. »

Cette douleur dans son corps, c'est la jalousie. Il voit le jeune oncle d'Adèle, M. Asseline, s'avancer vers elle :

« Je te prie aussi de ne pas souffrir les familiarités de monsieur Asseline, ton mari a ses raisons pour cela. »

Il se veut le mari. Il travaille aussi pour pouvoir un jour subvenir aux besoins de ce ménage qu'il rêve de fonder.

« Je me livre avec courage à des travaux qui finiront sans doute par me rendre indépendant. Si je ne songeais à toi, à notre union, crois-tu que je me résoudrais de gaieté de cœur à joindre aux tourments de l'âme la fatigue presque continuelle de l'esprit ?... C'est dans ton intérêt seul que j'agis... »

Il lit fébrilement ses réponses.

« C'est en vérité une véritable douleur pour moi que de ne plus te voir à côté de moi », écrit-elle.

Il faut pourtant feindre l'indifférence, essayer de tromper les parents d'Adèle et Sophie. Mais alors la jalousie revient !

Adèle aime les bals.

« Je suis à la vérité excessivement jaloux, s'écrie-t-il. Hier, toute ma confiance dans l'avenir m'avait abandonné, je ne croyais plus à ton amour, hier l'heure de ma mort aurait été la bienvenue. » Et lorsqu'il reçoit la lettre en retour, il exulte. « Toi, Victor, pour qui je vis, toi à qui je pense à chaque moment, et toi à qui j'ai tout sacrifié », écrit Adèle.

Il est tourmenté par cette attitude, les remords

qu'elle ressent de plus en plus vifs d'avoir à tromper ses parents.

« Je pense que je trompe maman et quand je pense à quel point je t'aime et que peut-être l'on me séparera de toi ! Il y a tout à craindre et alors, mon ami, je mourrais avec la consolation de t'avoir toujours aimé. »

Il voudrait la rendre plus sûre d'elle-même :

« Maintenant tu es la fille du général Hugo ! Ne fais rien d'indigne de toi, ne souffre pas que l'on te manque d'égards ; maman tient beaucoup à ces choses-là. Je crois que cette excellente mère a raison. Tu vas me prendre pour un orgueilleux, de même que tu me crois fier de tout ce qu'on appelle mes succès et cependant, Adèle, Dieu m'est témoin que je ne serai jamais orgueilleux que d'une seule chose, c'est d'être aimé de toi. »

Il est divisé. Il écrit encore :

« Maintenant, toutes mes espérances, tous mes désirs se concentrent sur toi seule. »

Cela fait juste un an qu'il lui a déclaré son amour. Mais que de choses accomplies depuis, au-delà de cette passion qui le fait souffrir, de cette anxiété à l'idée qu'elle pourrait être découverte et condamnée… « Quoi qu'il en soit, reçois ici mon inviolable promesse de n'avoir jamais d'autre femme que toi et de devenir ton mari, sitôt que cela sera en mon pouvoir. Brûle toutes mes autres lettres et garde celle-ci. L'on peut nous séparer mais je suis à toi, éternellement à toi, je suis ton bien, ta propriété, ton esclave… Oui, mon Adèle, oui, il faudra sans doute bientôt cesser de te voir. Encourage-moi un peu… »

Il ne se trompe pas. Il pressent que l'on va découvrir ses lettres, et qu'Adèle, se jugeant coupable, va se livrer.

Le 26 avril, un an jour pour jour après qu'ils se sont avoué leur amour, Victor voit les Foucher se présenter, graves, sévères, 18, rue des Petits-Augustins.

Et sa mère le convoque. Il ne nie pas aimer Adèle. Mais il comprend que Sophie n'acceptera jamais que son Victor, distingué par le roi, par Chateaubriand, fils du général comte Hugo, épouse cette modeste jeune fille. Il peut et doit espérer mieux.

Il observe les parents d'Adèle. Il devine leur humiliation. Pierre Foucher et son épouse ne souhaitaient pas ce mariage, puisque Victor n'a aucune position stable dans la société, mais ils l'auraient sans doute accepté. Ils se sentent ulcérés par ce rejet hautain. C'est donc non seulement la séparation des deux jeunes gens qui se produit, mais la rupture entre les deux familles.

« Tu ne sais pas, Adèle, et c'est un aveu que je ne puis faire qu'à toi, tu ne sais pas que le jour où il fut décidé que je ne te verrai plus, j'ai pleuré, oui pleuré véritablement, comme je n'avais point pleuré depuis dix ans, comme je ne pleurerai sans doute plus. Je supportai une discussion pénible, j'entendis même l'arrêt de notre séparation avec un visage d'airain ; puis, quand tes parents furent partis, ma mère me vit pâle et muet, elle devint plus tendre que jamais, elle essaya de me consoler, alors je m'enfuis et quand je fus seul, je pleurai amèrement et longtemps. »

Il faut cependant respecter la décision de la mère. Il faut s'enfoncer encore davantage dans le travail, écrire l'essentiel des livraisons du *Conservateur littéraire*, en utilisant des pseudonymes. Et trouver dans l'écho rencontré par ces textes une compensation, y puiser l'espoir de pouvoir, un jour, vivre de sa plume, puisqu'on n'a pas de rentes. Il est satisfait de lire dans *Le Conservateur* — le journal de Chateaubriand — un éloge du *Conservateur littéraire*, cette entreprise de « fils reconnaissants pour acquitter une dette, aussi sacrée que douce, envers une mère distinguée à laquelle ils devaient une seconde naissance… Heureux jeunes gens d'avoir une mère qui ait senti le prix de l'éducation ! Heureuse mère de voir ainsi couronner ses soins ! ».

Victor se réjouit de la fierté de sa mère que, parfois, avec inquiétude, il sent — malgré les efforts qu'elle fait pour donner le change — lasse, comme si cette maladie du début de l'année précédente continuait de la ronger.

Mais elle reste une femme énergique, qui s'emporte quand Victor lui raconte comment lui et Eugène ont été convoqués par le doyen de l'École de droit, qui venait de recevoir une lettre de Léopold s'inquiétant des études de ses fils. Ce dernier a été révolté par l'article du *Conservateur* louant le rôle de la mère. « J'ignore, a-t-il écrit au doyen, si une entreprise littéraire que les journaux seuls m'ont apprise, et des motifs de laquelle l'un d'eux a fait l'éloge le plus touchant et le plus mensonger… n'a pas entièrement arraché mes fils à leurs études. »

Victor est inquiet. Il est vrai qu'il consacre tout son temps à l'écriture et qu'il a pris ses inscriptions à la faculté uniquement pour que la pension versée par le père ne soit pas supprimée.

Il répond lui-même à son père.

« Cette démarche de ta part nous a beaucoup affligés... commence-t-il. Nos occupations littéraires ne peuvent te déplaire, elles ne nous empêchent pas de suivre nos cours et peut-être, si nous nous y adonnons avec persévérance, pourront-elles nous mettre à même un jour de soutenir les frais de nos examens, qu'il nous est impossible de prélever sur notre modique pension… »

Et même s'ils sont admis au barreau, poursuit-il, il leur faudra passer des années de stage, où l'on n'est pas rémunéré.

« Notre devoir est de tâcher de nous créer, d'ici là, quelques faibles moyens de subsistance. » D'autant plus qu'il leur faudra effectuer le service militaire, puisqu'ils n'ont pas « le moyen de payer des remplaçants ». Or, le fait d'obtenir un des prix de l'Institut peut accorder la dispense du service armé.

Que pourrait répondre Léopold ?

Victor ajoute : « Dans la grande gêne où nous nous trouvons, nous te réitérons, mon cher papa, l'instante prière de nous envoyer le plus tôt que tu pourras les soixante-cinq francs arriérés, et l'argent de ce mois-ci. Si tu pouvais y joindre l'augmentation que tu nous destines sans doute, ainsi qu'à maman, à dater du mois d'avril, tu nous tirerais d'un bien pénible embarras.

« Nous sommes toujours, avec le plus inébranlable attachement, mon cher papa,

« Tes fils soumis et respectueux. »

Mais il n'a aucune illusion, son père ne lui répondra pas. Il vit à Blois avec Catherine Thomas. Et chaque fois que Victor pense à la rupture de ses parents, il souffre. Il juge son père avec une lucidité sévère, même s'il le respecte.

Heureusement, le frère de leur mère, Marie-Joseph Trébuchet, leur écrit, manifeste de l'intérêt pour *Le Conservateur littéraire*, et leur annonce l'arrivée à Paris de son fils, Adolphe, leur cousin. C'est comme si cette famille retrouvée compensait l'éloignement du père, des Hugo, et si s'achevait ainsi le basculement des fils du côté de leur mère, de ses opinions politiques, comme si Victor Fanneau de Lahorie l'avait emporté sur Léopold Hugo.

Il accueille Adolphe, qui s'installe chez eux. Il lui fait visiter ce nouvel appartement, où ils viennent d'emménager au cours de l'été. Il est situé au rez-de-chaussée du numéro 10 de la rue de Mézières, à quelques pas de la rue des Petits-Augustins et du domicile d'Abel.

C'est toujours le même quartier de Saint-Sulpice.

Victor, quand il traverse la place et longe ces rues, cherche des yeux, l'émotion lui serrant la gorge, la silhouette d'Adèle dont il sait qu'elle aussi arpente le quartier. Elle se rend à l'église ou bien rue du Dragon, chez Julie Duvidal, une jeune femme professeur de dessin auprès de qui elle prend des cours.

Il l'aperçoit, là, dans cette rue, le 11 octobre. Il la suit. Il lui chuchote quelques mots. Elle est soucieuse, elle ne veut pas désobéir à ses parents. Quelques jours plus tard, il entre dans l'église Saint-Sulpice. Elle est agenouillée au côté de sa mère.

La passion qu'il éprouve pour elle s'avive de cette absence, de ces difficultés, de ce désir aussi qu'il sublime, refusant de céder à ce besoin physique d'une femme qu'il ressent de plus en plus fortement. Mais il est décidé à parvenir vierge au mariage avec Adèle.

Alors il passe ses nuits à écrire, sous des signatures diverses, se servant du *Conservateur littéraire* pour tenter de rétablir des relations avec la famille Foucher. Il écrit un compte rendu du livre de Pierre Foucher, *Le Manuel du recrutement*. Et Foucher remercie « M. V. Hugo de son article flatteur », il prendra un deuxième abonnement au *Conservateur littéraire*.

Écrire, publier, ce sont bien là des moyens d'atteindre ses buts, et Victor n'en conçoit pas d'autre. Cela vaut pour les affaires de cœur, comme pour les affaires publiques.

Quand la veuve du duc de Berry donne naissance, le 29 septembre, à un fils posthume, Henri, duc de Bordeaux, Victor salue cette naissance.

Nous voyions cependant échappé aux naufrages
Briller l'Arc du Salut au milieu des orages ;
Le Ciel ne s'armait plus de présages d'effroi ;
De l'héroïque Mère exauçant l'espérance,
Le Dieu qui fut enfant avait à notre France
Donné l'enfant qui sera roi[109].

Il décide d'envoyer cette ode au père d'Adèle, qui remercie à nouveau, ajoutant même qu'il aimerait « s'entretenir de certaines œuvres qui feraient une abondante pâture pour la critique ».

Les liens ne sont donc pas définitivement rompus.

Ému, Victor marche dans les rues du quartier Saint-Sulpice, aux aguets. Il voit Adèle rue de Seine, seule, ce mardi 26 décembre. Il l'aborde, lui parle. Elle répond. Il la revoit plusieurs fois. Il a besoin d'elle, besoin de l'amour d'une femme.

« Notre société, écrit-il à son oncle Trébuchet, ne se compose presque que d'hommes et d'hommes de lettres, jeunes et vieux. »

Il ne parle pas de ce salon de la rue Saint-Florentin, où il lui arrive de rencontrer deux femmes séduisantes qui s'essaient à la poésie, Sophie Gay et surtout sa fille, Delphine, à laquelle Alfred de Vigny fait une cour assidue…

Mais Victor l'a décidé, il ne participera pas à ces jeux. Il veut qu'Adèle comprenne à la fois ce qu'il ressent et ce qu'il lui offre, comme en sacrifice.

« Chère Adèle, je te dois tout. C'est le désir de me rendre digne de toi qui me rend sévère sur mes défauts, écrit-il. Je te dois tout et je me plais à le répéter. Si même je me suis constamment préservé des débordements trop communs aux jeunes gens de mon âge, ce n'est pas que les occasions m'aient manqué, mais c'est que ton souvenir m'a toujours protégé. Aussi ai-je grâce à toi conservé intacts les seuls biens que je puisse aujourd'hui t'offrir, un corps pur et un cœur vierge.

« J'aurais peut-être dû m'abstenir de ces détails, mais tu es ma femme, ils te prouvent que je n'ai rien de caché pour toi, et jusqu'où va l'influence que tu exerces et exerceras toujours sur ton fidèle mari. »

C'est la fin de l'année. Lorsqu'il songe à tout ce qu'il a vécu, réalisé, il a la certitude que jamais année de sa vie ne fut plus décisive que celle-ci.

Il écrit à son oncle : « Le souvenir de l'année qui vient de s'écouler nous sera cher, puisqu'elle a vu s'établir entre votre famille et la nôtre des relations bien douces, et qu'elle a amené parmi nous un frère de plus », Adolphe Trébuchet.

Mais un pressentiment, une inquiétude l'étreignent.

Il regarde sa mère. Elle s'est un peu voûtée. Elle tousse et tremble parfois. « Maman est bien contrariée, mon cher oncle, de ce que l'irritation nerveuse qui l'a reprise depuis quelques jours l'empêche de vous écrire dans cette joyeuse occasion… »

Victor craint cette année qui vient.

1821

Arrache de mon sein le trait envenimé ;
Daigne vivre pour moi, pour toi laisse-moi vivre...

Victor décachette la lettre qu'il vient de recevoir, en ces premiers jours de janvier. Il ne connaît pas cette écriture. Il lit.

« Espérances pour la bonne année
de M. Victor Hugo,
membre de l'Académie des Jeux floraux.
L'un des rédacteurs du *Conservateur littéraire*. »

Il parcourt des yeux une quinzaine de vers agressifs et anonymes.

« Assis tout jeune au trône académique,
Victor Hugo lyrique et satirique,
Veut être ensemble Horace et Juvénal,
Fait le poète et tranche du critique,
Touche la lyre et rédige un journal,

Sur l'Hélicon boute-feu politique,
Chez les ultras littéraire fanal.
Prôné, vanté du troupeau monarchique… »

Voilà quelqu'un qui ne l'aime pas, qui lui annonce le réveil de « l'Hydre anarchiste ». C'est une menace de « guillotine en vers ».

Victor murmure :

— En cas de révolution, je ne sais pas ce que je deviendrai…

L'avenir lui paraît sombre. Il est las de ne pouvoir ni parler ni écrire librement à Adèle. Il est irritable, avec souvent un sentiment de déception.

Il commence à connaître cette « grande et noble profession des lettres ». Il y découvre « toutes les bassesses humaines ».

« C'est en quelque sorte un grand marais dans lequel il faut se plonger si l'on n'a pas d'ailes pour se tenir au-dessus de la fange. » Peut-être ces « petites attaques d'une tourbe d'ennemis auxquels on n'a jamais rien fait et que pour la plupart on n'a jamais vus… ne feraient que m'importuner si j'étais heureux ».

Mais il ne l'est pas. Et il ressent donc cette animosité comme odieuse.

— Je souffre, dit-il, quand de misérables moucherons viennent se poser sur mes plaies.

Il ouvre ce carnet noir qu'il porte toujours sur lui et où il note des vers, ses projets, les rencontres si brèves, dans le quartier, avec Adèle, les quelques mots échangés. Il écrit : « Qu'y a-t-il de réel au monde si ce n'est la poésie ? »

On lui a rapporté les propos d'Alexandre Soumet. Le poète a dit : « Victor Hugo est né royaliste, comme il est né poète. » Voilà au moins quelqu'un qui le comprend, qui sait que « l'histoire des hommes ne présente de poésie que jugée du haut des idées monarchiques et des croyances religieuses ».

Ce sont là des principes invariables. Et il va s'y tenir, rendre encore plus manifeste son engagement. Car le talent, le génie, ne sont que les reflets de l'âme et de la vertu.

Il se met au travail. Il compose *Ode sur Quiberon*, ce lieu où périrent, fusillés par les soldats républicains du général Hoche, des Vendéens qui venaient de débarquer de navires anglais.

Quiberon vit jadis, sur son bord solitaire,
Des Français assaillis s'apprêter à mourir[110].

Il accepte d'écrire à la demande du gouvernement une ode pour célébrer le baptême du duc de Bordeaux, l'héritier des Bourbons.

Un sauveur naît, vêtu de puissance et de gloire ;
Il réunit le glaive et le sceptre en faisceau ;
Des leçons du malheur naîtront nos jours prospères,
Car de soixante Rois, ses pères,
Les ombres sans cercueils veillent sur son berceau[111].

Et il est satisfait quand il apprend que la duchesse de Berry, la mère, a obtenu pour lui de Louis XVIII une nouvelle gratification de cinq cents francs, comme après son *Ode sur la mort du duc de Berry*.

Il a besoin de cet argent.

Il regarde sa mère qui s'échine à biner, à sarcler dans le petit jardin de la rue de Mézières. Sa respiration est courte. Elle continue de tousser, elle parle souvent de ses « tristes contrariétés pécuniaires », de la « modicité de sa fortune ». Elle est obligée de demander à son frère quatre cent cinquante francs pour la pension annuelle de son neveu, Adolphe, qui vit avec eux. Heureux ceux qui peuvent ignorer ces sordides questions d'argent !

Victor sait, lui, qu'il doit aussi écrire pour s'arracher aux difficultés matérielles. Et comment pourrait-il convaincre les parents d'Adèle de lui accorder la main de leur fille, s'il est ce poète désargenté, n'ayant ni rente ni fortune ?

L'inquiétude est en lui, avec ses multiples visages.

Quel avenir ?

Il se confie à son oncle, lui parle du montant de la pension d'Adolphe et ajoute : « Je me vois contraint de vous annoncer la continuation de la mauvaise santé de maman. »

Il se sent menacé. Il voudrait voir Adèle. Il se souvient de l'aveu de leur amour, le 26 avril 1819. Il note : « Voilà la seconde année du malheur qui commence. » Il n'est pas dupe des manœuvres de sa mère qui, depuis la rupture qu'elle a imposée, il y a un an, a tenté de lui faire oublier la jeune fille. « Elle a cherché à me livrer aux dissipations du monde… Pauvre mère ! Elle-même avait mis dans mon cœur le dédain du monde et le mépris du faux orgueil… »

Il s'est trouvé assis, dans une loge de théâtre puis au cours d'un dîner, entre des jolies femmes, coquettes, qui s'efforçaient de le séduire, Sophie Gay, mais surtout deux actrices, multipliant à son endroit les œillades et les « agaceries ».

Il s'est figé.

— Autant je suis ardent et expansif pour toi, dira-t-il à Adèle, autant je suis glacé et muré pour les autres.

Il sait que le travail est sa seule ressource pour lutter contre ce désespoir qui le taraude. Mais il constate avec une angoisse croissante — et il l'avoue à Vigny — qu'il se sent « accablé, tourmenté, et ce qui est plus que tout cela, ennuyé ».

Il n'a même plus la possibilité d'écrire dans *Le Conservateur littéraire* puisque, en mars, la revue disparaît, absorbée par *Les Annales de la littérature et des arts*.

Il dit à Vigny :

— Il paraît que vous avez pris, ce mois-ci, toute l'inspiration pour vous seul, car je n'en ai pu avoir un seul moment. Je n'ai rien fait.

Il a besoin de soutien. Il écrit à Chateaubriand, ambassadeur à Berlin, et lui envoie son *Ode sur Quiberon*.

« Je vous admirais avant de vous connaître, comme on admire les grands hommes ; je ne croyais pas que mon enthousiasme pour vous pût s'accroître. Je vous ai connu et j'ai senti redoubler mon admiration pour un grand homme qui savait se faire aimer. J'espère donc que vous pardonnerez ma témérité à mon profond attachement. »

Il hésite, puis il ajoute un post-scriptum : « Si, par un hasard que je n'ose espérer, j'avais le bonheur de pouvoir vous être bon à quelque chose dans cette capitale, je pense que vous n'hésiteriez pas à disposer en tout de moi. »

Il doit garder vivante cette relation avec Chateaubriand, même si l'homme est hautain, raide.

Chateaubriand répond, et il ouvre avec impatience sa lettre. Elle est brève, mais élogieuse. « J'ai retrouvé, Monsieur, dans votre *Ode sur Quiberon*, le talent que j'ai remarqué dans les autres pour la poésie lyrique : elle est de plus extrêmement touchante et elle m'a fait pleurer. Je suis bien honteux, je vous l'assure, de n'avoir pas fait l'article que je vous ai promis… Je vois tous les jours vanter dans les journaux des vers qui sont loin de valoir les vôtres… »

Il lit, relit ces quelques phrases, il se sent reconnu, soutenu, mais rapidement l'angoisse revient.

Il voit passer sa mère, qui marche lentement, essoufflée.

Il aperçoit Eugène, le visage fermé, le regard hostile, presque haineux.

Victor quitte la rue de Mézières, erre dans le quartier, s'en va jusqu'au coin de la rue d'Assas et de la rue du Cherche-Midi regarder les fenêtres de l'hôtel de Toulouse, derrière lesquelles se trouve Adèle.

Il lui écrit. Il a besoin de savoir si elle l'aime encore. Il l'aperçoit, il la suit, lui glisse la lettre. Quelques jours plus tard, elle répond. Les liens sont renoués.

« J'avais perdu Adèle, l'habitude du bonheur... »

Mais elle est toujours aussi craintive. Elle exige qu'il ne cherche à la voir, à lui parler, qu'une fois par mois ! Est-ce possible ?

— Quinze jours n'auraient-ils pas suffi ?

Il veut « être son soutien ». « Si je lui donne du repos et de la fortune, elle me permettra d'être heureux... »

« Alors Adèle tu seras à moi... Je ne respire, je ne parle, je ne marche, je n'agis qu'en pensant à toi ; je suis comme dans le veuvage... »

Il désespère à nouveau. Il se sent démuni, doute de son avenir. Il apprend que la place de répétiteur de littérature française à l'École polytechnique est vacante. Il écrit au titulaire de la chaire : « J'ai l'honneur de vous prier de vouloir bien me placer (sans préjudice de plus dignes) au nombre des candidats qui doivent être présentés au choix de son Excellence le ministre de l'Intérieur... »

Il sera, s'il est retenu, « assez indépendant par moi-même pour que les miens n'aient rien à me refuser ». Sa mère acceptera qu'il revoie Adèle !

« Alors, mon Adèle, tu seras à moi, et je veux

que ce soit avant peu, je ne travaille, je ne vis que pour cela, répète-t-il. Tu ne conçois pas avec quelle ivresse j'écris ces mots, tu seras à moi, moi qui donnerais toute ma vie pour un an, pour un mois de bonheur passé avec ma femme… Adieu, mon Adèle, il est bien tard et le papier me manque. Excuse mon griffonnage. Adieu, je t'embrasse.

« Ton fidèle mari, Victor. »

Il ferme la lettre, puis se dirige vers la chambre de sa mère.

Il la regarde avec des sentiments mêlés. Depuis que Sophie s'est alitée, il y a quelques jours, et qu'il la veille chaque nuit en compagnie d'Eugène, il passe de l'effroi à l'espérance. Elle semble aller mieux et le médecin promet une guérison prochaine.

C'est la mi-juin. Les jours sont longs et clairs. Parfois, d'une voix étouffée, elle murmure quelques mots, se dresse sur les coudes pour voir ce jardin où elle a tant travaillé, obstinée, voulant peupler de fleurs cet espace étroit. Et sans doute est-ce cela qui l'a épuisée, redonnant vigueur à cette fluxion de poitrine qui l'avait abattue, il y a près de deux ans.

Le 27 juin, à trois heures, Victor s'approche du lit.

— Elle ne s'est pas réveillée, depuis minuit, marmonne Eugène.

Victor se penche, l'espoir l'envahit. Il embrasse

son front. Et le froid qui a pétrifié Sophie, morte, le glace.

Ce qu'il craignait depuis des mois s'est donc produit.

Il devient cet automate qui avertit Abel, lequel, le lendemain, entre dans l'église Saint-Sulpice en compagnie de ses deux frères et de l'abbé de Rohan, un jeune duc qui a choisi les ordres à la suite de la mort de sa femme, et un admirateur de Victor. Puis l'on se rend au cimetière Montparnasse.

Après l'inhumation, Victor erre seul. Il est devant « l'inflexible ». Il pleure. Il crie, lèvres serrées.

« Tout est âcre, présent et passé… La mère est morte ! Plus rien ! Est-ce possible ! »

Il a l'impression que la tristesse qui depuis des mois l'étreignait venait de l'intuition qu'il avait de cette perte. Il sanglote. Il se souvient qu'il lisait à sa mère « ses vers boiteux, ses rimes dissonantes » et que jamais « elle ne l'avait raillé », mais repris pour l'aider.

Maintenant, il faut souffrir, écrire au père. Il rentre rue de Mézières.

Eugène est prostré, Abel s'affaire. Victor prend la plume.

« Mon cher papa,

« Nous avons une nouvelle affreuse à t'annoncer… Notre perte est immense, irréparable… Aujourd'hui que tout disparaît devant cet horrible malheur, tu dois connaître son âme telle qu'elle était… Notre mère ! Elle a expiré dans nos bras, plus heureuse que nous. Nous ne doutons pas, mon cher papa, que tu ne la pleures et la regrettes avec nous, pour nous et pour toi. Il ne nous appartient pas, il ne nous a jamais appartenu, de mêler notre jugement dans les déplorables différends qui t'ont séparé d'elle, mais maintenant qu'il ne reste plus d'elle que sa mémoire pure et sans tache, tout le reste n'est-il pas effacé ?

« … Mais il est de tristes détails auxquels il faut en venir…

« Notre pauvre mère ne laisse rien, que quelques vêtements qui nous sont bien précieux. Les frais de sa maladie et de son enterrement ont bien outrepassé nos faibles moyens… »

C'est déjà le 29 juin. Il a pleuré. Il a marché. Il est retourné au cimetière et y est demeuré jusqu'à la fermeture des grilles, debout devant la tombe.

Il erre dans les rues obscures. Et tout à coup il se retrouve devant l'hôtel de Toulouse illuminé. Les portes sont ouvertes. On entend des rires, des chants, des airs de danse, des applaudissements. On joue la comédie. On ouvre le bal.

Il s'immobilise. Il est stupéfait. Il entre dans l'hôtel avec ses vêtements de deuil. Les jeunes gens qui rient ne l'aperçoivent même pas. Il connaît la maison. Il se glisse dans une pièce, d'où il aperçoit la salle de bal.

« Adèle était en robe blanche, coiffée de fleurs, et dansait en souriant… Plus de fête, plus de joie pour moi, et mon Adèle dans une fête et dans la joie ! »

Il sent qu'il devient fou. Il avait tant espéré trouver auprès d'elle une consolation. C'est comme si sa mère mourait une seconde fois.

Il rentre chez lui. Il pense à se tuer.

Puis il s'agenouille, le front appuyé sur le lit de sa mère, et il prie, pour Adèle.

Le lendemain, il veut savoir. Il retourne à l'hôtel de Toulouse, traverse le jardin. Il aperçoit Adèle, qui semble saisie quand elle le voit. Il doit être pâle, hagard. Elle court vers lui, elle l'interroge. Il dit que sa mère est morte, qu'il l'a enterrée l'avant-veille. Adèle éclate en sanglots. Elle l'ignorait.

— Moi, je dansais…

Ils pleurent, serrés l'un contre l'autre.

Quelques jours plus tard, il voit entrer rue de Mézières Pierre Foucher. Le père d'Adèle explique qu'il n'avait pas voulu priver sa fille d'une fête dont il avait espéré qu'elle l'arracherait à sa mélancolie.

Victor devine qu'il n'a qu'un souci, éloigner sa fille de cet écrivain sans fortune. Foucher lui conseille de quitter Paris, de s'installer avec ses frères en province où la vie est moins onéreuse. Pour sa part, continue-t-il, il ira passer l'été à Dreux, avec les siens.

Victor cache son émotion, il comprend. Pierre Foucher veut éloigner Adèle de Paris. Il sait bien que Victor ne possède pas l'argent nécessaire pour payer les vingt-cinq francs du voyage en diligence jusqu'à Dreux. Il le condamne à la solitude. Croit-il que cela soit possible ?

Victor a le sentiment que s'il ne voit pas Adèle, s'il ne peut exprimer son désespoir, il va mourir.

Il ira à Dreux, à pied s'il le faut. Adèle est la seule personne au monde qui puisse combler ce gouffre ouvert par la mort de la mère.

Et, il ose se l'avouer : maintenant que Sophie est morte, le mariage, à la condition que son père donne son consentement, peut se conclure.

Il doit donc rejoindre les Foucher.

Il a enfin un but, et retrouve de l'énergie. Il ne peut se laisser aller, comme le fait Eugène ! Il y a cependant, avant de partir, les « inquiétudes domestiques » à lever. Il faut déménager dans une mansarde, car le loyer de l'appartement qu'ils occupaient au deuxième étage est trop élevé. Il rêve à la visite et au soutien de leur père. Mais celui-ci, dès l'annonce du décès de Sophie, a fait publier les bans de son mariage avec Catherine Thomas.

Victor a l'impression que son père commet un sacrilège en se détournant d'une tombe à peine fermée. Mais il ne faut rien dire, il a besoin de lui. Et puis, comme il l'écrit à son oncle Trébuchet : « Notre position difficile nous a rendu de l'énergie et nous avons senti qu'il fallait honorer la mémoire de notre aimable mère, non par des regrets, par des larmes de femmes, mais par un courage d'hommes, par une conduite digne d'elle. Aussi sommes-nous tranquilles. Notre horizon est bien sombre, nos fortunes seront peut-être diverses, mais avec les principes que notre mère nous a légués, nous sommes sûrs de l'avenir de l'honnête homme : c'est tout. »

Il se sent résolu, exalté. Il doit relever ce défi. Il part pour Dreux. « J'ai fait tout le voyage à pied, par un soleil ardent et des chemins sans ombre. Je suis harassé, mais tout glorieux d'avoir fait vingt-cinq lieues sur mes jambes ; je regarde toutes les voitures en pitié… Je dois beaucoup à ce voyage : il m'a un peu distrait. »

Il est déjà à Versailles. Il entre dans un café pour déjeuner. Un soldat — un garde du corps — lui arrache le journal qu'il lit. Victor bondit. On s'affronte, on se bat en duel dans la salle d'armes. Il est blessé au bras.

— Je vous jure, dit le soldat, que si je vous avais connu, je me serais laissé embrocher !

Victor reprend la route, avec son bras en écharpe, et cette consolation que donne la notoriété. Il note des vers sur son carnet en observant la nature rayonnante puis, arrivé à Dreux après trois jours de marche, il découvre les ruines médiévales, la chapelle funéraire des Orléans. Il descend à l'hôtel du Paradis. Il vagabonde dans la ville. Il récite, il compose. Soudain, il sursaute, on l'interpelle. La police l'arrête. Les habitants ont dénoncé un « jeune fou » qui soliloque et gesticule. On l'interroge et on doit bien relâcher cet « académicien » au discours raisonnable.

Il arpente de nouveau les rues de Dreux, déterminé. Il faut qu'il voie Adèle ! Et, après avoir fait plusieurs fois le tour de la ville, elle est là, à quelques pas. Elle s'arrête, stupéfaite. Il lui glisse son adresse. Il attend avec une impatience fébrile ce mot qu'elle ne peut pas ne pas lui écrire. Une domestique le dépose enfin.

« Mon ami, que fais-tu ici, je n'en peux pas croire mes yeux, je n'ai aucun moyen de te parler. Je t'écris à la hâte, en cachette, pour te dire que tu sois prudent, que je suis toujours ta femme… Estime-moi, je fais tout cela car je t'aime. »

Il marche dans sa chambre. Pour la première fois depuis des mois, il retrouve confiance en lui-même et surmonte le chagrin, tout cela parce qu'il vient de revoir Adèle, et qu'elle continue de l'aimer. Il faut agir, obtenir le droit de la rencontrer, de lui écrire, de l'épouser. Et il ne peut y réussir qu'en se conciliant les bonnes grâces des Foucher et en obtenant, pour le mariage, l'autorisation de Léopold.

Il écrit à Pierre Foucher : « J'ai eu le plaisir de vous voir aujourd'hui, ici même, à Dreux, et je me suis demandé si je rêvais… »

Foucher ne sera pas dupe, mais qu'importe ! Il faut renouer, se présenter comme un jeune homme obéissant, être l'orphelin qui recherche humblement un appui.

« Ne vous gênez nullement à cause de moi, j'en serais désespéré. Je sortirai le moins possible et dans le cas où j'aurais l'honneur de vous rencontrer, je tâcherais de vous éviter… Adieu, Monsieur, ayez confiance en moi. Mon désir est de vivre digne de l'admirable mère que j'ai perdue ; toutes mes intentions sont pures. Je ne serais pas franc si je ne vous disais que la vue inespérée de Mademoiselle votre fille m'a fait un vif plaisir. Je ne crains pas de le dire hautement, je l'aime de toutes les forces de mon âme, et dans mon abandon complet, dans ma profonde douleur, il n'y a que son idée qui puisse encore m'offrir de la joie. »

Il sait qu'il peut toucher le cœur du père d'Adèle.

On le reçoit. On accepte de le considérer comme un fiancé secret, puisque Léopold Hugo n'a pas encore donné son autorisation, et que Victor n'a aucun moyen pour subvenir aux dépenses d'un ménage.

Victor rentre à Paris.

Il multiplie les lettres à Pierre Foucher : « Je vais donc tâcher d'obtenir avec la pension qui m'est promise une sinécure… En tout cas, je n'arriverai au bonheur, s'il m'est donné d'y arriver, que par des voies larges et droites. Je ne veux point que votre fille ait à rougir de son mari. Je crois sans présomption que j'y arriverai, parce qu'une volonté ferme est bien puissante… »

Il ne se laisse pas oublier. Pas un jour qu'il ne tienne le père d'Adèle au courant de ses démarches.

« Cette lettre se ressent beaucoup du désordre de mes idées. Comme je vous informe de tout ce qui m'arrive de bien et de mal, je dois vous parler d'un honneur qui m'a été donné ces jours derniers, honneur qui n'est peut-être pas indifférent pour mon avenir. Les journaux ont pu vous apprendre que j'ai été choisi pour remettre à Monsieur de Chateaubriand ses lettres de maître ès Jeux floraux. Il y avait pourtant à Paris cinq autres académiciens plus dignes que moi… »

Lorsqu'il lit les réponses, il se sent enfin accepté, conseillé avec affection :

« Donner à votre édifice une base large et moins d'élévation est chose prudente. Avant tout, sécurité ; point de bonheur ici-bas sans le repos de l'esprit… Personne ici ne souhaite que vous abandonniez la littérature. Elle est et doit être votre principale ressource comme votre principale obligation, et nous attendons avec impatience la production dont vous m'avez parlé… »

Mais ce roman qu'il a évoqué, *Han d'Islande*, n'est pas achevé, et Victor apprend avec angoisse qu'Adèle est malade, atteinte elle aussi d'une fluxion de poitrine.

Est-ce possible ? La fatalité va-t-elle encore s'abattre ?

Il crie son angoisse à Foucher. Il supplie Adèle de cesser de peindre, car c'est peut-être cela qui l'a fatiguée. Il ne peut chasser ses inquiétudes, qu'il séjourne au château de La Roche-Guyon, chez le duc abbé de Rohan, ou à Montfort-l'Amaury, chez un jeune poète, Saint-Valry. L'attention et l'admiration que lui porte Saint-Valry ne réussissent pas à dissiper son inquiétude.

Il retourne à Paris.

« La pauvre machine est bien fatiguée, écrit-il. Je suis matériellement dégoûté de tout. Quelquefois je pense que je vais faire quelque grande maladie qui me réunira à toutes mes belles ombres. Ma cage est encore bien neuve, mais il me semble que les fils en sont brisés et mon âme ne cherche qu'une issue pour s'envoler… Me voilà seul, et j'ai toute ma longue vie à traverser, à moins que… Adieu, je ne sais trop ce que j'écris… »

Il devine que ses proches s'alarment. L'abbé de Rohan le convie à prendre un « directeur de conscience », et invite Victor à le suivre chez l'abbé Lamennais. Il découvre que ce prêtre, ce mystique, cet homme de vérité et de charité, ce catholique exigeant, habite impasse des Feuillantines, dans l'appartement que Sophie, ses frères et lui avaient jadis occupé.

Émotion. Il revit les jours de son enfance. Lamennais l'a reçu avec affection, persuadé que Victor « comprend la religion ou plutôt y entre de plain-pied par l'arc divin de la poésie… ».

Mais il ne peut longtemps échapper aux tourments. Il a l'impression qu'Adèle ne l'aime plus. Et tout redevient incertain.

« Qu'est-ce que notre vie et à quoi tient le fil qui nous suspend entre le Ciel et l'abîme ? Je suis profondément agité, Adèle, et cependant si tu voyais en ce moment mon visage, il est calme et glacé comme la face d'un mort… »

Il ressent un moment de joie quand il reçoit enfin une lettre de son père. Léopold parle des « vers admirables » de son fils.

Victor est troublé quand il lit qu'il a été « créé non sur le Pinde, mais sur l'un des pics les plus élevés des Vosges, lors d'un voyage de Lunéville à Besançon ».

Il ne veut pas imaginer la scène entre son père et sa mère. Et la joie cesse vite quand son père l'interroge : « Mais mon ami, que t'ont encore valu ces beaux vers ? (Peut-être) quelques protecteurs ? Mais aucun d'eux ne paraît avoir rien fait pour toi… »

Il est humilié. « Jamais, mon cher papa, je n'ai souffert que mes essais littéraires me fissent des protecteurs, mais simplement des amis… » Comment ne pas être « aigri » par une telle incompréhension ?

« Chère amie, avoue-t-il à Adèle, je suis continuellement assailli d'idées sombres. Toutes mes journées se déroulent douloureusement sur moi, hormis quelques heures délicieuses, celles où je te vois. Pardonne-moi, pardonne-moi… »

Il s'isole. Il embrasse la mèche de cheveux qu'elle lui a envoyée. « C'est une partie de toi-même, que je possède déjà. »

Mais il doit se dissimuler. Il sait qu'Eugène l'épie, le visage crispé par la jalousie, la rancune brillant dans ses yeux. Et brusquement, son frère parle, rugit. Des mots fusent, sordides, haineux, concupiscents, couvrant Adèle, ses cheveux, de la boue d'un désir violent.

L'indignation le gagne :

« Une lumière hideuse a été jetée sur le caractère d'un être… Je n'avais vu dans sa basse envie, ses lâches méchancetés, que la singularité incommode d'un naturel atrabilaire, précise-t-il à Adèle. Que ne m'a-t-il plutôt poignardé pendant mon sommeil, ce misérable fourbe… Je lui avais tout pardonné jusqu'à ce dernier tort sur lequel je suis implacable, parce qu'il te concerne indirectement et aurait pu te toucher directement… »

Son frère a, en proférant ses insanités, touché les cheveux d'Adèle, cette relique ! Comment pardonner à ce misérable ?

Victor veut essayer d'oublier, en écrivant. Il faut qu'Adèle comprenne que c'est pour elle qu'il travaille.

— Ce n'est qu'à force de fatigues et de veilles que je puis espérer de t'obtenir… Tu es, pour ton Victor, un ange, une fée, une muse…

Et il faut aussi qu'elle sache que c'est « la poésie de l'âme qui inspire les nobles sentiments et les nobles actions comme les nobles écrits. Un poète malhonnête est un être dégradé, plus bas et plus coupable qu'un malhonnête homme qui n'est pas poète ».

Il éprouve le désir de lui montrer qu'il est prêt à tout sacrifier pour elle. Qu'il n'est rien de plus important à ses yeux que l'amour qu'il éprouve.

Il lui écrit et utilise comme enveloppe l'invitation à dîner, le 29 décembre, du comte de Chabrol, préfet de la Seine.

« Cette invitation, chère amie, est un holocauste sur ton autel… Je suis tenté de rire de ces personnages qui cherchent à m'attirer avec leur pouvoir ou leur rang, moi qui ne me soucie que de l'amour.

J'éprouve un secret plaisir à te sacrifier, à toi, ma divinité ignorée, toutes ces éclatantes idoles… »

Mais toi, console-moi, viens, consens à me suivre ;
Arrache de mon sein le trait envenimé ;
Daigne vivre pour moi, pour toi laisse-moi vivre ;
J'ai bien assez souffert, Vierge, pour être aimé[112] *!*

CINQUIÈME PARTIE

1822 - 1828

1822

C'était un bel enfant qui fuyait de la terre ;
Son œil bleu du malheur portait le signe austère…

Victor lève les yeux, regarde la pendule, puis parcourt la lettre qu'il termine d'écrire à Adèle. Il hésite, et enfin ajoute une phrase :

« Adieu, nous sommes en 1822 depuis trois quarts d'heure. Que j'ai encore de choses à te dire ! Et toi, m'auras-tu écrit, auras-tu pensé à moi seulement ? Adieu, à demain, sois heureuse et porte-toi bien. Je t'embrasse en mari… Je ne te gronde pas de la brièveté de ta dernière lettre… Cependant ! »

Il se lève.

Il parcourt la mansarde. Ce logement lui est devenu insupportable.

Il entend la respiration hachée d'Eugène, ses soupirs et ses ronflements qui ressemblent à des râles, et parfois il surprend des bruits sourds, comme si son frère donnait des coups de tête ou de poing contre la cloison.

Il ne peut plus accepter cette présence hostile, ce comportement étrange, cette haine. Il veut quitter la rue de Mézières, cette maison où la mère est morte. Il songe à s'installer avec Adolphe Trébuchet au numéro 30 de la rue du Dragon, dans une mansarde à deux compartiments. Le loyer y sera moins cher. Dans le premier réduit, il fera un salon de réception, puisque la pièce comporte une cheminée. Il accrochera au-dessus de celle-ci le lys d'or des Jeux floraux. L'autre partie n'est qu'un boyau obscur, où seront installés les deux lits.

Il est soucieux.

Il vit dans cette misère cachée des jeunes gens ambitieux et sans fortune. Il doit manger de cette « chose inexprimable qu'on appelle la vache enragée ». Il faut faire durer une côtelette trois jours et, quand on se présente dans un salon, cacher les coudes luisants de son habit et masquer les manchettes élimées de sa chemise, qui doit être d'un blanc irréprochable.

Il faut donner le change. Et dissimuler son impatience, son angoisse même. N'avouer ce que l'on ressent qu'à Adèle.

Mais peut-elle comprendre ? Il s'inquiète pour elle, il est jaloux. L'aime-t-elle vraiment ? Elle le contredit souvent. Il se sent étranger à cette famille Foucher où, quand il la regarde, il lui semble « voir une colombe parmi les canes » ! Il la trouve souvent « glaciale ». Mais il ne peut accepter l'idée de ne pas aller jusqu'au bout de cette passion, de son projet : il doit être son mari. Et il veut la rendre heureuse. Quand elle boude, se dérobe, refuse un baiser, il est si troublé qu'il ne peut plus travailler, que le désordre envahit sa tête.

— J'ai besoin de te voir souvent, de te voir toujours, lui dit-il.

Il se demande parfois si elle perçoit ce qu'il ressent, qui il est. Peut-être l'imagine-t-elle vaniteux, méprisant. Elle craint même qu'il ne la « méprise » :

— Tu crois que je me laisse dominer par les autres, proteste-t-elle. Tu m'affliges…

Que faudrait-il qu'il lui dise ?

— Je ne t'ai pas toujours, il est vrai, montré une très grande estime pour le commun des hommes, assure-t-il. Ma conscience ne me dit point que je suis plus qu'eux, mais que je ne suis pas comme eux — et cela lui suffit.

Il lutte contre l'impatience. Quand sera-t-elle à lui ? Il a vingt ans. Déjà. « Que nous faut-il pour être heureux ? Quelque mille francs de revenu et le consentement de mon père. »

Il se fait quémandeur. Il faudrait que le roi lui accorde une pension de quelques milliers de francs, pour que sa vie enfin change, qu'il puisse épouser Adèle. Mais sait-elle ce qu'il doit faire pour cela ? Elle ne connaît que Victor, peut-elle concevoir qu'il existe un *Victor Hugo* ?

« C'est le Victor Hugo qui a des amis et des ennemis, auquel le rang militaire de son père donne le droit de se présenter partout comme l'égal de tout le monde, qui doit à quelques essais bien faibles les avantages et les inconvénients d'une renommée précoce, et que tous les salons, où il ne montre que bien rarement un visage triste et froid, croient occupé de quelque grave conception lorsqu'il ne rêve qu'à une jeune fille douce, charmante, vertueuse et, heureusement pour elle, ignorée de tous les salons. Ce Victor Hugo-là, mon Adèle, est un fort insipide personnage. »

Et autour de lui, « on voit encore des hommes tout obtenir au moyen des femmes, intrigues de corruption et de vanité que le mépris du monde ne flétrit pourtant pas ».

Il observe ces jeux. Il sent sur lui les regards des femmes. Il ne veut pas de cette vie-là.

« Il faut frayer sa carrière noblement et franchement, y marcher aussi vite qu'on le peut, sans froisser, ni renverser personne et se rassurer du reste sur la justice de Dieu. »

Mais qu'Adèle sache que « c'est une cruelle position que celle d'un jeune homme indépendant par ses principes, ses affections et ses désirs, et dépendant par son âge et par sa fortune ».

C'est une tension de chaque instant, une guerre, qu'il faut mener avec sang-froid, et l'apparence de l'impassibilité. Il faut aussi savoir résister aux tentations qui s'offrent, aux issues apparentes.

Il est flatté quand Chateaubriand, qui vient d'être nommé ambassadeur de France à Londres, lui propose la place de « cavalier d'ambassade ».

Son père insiste pour qu'il accepte ce poste. Il faut résister.

— La place est purement honorable, explique-t-il à Léopold. Elle rapporte peu et coûte beaucoup, surtout à Londres. Monsieur de Chateaubriand ne m'a point dissimulé cet inconvénient et quoique je souhaite vivement le suivre et qu'il voulût bien me témoigner quelque désir de m'emmener, je n'ai point hésité à le remercier, dans la crainte de t'occasionner de nouvelles charges.

Peut-on dire cela à Adèle ? Il y a l'autre face de la vérité, et c'est celle-là qu'on doit lui présenter :

« Chère amie, il aurait fallu te quitter et j'aurais autant aimé mourir. Aller si loin de toi, mener une vie brillante et dissipée, eût été impossible pour moi. Je ne suis bon qu'à vivre aux genoux de mon Adèle. »

Parfois, quand il est seul face à ses pages, il s'interroge. N'utilise-t-il pas, dans une stratégie intime, cet amour pour Adèle comme un moyen de s'obliger à rester assis à sa table ? La vertu amoureuse comme pour s'enchaîner à l'œuvre, se contraindre à la réussite dans la « carrière des lettres » ?

Une épouse et l'œuvre à faire, n'est-ce pas suffisant ?

Il a repris ce roman, *Han d'Islande*. Il situe l'intrigue dans un royaume scandinave imaginaire, au XVIIe siècle. Han, une brute sanguinaire qui vit avec un ours et se nourrit de sang humain, terrorise la région. Un chevalier, Ordener, essaie de libérer une jeune captive innocente, Ethel. Victor brosse à grands traits le drame où la mort, l'échafaud, le meurtre, l'incendie menacent les personnages.

Puis il repose ses pages, commence une lettre à Adèle.

« Je t'écris, bien-aimée Adèle, pour me reposer d'écrire… Cependant, il faut que tu me grondes. Je n'ai pas travaillé cette semaine autant que je l'aurais voulu… »

Lit-elle ses œuvres ? Est-elle sensible à ce qu'il écrit ? Peu importe, au fond. Il faut qu'elle soit sa gardienne, celle à qui il doit rendre compte.

Démarches, correspondance interminable ont absorbé tous ses instants, explique-t-il.

« Le monde avec ses entraves importunes, ses devoirs insipides, ses fatigantes bienséances, le monde m'est odieux. D'ailleurs, tu n'y est pas et cela suffirait pour que je ne puisse m'y plaire. Mes démarches auprès du ministère n'ont encore produit que des promesses ; il est vrai que ces promesses ont un caractère positif. J'espère et j'attends… Il serait très possible, chère amie, que d'ici à peu de mois j'obtinsse pour deux à trois mille francs de places, alors avec ce que la littérature me rapporterait, ne pourrions-nous pas vivre ensemble doucement et paisiblement, sûrs de voir notre revenu s'accroître à mesure que notre famille s'accroîtrait ? »

Il veut de toutes ses forces obtenir ces quelques milliers de francs. Et on lui laisse entendre, dans les bureaux du ministère de l'Intérieur et à la Maison du roi, que l'affaire est bien engagée. Il est question d'une pension de douze cents francs par an.

Et puis, cette nouvelle qu'on lui rapporte. L'un de ses compagnons de jeu des Feuillantines, Édouard Delon, dont le père prononça le réquisitoire contre Lahorie, est traqué pour sa participation à une conspiration républicaine contre Louis XVIII.

Victor avait croisé Édouard, il y a quelques mois.

Il prend aussitôt la plume, écrit à la mère de son ancien camarade, qui n'est plus qu'un « proscrit », menacé de la peine de mort.

« S'il n'est pas arrêté, je lui offre un asile chez moi. J'habite avec un jeune cousin qui ne connaît pas Delon. Mon profond attachement aux Bourbons est connu ; mais cette circonstance même est un motif de sécurité pour vous… Coupable ou non, je l'attends. Il peut se fier à la loyauté d'un royaliste et au dévouement d'un ami d'enfance… En vous faisant cette proposition, je ne fais qu'accomplir en quelque sorte un legs de l'affection que ma pauvre mère vous a toujours conservée… »

Il poste sa lettre.

On lui murmure que c'est un acte d'une imprudence folle, qu'elle sera ouverte par le « cabinet noir ». Il hausse les épaules. Si sa proposition est portée à la connaissance du roi, celui-ci comprendra !

Il ne pourra douter des convictions monarchistes d'un poète qui veut publier en plaquette sa dernière œuvre, *Buonaparte*, ce « fléau vivant », cet assassin du duc d'Enghien :

Un sang royal teignit sa pourpre usurpatrice ;
Un guerrier fut frappé par ce guerrier sans foi ;
L'anarchie, à Vincennes, admira son complice,
Au Louvre elle adora son roi.
Il fallut presque un Dieu pour consacrer cet
[homme.
Le Prêtre-monarque de Rome
Vint bénir son front menaçant ;
Car, sans doute en secret effrayé de lui-même,
Il voulait recevoir son sanglant diadème
Des mains d'où le pardon descend[113].

Lorsqu'il relit ses vers, il se souvient de sa mère qui prononçait avec dégoût, une grimace de mépris pinçant sa bouche, ce nom de *Buonaparte*. Il récite son poème à Abel, qui vient d'entrer et l'écoute, hochant la tête, posant sur la table un paquet en demandant à Victor de l'ouvrir.

Victor écarte le papier, aperçoit des livres, lit le titre, *Odes et Poésies diverses*, puis son nom. Il en prend un.

Abel a fait imprimer, sans l'en avertir, le recueil que Victor avait composé. Les livres seront en vente chez le libraire Pélicier, place du Palais-Royal.

L'émotion lui serre la gorge. Ce premier vrai livre rassemble la plupart des poèmes qu'il a écrits depuis quatre ans ! Il est un peu grisé. Il a l'impression que personne ne pourra désormais le faire reculer, l'ignorer.

Ce qu'il a acquis et qui lui semblait parfois aussi menacé qu'un château de sable lui paraît aujourd'hui transformé en un socle dense, à partir duquel il va pouvoir élever son œuvre, construire cette carrière, obtenir cette pension.

Qui pourrait la lui refuser ? Ce livre contient *La Vendée*, *Les Vierges de Verdun*, *Quiberon*, *La Mort du duc de Berry* ; il célèbre la naissance, puis le baptême du duc de Bordeaux.

Il se rend dans les bureaux du ministère de l'Intérieur : on lui assure qu'une pension va lui être incessamment attribuée ; quant à celle que le roi doit lui octroyer, la décision est sur la bonne voie. Alexandre Soumet, le poète de l'académie des Jeux floraux, serait lui aussi bénéficiaire de cette faveur royale. Mais il faut encore attendre, peut-être des semaines, ou même des mois.

Victor est impatient, irrité. Il va de bureau en bureau. Son avenir dépend de cette décision. Ne comprennent-ils pas qu'on lui refuse le bonheur ? Il doit quémander. Et il estime que ces pensions lui sont dues ! Mais il doit aussi être prudent.

— Je dois regarder autour de moi à chaque pas que je fais dans ma carrière, parce qu'ils sont bien plus importants que lorsqu'elle ne concernait que moi, dit-il à Adèle.

Et il est humilié chaque fois qu'il doit ainsi solliciter quelqu'un. Il le fait avec raideur, sachant qu'il apparaît alors froid et hautain. Mais comment s'abaisser à courtiser les journalistes ? Il le faudrait pourtant pour faire connaître *Odes et Poésies diverses* !

Lamennais lui conseille de rencontrer un chroniqueur du journal *Le Drapeau blanc*. Victor accepte de lui rendre visite, mais il le fait avec réticence. « Ne vaut-il pas mieux souffrir dix ans que s'avilir une heure ? » Mais alors, rares sont les journaux qui annoncent la parution d'un livre, et ce sont plutôt les quotidiens libéraux que les monarchistes.

Il a un mouvement d'amertume. On trouvera peut-être ses vers bienvenus politiquement, mais trop « romantiques ».

Il lit avec étonnement les lignes que lui adresse son père. Celui-ci lui confie qu'il continue d'écrire, de la poésie, des essais, et ajoute :

« Tes odes étincellent de beauté, mais je t'en prie, ne donne pas à la critique l'occasion de dire que tu dédaignes les premières règles de la poésie ; on ne peut trop respecter les vieilles entraves que les maîtres ont posées… »

Victor feuillette l'un de ses volumes. Abel lui assure que les quinze cents exemplaires représentant le premier tirage se vendent bien, et qu'ils rapporteront environ sept cents francs. Soit. Mais cette satisfaction se dissipe vite.

Malgré ses nouvelles démarches et de nouvelles promesses des fonctionnaires de l'Intérieur et de la Maison du roi, les pensions ne sont pas inscrites dans les livres et restent donc des projets. Comment dans ces conditions fixer la date du mariage ?

Il devine aux regards et aux allusions des parents d'Adèle que ceux-ci commencent à douter, à s'irriter de ces retards, de ces incertitudes.

On l'invite à Gentilly, où les Foucher ont loué une maison de campagne. Il éprouve à voir Adèle chaque jour un intense bonheur, qui rend plus insupportable encore l'attente — et les dérobades d'Adèle, quand il veut l'approcher, le désespèrent.

« Dis-moi donc, chère amie, ce qu'il y a de coupable à permettre à ton mari de t'embrasser ?... Qu'y a-t-il de plus virginal que le baiser d'un amour pur et fidèle qui n'a d'autre but que les plaisirs permis du mariage ?... Me diras-tu maintenant que je ne suis pas ton mari aux yeux des hommes et que demain je pourrai rompre notre union ? Non, car il est impossible que je devienne un infâme et exécrable suborneur. »

Adèle semble ne pas imaginer les tourments qu'il éprouve, où se mêlent désir et jalousie. Souvent, lorsqu'il la côtoie, il a le plus grand mal à se maîtriser. Il voudrait l'enlacer, l'embrasser sur la bouche, la caresser. Il en rêve. Et les femmes qu'il frôle font naître en lui des élans qu'il doit refréner, car il veut arriver vierge au mariage, « aussi vierge que l'épouse ».

— Je n'ignore pas, en te communiquant ces idées, qu'elles ne sont ni de ce monde ni de ce siècle, mais qu'importe ! J'en ai bien d'autres de ce genre que je suis satisfait d'avoir.

Qu'Adèle cependant ne s'illusionne pas !

« Te dire que l'observation de ces devoirs rigoureux que je me suis imposés ne m'ait jamais coûté, ce serait certes mentir. Bien souvent, je ne te le cache pas, j'ai senti les émotions extraordinaires de la jeunesse et de l'imagination, alors j'étais faible, les saintes leçons de ma mère s'effaçaient de mon esprit ; mais ton souvenir accourait et j'étais sauvé. »

Il a pourtant le sentiment douloureux qu'elle ne comprend pas la passion et les tourments qu'elle suscite…

Il l'aperçoit dans la rue des Saints-Pères. Elle soulève le bas de sa robe, pour ne pas la crotter. Il devine sa cheville. Il surprend les regards des passants, il a le visage en feu. Il voudrait se précipiter, « donner un soufflet au premier insolent dont le regard osera se tourner vers toi ».

Ces images l'obsèdent. Adèle doit savoir « qu'il faut si peu de chose pour qu'une femme excite l'attention des hommes dans la rue… ».

Quand donc pourra-t-elle être seulement à lui ? Quand l'épousera-t-il et la tiendra-t-il tout entière dans ses bras ?

Il faut attendre, accepter les conseils du père dont l'autorisation est nécessaire.

« Il résulte, écrit Léopold, qu'avant de songer au mariage, il faut que tu aies un état ou une place, et que je ne considère pas comme tel la carrière littéraire quelle que soit la manière brillante dont on y débute. Quand donc tu auras l'un ou l'autre, tu me verras accorder tes vœux auxquels je ne suis point contraire… »

Victor s'assombrit alors que le ciel s'éclaire, que l'air devient léger, que la nature bourgeonne et qu'il doit rester là, seul dans la mansarde, quand il suffirait d'une écriture administrative pour qu'il puisse prendre Adèle dans ses bras !

Il a le sentiment que la fatalité s'acharne sur lui et multiplie les obstacles.

Eugène a disparu après des crises de plus en plus rapprochées, une humeur de plus en plus sombre. Une lettre est arrivée quelques jours plus tard : son frère a été arrêté, sans argent et sans papiers, à Toury, en Eure-et-Loir. On l'a conduit à Chartres. Il faut lui envoyer de l'argent, demander au substitut du procureur de le libérer.

Victor s'arrache à la mélancolie. Il travaille. Il se répète : « Vouloir fermement, c'est pouvoir. » Il harcèle avec une rage contenue ces hommes des bureaux ministériels, dont sa vie dépend. On lui murmure que le roi a lu sa lettre adressée à Mme Delon, dans laquelle il proposait de cacher Édouard Delon, aujourd'hui condamné à mort par contumace et réfugié en Grèce.

Mais le roi, assure-t-on, n'en a pas voulu à Victor Hugo, dont il a au contraire apprécié la générosité.

Attendre donc. Il est trop concentré sur ce but pour s'interroger sur les complots républicains qui surgissent ici et là.

On arrête quatre sergents qui, à La Rochelle, voulaient soulever leur régiment.

Lorsque leur procès s'ouvre, Hugo utilise avec joie l'autorisation d'assister aux audiences que lui procure Pierre Foucher. Il pourra ainsi s'y rendre en compagnie d'Adèle, être près d'elle, cependant qu'à la barre, les conspirateurs défendent leurs idées, et que l'un d'eux, Bories, s'écrie :

— Monsieur l'avocat général n'a cessé de me présenter comme chef de complot. Eh bien, Messieurs, j'accepte, heureux si ma tête en roulant sur l'échafaud peut sauver celle de mes camarades !

Les quatre sergents seront condamnés à avoir la tête tranchée en place de Grève. Victor se tasse. Il regarde ces jeunes hommes, semblables à son camarade de jeux, Édouard Delon. Il est leur ennemi et il se sent pourtant si proche d'eux.

Mais il n'a point le temps de s'attarder. Il va se marier ! La pension vient d'être accordée, rente viagère de mille francs, allouée par la Maison du roi et tirée sur la cassette du monarque. Et — ce n'est encore qu'une promesse — une « sinécure littéraire du ministère de l'Intérieur, car on m'a dit avec beaucoup de grâce que le gouvernement voulait me laisser tous mes loisirs ».

Il est le jeune écrivain royaliste, le poète de talent, qui est en train de composer un poème sur Louis XVII :

C'était un bel enfant qui fuyait de la terre ;
Son œil bleu du malheur portait le signe austère ;
Ses blonds cheveux flottaient sur ses traits [pâlissants ;

Et les vierges du ciel, avec des chants de fête,
Aux palmes du martyre unissaient sur sa tête
La couronne des innocents[114].

Il ne peut rester longtemps à sa table de travail, la préparation du mariage l'obsède. Il reçoit la lettre que son père lui demande de transmettre aux parents d'Adèle. C'est une demande en mariage officielle, et donc le dernier obstacle levé.

« Victor s'est en quelque sorte doté pour offrir à Mademoiselle votre fille un état convenable, des espérances et un avenir… », écrit Léopold Hugo.

Victor est ému. Son père a fait le pas décisif. Il faut lui répondre.

« Je n'ai aucune prévention contre ton épouse actuelle, n'ayant pas l'honneur de la connaître. J'ai pour elle le respect que je dois à la femme qui porte ce noble nom, c'est donc sans aucune répugnance que je te prierai d'être mon interprète auprès d'elle, je ne crois pouvoir mieux choisir, n'est-il pas vrai, mon excellent et cher papa ? »

Il se sent soulagé. Le mariage est prévu pour dans quelques semaines, et la paix est définitivement conclue entre son père et lui. Reste à rassembler les papiers, acte de naissance, certificat de baptême. « C'est long ! » s'écrie Victor.

Et tout à coup, ce gouffre à nouveau sous ses pas, ces lettres de son père qui l'assurent que Sophie n'a pas fait baptiser son plus jeune fils. Il a un moment de panique. Lui, l'écrivain royaliste, lui qui s'affiche ultra n'est même pas chrétien !

Il cherche une solution, s'adresse à Lamennais.

Il suffit que Léopold atteste que son fils a été baptisé à l'étranger. Lamennais donnera un billet de confession et n'exigera rien en retour.

Il pourrait être heureux puisque la date du mariage est fixée au 12 octobre, en l'église Saint-Sulpice.

Et cependant il y a dans sa joie une inquiétude. Il lui semble souvent qu'Adèle ne partage pas sa passion, qu'elle est bienveillante plus qu'aimante. Il l'épie, il analyse son comportement. Elle ne s'aperçoit même pas qu'il quitte pour un long moment la pièce où elle se trouve et qu'il ne la rejoint que trois quarts d'heure plus tard !

« J'ai observé à fond, ce soir, tout ce qu'il y a pour moi dans ton cœur, lui écrit-il, j'y ai vu je ne sais quel sentiment qui ressemble à de la compassion, de l'habitude, de l'amitié peut-être, mais point d'amour. Ainsi, désormais, Adèle, ne me donne pas la douleur de te voir me témoigner une affection simulée qui n'est pas dans ton âme… »

Serait-il possible qu'il ait construit cet amour passionné pour une femme qui reste en retrait ?

Il a peur de penser cela, à la veille de son mariage.

« Ô mon Adèle, je conserverai comme toi, sois-en sûre, jusqu'à la nuit enchanteresse de nos noces, mon heureuse ignorance, je t'apporterai des caresses aussi neuves que celles que je serais si heureux de recevoir de toi. Je n'ose, mon Adèle adorée, me flatter d'une si grande douceur. Tu n'as jamais répondu à mes caresses, le plus souvent tu parais *souffrir* mes baisers, si néanmoins je pouvais croire un instant que ces preuves de mon amour t'importunent… Oh non ! je ne veux pas m'arrêter à cette idée. Ma bien-aimée Adèle, n'est-ce pas que mes embrassements ne te sont point odieux ?… »

Il voudrait oublier cette inquiétude pendant que l'abbé, duc de Rohan, ce 12 octobre, accueille les deux fiancés dans la chapelle de la Vierge, où avait été exposé le corps de Sophie.

Les témoins de Victor, Alfred de Vigny et Félix Biscarrat, se tiennent en retrait, aux côtés de ceux d'Adèle, son oncle Asseline — dont Victor fut si souvent jaloux — et le marquis Duvidal de Montferrier, le père de Julie Duvival, le professeur de dessin d'Adèle qui bientôt épousera Abel.

Léopold s'est contenté d'envoyer ses vœux de bonheur.

On quitte l'église. On se réunit autour de la table dressée à l'hôtel de Toulouse, dans la salle du conseil de guerre, là où Victor Fanneau de Lahorie a été condamné à mort.

C'est dans cette pièce qu'on dansera.

Il aperçoit soudain Biscarrat et Abel qui conduisent Eugène hors de la salle. Son frère, que les deux hommes tentent de maîtriser, gesticule avec des mouvements saccadés de la tête.

Mais Victor détourne les yeux. Il ne veut pas se préoccuper de cela. Il entraîne Adèle. Il veut chasser ses doutes, et à chaque pas qu'il fait vers la chambre, le désir les repousse plus loin.

Il serre cette main, cette épaule, cette hanche. Il peut caresser cette cheville, ces jambes, ces cuisses.

Il s'affole. Adèle est là, étendue, soumise à lui, un peu gémissante, fermant les yeux.

Victor s'impatiente. Il rugit de toute sa sève accumulée durant ces années de désir.

Première nuit, première femme. Il ne se lasse pas. Il a vingt ans. Elle en a dix-neuf. Ils sont vierges tous deux.

Il la prend, il la reprend. Il la serre à l'étouffer. Elle se débat parfois quelques instants, comme une noyée qui veut reprendre son souffle. Puis elle laisse son corps abandonné.

Et neuf fois, il la pénètre.

Il se réveille en sursaut. On martèle la porte, alors que ce n'est encore que l'aube. Il regarde Adèle, allongée près de lui, et brusquement, il se souvient des inquiétudes qu'il avait eues à la veille de son mariage. Peut-être a-t-elle souffert cette nuit lorsqu'il l'a déchirée puis reprise tant de fois, mais il n'est pas assouvi. Cette femme alanguie, le visage défait, l'attire de nouveau.

Mais on l'appelle. Il se lève. Biscarrat est devant la porte, le visage grave. Victor sort de la chambre. Il sait déjà que le malheur est là.

Une nuit de bonheur doit donc se payer d'une part de souffrance ?

Il écoute Biscarrat raconter comment Eugène, après avoir prononcé tout au long de la soirée des paroles incohérentes, est devenu furieux. On l'a ramené dans sa chambre, où il a prétendu allumer toutes les bougies, pour une fête, pour un mariage, puis à coups de sabre il a détruit les meubles.

Victor baisse la tête.

La jalousie d'Eugène à son égard, cette longue rivalité qui le taraudait, ces échecs qui s'étaient accumulés avaient donc explosé dans ces actes de démence.

Il est accablé. Il doit dissimuler cela à leur père, tenter de donner le change, écrire qu'il « jouit du bonheur le plus doux et le plus complet », mais cette joie est voilée par le naufrage d'Eugène, ce sentiment de culpabilité aussi que Victor sent en lui, comme une plaie qui restera purulente même s'il la recouvre et essaie de la masquer.

Il faut bien d'ailleurs, parce que l'état de son frère empire, dire à Léopold ce qu'il en est d'Eugène, de ce « fatal événement », de son « délire », de ces « crises épouvantables », des consultations du médecin-chef de Bicêtre. Et il faut aussi avouer que ce « déplorable état de santé » coûte cher.

« Pour le moment, je me hâte de te prier de bien vouloir nous envoyer de l'argent… Nous nous adressons à toi comme à un père que ses fils ont toujours trouvé dans leurs peines et pour qui les malheurs de ses enfants sont les premiers malheurs. »

Victor a du mal à surmonter sa peine, il assiste, navré, aux progrès de la maladie, à cette suite de « commotions cérébrales », à ces accès de délire, à cette fièvre.

Il reste assis près du lit où son frère geint, soliloque, tente de se lever. Il lui semble qu'Eugène est sa victime, le frère sacrifié afin que lui puisse connaître la gloire et le bonheur.

Que faire ? Vivre : c'est-à-dire travailler, aimer.

Chaque nuit, il retrouve Adèle, et ce sont des instants de fougue, d'oubli, qu'elle accepte, passive et tendre.

Et, tôt le matin, il continue à écrire *Han d'Islande*. Il prépare ensuite la publication d'une deuxième édition de ses *Odes*, dont le premier tirage est écoulé.

Il y a donc là une promesse de gain, peut-être de nouveau sept cents francs, ceux perçus ayant été dépensés dans l'achat d'un « cachemire », parure pour la cérémonie nuptiale.

Et puis, Pierre Foucher s'y est engagé : « Les époux auront chez nous le logement et les soins tant qu'ils ne se croiront pas assez avancés pour monter une maison. Adèle apportera au nouveau ménage deux mille francs de meubles, nippes et espèces… »

Il entend Foucher répéter :

— Tout me donne lieu d'espérer que nous aurons quelques jours heureux.

Mais Victor pense à Eugène.

Heureusement, en cette fin décembre, trois quotidiens publient son *Louis XVII* en soulignant l'épigraphe qu'il a donnée à son poème, reprenant la formule qu'employait le geôlier chaque matin en secouant l'enfant : « *Capet, réveille-toi !* »

Il se rassure un peu. Il y a Adèle, douce, qui écrit à son beau-père comme une « très respectueuse et obéissante fille », qui appelle Léopold « cher papa » et parle de « mon Victor ».

Que ces mots sont doux à lire et à entendre ! Ils l'apaisent. Le bonheur malgré tout est peut-être là, à portée de main.

Il le veut, il le croit.

Chateaubriand, le 28 décembre, est nommé ministre des Affaires étrangères. Victor a le sentiment qu'il va pouvoir compter sur un appui au cœur même du pouvoir.

Il lit, dans *Le Journal des débats* :

« Sa Majesté vient de faire souscrire par S. E. le ministre de Sa Maison, pour un nombre de vingt-cinq exemplaires, destinés à des bibliothèques particulières, aux *Odes* de Monsieur Victor Hugo. »

C'est la fin de l'année de ses vingt ans.

1823

Toi, mon père, ployant ta tente voyageuse,
Conte-nous les écueils de ta route orageuse...

Victor regarde les branches des arbres qui, en ce mois de janvier, se dressent nues et noires devant la façade de l'hôtel de Toulouse.

Il éprouve de l'amertume. Vivre chez les parents d'Adèle lui rappelle qu'il est encore dépendant, qu'il n'a pas réussi à s'assurer des revenus suffisants pour donner à sa femme « sa » maison, celle qu'il doit lui offrir comme époux.

Il se tourne.

Adèle est là, couchée, la taille lourde. Et il est aussitôt ému à la pensée de l'enfant qu'elle porte depuis trois mois, depuis leur première nuit partagée sans doute. Elle semble lasse, ses cheveux noirs brillants, dénoués, couvrant ses épaules, et ses grands yeux clos dessinant sur le visage deux ellipses longues et sombres.

Il écrit vite ce poème qu'il lui dédie :

À toi ! toujours à toi ! Que chanterait ma lyre ?
[...]
Je t'aime comme un être au-dessus de ma vie,
Comme une antique aïeule aux prévoyants [discours,
Comme une sœur craintive, à mes maux asservie,
Comme un dernier enfant, qu'on a dans ses vieux [jours.

Hélas ! je t'aime tant qu'à ton nom seul je pleure !
Je pleure, car la vie est si pleine de maux[115] *!*

Il pense à Eugène, qui ne retrouve pas sa raison. Il le répète à son père, à son oncle Trébuchet : « Les frais de cette maladie sont énormes. » Heureusement, Léopold assume ces charges. Il a vendu, a-t-il expliqué à Victor, une propriété, le Prieuré Saint-Lazare, et il s'est installé avec son épouse au 73 rue de Foix, toujours à Blois.

Victor est touché par cette attitude. Il se sent proche de lui. Il a hâte de le revoir. Et quand, au début du mois, il le reçoit enfin, il est bouleversé par le contact avec cet homme qu'il lui est arrivé de détester.

Il embrasse Catherine Thomas, « cette femme » devenue comtesse Hugo. Il est sensible à l'attention que son père et sa belle-mère portent à Adèle, aux vœux qu'ils forment pour l'enfant à naître, aux cadeaux qu'ils offrent — un service à café en porcelaine — et aux démonstrations d'affection que Léopold manifeste à son cousin Adolphe Trébuchet — donc le neveu de Sophie —, comme s'il voulait ainsi nouer ensemble tous les liens familiaux. Léopold boit même à la santé du frère de Sophie, Marie-Joseph Trébuchet.

Et puis Victor est fasciné par cet homme qui avoue avec timidité qu'il a écrit une épopée, *La Révolte aux Enfers*, et qu'il a commencé à rédiger ses Mémoires. Victor a l'impression, troublante, d'avoir par instinct, en choisissant la carrière des lettres, été fidèle aux vœux secrets de son père, dont il a toujours reconnu la bravoure, les exploits. Et il éprouve le besoin de les chanter, lui le monarchiste, lui qui a écrit *Buonaparte*.

Je rêve quelquefois que je saisis ton glaive,
Ô mon père ! et je vais, dans l'ardeur qui m'enlève,
Suivre au pays du Cid nos glorieux soldats…
[…]
Ô Français ! des combats la palme vous décore ;
Courbés sous un tyran, vous étiez grands encore.
Ce chef prodigieux par vous s'est élevé ;
Son immortalité sur vos gloires se fonde,
Et rien n'effacera des annales du monde
Son nom, par vos glaives gravé[116].

Au fur et à mesure qu'il écrit, il retrouve ses émotions d'enfance. Il se souvient de cette silhouette de Napoléon entrevue au Panthéon, « dans une grande fête, un jour », de ces soldats qui marchaient sur les chemins d'Espagne, entourant la berline où il se trouvait avec sa mère et ses frères, et qui roulait vers Madrid, dans ce pays sauvage où son père combattait.

Toi, mon père, ployant ta tente voyageuse,
Conte-nous les écueils de ta route orageuse,
[...]
Lègue à mon luth obscur l'éclat de ton épée ;
Et du moins qu'à ma voix, de ta vie occupée,
Ce beau souvenir prête un charme solennel.
Je dirai tes combats aux muses attentives,
Comme un enfant joyeux, parmi ses sœurs [craintives,
Traîne, débile et fier, le glaive paternel[117].

Il se sent apaisé, comme si d'avoir renoué avec son père l'avait réconcilié avec une partie blessée de lui-même. Il est reconnaissant à Léopold et à Catherine d'avoir décidé de regagner Blois en compagnie d'Eugène, et de le soigner chez eux. Son frère semble d'ailleurs aller mieux.

Le voilà soulagé. Il peut rédiger enfin la préface de *Han d'Islande*, et signer un contrat avec le marquis de Persan, l'éditeur qui vient de publier le nouveau recueil des *Odes*. Persan s'engage à imprimer douze cents exemplaires du roman, et à verser cinq cents francs à l'auteur.

Victor attend. Il regarde ces quatre petits volumes de *Han d'Islande* en papier gris-bleu, sans nom d'auteur, car il a préféré garder l'anonymat. Il rencontre plusieurs fois Persan, s'enquiert du versement qui lui est dû. Il accepte deux cents francs et un billet à ordre de trois cents francs. Mais sa déconvenue est grande quand il constate que personne ne veut escompter cette « traite » !

Les menaces de guerre entre la France et l'Espagne, la volonté que manifeste Chateaubriand, depuis son ministère des Affaires étrangères, de conquérir Madrid, de vaincre les libéraux espagnols et de montrer qu'il est victorieux là où Napoléon s'est embourbé, ont restreint le crédit.

Or Victor sait que Pierre Foucher a besoin d'argent. Et qu'il devrait lui verser cinq cents francs pour payer la pension que le père d'Adèle lui offre.

Il faut donc écrire, comme un fils dans le besoin, et cela le rend amer : « Je ne vois donc plus de recours qu'en toi, mon cher papa, je te prie de m'envoyer le plus tôt possible les trois cents francs que mon libraire ne pourra peut-être pas me rembourser d'ici à un ou deux mois… »

L'argent, toujours l'argent ! Il a l'impression qu'il ne réussira jamais à desserrer ce lacet qui l'étrangle.

Il recommence ses démarches au ministère de l'Intérieur, qui n'a pas honoré ses promesses de pension. Il sollicite Chateaubriand, qui pourrait peut-être intervenir auprès du ministre, le comte de Corbière, très proche du président du Conseil Villèle et par ailleurs ancien camarade de guerre du général Hugo. Mais les relations entre Chateaubriand et Corbière sont mauvaises…

Il faut donc patienter, espérer signer de nouveaux contrats, et d'abord obtenir ce qui est dû.

Or l'éditeur Persan fait faillite. Faut-il laisser sombrer *Han d'Islande* ? Victor signe un second contrat pour ce livre avec de nouveaux éditeurs — Lecointe et Durey — installés 49, quai des Augustins. Mais il apprend que Persan déclare disposer d'encore cinq cents exemplaires. Le monde des lettres bruit de rumeurs : on a vite percé l'anonymat de l'auteur ! Persan accuse Victor, qui répond que « la première édition était tellement défigurée par des fautes typographiques que le livre était méconnaissable pour l'œil même du père ».

Il est blessé par cette polémique, à laquelle les journaux — *Le Drapeau blanc*, *Le Miroir* — donnent de l'écho. « M. Victor Hugo veut faire parler de lui, ce désir est tout naturel chez un jeune auteur, écrit Persan. Mais nous ne voyons pas ce que sa gloire littéraire gagnera par les calomnies… »

Répondre ?

« Je ne réponds pas aux injures. Je suis étonné que des faillis aient encore un domicile. Je les plains plus que je les blâme et je dédaigne d'échanger de la boue avec eux, comme avec qui que ce soit. »

Mais comment éviter de se sentir sali par ce que l'on entend ?

Victor, alors qu'il se rend à la bibliothèque du Louvre, rencontre le poète Jules Lefèvre, qui lui prend le bras, l'entraîne vers le quai de La Ferraille où la guillotine a été dressée pour exécuter un parricide du nom de Jean Martin.

Lefèvre est nerveux. Il veut écrire un poème sur ce sujet.

Il raconte à Victor, tout en se frayant un chemin dans la foule, que le bourreau tranchera d'abord le poing du condamné d'un coup de hache, puis lui coupera la tête.

Victor écoute les rires et les lazzis de la foule, de ces jeunes femmes accoudées aux fenêtres. Il voit sur la charrette qui avance Martin, la tête couverte d'une cagoule noire. Les souvenirs de ce qu'il a vu en Espagne lui remontent à la gorge, comme une nausée sanglante.

Il voit le bourreau attacher la main droite du condamné à un poteau, puis lever la hache. Il ne peut pas regarder. Il est envahi par un dégoût irrépressible, cependant que la foule se libère dans un « ha » rauque qui a la violence d'un spasme.

Est-ce ainsi qu'il faut défendre la société ? A-t-on le droit de tuer un homme pour le punir ?

Il refoule ces questions. Quelques jours plus tard, lorsqu'il reçoit le poème de Lefèvre, il est une nouvelle fois saisi par le châtiment du parricide évoqué par le poète.

Il ne veut pas se prononcer sur l'exécution elle-même, mais la forme du poème le trouble. Elle est, dans ses excès mêmes, neuve.

Victor a l'impression qu'un combat se livre « entre une opinion littéraire encore trop puissante et le génie de ce siècle. Cette opinion aride, héritage légué à notre époque par le siècle de Voltaire, ne veut marcher qu'escortée par toutes les gloires du siècle de Louis XIV ».

Il sait qu'il va choquer certains de ses amis royalistes, tous ceux qui s'en tiennent au classicisme. Il a lu le jugement que Stendhal porte sur lui : « Le véritable poète du parti — ultra — c'est M. Hugo. »

Il hausse les épaules.

« La poésie française se renouvelle glorieusement autour de nous, écrit-il. Nous sommes à l'aurore d'une grande ère littéraire… Il s'élève de jeunes têtes pleines de sève et de vigueur… Ces jeunes hommes seront les chefs d'une école nouvelle et pure, rivale et non ennemie des écoles anciennes… Ils auront bien des combats à livrer, bien des luttes à soutenir ; mais ils supporteront avec le courage du génie les adversités de la gloire… »

Il donne son article au *Réveil*, et il apprend que la rédaction du journal ne le publiera qu'avec un « chapeau » précisant que le quotidien « ne partage pas toutes les opinions de notre collaborateur sur la théorie nouvelle qu'il prétend établir des progrès de la littérature de notre époque… ».

Il mesure l'hostilité qu'il suscite. Ultra sur le plan politique et révolutionnaire sur le plan littéraire, qui peut le comprendre ?

Mais c'est ainsi. Il ne donnera plus d'article au *Réveil*. Il doit affronter l'adversité.

L'argent d'abord, encore et toujours.

« Mon libraire a fait banqueroute, confie-t-il à son père ; en sorte que je ne sais quand et si je toucherai le prix de la première édition de *Han d'Islande* et de deux éditions de mes *Odes*. Pour comble de contrariété, je n'entends point parler de cette fameuse pension. » Le ministère de l'Intérieur est devenu muet à ce sujet.

Il y a aussi Eugène qui s'enfonce dans la démence.

Léopold raconte qu'il s'est tout à coup levé de table au cours d'un dîner, qu'il s'est précipité, un couteau à la main, sur une invitée, et qu'il a surtout essayé de tuer son épouse. Léopold a réussi à le maîtriser, tordant la lame du couteau, puis attachant son fils.

« J'envoie Eugène à Paris, dans l'établissement du docteur Esquirol, écrit-il, mais qu'on le guérisse ou non, ce malheureux enfant ne pourra désormais demeurer chez moi. »

Eugène, qu'il a interrogé, a déclaré qu'il voulait tuer « cette femme », que ses frères et sa mère l'avaient incité à commettre ce crime, parce que le père avait spolié Sophie.

Victor est « navré de douleur » ; « Mon cher papa, répète-nous que tu n'as pas un moment douté de tes fils sur les divagations de ce pauvre furieux… Nous osons croire qu'il est inutile de nous justifier sur les imputations effroyables de ce malheureux… Je t'embrasse tendrement. »

Et tous les malheurs s'additionnent. La pension exigée par le docteur Esquirol est considérable : quatre cents francs par mois ! On ne peut laisser Eugène dans cet établissement où d'ailleurs il dépérit, persuadé qu'il est dans une « prison où l'on assassine dans des souterrains ».

Victor multiplie les démarches. On admet Eugène au Val-de-Grâce, puis à Saint-Maurice, maison dépendant de l'hospice de Charenton dirigé par le docteur Royer-Collard. « La translation et le traitement ont lieu aux frais du gouvernement... »

Victor se sent un peu moins oppressé, même si, chaque fois qu'il pense à son frère, l'angoisse l'étreint. La folie est là, si proche, mais qu'on ait trouvé une solution pour Eugène, fût-elle cruelle, le rassure.

Et puis il arrive ce qu'il n'escomptait plus : le ministère de l'Intérieur lui octroie enfin une pension de deux mille francs par an ! Avec les mille francs versés par la cassette royale, et les quelques centaines de francs que doivent lui rapporter ses contrats, les problèmes d'argent deviennent moins aigus.

Il envisage de s'installer avec Adèle dans une maison à eux, peut-être à ce numéro 90 de la rue de Vaugirard qu'il visite et qui lui plaît.

Il lit aussi avec satisfaction l'article que l'écrivain et chroniqueur Charles Nodier consacre à *Han d'Islande*. Il le rencontre. L'homme est d'une érudition sans limites. Il écrit dans *La Quotidienne* et *Le Journal des débats*. Il est bien introduit dans le monde des lettres et dans les milieux gouvernementaux.

Il rend visite à Victor, puis le reçoit dans le salon de son appartement, rue de Provence. On s'y retrouve entre poètes — Saint-Valry, Jules Lefèvre, Alfred de Vigny. Et ce dernier ne tarit pas d'éloges sur *Han d'Islande* : « C'est un beau et grand durable ouvrage que vous avez fait là, dit-il. Vous avez posé en France les fondements de Walter Scott. Votre beau livre sera le pont de lui à nous et le passage de ces couleurs à celles de la France. » Et Lamartine écrit : « Nous relisons vos ravissantes poésies et votre terrible *Han.* »

On parle librement dans le salon des Nodier. Sa fille, la belle Marie, est au piano. On envisage de créer une revue, *La Muse française*, où se retrouveraient les écrivains « romantiques » et monarchistes, tels Soumet, Deschamps, Vigny, Saint-Valry. Les membres fondateurs verseraient mille francs chacun. Lamartine propose de donner cette somme à Hugo, mais de ne pas apparaître dans la revue :

« Entrez comme fondateur, et moi qui ne puis y mettre ni nom ni esprit, j'y mettrai volontiers les mille francs convenus. »

Victor a l'impression que ce dernier veut l'acheter, qu'il le traite en vassal. Il ne répond même pas. *La Muse française* se fera sans lui !

« Ma dernière lettre vous aurait-elle choqué ? interroge Lamartine. Parlez franchement ; vous avez affaire à un homme qui comprend tout, et de votre part rien ne peut le blesser. »

Puis Victor a tout à coup l'impression que ce qui fait pourtant l'essentiel de sa vie, son œuvre, sa carrière, ses amitiés littéraires, ne compte plus. Il est dans la maison de campagne des Foucher, à Gentilly, avec Adèle. Il souffre avec elle d'une grossesse douloureuse. Il est angoissé.

Quelques jours plus tard, à Paris, le 16 juillet, l'accouchement de ce fils, qu'on a décidé en l'honneur du grand-père d'appeler Léopold, est laborieux.

Ensuite, Adèle se remet difficilement de ses couches. Mais il y a pire : « L'enfant est venu au monde presque mourant, raconte Victor à son père. Il est resté fort délicat. Le lait de la mère, affaibli par la grande quantité d'eau dont elle était incommodée, et échauffé par les souffrances de la grossesse et de l'enfantement, n'a pu convenir à une créature aussi faible… Adèle a donc sacrifié courageusement à l'intérêt de son fils son droit de mère, et nous avons mis l'enfant en nourrice… »

C'est l'été. Ce devrait être le bonheur. Victor l'espère, mais il ne peut oublier l'inquiétude sourde qui le mine. L'enfant est malingre. Les nourrices doivent être renvoyées, parce que l'une est « d'un caractère méchant et faux », l'autre acoquinée à un homme qui la met enceinte de nouveau, et le lait rend le petit Léopold malade.

Léopold et sa femme Catherine se chargent alors de l'enfant, l'installent chez eux, à Blois, lui trouvent une nouvelle nourrice. On le baptise le 16 août, il va mieux. Est-ce le bonheur attendu ? Victor veut le croire. Il transfigure ce qu'il souhaite.

Là, je cache un hymen prospère ;
Et sur mon seuil hospitalier
Parfois tu t'assieds, ô mon père !
Comme un antique chevalier ;
Ma famille est ton humble empire ;
Et mon fils, avec un sourire,
Dort au son de ma jeune lyre,
Bercé dans ton vieux bouclier[118].

Tout semble aller bien. On nourrit l'enfant au lait de chèvre.

« Nous sommes contents, chers enfants, écrit Léopold. Notre belle chèvre vient déjà chercher son nourrisson avec plaisir et celui-ci, que ma femme tient alors et met par terre sous ses jambes, prend parfaitement le pis… »

Victor se laisser bercer par ces mots, malgré la peur qui sourd en lui et qu'il tente de maîtriser, d'étouffer.

Et puis voici que s'avance Pierre Foucher, le visage sombre. Il tient une lettre dans ses mains. Léopold lui a écrit, annonce-t-il d'une voix sourde. L'enfant est mort le 9 octobre, à trois heures après midi. Il dit la souffrance de ses grands-parents.

« Tout le monde est ici plongé dans la stupeur, écrit à son tour Victor à son père, comme si cet enfant d'hier, cet être maladif et délicat n'était pas mortel. »

Il médite un moment, puis il poursuit : « Hélas ! il faut remercier Dieu qui a daigné lui épargner les douleurs de la vie…

« Notre Léopold est un ange aujourd'hui, cher papa, nous le prierons pour nous, pour toi, pour sa seconde mère, pour tous ceux qui l'ont aimé durant sa courte apparition sur la terre. »

Quel était le dessein de Dieu ? Il l'imagine.

« Il a voulu que Léopold fût un lien de plus entre vous, tendres parents, et nous, enfants dévoués. »

Jamais il ne s'est senti aussi proche de son père. Jamais plus qu'à cet instant, il n'a désiré autant un autre enfant.

Ô ! dans ce monde auguste où rien n'est éphémère,
Dans ces flots de bonheur que ne trouble aucun [fiel,
Enfant ! loin du sourire et des pleurs de ta mère,
N'es-tu pas orphelin au ciel [119] *?*

Il faut continuer de vivre, et donc écrire. Célébrer la victorieuse guerre d'Espagne…

Les cieux commettent à la France
La garde de la royauté [120]...

… unir à cette occasion, dans un même poème célébrant l'Arc de triomphe de l'Étoile, la gloire des soldats de l'Empire et celle des armées de Chateaubriand…

Arc triomphal ! La foudre, en terrassant ton [maître,
Semblait avoir frappé tout front encore à naître.
Par nos exploits nouveaux te voilà relevé !

Car on n'a pas voulu, dans notre illustre armée,
Qu'il fût de notre renommée
Un monument inachevé[121] *!*

… et négocier avec les éditeurs, parce que l'argent est un tourment qu'il faut dominer.

Il rencontre l'un d'eux, Ladvocat. La discussion est courtoise, mais âpre. Victor voit dans les yeux de l'éditeur l'étonnement. Il est en effet un poète de vingt et un ans qui discute argent.

On s'accorde. Victor accepte de céder pour deux années un nouveau volume d'*Odes*, moyennant deux mille francs en quatre billets à ordre, échelonnés du 1er mai au 1er novembre 1824. Ladvocat se plaint que les conditions sont dures pour lui, que la guerre d'Espagne a ralenti le commerce, rendu l'argent rare. Victor, en se levant, lui accorde le droit de publier à part et à son profit l'*Ode de M. Hugo sur la guerre d'Espagne*.

Il est rentré chez lui. Sur la table, il aperçoit une lettre dont il reconnaît l'écriture hachée. C'est Eugène qui parle du fond du gouffre :

« Je ne sais quelle raison t'empêche de venir me voir. Depuis plus de sept mois que je suis ici, je ne t'ai vu qu'une fois et mon frère Abel que deux. Il faut nécessairement que tu viennes me voir le plus tôt qu'il te sera possible…

« Je pense que tu viendras me voir incessamment, et que tu ne me montreras pas moins d'affection en cela que je ne t'en ai toujours témoigné.

Dans cette assurance, je t'embrasse et serai toujours avec attachement,

« Ton frère tendre et affectionné,

Eugène Hugo. »

Victor prend sa tête à deux mains, frissonne. Il se sent coupable. Il imagine Eugène, seul, enfermé.

C'est comme si certains, et Eugène est l'un d'eux, étaient désignés au malheur, frappés, comme si Dieu les avait livrés à l'Antéchrist.

Il viendra, quand viendront les dernières ténèbres ;
Que la source des jours tarira ses torrents ;
Qu'on verra les soleils, au front des nuits funèbres,
Pâlir comme des yeux mourants...
[...]
Le Seigneur l'enverra pour dévaster la vigne,
Et pour disperser la moisson [122].

1824

Il est, Chateaubriand, de glorieux navires
Qui veulent l'ouragan plutôt que les zéphires...

Victor interroge Adèle du regard. Elle sourit, ferme à demi les yeux comme si elle était intimidée ou gênée, puis elle baisse la tête.

Il comprend.

Une bouffée de joie, d'orgueil et de tendresse l'envahit. Adèle est de nouveau enceinte, déjà, enfin !

Il semble à Victor que le deuil de l'enfant perdu s'achève. Mais l'anxiété maintenant le saisit. Il interroge Adèle. Le médecin lui a conseillé de ne pas aller en voiture, confirme-t-elle. Sa grossesse, si rapprochée de la précédente, exige du repos. Soit, on ne répondra pas à l'invitation du père qui souhaitait les recevoir à Blois. Il lui expliquera.

Il prend la plume.

« Tout porte à croire que notre Léopold est revenu. Chut ! »

Il s'interrompt. Il lui semble que ce nouvel enfant est vraiment un « revenant ».

Dieu a répondu.

Mères en deuil, vos cris là-haut sont entendus.
Dieu, qui tient dans sa main tous les oiseaux
[perdus,
Parfois au même nid rend la même colombe.
Ô mères, le berceau communique à la tombe.
L'éternité contient plus d'un divin secret[123].

Cet enfant, qu'il imagine, lui redonne confiance. Il confie à son père : « Ma femme avance dans sa grossesse sans se porter aussi bien que je le voudrais. Nous ne sommes cependant pas inquiets. »

Adèle est allongée, paisible, elle écrit à ses beaux-parents. Elle songe déjà au prénom de cet enfant, qu'on appellera aussi Léopold, ou, si ce devait être une fille, Léopoldine, pour bien marquer qu'en ce nouveau-né, c'est le fils perdu qui s'incarne.

Victor est heureux. Il monte l'escalier étroit et raide comme une échelle qui conduit à « leur » appartement, qu'ils ont enfin loué, au premier étage du 90 de la rue de Vaugirard. Les petites pièces donnent sur la rue, mais c'est là « leur » première maison. Ici, Adèle accouchera.

Il accueille rue de Vaugirard les amis qui viennent dîner et dans les yeux desquels il lit l'affection, l'émotion même, pour Adèle, pour ce ménage qui attend dans l'amour la naissance d'un enfant.

Lamartine lui dit, et il est touché par ces propos qui semblent sincères :

« La Providence doit vous aimer… Vous n'avez pas fait une sottise dans votre vie ; la mienne, jusqu'à vingt-sept ans, a été un tissu serré de fautes et de dévergondages. Mais vous persévérez, vous êtes placé pour cela. Vous avez un cœur de l'âge d'or et une femme du paradis terrestre ; avec cela, on vit dans notre âge de fer. »

À Lamartine se joignent souvent Vigny, Saint-Valry et Charles Nodier.

Nodier est l'aîné. Victor pense avec étonnement que cet homme à l'esprit vif a exactement le double de son âge, quarante-quatre ans ! Il apprécie l'intelligence, la culture de cet érudit qui lit et parle l'anglais, l'allemand.

Nodier a été nommé, dans les derniers jours de l'année précédente, bibliothécaire de l'Arsenal. Il reçoit tous les dimanches, dans ces salons somptueux aux boiseries et aux parquets brillants. On écoute alors chacun lire ses œuvres. On retrouve Vigny, Saint-Valry, mais aussi Alexandre Soumet, Deschamps, Guiraud. On parle de *La Muse française*, la revue dont ils sont les fondateurs. On est séduit par Sophie et Delphine Gay, étonné par la truculence d'Alexandre Dumas. On évoque les candidatures de Soumet et de Lamartine à l'Académie française. On se moque ou on s'indigne.

On se passe *Le Mercure du* XIX*e siècle*, qui assure que ces « petits princes de la poésie ont fait alliance… qu'ils se citeront réciproquement en exemple ».

On rit, on se récrie.

Il observe les poètes qui l'entourent.

Charles Nodier est appuyé au tablier de la cheminée. Il raconte des épisodes de son existence. Vigny chuchote à l'oreille de Delphine Gay… Bientôt, on va commencer à danser. L'harmonie semble régner.

Victor va répondre au *Mercure*, dire « votre âge envieux se raille de cette fraternité poétique, si douce et si noble entre rivaux ». Mais il sait bien que les membres de ce cénacle sont jaloux les uns des autres, et ne partagent pas tous les mêmes idées.

Il lit une lettre de Lamartine où, derrière l'apparent détachement, se devine l'aigreur :

« Que sommes-nous ? Rien encore. Et que sont-ils ? Pas grand-chose ! N'en parlons donc plus. Leur estime littéraire ne peut jamais être la mesure de notre propre estime… Ils nous haïssent pour la petite portioncule de renommée qu'ils nous soupçonnent de pouvoir bien leur enlever… »

Mais Victor veut répondre quand on l'attaque !

Dans *Le Journal des débats*, un critique, qui se contente de signer Z mais qu'il identifie comme un certain Hoffman, l'accuse d'être « romantique ». Victor adresse une lettre au journal, en demande publication. « La Bible n'est-elle pas romantique ? argumente-t-il. Ce qui vous paraît romantique se retrouve à chaque instant chez les Anciens et les grands écrivains modernes… »

On le félicite pour sa réponse. Mais il arrive qu'autour de lui, à *La Muse française*, on ne souhaite pas engager le fer avec les « autorités », l'Académie, l'Église, le Ministère, qui soupçonnent toutes le « romantisme » d'être l'une des racines de l'opposition.

Victor découvre ainsi avec tristesse que les intérêts étouffent les convictions. Et lui-même souhaite d'ailleurs agir avec prudence. Il dépend des pensions que lui versent le ministère de l'Intérieur et la Maison du roi, soit trois mille francs. S'y ajoutent les revenus qui proviennent des contrats signés pour la parution des *Odes*, de *Han d'Islande*. Mais le loyer de l'appartement de la rue de Vaugirard est de six cent vingt-cinq francs par an. Il faut payer la bonne, seize francs par mois. Et il y a les dépenses quotidiennes, le médecin pour Adèle, le trousseau pour l'enfant à venir.

Le matin, après avoir écrit, il ouvre son carnet de comptes, il additionne les factures. Il établit avec une précision méthodique le total de ses revenus. Il veut échapper aux tourments d'argent, sinon acquérir une fortune, du moins assurer la sécurité à sa famille et donc être indépendant. Pour cela, il faut constituer un capital, vivre des rentes qu'il procure, afin de ne plus être mis en péril par la banqueroute d'un éditeur ou une décision gouvernementale.

Or le ministère change d'attitude. Les élections qui viennent d'avoir lieu ont donné une majorité inespérée aux ultras. Après la Chambre introuvable de 1815, c'est la « Chambre retrouvée » de 1824 ! Et Victor constate qu'il est la cible à la fois des libéraux et de tous ceux qui pensent que le romantisme est un ferment de révolution.

Il lit que, pour les uns, il n'est qu'un « congréganiste pleureur » mais que pour les autres — ceux qui s'opposent à la Congrégation, cette puissante organisation à demi secrète, qui veut unir le trône et l'autel —, il est un traître qui, chaque fois qu'il évoque Napoléon dans ses écrits, trouve des accents épiques, héroïques. Hugo, un ultra ? Un renégat, plutôt !

Il doit se défendre. Il ne peut pas rompre avec le Ministère. Il a besoin de soutien.

Il rend visite au ministre de la Guerre, le duc de Clermont-Tonnerre, pour lui demander d'agir afin que Léopold Hugo soit nommé inspecteur général des Armées ou lieutenant général, et ne soit pas placé en position de retraite. Clermont-Tonnerre n'a-t-il pas été en Espagne un compagnon d'armes de Léopold ?

Il ne gagne à ces démarches que de bonnes paroles. Il doit écouter les regrets et les remords du ministre, qui voudrait bien mais ne peut pas. Et il ressort de ces « cours du ministère de la Guerre » avec un « violent rhume de cerveau ».

« Quoi qu'il en soit, hâte-toi, mon cher papa, écrit-il, de m'envoyer ta demande de grade de lieutenant général honoraire. Ceci est important et pressé. Il ne faut pas laisser échapper l'heure de la réclamation… »

Il veut soutenir son père dont les attentions, l'affection le touchent, et dont il se sent chaque jour plus proche. Il intervient auprès des éditeurs pour faire publier quelques-uns des innombrables récits de Léopold, qu'il s'agisse de ses Mémoires ou d'un roman intitulé *L'Aventure tyrolienne ou la Vierge des camps* !

Mais ces démarches le rendent morose. Elles le blessent. Il est à nouveau inquiet. Il a même l'impression qu'il perd la vue, et durant près de deux semaines il ne peut écrire, tant ses yeux sont irrités.

Il se fait lire les journaux. Il apprend que l'académicien Auger, dans un discours sous la Coupole, puis Monseigneur Frayssinous, le grand maître de l'Université, lors de la distribution des prix du Concours général, ont tous deux condamné la « nouvelle mode en littérature », le romantisme.

Victor se sent visé. Comment pourrait-il sans se renier rester silencieux ? Il doit répondre, et puisqu'on lui demande d'écrire un article pour célébrer la mémoire de Byron qui vient de mourir en Grèce, malade de n'avoir pu faire triompher la cause grecque, il va profiter de cette occasion pour exprimer ses idées :

« Qu'on ne s'y trompe pas, c'est en vain qu'un petit nombre de petits esprits essaient de ramener les idées générales vers le désolant système littéraire du dernier siècle… D'ailleurs, on ne recommence pas les madrigaux de Dorat après les guillotines de Robespierre et ce n'est pas au siècle de Buonaparte qu'on peut continuer Voltaire… »

Et le chef de cette nouvelle école, conclut-il, c'est Chateaubriand.

Il se veut sincère, et se croit habile.

Chateaubriand n'est-il pas l'insoupçonnable monarchiste, le ministre des Affaires étrangères, le vainqueur de la guerre d'Espagne ?

Et soudain, le 6 juin, il a l'impression que la foudre vient de tomber ! Chateaubriand est chassé du ministère, lui qui symbolisait la fidélité monarchique ! Victor est à la fois stupéfait et révolté. Chateaubriand a été victime des manœuvres de la Congrégation, de ceux qui attaquent les romantiques, de Frayssinous et du président du Conseil Villèle.

Aussitôt, il découvre les reculades de ses amis Soumet et Deschamps. Ils prennent leurs distances. Soumet est candidat à l'Académie française, comment pourrait-il être élu si *La Muse française* s'engage dans cette guerre politique et littéraire contre les pouvoirs ? Soumet veut donner des preuves de sa bonne foi. Et quel plus grand signe d'allégeance pourrait-il offrir que de saborder *La Muse française* ?

Victor veut résister.

Il publie, le 7 juin, une *Ode à M. de Chateaubriand.*

Il est, Chateaubriand, de glorieux navires
Qui veulent l'ouragan plutôt que les zéphires...
[...]
Le génie a partout des symboles sublimes.
Ses plus chers favoris sont toujours des victimes.

[...]
Aussi, dans une cour, dis-moi, qu'allais-tu faire ?
N'es-tu pas, noble enfant, d'une orageuse sphère,
Que nul malheur n'étonne et ne trouve en défaut,
De ces amis des rois, rares dans les tempêtes,
Qui, ne sachant flatter qu'au péril de leurs têtes,
Les courtisent sur l'échafaud ?
[...]
À ton tour soutenu par la France unanime,
Laisse donc s'accomplir ton destin magnanime !
Chacun de tes revers pour ta gloire est compté.
Quand le sort t'a frappé, tu lui dois rendre grâce,
Toi qu'on voit à chaque disgrâce
Tomber plus haut encor que tu n'étais monté[124] *!*

Victor devine l'affolement des « prudents », les manœuvres de Soumet, les appuis qu'il trouve. Le 25 juillet, *La Muse française* ne peut paraître. Le 29, Soumet est élu à l'Académie française.

Que répondre à Vigny qui s'inquiète : « Dites-moi, au nom du ciel, tout ce qui se passe ! L'enthousiasme du fauteuil délabré de l'Académie peut-il encore arrêter les génies de ce siècle ? »

Victor hausse les épaules ; Vigny est à Oléron, il ne peut saisir les petites conspirations, le jeu des ambitions, les vengeances politiques, la vanité et la lâcheté des uns et des autres.

Il voit Chateaubriand : « Nos rapports se sont beaucoup resserrés depuis sa disgrâce, ils s'étaient fort relâchés pendant sa faveur. »

« Le contrecoup de la chute de mon noble ami a tué *La Muse française*. C'est une histoire singulière que je ne puis te conter par lettres », confie-t-il à son père. D'ailleurs, est-ce important ?

Adèle se porte à merveille. Elle accouchera dans quelques semaines. « L'état de notre pauvre et cher Eugène est toujours le même. Cette stagnation est désespérante. »

Voilà de vraies espérances et de vraies souffrances.

Victor s'assied près du lit où Adèle repose. Il lui prend la main. Il ne veut plus la quitter durant ce mois d'août, le dernier de sa grossesse.

Et le 28 août, à trois heures et demie du matin, c'est enfin la délivrance. Il est épuisé de fatigue et « au comble de la joie ».

« Mon cher papa,

« Tu as une petite-fille, une Léopoldine ! Mon Adèle, après cinq heures de souffrances héroïquement soutenues, vient de mettre au monde une grosse fille qui est aussi vivace que notre pauvre cher Léopold était débile… »

Il ne peut quitter ce « revenant » des yeux.

« Notre chère petite continue à se porter à merveille, ajoute-t-il, dès le surlendemain de la naissance. Elle commence à téter de bon cœur, et elle paraît tout à fait décidée à porter longtemps les noms de Léopoldine, Cécile, Marie, Pierre, Catherine… »

Il est émerveillé par la vitalité de Léopoldine, « Didine », murmure-t-il. Il la prend dans ses bras. Il veut que le berceau reste à côté du lit conjugal.

Le 16 septembre, il la porte avec fierté dans la

nef de l'église Saint-Sulpice, jusqu'à la chapelle où elle sera baptisée.

Quand Victor, accompagné de ses parents venus de Blois, sort de l'église, les cloches tout à coup se mettent à sonner le glas. Le roi Louis XVIII vient de mourir, et son frère, le comte d'Artois, lui succède, sous le nom de Charles X.

Dès le lendemain, il reçoit une brochure signée de Chateaubriand et intitulée *Le Roi est mort. Vive le Roi !* Il lit ce texte de ralliement à Charles X, et espère que le nouveau souverain effacera les injustices commises à son égard par Louis XVIII.

Il veut aussi faire entendre sa voix. Il commence d'écrire une ode.

Silence au noir séjour que le trépas protège ! —
Le Roi chrétien, suivi de son dernier cortège,
Entre dans son dernier palais.

Il s'interrompt.

Il pense à Napoléon, cet autre souverain mort, dont le corps est toujours enfoui dans une île étrangère.

De Saint-Denis, de Sainte-Hélène,
Ainsi je méditais le sort,
Sondant d'une vue incertaine
Ces grands mystères de la mort.

Il ne peut s'empêcher de laisser sa plume évoquer l'empereur. Il a l'impression que ses mots lui sont dictés. Il se répète qu'il veut célébrer les funérailles de Louis XVIII et il décrit « une île où grondent les tempêtes »…

Loin du sacré tombeau qu'il s'arrangeait naguère,
C'est là que, dépouillé du royal appareil,
Il dort enveloppé de son manteau de guerre,
Sans compagnon de son sommeil.
Et, tandis qu'il n'a plus de l'Empire du monde
Qu'un noir rocher battu de l'onde,
Qu'un vieux saule battu du vent,
Un Roi longtemps banni, qui fit nos jours [prospères,
Descend au lit de mort où reposaient ses pères,
Sous la garde du Dieu vivant[125]…

On persifle. On se moque chez les libéraux de cet « ultra » qui ne s'enflamme vraiment que pour Napoléon ! Il veut ignorer ces commentaires. Il est fidèle à ses convictions monarchistes, dévoué au nouveau souverain. Mais il y a une histoire des nations qu'on ne peut ignorer.

Il reçoit une lettre de Vigny qui semble le comprendre.

« Votre parallèle de Sainte-Hélène et de Saint-Denis est une véritable, une vaste pensée ; c'est peut-être une chose vraie à dire que les tragédies publiques des nations n'ont qu'une idée mère… Ce n'est selon moi que de cette sorte qu'il est permis aux génies de s'arrêter aux circonstances du temps présent, parce que ce n'est que par la vérité que se conservent son indépendance et sa dignité. Mettez donc ce nouveau fleuron de votre couronne poétique sur le berceau de votre fille, et soyez heureux… »

L'est-il ? Victor s'interroge en cette fin d'année.

« Encore une année, écrit-il à son oncle. Mais elle est plus heureuse pour nous : nous avons vu s'améliorer encore notre situation de fortune, la vente de mon dernier ouvrage a comblé les pertes d'une précédente banqueroute et nous a facilité les moyens de compléter notre ménage et d'établir notre maison. Nos revenus seront plus bornés peut-être l'an prochain, mais j'espère, toujours suffisants… Une autre perte, bien autrement sensible, celle de notre pauvre petit Léopold, a été également réparée ; nous avons une petite fille qui croît et vient à merveille… »

Mais peut-on s'isoler du monde ?

Il lit les phrases amères de Lamartine, qui n'a pas réussi à se faire élire à l'Académie française. Il répond à Vigny qui se plaint d'être seul dans sa garnison des Pyrénées :

« Que voulez-vous que l'on fasse à Paris, entre le Ministère et l'Académie ? Pour moi, je n'éprouve plus, quand je me jette en dehors de ma cellule, qu'indignation et pitié.

« Aussi, je ne m'y expose guère, je reste chez moi, où je suis heureux, où je berce ma fille, où j'ai cet ange qui est ma femme. Toute ma joie est là, rien ne me vient du dehors, que quelques marques d'amitié qui me sont bien chères et parmi lesquelles je compte avant tout les vôtres… Mais toutes mes idées s'envolent et je suis tout de suite vaincu quand je vois les passions et les intérêts entrer en lice. »

C'est le 29 décembre.

Il relit sa lettre à Vigny, ajoute une dernière phrase :

« Les petites blessures me tuent. Je suis, passez-moi l'orgueil de cette comparaison, je suis comme Achille, vulnérable par le talon.

« Victor. »

1825

Comme il était rêveur au matin de son âge !
Comme il était pensif au terme du voyage !

Victor ouvre la porte de l'appartement situé au premier étage de la rue de Vaugirard. Elle donne sur l'escalier raide comme une échelle. Il reconnaît l'odeur de colle et de bois que répand l'atelier de menuisier qui occupe le rez-de-chaussée.

Dans la pénombre de l'étroit palier, il accueille Alphonse Rabbe et Paul-François Dubois. Il a de l'estime et même de l'affection pour ces deux journalistes libéraux qui ne sont pas aveuglés par leurs opinions. Il a apprécié l'article que Dubois a publié dans son journal *Le Globe*, il y a quelques semaines.

« La France, a écrit Dubois, est partagée en littérature comme en politique, comme en religion, en deux grands partis, dont l'un prend la liberté pour devise, c'est-à-dire l'espérance dans l'avenir, et l'autre l'autorité, c'est-à-dire la foi au passé... »

Mais c'est surtout la conclusion de l'article qui a intéressé Victor, qui se veut monarchiste, donc traditionaliste, et partisan de la littérature nouvelle, et de ce fait en butte aux attaques des conservateurs.

Dubois a décrit cette situation :

« Ce qu'il y a d'assez curieux à observer c'est que les libres penseurs en politique et en religion sont absolutistes en littérature et que les protestants contre l'Académie appartiennent presque tous au parti politique ennemi des innovations. »

Il les fait entrer au salon, et dans la lumière tamisée de ce début de janvier, le visage d'Alphonse Rabbe paraît encore plus monstrueux.

Les cheveux bouclés et blonds sont beaux. Mais une maladie vénérienne a rongé les traits de cet homme d'une cinquantaine d'années qui a connu, alors qu'il était adjoint aux commissaires des guerres en Espagne, le général Hugo. Il n'a plus ni narines ni lèvres. Il est borgne et sa peau semble labourée par des coups de griffe rageurs. Les dents sont noires et ébréchées. Mais il parle avec chaleur et son regard est généreux.

Victor sait que cet homme le considère un peu comme un fils. Rabbe a écrit un article élogieux sur *Han d'Islande*. C'est un ami discret, qui craint toujours d'effrayer la petite Léopoldine.

Mais l'enfant s'endort, les mains jointes, bercée par Adèle, et Victor durant plusieurs minutes reste silencieux, regardant sa petite fille et sa femme. Cette vision chaque fois le bouleverse.

Il se tourne vers Rabbe et Paul-François Dubois.

Les deux hommes, à voix basse pour ne pas réveiller l'enfant, condamnent le projet de Charles X d'organiser à Reims, en mai, une cérémonie du sacre, comme si la Révolution n'avait pas eu lieu. Il y a d'autres initiatives tout aussi provocantes : ainsi verser un milliard de francs aux émigrés, et l'on parle d'interdire les représentations de *Tartuffe*... Le directeur des Beaux-Arts à la Maison du roi, le vicomte Sosthène de La Rochefoucauld, serait chargé de mettre en œuvre un grand nombre de ces mesures. Cet ennemi de Chateaubriand disposerait d'une « caisse d'amortissement » dans laquelle, d'ordre du président du Conseil Villèle, il puiserait pour acheter les hommes et les journaux.

Rabbe hoche la tête, parle du général Hugo, évoque des souvenirs d'Espagne. Victor est sensible à l'attention.

Ces deux hommes savent sans doute qu'il vient avec Lamartine de solliciter du roi, par l'intermédiaire de La Rochefoucauld, son admission au grade de chevalier de la Légion d'honneur. À vingt-trois ans, ce serait exceptionnel !

Or, La Rochefoucauld s'est montré accueillant. Il va, a-t-il dit, présenter cette requête au roi, pour « deux poètes jeunes encore, mais dont les sentiments monarchiques et religieux ne peuvent être révoqués en doute ». Et il croit que le souverain serait sensible « aux nobles efforts que Victor

Hugo n'a cessé de faire pour soutenir la cause sacrée de l'autel et du trône ».

Mieux, Sosthène de La Rochefoucauld a indiqué que Hugo pourrait être invité à la cérémonie de Reims — ses frais de voyage et de séjour seraient naturellement pris en charge par la Maison du roi — afin qu'il pût composer une ode célébrant Charles X et cette cérémonie.

Il regarde Rabbe, l'écoute réaffirmer son « plus tendre et plus respectueux attachement » au général Hugo. Et il en est ému, Rabbe est un « bon et noble ami ».

Il s'approche de Dubois, qu'il devine touché par l'accueil d'Adèle, la présence de Léopoldine.

Dubois parle des querelles littéraires, d'Alexandre Soumet qui vient de donner, à l'Odéon, une représentation de sa traduction de la *Jeanne d'Arc* de Schiller, en se pliant à toutes les règles du théâtre classique, en renonçant à ses convictions romantiques, déjà abandonnées, il est vrai, au moment de son élection à l'Académie française.

— Dans les lettres comme ailleurs, dit Dubois, il se trouve un côté gauche et un côté droit, unis contre le centre, mais divisés sur tout le reste.

Victor approuve. Il vient de lire l'*Histoire de la Russie* d'Alphonse Rabbe. Il ne partage pas ses convictions politiques, mais « les hommes d'un haut mérite doivent se comprendre et s'estimer, même s'ils s'opposent sur les doctrines ».

Il se lève, raccompagne Rabbe et Dubois, et ajoute :

— On dit que j'ai fait abjuration de mes hérésies littéraires, comme notre grand poète Soumet. Démentez le fait bien haut, partout où vous serez, vous me rendrez service.

Victor retourne au salon. Léopoldine dort, le visage appuyé contre les seins de sa mère…

On devine à ses yeux, pleins d'une pure flamme
Qu'au paradis, d'où vient son âme,
Elle a dit un récent adieu.
Son regard, rayonnant d'une joie éphémère,
Semble en suivre encor la chimère,
Et revoir dans sa douce mère
L'humble mère de l'enfant-Dieu[126] *!*

Il est heureux.

Il a l'impression que cette année qui commence sera celle du bonheur. Léopoldine est vigoureuse, pleine d'entrain. Adèle l'allaite sans difficulté. Et autour de lui, il sent des parents affectueux. Ceux de sa femme, mais aussi son père et sa nouvelle épouse. Jamais il n'a été aussi proche de Léopold. Et celui-ci est si tendre, si attentif avec eux… Il vient d'envoyer ses vœux. Il a écrit : « Votre bien-être comme une douce rosée est rejailli sur nous. » Catherine est la marraine de Léopoldine. Victor répond à son père :

« Tu sais que tu peux compter en tout et pour tout sur notre dévouement comme sur notre tendre et respectueux attachement. »

Il s'interdit seulement de parler d'Eugène. Il sait qu'un visiteur de l'hospice de Charenton « l'a toujours trouvé de plus en plus sale… Ces Messieurs de l'hospice me disent qu'Eugène est maintenant dans un état à ne pouvoir guérir. Si cela est ainsi, comme il n'y a plus à en douter, il vaudrait mieux qu'il payât le plus tôt possible sa dette à la nature ».

Eugène ne peut répéter à ceux qui l'interrogent qu'un « Oui, Monsieur, vous êtes bien bon ! ».

Horreur, désarroi, remords.

Mais il y a Adèle, Léopoldine, cette Légion d'honneur, le voyage à Reims et avant, alors que le printemps enfin éclate, un séjour à Blois chez le père.

C'est à cela qu'il faut penser, d'abord. À la vie et non au naufrage. Il réussit à oublier Eugène.

Victor est fasciné par Léopoldine et sa mère qui, dans la malle-poste les conduisant à Blois, somnolent. Il pense à cette confidence de Sosthène de La Rochefoucauld qui lui a précisé que le roi avait mis une « grâce charmante » à le nommer chevalier de la Légion d'honneur et à l'inviter à son sacre. Et, a ajouté le vicomte, il sera attribué à Victor Hugo mille francs pour le voyage.

Il se sent comblé. Son père — dont la maison blanche et carrée, aux volets verts, est entourée par deux vergers — lui fait visiter Blois puis le château de Chambord.

Victor est ébloui.

— C'est un château de fées !

Ils se rendent à la Militière, la propriété que le général Hugo possède en Sologne.

Il s'assied dans une salle de verdure. Le lierre qui en garnit les parois jette sur la page qu'il a posée devant lui des ombres. Il suit leur tracé, les découpe, dessine. Il éprouve à crayonner ainsi, à faire surgir sur le papier des formes, ces ombres, un sentiment de paix que l'écriture ne lui donne pas.

Il envoie ces dessins à son beau-frère Paul Foucher : « Suppose, lui écrit-il, tout ce dessin tracé par le soleil et l'ombre, et tu verras quelque chose de charmant. Voilà comme procèdent ces fous qu'on appelle des poètes. »

Puis il marche dans la campagne aux côtés de son père. Il est heureux de la fierté avec laquelle Léopold l'a accueilli solennellement, au cours d'une cérémonie familiale, dans l'ordre de la Légion d'honneur.

Victor a l'impression qu'il comble son père de joie au moment même où Léopold est élevé au grade de lieutenant général honoraire, avec une pension de six mille francs.

Tout va bien. D'où son regret d'avoir à quitter cette maison familiale, le 19 mai, en y laissant les siens.

Il part pour Paris, puis Reims.

Il prend la plume dès Orléans, écrit à Adèle.

« Le temps me semble long. Je ne pense qu'avec un grand abattement aux quatorze lieues qui me séparent déjà de toi… »

Même tristesse à Paris, dans l'appartement déserté.

Il se rend chez les Foucher et dîne chez eux. Mais le lit conjugal, vide, le désespère.

Il est un peu distrait par ses visites chez le tailleur. Il doit en effet porter un habit bleu, des souliers à boucle et une épée. Finalement, Alexandre Soumet lui prêtera sa culotte ! Il essaie d'être joyeux, rendant visite à Nodier, au peintre Alaux et au secrétaire général des musées, Cailleux, qui seront du voyage.

On décide de partir dans la même voiture.

Mais dès que Victor rentre rue de Vaugirard, le silence de l'appartement l'accable :

« Je rentre triste et abattu comme à mon ordinaire, raconte-t-il à Adèle. Que le temps est long ! Et qu'il me tarde de savoir ce que tu fais depuis l'éternité que je ne t'ai vue. »

Les lettres d'Adèle n'arrivent pas. Il faut donc partir sans avoir de nouvelles récentes.

La route de Reims a été refaite, et depuis la capitale c'est un cortège ininterrompu de voitures. « Tout est hors de prix sur cette route, tout est encombré. Les auberges sont inondées de voyageurs et les routes de voitures. Ceux qui arrivent les derniers ont moins que des os, c'est comme une nuée de sauterelles qui brûle tout… J'approche de Reims avec une joie inexprimable. J'y trouverai des lettres de mon Adèle bien-aimée. Quelle joie ! »

Il est déçu, pas de lettres à Reims ! Il visite la ville avec Nodier, érudit et disert. On admire la cathédrale. Une nuit, Nodier lit, dans la chambre qu'ils occupent à quatre, des pièces de Shakespeare, qu'il traduit au fil de la lecture. Victor écoute, médusé. Il vient de découvrir un univers aussi flamboyant que le gothique de la cathédrale.

Peu à peu, jour après jour, la curiosité et le spectacle, l'accueil respectueux qu'on lui prodigue — il porte le « ruban » rouge — effacent sa tristesse. On attend le roi. Alaux a peint un tableau qui figurera dans la salle du banquet. On assiste à des représentations théâtrales.

Et puis voici qu'il reçoit enfin des lettres de sa femme… Mais il est bouleversé, parce que Adèle se plaint de l'attitude de sa belle-mère.

« Oh ! mon bien-aimé, que cette froideur m'est pénible, écrit-elle, moi qui suis si aimante, et si habituée à être entourée de soins… Madame Hugo nous supporte avec peine et elle s'en plaint… Je suis mal ici, nous ne pouvons y rester… Il faut que tu écrives que des affaires que tu ne prévoyais pas te forcent à rester à Paris… » Et Adèle l'y rejoindrait.

Victor marche dans la chambre, absolument révolté. Il a l'impression d'être trahi. « Cette femme » est donc bien celle qu'il avait eu raison de détester.

« Comment on te laisse seule dans ton isolement ! répond-il aussitôt. On est froid et inattentif pour mon Adèle bien-aimée dans la maison de mon père ! Je ne suis pas indigné, cher ange, je suis profondément, oui, bien profondément affligé… »

Et puis la colère l'envahit : « Que t'importe la bonne ou la mauvaise humeur d'une personne étrangère dont tu ne dépends pas, dont tu ne dépendras jamais ! Aime bien mon père qui t'aime tant. »

Il écrit à Léopold, lui explique qu'il ne pourra rejoindre Blois, une fois la cérémonie achevée.

Il assiste au sacre, avec l'inquiétude de ne pas réussir à écrire une ode qui satisfasse le roi et l'opinion. D'autant que, même si « la cérémonie est enivrante », il a le sentiment qu'elle ne correspond plus à l'humeur du temps, qu'elle a bien des aspects ridicules, ces uniformes surannés, ces députés relégués, en costume boutonné, à un rang subalterne.

Il se rend chez Chateaubriand, lui confiant qu'il a trouvé la cérémonie imposante, mais qu'il a été choqué quand le roi s'est couché de tout son long aux pieds de l'archevêque.

Il sent Chateaubriand furieux.

— J'aurais compris le sacre tout autrement, dit le vicomte, l'église nue, le roi à cheval, deux livres ouverts… la Charte et l'Évangile. La religion rattachée à la liberté. Au lieu de cela, nous avons eu des tréteaux et une parade. On ne sait même plus dépenser l'argent. Savez-vous ce qui est arrivé ? Il y a eu une guerre d'écurie entre le roi de France et l'ambassadeur d'Angleterre et c'est le roi qui a été vaincu…

Victor se retire. Il a vu Chateaubriand humilié

par Villèle, abandonné de tous, parce que sans pouvoir.

Il éprouve tant de sentiments contraires qu'il doute de sa capacité à exalter le roi et son sacre. Et puis Lamartine l'a devancé, publiant, alors qu'il est absent de Reims, un *Chant du Sacre*. Mais Charles X s'est indigné que le poète fasse allusion au régicide Philippe Égalité.

Victor a l'impression qu'une immense responsabilité pèse sur lui : « Elle m'effraie, écrit-il à son père. Le roi n'est content de rien de ce qui a paru, et a demandé si j'étais à Reims. Vois dans quelle position je suis. »

Il rentre à Paris le 2 juin. Adèle est là qui l'accueille. Il serre contre lui sa femme et Léopoldine, puis il s'enferme dans la petite pièce où il écrit.

Il pense à la réponse de Léopold : « Prépare ton travail, ne désespère de rien, une grande gloire t'attend. M. de Lamartine a publié trop à la hâte, et ce qu'il a fait, et ce que j'ai vu, ne dit pas grand-chose. »

Victor se met au travail. Les mots ne viennent pas facilement. Ce rôle de poète attendu, presque officiel, l'intimide, le paralyse. Il rature. Il recommence.

Après quelques jours, l'ode est cependant terminée. Il la relit.

Le vieux pays des Francs, parmi ses métropoles,
Compte une église illustre, où venaient tous nos [rois,

De ce pas triomphant dont tremblent les deux
[pôles,
S'humilier devant la Croix.
[...]
Voici que le cortège à pas égaux s'avance.
Le pontife aux guerriers demande Charles Dix
L'autel de Reims revoit l'oriflamme de France
Retrouvée aux murs de Cadix.
Les cloches dans les airs tonnent ; le canon
[gronde ;
Devant l'aîné des rois du monde
Tout un peuple tombe à genoux ;
Mille cris de triomphe en sons confus se brisent ;
Puis le roi se prosterne, et les évêques disent :
— « Seigneur ayez pitié de nous ! »
[...]
Ô Dieu ! garde à jamais ce roi qu'un peuple
[adore[127] *!*

Il apporte aussitôt l'ode à son éditeur Ladvocat afin qu'elle soit publiée, cependant que plusieurs journaux l'ont reproduite, dès le 14 juin.

— Son succès passe ici mon espérance, dit-il à son père. Elle a été imprimée par sept ou huit journaux. Je vais la présenter au roi.

Il raconte ces quelques instants d'émotion, quand il s'est trouvé le 24 juin devant Charles X et que celui-ci, souriant et bienveillant, lui a lancé :

— Monsieur Victor Hugo ! Il y a déjà longtemps que j'admire votre beau talent. Je relirai votre ode avec le plus grand intérêt et je vous en remercie.

Il s'est incliné, prononçant quelques mots, dont il ne se souvient plus. Il a sans doute répété :

— Sire, Votre Majesté…

Et il est étonné lorsque, le lendemain de l'audience, il reçoit une lettre de Sosthène de La Rochefoucauld lui annonçant non seulement le versement des mille francs promis pour le voyage à Reims, mais l'envoi d'un service en porcelaine de Sèvres d'une valeur de cinq cents francs, et surtout que « Sa Majesté voulant témoigner la satisfaction que lui a causée la lecture de cette ode a ordonné qu'elle fût réimprimée avec tout le luxe typographique par les presses de l'Imprimerie royale ».

Le roi fera prendre à son compte cinq cents exemplaires de l'ode !

Un vrai moment d'euphorie !

Le succès et la notoriété vont de pair avec le bonheur familial. Léopoldine fait ses premiers pas, commence à dire quelques mots. Adèle est rayonnante. Les amis viennent nombreux rue de Vaugirard.

On se retrouve toujours le dimanche chez Charles Nodier, dans les salons de la bibliothèque de l'Arsenal.

Nodier propose même d'organiser un voyage dans les Alpes, on ira à Chamonix, on verra le mont Blanc, on se rendra en Suisse. Les épouses et Léopoldine seront du voyage. L'argent ? Nodier a trouvé un éditeur, Urbain Canel, qui financera le voyage en échange d'un récit intitulé *Voyage poétique et pittoresque au mont Blanc et à la vallée de Chamonix*.

Victor touchera deux mille deux cent cinquante francs pour quatre odes. Et Lamartine, s'il accepte de participer à l'aventure, la même somme pour quatre *Méditations*. Nodier, chargé de la rédaction, recevra deux mille deux cent cinquante francs.

Il est grisé.

Il rencontre son éditeur habituel, Ladvocat, qui lui propose pour la réédition des deux recueils d'*Odes*, et pour un troisième volume de poésies inédites, quatre mille francs, les œuvres étant cédées pour deux ans, et la somme due payée en huit billets de cinq cents francs, versés tous les deux mois. L'auteur disposera de cinquante exemplaires.

Il signe. Il n'a jamais paraphé un contrat aussi avantageux.

Il se sent libre, indépendant, sûr de son avenir.

Puis tout à coup, un matin, cette visite du vieux La Rivière, le maître d'école, le précepteur, le professeur du temps des Feuillantines. Victor est absent, mais La Rivière souhaite que son ancien élève se rende chez lui.

Et là, il découvre ces pages pleines de chiffres, « les avances faites pour fournitures aux Messieurs Eugène et Victor-Marie Hugo, depuis le 1er juin 1813 et y compris le 3 décembre 1814 », une dette de quatre cent quatre-vingt-six francs quatre-vingts centimes, vieille de plus de dix ans ! Il est bouleversé.

Mais payer seul ? Cela lui semble injuste. Il le pourrait, mais il ne le veut pas. Après tout, son père devait alors subvenir à leurs besoins. Il va lui écrire :

« Il est absolument inutile que je te dise, cher papa, combien une créance de ce genre est sacrée. Le peu que nous savons, le peu que nous valons, nous le devons en grande partie à cet homme vénérable et je ne doute pas que tu ne t'empresses de le satisfaire d'autant plus qu'il en a besoin… Il a attendu dix ans avec une délicatesse admirable. »

Victor a déjà pris une décision : envoyer lui-même deux cents francs à La Rivière. « Je les réservais pour m'acheter une montre. Cette somme, mon cher papa, servira à te décharger d'autant sur le total de la dette… » Il est sûr que son père paiera le reliquat.

Mais cette brusque résurgence du passé l'a ébranlé. Il pense à sa mère, à Eugène, aux Feuillantines. Il se sent encore plus proche d'Adèle. Il est si heureux de partir avec elle et Léopoldine, en compagnie des Nodier, pour ce périple dans les Alpes.

Et dès les premiers moments, quand il voit sa femme et sa fille en face de lui, dans la berline qui suit la calèche des Nodier, il a l'intuition que ce voyage sera l'un des plus beaux moments de sa vie.

Ils sont jeunes. L'été resplendit. Léopoldine babille. Le bonheur rend Adèle rayonnante.

Journées joyeuses. Nature exaltante. Victor éprouve une seule déception, en se rendant à Saint-Point, chez Lamartine. Le poète refuse de se joindre à eux. Sa femme est compassée. On ne couchera pas chez lui, mais à Mâcon.

Après quinze jours de route, on est à Chamonix. On se rend sur la mer de Glace.

Il ne peut détacher son regard de ces sommets qui se perdent dans les nuées. Tout l'enthousiasme. Les formes naturelles évoquent de gigantesques monuments, des constructions baroques.

« À nos pieds, écrit-il, on eût dit un fleuve de l'Enfer, sur nos têtes une île du Paradis. »

Cependant, les avances de l'éditeur s'épuisent. Il faut prendre le chemin du retour, apprendre, en arrivant à Paris, que Lamartine a été nommé secrétaire de la légation de France à Florence…

Victor veut lui rendre hommage. Il a le sentiment que Lamartine peut avoir été blessé par l'insuccès de son *Chant du Sacre*. Il veut lui dédier une ode, qui peut-être lui fera oublier sa déception et, qui sait, sa jalousie. Car du sacre, il sait bien que l'on n'a retenu que l'ode que lui-même a écrite, et que l'on a pu se servir de cela pour humilier Lamartine. Tels sont entre eux les poètes !

Il écrit.

Moi, fussé-je vaincu, j'aimerai ta victoire.
Tu le sais, pour mon cœur ami de toute gloire,
Les triomphes d'autrui ne sont pas un affront.
Poète, j'eus toujours un chant pour les poètes ;
Et jamais le laurier qui pare d'autres têtes
Ne jeta d'ombre sur mon front !
[...]
Il faut bien que ton nom dans ses cris retentisse ;
Le temps amène la justice :
Laisse tomber l'orage et grandit ton laurier[128] *!*

Lamartine sera-t-il sensible à la démarche, ou au contraire se sentira-t-il froissé ?

Victor n'a pas le temps de s'attarder.

Il recommence à écrire sans même presque lever la tête, malgré les yeux qui sont souvent douloureux.

Il a repris la première version de *Bug-Jargal,* auquel l'indépendance de Haïti, enfin reconnue par le gouvernement français, donne un écho inattendu qui favoriser les ventes du livre. Car Victor a refait ses comptes. Il a besoin d'argent. Il est rentré de Chamonix avec dix-huit francs en poche. Or la crise financière, venue de l'effondrement de la place de Londres, provoque de nombreuses faillites, et l'argent est rare.

Donc il faut travailler, constituer un capital, assurer son indépendance.

Il répond à Léopold, qui s'étonne de ne plus recevoir de nouvelles.

« Je viens de faire un roman en un mois. Cela t'expliquera mon long silence. Ce livre m'a été acheté fort cher par Canel, j'avais besoin d'argent, et quoique ce ne soit qu'un volume, tu conçois que j'aie dû travailler jour et nuit. Je suis très fatigué, mais je touche à la fin et j'espère que la prochaine année me trouvera libre. »

Il se sent proche de son père, même si les relations difficiles qui ont existé entre Adèle et sa belle-mère ont un peu distendu leurs rapports. Rien n'a été dit, mais Léopold a sans doute compris.

Pourtant, Victor ne cesse de penser à lui, à cette épopée impériale dont le général Hugo et ses frères ont été les acteurs. Il a l'impression qu'il ne l'a jamais autant aimé, jamais mieux compris.

Et il sent que, de plus en plus, ce qu'a vécu cet homme, sa fidélité à Napoléon, l'attirent. Il ne peut déjà plus seulement condamner Buonaparte, comme il l'a fait. Il a à la fois envie de l'acclamer et de le maudire. Il écrit :

« Gloire à Napoléon ! Gloire au maître suprême !
[...]
« Il a bâti si haut son aire impériale,
Qu'il nous semble habiter cette sphère idéale
Où jamais on n'entend un orage éclater !
Ce n'est plus qu'à ses pieds que gronde la [tempête ;
Il faudrait, pour frapper sa tête,
Que la foudre pût remonter ! »

Mais il ajoute :

« Honte ! Opprobre ! Malheur ! Anathème ! [Vengeance ! »
[...]
« Des plaines du carnage et des champs de [victoire,
Tonne comme un écho de sa fatale gloire,
La malédiction des morts ! »
[...]

Longtemps après sa chute, on voit fumer encore
La bouche du mortier, large, noire et sonore,
D'où monte pour tomber le globe au vol pesant[129]...

Il s'est pourtant senti emporté malgré lui par le souffle de cette histoire héroïque, fasciné par le destin de cet homme :

Comme il était rêveur au matin de son âge !
Comme il était pensif au terme du voyage !
C'est qu'il avait joui de son rêve insensé ;
Du trône et de la gloire il savait le mensonge ;
Il avait vu de près ce que c'est qu'un tel songe,
Et quel est le néant d'un avenir passé[130] *!*

Victor alors s'interroge. Et s'il en allait ainsi pour tous les ambitieux ? N'est-il pas l'un d'eux ?

Il lève la tête. Le visage de Léopoldine l'apaise.

Poète, j'y crois voir un ange,
Père, j'y trouve mon enfant[131].

1826

Ah ! malheureux Cromwell ! ton fou te fait envie.
Te voilà tout-puissant — Qu'as-tu fait de ta
[vie[132] ?

Victor ferme les yeux. Il a l'impression que sur sa pupille des taches s'élargissent et peu à peu obscurcissent sa vision. Il veut pourtant terminer la préface de *Bug-Jargal*, qui doit paraître dans ces premiers jours de janvier.

Il recommence à écrire. Il veut se défendre d'exploiter les événements de l'actualité, la reconnaissance par la France de l'indépendance de Haïti.

« L'épisode qu'on va lire, écrit-il, et dont le fond est emprunté à la révolte des esclaves de Saint-Domingue, en 1791, a un air de circonstance qui eût suffi pour empêcher l'auteur de le publier. »

Il faut bien prétendre cela. Comment avouer qu'il voulait honorer un contrat intéressant ? Le métier des lettres exige ces petits mensonges. Il les accepte. Et après tout, ce qui compte c'est l'œuvre, par les efforts qu'elle lui coûte.

Il ferme de nouveau les yeux. Parfois, il a le sentiment qu'il devient aveugle. Est-ce le prix à payer pour le génie ? Il pense à Homère, à Milton. Mais c'étaient de vieux poètes, et il n'a que vingt-quatre ans !

Il reçoit une lettre de son père qui, inquiet, lui conseille de porter, lorsqu'il écrit dans son cabinet de travail, des « conserves (lunettes) vertes, mais de laisser tes yeux à leur force naturelle pour le reste du temps. La crise qu'ils ont éprouvée n'était pas dangereuse à ton âge, mais elle est pour toi un sage avertissement de les ménager ; il ne faut pas braver le sort de Milton… ».

Victor est touché par les attentions de son père, la correction qu'il lui suggère dans *Bug-Jargal*, en lecteur expert des choses militaires : un officier se fait brosser son habit par un soldat… Petite chose, mais dont il veut tenir compte, d'autant plus que le livre — qu'il n'a pas signé par une sorte de coquetterie qui ne trompe personne — connaît un grand succès.

On prépare une troisième édition, mais il s'inquiète. Il a l'impression que le sort s'acharne à le priver de ses revenus. La librairie connaît une nouvelle crise. Que répondre à l'éditeur Urbain Canel, qui annonce sa faillite et sa banqueroute ?

« Je perds trois mille francs, ce qui m'oblige à travailler beaucoup pour réparer la brèche et me cause en outre des démarches et des embarras interminables. »

Il est devenu, en deux ou trois ans, une sorte d'expert en contrat. Il accepte même de servir d'intermédiaire entre Chateaubriand et l'éditeur Ladvocat, et il obtient pour le droit de publication de l'ensemble de l'œuvre du vicomte la somme de cinq cent cinquante mille francs. Mais Chateaubriand la touchera-t-il dans sa totalité ? Il est à la merci, lui aussi, d'une faillite.

Et Victor se persuade que la seule manière de ne plus dépendre de la conjoncture, c'est bien de placer son argent, de vivre seulement sur le revenu du capital, sans entamer ce dernier, en l'augmentant au contraire des fruits de chaque contrat. Voilà le but qu'il doit se fixer, d'autant que la famille va s'élargir.

Adèle vient de lui annoncer qu'elle attend un enfant, mais elle l'a fait sans enthousiasme, avec une sorte de lassitude, comme si elle était victime de la fatalité.

Il faut donc travailler. Il est heureux que le journal *Le Drapeau blanc* annonce que « Sa Majesté a daigné faire prendre pour sa bibliothèque particulière vingt-cinq exemplaires de *Bug-Jargal*, par M. Victor Hugo ».

Peut-être est-ce le moment d'écrire au vicomte Sosthène de La Rochefoucauld, de lui rappeler les promesses qui avaient été faites par les ministres d'alors que la pension de mille francs qui lui est versée par la Maison du roi serait augmentée.

Il faut oser prendre la plume, écrire : « Quatre ans se sont écoulés depuis cette époque… Ma pension seule étant restée stationnaire, je pense, Monsieur le vicomte, n'être pas sans quelques droits à une augmentation. Si j'avais quelques titres à l'époque où je l'obtins, ces titres ne sont rien auprès de ceux que je pourrais réunir aujourd'hui… »

Il faut oser aussi être fidèle à la Couronne aujourd'hui, quand aux obsèques du général Foy, soldat de l'Empereur et libéral, cent mille personnes se sont rassemblées, à la fin novembre 1825 ! Quand le projet sur le droit d'aînesse, proposé par le gouvernement, est repoussé par la Chambre, et que Paris illumine, manifeste, aux cris de « À bas les jésuites ! ». Quand le *Mémorial de Sainte-Hélène*, qu'a rapporté Las Cases de ses conversations avec Napoléon, a connu, dès sa publication, un immense succès… Quand le journal *Le Globe*, de l'ami Paul-François Dubois, libéral, donne le ton… Et quand *Le Figaro*, dont le premier numéro est sorti le 15 janvier, se montre lui aussi critique à l'égard d'un gouvernement qui ne semble pas comprendre l'évolution de l'opinion.

Victor, quand il s'interroge, doit reconnaître que chaque jour davantage l'histoire napoléonienne l'attire. Il l'a montré dans *Les Deux Îles*. Et il n'est pas étonné que *Le Globe* publie cette ode, et que Dubois en fasse un commentaire élogieux.

« C'est un délire, si l'on veut, écrit ce dernier, mais un délire de poète… M. Victor Hugo est en poésie ce que M. Delacroix est en peinture… Je l'avoue, j'aime cette vigueur jeune et âpre ; j'en puis blâmer de sang-froid les œuvres, mais ces œuvres mêmes me font sortir de ce sang-froid mortel à l'art. »

Et n'est-ce pas dans les périodes de révolution, quand émergent des personnalités héroïques, démesurées, que le poète doit puiser son inspiration ?

Il commence à rassembler des dizaines d'ouvrages sur la révolution anglaise et Cromwell. Évoquer ce moment de l'histoire anglaise dans une pièce de théâtre sera le moyen de rappeler les jours tragiques de 93, l'exécution d'un roi et la prise du pouvoir par un guerrier.

Et puis le théâtre rapporte. On y est payé en fonction du succès. Grâce à Beaumarchais, on y touche des droits d'auteur alors que les œuvres littéraires sont achetées pour une durée déterminée.

Il pense donc à écrire un drame dont le personnage central serait Cromwell.

Il se met au travail le 6 août, dans une ville écrasée de chaleur, cependant qu'Adèle, déjà grosse, reste le plus souvent allongée.

Il rencontre, à l'automne, le baron Taylor, commissaire royal pour le Théâtre-Français. Il le sent intéressé par le sujet. Taylor organise un déjeuner avec le vieil acteur Talma, qui tant de fois a joué devant Napoléon.

Victor regarde le vieil homme avec émotion et respect. C'est comme s'il approchait l'empereur ! Talma se plaint : on néglige, on méprise les acteurs… Napoléon n'a pas osé lui décerner la Légion d'honneur… Il n'y a plus d'œuvre ambitieuse pour le Théâtre-Français… Il a la certitude que Talma l'écoute avec passion lorsqu'il lui explique son projet. Le comédien lui demande même de se dépêcher de terminer sa pièce. Quatre actes sont écrits à la mi-octobre. Et, le 19 de ce mois, Talma meurt.

Victor a le sentiment qu'il est brisé dans son élan. Il remet la fin de la pièce à plus tard. Il est emporté par le tourbillon heureux et vain de la vie.

Le 2 novembre, son fils Charles vient au monde.

« Mon cher papa,

« Mon Adèle est accouchée cette nuit à cinq heures moins vingt minutes du matin d'un garçon fort bien portant. Cette pauvre amie a cruellement souffert : je t'écris en ce moment près de son lit; elle se trouve assez bien, cependant elle croit avoir quelque fièvre, et je lui recommande de ne point parler.

« … Ce nouveau venu vient remplacer le petit ange que nous avons si douloureusement perdu il y a trois ans… »

Il fête quelques jours plus tard le baptême de Charles avec ses amis, qu'il reçoit dans les petites pièces de l'appartement de la rue de Vaugirard.

Certains, comme Vigny ou Lamartine, n'ont pu venir. Mais il se sent lié à eux. Il défend dans *La Quotidienne* le roman de Vigny, *Cinq-Mars*, qui vient d'être publié. Il répond ainsi à une critique parue dans *Le Globe*, d'un nouveau chroniqueur qu'il ne connaît pas, un certain Sainte-Beuve. Imaginant la déception de Vigny, il a voulu l'effacer en louant les bonheurs de style, la soudaineté dans l'expression de l'auteur de cette « conjuration sous Louis XIII », d'où ressort le personnage fascinant de Richelieu.

« Le plus court, conclut-il, serait de dire à ceux qui ne connaissent pas *Cinq-Mars* : "Je l'ai lu, lisez-le." »

Et Vigny, reconnaissant, lui répond : « Tout est beau, mais trop flatteur pour moi sans doute aux yeux des autres. Les malheureux, ils croient que nous ne pensons pas ce que nous écrivons. Je les plains... »

Victor connaît maintenant le monde des gens de lettres. Il sait, quand il publie, au mois de novembre, la nouvelle édition des *Odes et Ballades*, qu'elle sera accueillie avec enthousiasme par quelques amis, et une moue dépitée chez ceux qui le jalousent.

Il reçoit sans étonnement une lettre de Lamartine, où il décèle à la fois de la sincérité et de la réserve : « Un conseil sévère, écrit-il, ne cherchez pas l'originalité ! Puisque vous êtes né original, laissez cela aux imitateurs... Visez au plus simple... »

Et même Alfred de Vigny, si fraternel à l'habitude, se montre plus conventionnel dans ses louanges attendues que sincère !

Décidément, on ne pardonne pas le succès. Or l'édition des *Odes et Ballades* s'épuise vite. Et il est touché par les lettres d'inconnus qui ont été émus par ses poèmes.

Ainsi Victor Pavie, un jeune poète, a publié dans un périodique d'Angers un article qui éclate de talent et de spontanéité. Hugo le remercie et Victor Pavie lui répond et lui demande de « poser les bases immuables du romantisme, de cette poésie que l'on qualifie de nouvelle ». Voilà ce qui compte ! Le lien qui s'établit entre le poète et de vrais lecteurs, qu'aucune arrière-pensée ne vient influencer.

Mais il faut aussi rechercher l'approbation des « maîtres ». Le 28 novembre, il décide d'écrire à Chateaubriand.

« Je serais heureux d'un applaudissement de vous… Vous n'êtes pas seulement le premier publiciste, vous êtes, ce qui est plus encore, le plus grand poète de l'époque, j'en suis, moi, le moindre ; mais vous accueillerez ces vers avec l'indulgence du génie… »

Il est déçu de ne pas recevoir de réponse, et se demande si Chateaubriand n'est pas irrité par quelques lignes de la préface des *Odes et Ballades*. Il les relit. Peut-être étaient-elles trop péremptoires, peut-être ont-elles paru au vicomte être signées non par un disciple mais par un poète sûr de lui-même ?

Il a écrit :

« Le poète ne doit avoir qu'un modèle, la nature ; qu'un guide, la vérité. Il ne doit pas écrire avec ce qui a été écrit, mais avec son âme et avec son cœur. De tous les livres qui circulent entre les mains des hommes, deux seuls doivent être étudiés par lui, Homère et la Bible…

« On y retrouve en quelque sorte la création tout entière considérée dans son double aspect, dans Homère par le génie de l'homme, dans la Bible par l'esprit de Dieu. »

1827

Prenez garde ! — La France, où grandit un autre
[âge,
N'est pas si morte encor qu'elle souffre un
[outrage !

Victor prend une page blanche, note en titre : « Drames que j'ai à faire ».

Il a le sentiment de l'urgence. Dans quelques semaines, il aura — déjà ! — vingt-cinq ans. Et il veut évoquer tant de personnages, mettre en scène Louis XI ou Charles Quint, le Masque de fer ou Philippe II, Louis XVI.

Il dresse une liste des sujets de drame qu'il songe à écrire. Il hésite, puis ajoute : « Mort du duc d'Enghien, justification de Bonaparte. »

Il pense qu'à vingt-cinq ans, Bonaparte avait déjà conquis, en décembre 1793 au siège de Toulon, la gloire et le grade de général. Robespierre allait être guillotiné quelques mois plus tard.

Temps de révolution, temps extrêmes.

Il ouvre la chemise dans laquelle il a placé les parties déjà écrites de son *Cromwell*, une façon d'évoquer la Révolution. Il feuillette les pages, ainsi que les notes accumulées. Il faut qu'il fasse de cette pièce un manifeste pour une nouvelle manière de composer un drame.

Quand le finira-t-il ?

Il a été tourmenté en ce début d'année. Il n'a pu écrire que trente-quatre vers en vingt jours !

Il a réussi tout de même à terminer une pièce commencée il y a des mois, *Amy Robsart*. Il y a campé, dans l'Angleterre du XVIe siècle, la reine Elizabeth, le comte de Leicester. Ce favori de la souveraine aime la jeune Amy, sans oser l'avouer… Mais Victor a décidé de ne pas signer cette pièce, de la présenter au directeur du théâtre de l'Odéon, Thomas Sauvage, comme si elle était l'œuvre de Paul Foucher, le frère d'Adèle.

Il a la certitude que s'il avançait à visage découvert, maintenant, avec cette pièce-là, on le condamnerait sans même écouter le texte, pour abattre celui qu'on présente comme le porte-drapeau de la nouvelle génération littéraire.

Il a déjà beaucoup d'ennemis. Il ne peut les affronter qu'en position de force, peut-être avec *Cromwell*. Mais il faudrait qu'il ait l'esprit en paix.

Il se lève, va jusqu'à la chambre d'Adèle. Elle dort, le visage las. Une expression d'ennui, même pendant le sommeil, creuse des rides autour de sa bouche. Léopoldine dort aussi, belle et sereine. Il se penche sur le berceau où repose Charles. La respiration de son fils est régulière.

Il se retire.

— Grâce à Dieu, il est sauvé, murmure-t-il.

Durant plusieurs jours, l'enfant leur a donné les plus vives inquiétudes. « Notre petit nouveau-né a été attaqué d'une gastrite et a failli mourir à dix semaines de sa naissance », avait-il confié à son oncle Trébuchet.

Aurait-il pu supporter un nouveau coup du destin ?

Mais Dieu a voulu qu'il soit épargné. Hugo ressent cela comme une obligation à écrire, à déployer cette énergie, ces idées que Dieu fait naître en lui.

Et maintenant qu'il sait que son fils est hors de danger, il doit avancer, vite.

Il lit dans *Le Globe* des 2 et 9 janvier deux longs articles consacrés à *Odes et Ballades*. Il y découvre des réserves. L'auteur, ce Sainte-Beuve, répète que « en poésie comme ailleurs, rien de si périlleux que la force, si on la laisse faire elle abuse de tout ». Mais en même temps, Sainte-Beuve ajoute : « Il n'y a que vingt vers, mais ils sont parfaits de naturel et de mélodie… Quand on a fait ces vingt vers, on doit comprendre qu'il est un moyen de laisser voir la pensée sans s'épuiser à la peindre. »

Victor relit ces deux articles. Ce chroniqueur a une pensée nuancée, subtile et érudite, qui tranche sur la plupart des critiques. Et puis il écrit dans *Le Globe*, ce journal qui donne le ton. Hugo sait que grâce à ses articles, il élargit son audience. Il n'est plus seulement l'écrivain qui s'adresse aux monarchistes, aux ultras. Les libéraux l'accueillent.

Il souhaite connaître ce Sainte-Beuve, et apprend au *Globe* que ce journaliste de vingt-trois ans habite 94, rue de Vaugirard.

Il s'y rend, ne le trouve pas, mais dès le lendemain Sainte-Beuve se présente.

Quel homme étrange ! Le visage mou, inexpressif, un nez démesuré, un menton fuyant et des cheveux roux couronnant sa tête qui paraît énorme sur un corps petit et malingre. Il est timide, jette des regards rapides vers Adèle, dit qu'il est poète. Puis il s'anime peu à peu et parle avec intelligence.

Victor est séduit. Il confie ses idées sur la poésie. Sainte-Beuve l'écoute avec un respect admiratif. Il se conduit en élève attentif. Il enverra ses vers, dit-il.

— Je n'ai montré ces vers à qui que ce soit, précise-t-il. Je vous prie donc de les regarder comme confidence d'ami.

Et il s'incline devant Adèle.

Sainte-Beuve a envoyé ses vers. Hugo les lit. Ils sont d'une âme sensible.

« Venez vite, Monsieur, lui écrit-il. Je vous avais deviné pour un poète. Souffrez donc que je sois un peu fier de ma pénétration et que je me félicite d'avoir pressenti un talent d'un ordre aussi élevé. Venez de grâce, j'ai mille choses à vous dire, ou faites-moi savoir où je pourrais vous trouver. Votre ami. V. H. »

Sainte-Beuve revient.

Parfois, Victor s'étonne et se réjouit de le revoir deux fois dans la journée, discret, mais attentif, heureux semble-t-il, et honoré d'être entré dans ce cénacle où le poète se sent entouré d'amitié, d'affection et d'admiration.

Mais l'appartement de la rue de Vaugirard est trop exigu pour une famille de deux enfants, une bonne, et ces amis qui se réunissent dans le salon trop petit.

Victor cherche une nouvelle demeure, découvre, au numéro 11 de la rue Notre-Dame-des-Champs, une maison à un étage, entourée d'un vaste jardin, au bout duquel se trouve un petit pont enjambant une pièce d'eau. Si l'on pousse un portail, on accède directement au jardin du Luxembourg. La campagne n'est pas éloignée. Une fois franchies les barrières de Vaugirard et de Montparnasse, on se trouve au milieu des champs et des fermes.

Les propriétaires de la maison, un couple âgé, logent au rez-de-chaussée. Ils sont accueillants, bienveillants. Ils laissent le libre usage du jardin. Et Victor regarde ses enfants y jouer en se souvenant des Feuillantines.

Il reçoit Vigny, Nodier, Dubois, Sainte-Beuve et le jeune Victor Pavie qui lui a fait connaître le sculpteur David d'Angers. Souvent, on quitte en bande la rue Notre-Dame-des-Champs pour se rendre au cabaret de la mère Sauguet, au-delà de la barrière de Vanves. On se sent libre, on est entre jeunes gens. Charles Nodier, à cinquante ans, fait figure d'ancêtre ! On boit du vin blanc, on commande un poulet rôti, ou une omelette. On parle poésie, on évoque ses projets.

Son frère Abel se joint fréquemment à la troupe. Il vient en compagnie de Julie Duvidal de Montferrier.

Victor ne peut détacher ses yeux de cette jeune femme chez qui il s'est rendu, seul, lorsqu'il allait de Blois à Reims en passant par Paris. Elle a été le professeur de peinture d'Adèle, et elle a fait plusieurs portraits de Léopoldine. Il parle dessin et peinture avec elle car il aime à peindre. Il se lie aussi d'amitié avec le peintre Achille Devéria, qui a gravé le frontispice des *Odes* et qui lui aussi a pris souvent Adèle et ses enfants pour modèles. Il vient rue Notre-Dame-des-Champs, avec son élève Louis Boulanger. Et Victor accepte de poser pour ce jeune peintre, qui se propose de faire les décors de ses drames. Enfin, passe également Eugène Delacroix, auquel il confie le soin de dessiner les costumes des personnages d'*Amy Robsart.*

Le soir, parfois, Léopold s'invite à dîner. Il vient fréquemment à Paris et loge alors au 9 de la rue Monsieur, dans la pension qu'habite Abel. Léopold est bavard. Il s'est associé avec un banquier et entraîne Abel dans cette *Société d'avances mutuelles sur garanties,* en assurant que les revenus peuvent être immenses.

Victor regarde avec étonnement et tendresse cet homme corpulent, aux joues rouges, qui, lorsqu'il a cessé de parler de ses nouvelles activités, évoque ses campagnes avec la Grande Armée. Il écoute, fasciné, cette geste paternelle, héroïque et exaltante.

Aussi, quand il apprend que, lors d'une réception à l'ambassade d'Autriche à Paris, le 24 janvier, l'huissier n'a pas donné leurs titres nobiliaires à Soult, Macdonald, Mortier, Oudinot, qu'ils n'ont été que « maréchaux » et non les ducs de Dalmatie, de Tarente, de Trévise, de Reggio, a-t-il l'impression que c'est son père qui a été humilié, souffleté. Il partage l'indignation qu'expriment certains journaux.

Il se met au travail. Et il a le sentiment en écrivant d'agir. Il vibre. Il est emporté par les mots. Il exprime tout ce qu'il est, son enfance et ses idées.

Il s'imagine, s'adressant à la colonne Vendôme.

Ô monument vengeur ! Trophée indélébile !
[...]
Débris du Grand Empire et de la Grande Armée,
Colonne, d'où si haut parle la renommée !
Je t'aime : l'étranger t'admire avec effroi.
J'aime tes vieux héros, sculptés par la Victoire,
Et tous ces fantômes de gloire
Qui se pressent autour de toi.

Il ne renie pas la monarchie…

Au bronze de Henri mon orgueil te marie.
J'aime à vous voir tous deux, honneur de la [patrie…
[...]
Je comprends : — l'étranger, qui nous croit sans [mémoire,

Veut, feuillet par feuillet, déchirer notre histoire,
Écrite avec du sang, à la pointe du fer.
[...]
Prenez garde ! — La France, où grandit un autre [âge,
N'est pas si morte encor qu'elle souffre un [outrage !
[...]
Tout s'arme, et la Vendée aiguisera son glaive
Sur la pierre de Waterloo.
[...]
C'est moi qui me tairais ! Moi qu'enivrait naguère
Mon nom saxon, mêlé parmi des cris de guerre !
Moi, qui suivais le vol d'un drapeau triomphant !
Qui, joignant aux clairons ma voix entrecoupée,
Eus pour premier hochet le nœud d'or d'une épée !
Moi, qui fus un soldat quand j'étais un enfant[133] *!*

Il attend avec sérénité les réactions. Il n'est pas surpris de l'écho que rencontre ce poème.

Le 9 février, *Le Journal des débats* le publie. La plupart des quotidiens, les jours suivants, reprennent l'ode, la commentent. Les libéraux du *Globe* se montrent hostiles.

Victor hausse les épaules. Ces libéraux, ouverts aux nouvelles idées littéraires, ne comprennent pas la grandeur de l'Empire, ne sont pas sensibles à l'héroïsme. Il ne s'étonne pas non plus de la condamnation de certains journaux monarchistes. Ceux-ci s'estiment trahis ! Et pourtant, il a écrit dans l'ode :

Nos Bourbons ont toujours adopté des victoires.
Nos rois t'ont défendu d'un ennemi tremblant,
Ô Trophée ! à leurs pieds tes palmes se déposent ;
Et si tes quatre aigles reposent,
C'est à l'ombre du drapeau blanc[134].

Mais sans doute n'ont-ils pas aimé la flamme qui l'habite et que les « bonapartistes » ont saluée.

Il lit, dans *Le Pandore* du 10 février, un article anonyme qui l'enchante, comme si c'était son père qui l'avait écrit : « Notre langue est maintenant la sienne, affirme le chroniqueur ; sa religion est devenue la nôtre. Il s'indigne des affronts de l'Autriche, il s'aigrit aux menaces de l'étranger, et se plaçant devant la Colonne, il entonne l'hymne sacré qui rappelle aux hommes de notre âge ce mouvement, ce refrain et ces chœurs que nos guerriers répétaient à Jemmapes… »

Il rencontre Victor Cousin, le philosophe libéral, qui lui donne l'accolade en disant :

— Salut au grand citoyen !

Victor est libéré. C'est comme s'il avait réuni en lui des parties séparées que plus rien, pense-t-il, ne pourra désormais éloigner. Et il commence à écrire avec encore plus d'énergie les derniers actes de *Cromwell*.

Il invite chez son beau-père, dans les vastes salons de l'hôtel de Toulouse, ses amis. Il veut faire une lecture des différents actes. Il y a là Sainte-Beuve, Nodier, Pavie, Vigny, et aussi, dans un coin, Alphonse Rabbe. Puis, les soirs suivants, il convie d'autres amis. Il a besoin de lire sa pièce à haute voix, d'entendre les répliques, de recueillir l'approbation des uns et des autres.

Il écoute Sainte-Beuve lui murmurer que quelques « opérations subalternes — adoucir, fondre, retrancher — suffiraient pour faire de votre œuvre, non pas une belle œuvre, elle l'est déjà, mais un chef-d'œuvre ».

Il se sent conforté. Même si la pièce comporte trop de tableaux, trop de personnages pour être représentée, elle est ce manifeste que l'opinion attend. Ne va-t-elle pas applaudir à l'Odéon et à la salle Favart des comédiens anglais venus jouer Shakespeare ? Et *Le Globe* consacre des articles élogieux à ces représentations d'*Othello*, de *Roméo et Juliette*, de *Hamlet*.

Le moment est venu.

Victor va lire devant le comité de lecture de l'Odéon *Amy Robsart*, tout en répétant, encore, que la pièce — acceptée par le théâtre — est de Paul Foucher. Il veut rester caché, afin de mieux préparer la surprise que sera la publication de *Cromwell*.

Il écrit une préface qui doit être un signe de ralliement, un défi aux « douaniers de la pensée » :

« Ce qu'il faut détruire avant tout, c'est le vieux faux goût. Il faut en dérouiller la littérature actuelle. C'est en vain qu'il la ronge et la ternit. Il parle à une génération jeune, sévère, puissante, qui ne le comprend pas. La queue du dix-huitième siècle traîne encore dans le dix-neuvième ; mais ce n'est pas nous, jeunes hommes qui avons vu Bonaparte, qui la lui porterons. »

Ainsi, pense-t-il, les choses sont claires. Il a l'impression d'être en accord avec le mouvement de l'opinion.

Il se promène souvent dans Paris en compagnie de David d'Angers ou de Victor Pavie.

Il rencontre Sainte-Beuve qui, pour venir le voir plus facilement, a déménagé lui aussi rue Notre-Dame-des-Champs, au numéro 19.

Il entend ces cris de la foule, qui conspue les ministres accusés de vouloir instituer, avec une loi dite « de justice et d'amour », un contrôle des journaux. Et les manifestants crient : « Vive la liberté de la presse ! À bas les jésuites ! » Mais Charles X se cabre, dissout la Garde nationale, instaure par ordonnance la censure.

Comment le roi ne sent-il pas que le pays lui échappe ? Plus de cent mille manifestants envahissent le cimetière du Père-Lachaise, où l'on inhume le député libéral Manuel. Paris tressaille. Et le prix du pain est trop élevé.

Victor écoute Rabbe lui murmurer que les opposants viennent de se rassembler dans la société « Aide-toi, le Ciel t'aidera », et qu'ils vont ainsi pouvoir affronter avec plus de chances de succès les élections, puisque Charles X vient de renvoyer la Chambre des députés.

Qu'espère-t-il ? Une majorité plus forte ?

Le 24 novembre, il ne retrouvera que deux cents députés prêts à le soutenir contre deux cent cinquante qui se réclament de l'opposition !

Victor lit, observe, termine les dernières répliques de *Cromwell*. Il lui semble que cette société a besoin de ce qu'il écrit, de ce qu'il va clamer, et qu'il sent monter en lui.

Il traverse la place de Grève. L'échafaud est une nouvelle fois dressé et il voit le bourreau affûter le couteau de la guillotine, le faire tomber à plusieurs reprises, graisser les rainures des bois, pour que l'exécution d'un malheureux garçon de vingt ans, Ulbach, qui a tué sa jeune compagne de dix-huit ans, se déroule parfaitement. Il lit tout ce qui concerne ce condamné. Et il est bouleversé par la vie, les illusions, le crime d'amour, la conversion d'Ulbach.

Il faudra qu'un jour il exprime ce qu'il ressent au sujet du sort de ces hommes voués à la mort. Ou bien de ceux rivés à la chaîne du bagne. Il va avec David d'Angers assister au ferrement, à Bicêtre, des forçats qui partent pour Toulon. Il pénètre dans les cachots, il sent tomber sur ses épaules l'humidité des pierres.

Il dira cette humanité coupable mais souffrante.

Il se sent de plus en plus touché par la peine des hommes.

Peut-être est-ce pour cela que ces jeunes poètes, ces artistes, Victor Pavie, David d'Angers, se lient avec lui, lui disent « aimer son âme ardente et antique ». Il reçoit un jeune poète suisse, Ymbert Gallois, malade, et il est touché par la dévotion qu'il lui porte. « Il est impossible de vous connaître sans vous aimer, dit Gallois. Vous êtes le meilleur homme que j'aie jamais connu. »

Cette confidence, cette estime qu'on lui porte,

Hugo les ressent comme des obligations. Il ne peut décevoir. Il doit s'élever, quel qu'en soit le prix.

Il écrit sur la première page du manuscrit de *Cromwell*, qu'il vient de terminer : *À mon père. Que le livre lui soit dédié, comme l'auteur lui est dévoué*, puis il donne la pièce à l'impression.

Et le 6 décembre, événement extraordinaire, *Le Globe* consacre son numéro entier à la publication des « bonnes feuilles » de *Cromwell* !

Victor sait que Sainte-Beuve a rédigé deux longs articles d'analyse et de critique de la pièce, mais *Le Globe* ne les publie pas !

— Les « prosaïstes » me gardent rancune, murmure-t-il. Voyez qu'il y a de l'intolérance jusque chez les philosophes et de la censure même chez les démocrates !

Mais il reçoit des lettres enthousiastes.

« Livre immortel, écrit Vigny. C'est un colossal ouvrage… *Cromwell* couvre de rides toutes les tragédies modernes de nos jours. Quand il escaladera le théâtre, il y fera une révolution et la question sera résolue. »

Néanmoins, la pièce n'a guère de chance d'être représentée. Alors, il faut en concevoir une autre, considérer celle-ci comme un premier « assaut », l'ouverture d'une brèche dans laquelle il faudra s'engouffrer.

Il pense à l'énergie de Bonaparte…

Là, je le vois, guidant l'obus aux bonds rapides,
Là, massacrant le peuple au nom des régicides,

Là, soldat, aux tribuns arrachant leurs pouvoirs,
Là, consul jeune et fier, amaigri par des veilles
Que des rêves d'empire emplissaient de merveilles,
Pâle sous ses longs cheveux noirs[135]*...*

... mais, malgré l'écho de *Cromwell*, et cette unité de soi qu'il a pu exprimer, enfin, dans l'*Ode à la colonne de la place Vendôme*, il éprouve parfois une sorte de mélancolie.

Est-ce la morosité dont Adèle lui semble enveloppée ? Elle a perdu sa mère au mois d'octobre et en a été douloureusement frappée.

Est-ce le mariage de Julie Duvidal de Montferrier avec Abel qui lui rappelle des joies qui se sont un peu estompées, et aussi l'absence d'Eugène, toujours enfermé dans la prison de sa folie ?

Il est las des « fêtes de famille, banquets de famille, soirées de famille, et au milieu de cela, il se glisse un peu d'ennui, car il y a toujours cent et deux cents personnes de trop dans ces réunions de famille ».

Il suit des yeux son père, heureux, glorieux. Il pense de nouveau à Bonaparte.

Toujours lui ! Lui partout ! — Ou brûlante ou
[glacée,
Son image sans cesse ébranle ma pensée.
Il verse à mon esprit le souffle créateur.
Je tremble, et dans ma bouche abondent les
[paroles,
Quand son nom gigantesque, entouré d'auréoles,
Se dresse dans mon vers de toute sa hauteur[136].

Puis il regarde Julie, devenue donc sa belle-sœur. Elle est belle en effet, rayonnante. Il soupire.

Tu devais être à nous, et c'était ton destin,
Et rien ne pouvait t'y soustraire.
Oui, la voix de l'autel va te nommer ma sœur ;
Mais ce n'est que l'écho d'une voix de mon cœur
Qui déjà me nommait ton frère[137].

Il détourne les yeux, pour cacher le trouble qui l'envahit.

1828

Oh ! sur des ailes dans les nues
Laissez-moi fuir ! Laissez-moi fuir !

Victor interroge du regard l'inconnu qui vient de sonner, au milieu de cette nuit du mercredi 29 janvier, à la porte de la maison de la rue Notre-Dame-des-Champs.

L'homme est essoufflé. Il se tient immobile sur le seuil. Il hoche la tête et commence à parler vite, d'une voix hachée, comme s'il voulait se débarrasser des mots qu'il porte et les oublier.

— Je viens vous dire que votre père…

Il hésite, puis reprend :

— Le général Hugo est mort.

Victor étouffe. On l'a frappé à la gorge, au bas-ventre. On le martèle de coups. Il ouvre la bouche. Il voudrait crier.

Il y a moins d'une heure qu'il a quitté son père, après avoir dîné chez lui, rue Monsieur. Il lui avait semblé que son père était joyeux, heureux. Victor l'avait écouté égrener des projets. Il avait été ému quand son père lui avait parlé de ce magnifique numéro du *Globe*, tout entier consacré à *Cromwell*. Et puis de ce changement de ministère, Martignac succédant à Villèle, et les premiers gestes du nouveau président du Conseil, pour se réconcilier les libéraux, tenter de créer avec eux et les ultras une majorité à la Chambre… Il l'avait questionné sur ses futures publications, répété qu'on assurait que Martignac allait lever toutes les restrictions qui pesaient sur les journaux et s'attaquer aux jésuites, à la Congrégation. Les jeunes hommes comme lui, avait-il dit, allaient enfin vivre libres !

Ils s'étaient embrassés en se quittant. Léopold était vigoureux, les joues roses.

Et maintenant il le voit, dans cette chambre de la rue Monsieur où il s'est rendu. Son père n'est plus qu'un corps rigide, décoloré, le col de la chemise déboutonné et des ligatures au bras.

Le médecin, qui est debout près du lit, dit que le général est mort d'une apoplexie foudroyante. La saignée qu'il a pratiquée a été inutile.

Mort.

Victor est orphelin. Il se tourne vers son frère Abel. Il songe à Eugène.

Il agit. Il signe le registre de décès, rédige le faire-part. Il est devenu le baron Hugo, Abel, le comte Hugo et Eugène, le vicomte. Il écrit une courte biographie de son père, qu'il compte lire aux obsèques qui auront lieu le 31 janvier, à l'église des Missions étrangères.

« Le comte Joseph-Léopold-Sigisbert Hugo était soldat volontaire à treize ans, officier en 1790. Les glorieuses guerres de la Révolution le virent gagner ses autres grades à la pointe de l'épée. Son nom est inscrit sur toutes les pages de cette histoire merveilleuse de l'Empire, qui semblera occuper dans la postérité la place de plusieurs siècles. »

Il mène le deuil, avec Abel.

Le corps du père est placé sur un char à quatre chevaux, « armorié et ombragé de drapeaux ». Derrière marchent des officiers en deuil, puis de nombreux détachements de la garnison.

Victor retient ses larmes quand le marquis de Lasalle dit que « le comte Hugo fut du nombre de ces cent cinquante généraux illustres dont le général Foy a si éloquemment déploré le renvoi, quand une ordonnance brisa leur noble épée. Il était depuis deux ans rayé des rangs de l'armée active. La mort vient de le rayer de la vie ».

Il s'avance.

Il s'entend prononcer son texte, qui pourrait être celui d'un républicain, d'un bonapartiste. Mais il est simplement le salut d'un fils.

Il lit, le 8 février dans *Le Journal des débats*, cette phrase qui le touche profondément : « Le général Hugo laisse un beau nom à ses fils… Il est mort du moins avec la consolante certitude que son nom glorieux serait glorieusement porté : M. Victor Hugo, l'auteur de *Cromwell*, est un de ses enfants. »

Il apprend que c'est Alphonse Rabbe, l'ami Rabbe, qui a écrit cet article. Il dit à Victor Pavie, qui tente de le consoler :

— J'ai perdu l'homme qui m'aimait le plus au monde, un être noble et bon, qui mettait en moi un peu d'orgueil et beaucoup d'amour, un père dont l'œil ne me quittait jamais.

Il se sent comptable de sa vie devant ce père disparu.

Mais il sait que la blessure reçue est si profonde qu'elle ne se refermera jamais. Les plaies qu'avaient été la mort de sa mère, puis celle du premier nouveau-né, ce petit Léopold, la mort de la raison d'Eugène, se rejoignent pour creuser ce gouffre qu'il sent en lui, cette angoisse qu'un souvenir suscite, que le spectacle d'un soleil couchant ravive.

Souvent, avec ses amis Pavie ou Nodier, Sainte-Beuve ou Vigny, il va jusqu'au-delà de Montrouge et de Vanves, dans la campagne, surtout quand les longs crépuscules d'été n'en finissent plus de s'étirer, voir le soleil disparaître à l'horizon et il le fixe, les yeux ouverts, aveuglé, emporté.

Après il écrit, évoquant ces *Soleils couchants*, ce désir d'échapper à l'anxiété, à ce destin qui frappe.

Oh ! sur des ailes dans les nues
Laissez-moi fuir ! Laissez-moi fuir[138] *!*

Or, l'année est noire.

David d'Angers, l'ami sculpteur devant lequel Victor a posé afin qu'il puisse graver son profil, a été assailli dans une rue, laissé pour mort, début janvier. Victor l'a veillé jour après jour, bouleversé par la souffrance de cet homme généreux, talentueux. Et autour de qui la mort rôde.

Elle frappe François de Neufchâteau, le vieil académicien. Victor se souvient avec reconnaissance de cet homme qui l'avait distingué alors qu'il n'était qu'un enfant de quinze ans écrivant ses premiers vers.

Puis voici que meurt à son tour l'oncle François-Juste Hugo, comme s'il n'avait pu longtemps survivre à son frère aîné. Il va falloir aider sa femme.

Car la mort des proches oblige aussi à se plonger dans les boues sordides du passé.

Victor, avec désespoir, parcourt les papiers de son père. Est-il possible que cet homme bon ait à ce point haï la mère de ses enfants ?

À vingt-six ans, Hugo revit — vit — les déchirements de ses parents.

Il voit resurgir avec accablement sa tante, la Goton mal aimée qu'avec Eugène ils appelaient Madame. Elle est encore hargneuse. Et il faut en effet se tourner vers la comtesse Hugo, « cette femme », la veuve, qui veut garder toute la succession. Il faut lui réclamer les parts qui reviennent aux uns et aux autres. Il faut répondre à la tante qui se plaint, se dit négligée, oubliée.

« Ne réveillez plus des souvenirs pénibles d'une époque où mon père a tout compromis, sa propre fortune et celle de ses enfants, écrit-il. L'en avons-nous moins aimé ? Aujourd'hui, nous avons tous une pauvreté commune à supporter… Résignons-nous… »

Mais il comprend qu'Abel n'accepte pas. Le frère aîné met de l'ordre dans les papiers de Léopold et découvre que « notre oncle Trébuchet est resté débiteur envers notre mère ». Il doit deux mille francs aux fils de sa sœur Sophie ! C'est à Victor d'écrire, répète Abel.

Victor s'exécute. Il est gêné, parle de « nécessité la plus urgente et la plus démesurée » qui le contraint à cette démarche :

« Pauvre poète que je suis, j'ai toujours poussé le désintéressement jusqu'à en faire un vice, et j'invoque là-dessus avec confiance vos propres souvenirs. J'aurais donc souhaité qu'il me fût permis de laisser dormir cette affaire encore autant d'années qu'elle en a déjà dormi. Mais la liquidation de la succession de mon père qui ne se fait point, ma famille qui s'accroît, et par-dessus tout l'intérêt de mon pauvre Eugène auquel nous sommes contraints de veiller, tout ce qu'il y a de plus impérieux au monde me force à joindre mes sollicitations à celles d'Abel… Le placement successif de vos enfants, la diminution de vos charges et un récent héritage ont considérablement amélioré votre position. C'est donc avec une ferme confiance que nous attendons votre réponse. »

Il se devait d'écrire cela, Adèle est de nouveau enceinte. Il y aura bientôt un troisième enfant ! Il la regarde qui subit son état plus qu'elle ne s'enthousiasme. Cela aussi le navre.

Heureusement, il peut avec les mots dessiner autour de lui le paysage d'un autre monde.

Il écrit comme il ne l'a jamais fait, composant des poèmes pour la nouvelle édition des *Odes et Ballades*, puis se laissant emporter par sa rêverie de voyages lointains, et écrivant plusieurs poèmes qu'il rassemblera sous le titre des *Orientales*.

Il en oublie les querelles de succession. Il se justifie auprès de son oncle Louis, qui se plaint de ne pas recevoir de ses nouvelles.

« Si tu savais à quel travail opiniâtre et de tous les jours je passe tous mes instants, travail tellement absorbant et impérieux que je n'ai même pas eu encore le temps de m'occuper de nos affaires de Blois, tu ne verrais pas dans la rareté forcée de mes lettres l'indice d'une négligence qui est bien loin de mon cœur. »

Et puis écrire, c'est repousser les inquiétudes, oublier que Charles a la coqueluche et qu'on est malade à son tour.

Alors composer, prendre le monde lointain dans le filet des mots. Évoquer l'Orient, martyr et enchanteur.

Les Turcs ont passé là. Tout est ruine et deuil.
Chio, l'île des vins, n'est plus qu'un sombre [écueil...
[...]
Tout est désert. Mais non ; seul près des murs [noircis,
Un enfant aux yeux bleus, un enfant grec, assis...
[...]

Que veux-tu ? Bel enfant, que te faut-il donner ?...
[...]
— Ami, dit l'enfant grec, dit l'enfant aux yeux
[bleus,
Je veux de la poudre et des balles[139].

Et l'on s'enivre, on est emporté par :

Les Djinns funèbres,
Fil du trépas,
Dans les ténèbres
Pressent leurs pas ;
Leur essaim gronde :
Ainsi, profonde,
Murmure une onde
Qu'on ne voit pas.
[...]
On doute
La nuit...
J'écoute :
Tout fuit,
Tout passe ;
L'espace
Efface
Le bruit[140].

Il éprouve la tentation de la négation du monde, de l'enfouissement dans l'œuvre et même, peut-être, celle de céder au désir de mort.

Laissez-moi fuir vers d'autres mondes.
C'est assez, dans les nuits profondes,

Suivre un phare, chercher un mot.
C'est assez de songe et de doute.
Cette voix que d'en bas j'écoute,
Peut-être on l'entend mieux là-haut[141].

Mais il lève la tête. Il fixe ces soleils couchants, il voit Adèle, grosse d'un futur nouveau-né, il l'imagine entourée de sa « fourmilière d'enfants ». La vie le ressaisit.

Sainte-Beuve lui apporte son *Tableau de la poésie du XVIe siècle* et lui offre un magnifique volume *in-folio* de Ronsard, sur lequel il a travaillé. Victor est déconcerté par cet homme qui souvent tourne vers Adèle un regard doux, humble, presque soumis, plein de tendresse, puis qui s'efface, discret, presque servile.

Arrive Émile Deschamps, généreux, gai. Il collabore avec Vigny à une traduction de *Roméo et Juliette*, qu'il rêve de voir interprétée à la Comédie-Française. Victor accepte souvent de se rendre dans son salon de la rue de la Ville-l'Évêque. Il y lit les poèmes des *Orientales*. Il est sensible à l'amitié joyeuse de Deschamps, à l'affection qu'il porte à Adèle. « Madame Victor a été plus aimable et plus gracieuse encore qu'elle-même », dit souvent Deschamps. Victor l'écoute lire ses vers.

— Je vous regarde comme le *nègre plus ultra* des amis, dit Deschamps avec ce goût des calembours qui arrache le rire.

Plus sérieusement, quand il en a fini de répéter qu'il est comme un « notaire sur une jambe de bois... », il écrit un véritable manifeste pour la nouvelle littérature, le « romantisme ». Il lui propose de diriger une revue, *La Réforme littéraire et des Arts.*

— Vous, notre Dieu, dit Deschamps, venez-y et tout sera parfait !

Alfred de Vigny se joint à Deschamps, insiste pour que Hugo accepte.

Mais il faut refuser.

— Je ne veux pas être le Bonaparte de ce consulat de gloire et d'amitié…

Il lui semble que le temps n'est plus pour lui aux revues, au combat en groupe.

Il est seul en avant-garde. Il doit avancer maintenant à visage découvert.

Il n'a pas un instant d'hésitation quand, le 13 février, il apprend que sa pièce *Amy Robsart*, dont c'est la première représentation, a été sifflée, et la voix des acteurs constamment couverte par les quolibets. Il a eu tort de vouloir laisser jouer ce drame sous la signature de Paul Foucher !

Il a écrit aux journaux :

« Je ne suis pas absolument étranger à cet ouvrage. Il y a dans ce drame quelques mots, quelques fragments de scènes qui sont de moi, et je dois dire que ce sont peut-être ces passages qui ont été le plus sifflés. »

Il ajoutait :

« Post-scriptum : L'auteur a retiré sa pièce. »

Mais il ne s'est pas senti atteint.

— La plébécule cabalante, a-t-il dit à Victor Pavie, qui a sifflé *Amy Robsart* croyait siffler *Cromwell*, par contrecoup. C'est une malheureuse petite intrigue classique qui ne vaut pas, du reste, la peine qu'on en parle.

Il se sent prêt pour le combat. Il est sûr qu'il se livrera d'abord sur une scène de théâtre, parce que c'est là que les partisans de la tradition organisent la résistance. Il apprend ainsi qu'Alexandre Soumet, Guiraud, ces poètes qui furent proches de lui, s'opposent à ce que la traduction de *Roméo et Juliette* par Deschamps et Vigny soit interprétée à la Comédie-Française. Soumet et d'autres lancent une pétition qu'ils adressent au roi. N'envisage-t-on pas, disent-ils, scandalisés, de faire jouer une pièce d'Alexandre Dumas, *Henri III et sa cour*, au Théâtre-Français ? N'est-il pas suffisant que les comédiens anglais continuent de donner toutes les pièces de Shakespeare dans les théâtres de Paris ?

Il s'agit bien d'un combat… Et Hugo note avec joie que Charles X refuse prudemment de s'engager, répondant aux pétitionnaires :

« Messieurs, je ne puis rien de ce que vous désirez ; je n'ai, comme tous les Français, qu'une place au parterre. »

Le roi pourrait donc laisser faire. Encore faut-il écrire une pièce susceptible d'être jouée !

Il marche dans la campagne. Il soutient Adèle qui avance pesamment. Au bout de ce chemin, qui longe la vallée de la Bièvre, se trouve la demeure de l'aîné des Bertin, Les Roches. Bertin est le directeur du *Journal des débats*. C'est un homme qui compte et Victor a de l'estime pour ce libéral qui l'accueille. Sa fille, Louise Bertin, se met au piano. Son obésité en fait presque une infirme, mais elle est joyeuse, sensible. Elle compose. Et lorsque Victor regarde le parc qui entoure Les Roches, où jouent Léopoldine et Charles, il se souvient des Feuillantines.

Il s'éloigne parmi les arbres. Il pense qu'il est le seul à pouvoir défier victorieusement le pouvoir des classiques. Il a la notoriété. Chateaubriand est déjà âgé et il vient d'accepter d'être ambassadeur à Rome. Il va quitter Paris. Lamartine rentre, lui, de Florence, mais il espère obtenir une ambassade et il se tient en retrait de la bataille littéraire.

Alfred de Vigny, Deschamps, Sainte-Beuve — qui est en train d'écrire une *Vie de Joseph Delorme* —, et même ce jeune romancier, Honoré de Balzac, que Hugo utilise comme imprimeur et dont le talent et la force l'ont impressionné, Alexandre Dumas, ou ces jeunes poètes, Gérard de Nerval, Théophile Gautier, qu'il vient de rencontrer, ou bien sûr Victor Pavie, ne peuvent être le chef de la nouvelle génération.

C'est lui qui doit engager le fer.

D'ailleurs, il sent que toute la société bouge. Des murmures s'élèvent dans les rues. Le pain est de plus en plus cher et la misère accable les pauvres. Martignac cherche à se concilier les libéraux, mais c'est le peuple qui bouge.

Hugo ouvre son cahier. C'est là qu'il note ses projets.

Pourquoi ne pas faire surgir autour de Notre-Dame tout ce peuple de mendiants, de voleurs, de criminels que l'on croise encore dans les rues, et qui hantait le Moyen Âge ? Pourquoi ne pas écrire un drame dont le centre serait cette cathédrale gothique ? Il commence à dresser un plan.

Il s'interrompt. Il doit se rendre auprès d'Adèle qui ressent les premiers malaises. L'accouchement est pour dans quelques jours.

Il pense à cet enfant nouveau qui va naître, à ce miracle de la vie, à cette fatalité de la mort. De quel droit les hommes décident-ils de retirer la vie, comme s'ils étaient le destin, comme s'ils avaient obtenu de Dieu le pouvoir de tuer ?

Il attend cette naissance en pensant au destin de son premier fils. Ce sont alors des scènes de mort qui le hantent à nouveau, toutes ces visions qu'il a retenues, depuis l'enfance sur les routes d'Espagne jusqu'à la décapitation de Louvel, l'assassin du duc de Berry, jusqu'à cette guillotine dressée en place de Grève et dont le bourreau graissait les rainures.

Alors il trempe sa plume dans l'encrier. Il écrit le titre : *Le Dernier Jour d'un condamné.*

C'est le 4 octobre 1828. Il trace les premières phrases.

Condamné à mort !

Voilà cinq semaines que j'habite avec cette pensée, toujours seul avec elle, toujours glacé de sa présence, toujours courbé sous son poids !

Autrefois, car il me semble qu'il y a plutôt des années que des semaines, j'étais un homme comme un autre homme…

Hugo ne l'est plus. Il est devenu ce condamné à mort enfermé à Bicêtre. Il est cet autre, devenu « Je ». Il en oublie presque, tant cette vie enfermée, condamnée, l'obsède, la grossesse d'Adèle.

Et il ne sort de cet « autre » devenu lui-même que pour la naissance de son fils, le 21 octobre, que l'on nomme Victor, que l'on baptisera à Saint-Sulpice, le 5 novembre.

Il est heureux de ce Victor, qu'on appellera François-Victor, pour éviter les confusions.

C'est d'ailleurs le temps des naissances, comme pour remplacer le père mort. Julie et Abel ont également un fils, qu'ils nomment, justement, Léopold.

Victor Hugo, ému, est cependant attiré par sa table de travail.

Il poursuit *Le Dernier Jour d'un condamné*, et lorsqu'il entre dans cet autre « Je », le reste n'a plus d'importance.

Puis il s'arrête, car la « fourmilière d'enfants » le requiert.

Il doit aussi terminer la préface de la nouvelle édition des *Odes et Ballades*.

« Espérons qu'un jour, écrit-il en conclusion, le dix-neuvième siècle, politique et littéraire, pourra être résumé d'un mot : la liberté dans l'ordre, la liberté dans l'art. »

Lorsqu'il reçoit enfin l'exemplaire des *Odes et Ballades*, il a envie de le poser sur le ventre d'Adèle : « Ma femme et moi, dit-il, sommes accouchés presque en même temps, ma femme d'un garçon, moi d'un livre. »

Mais elle est assoupie, placide, comme s'il ne s'agissait plus que d'une habitude laborieuse, douloureuse, inéluctable. Il est déçu.

D'ailleurs, de quel livre s'agit-il ?

Les *Odes et Ballades* ne sont qu'une réédition enrichie de quelques pièces. Il lit la lettre que lui adresse Vigny : « Votre fils naît au bruit des *Orientales* ; qu'il soit donc beau, brillant et penseur comme elles, que ses belles sœurs jumelles lui apprennent à lire et à chanter. »

Toutefois, *Les Orientales* ne sont encore qu'un manuscrit !

Alors, quel sera le livre ? Celui sur Notre-Dame de Paris ? Il se résume toujours à une série de notes et à un plan. *Le Dernier Jour d'un condamné* ? Il n'est pas encore achevé.

Il faut pourtant que tous ces livres naissent. Victor veut se contraindre à les écrire.

Le 15 novembre, il rencontre un nouvel éditeur, Charles Gosselin.

La discussion est âpre. On arrive enfin à un accord. Gosselin publiera *Les Orientales*, réimprimera *Bug-Jargal* et éditera *Le Dernier Jour d'un condamné* et *Notre-Dame de Paris*. Pour ce dernier ouvrage, Gosselin versera quatre mille francs, dont mille à la remise du manuscrit, c'est-à-dire le 15 avril 1829.

« Une année après la publication, M. le baron Victor Hugo rentrera dans ses droits d'auteur. » Et Hugo donnera pour ses futurs ouvrages la préférence à Gosselin, à prix égal.

Maintenant, il faut écrire, rentrer dans le cachot de Bicêtre, où « j'attends » le bourreau.

Et c'est la mort qui arrive.

Marie-Joseph Trébuchet, l'oncle, le dernier témoin des temps de la rencontre entre les parents, meurt le 19 décembre. Puis c'est le compagnon, l'ami d'enfance, Félix Biscarrat, qui disparaît.

Souffrance.

Comme si le froid du cachot entrait dans les os. Comme si les cahots de la charrette qui le conduit en place de Grève le brisaient.

Il écrit et la rumeur de la place l'étourdit : « La voix de la foule est devenue plus vaste, plus glapissante, plus joyeuse encore… »

— Ma grâce ! Ma grâce ! ai-je répété, ou, par pitié, cinq minutes encore !…

— Eh, par pitié ! une minute pour attendre ma grâce ! ou je me défends ! je mords !

Le juge et le bourreau sont sortis. Je suis seul, seul avec deux gendarmes.

Oh ! l'horrible peuple avec ses cris de hyène ! Qui sait si je ne lui échapperai pas ? si je ne serai pas sauvé ? si ma grâce ?… Il est impossible qu'on ne me fasse pas grâce !

Ah ! les misérables ! il me semble qu'on monte l'escalier…

Victor ajoute : « Quatre heures. »

Ce « Je » dont il s'échappe enfin en cette aube du 26 décembre va mourir sur l'échafaud.

Lui murmure :

Des révolutions j'ouvrais le gouffre immonde ?
C'est qu'il faut un chaos à qui veut faire un [monde ;
C'est qu'une grande voix dans ma nuit m'a parlé ;
C'est qu'enfin je voulais, menant au but la foule,
Avec le siècle qui s'écroule
Confronter le siècle écoulé [142].

SIXIÈME PARTIE

1829 - 1830

1829

Une voix me dit : Marche ! et l'abîme est profond,
Et de flamme ou de sang je le vois rouge au fond !

Un an déjà que le père est mort ! Victor cesse d'écrire, fixe le petit pont situé à l'extrémité du jardin. Il aperçoit Adèle qui porte le dernier-né, François-Victor. Elle est emmitouflée, elle avance lentement dans la clarté froide de cette fin de matinée de janvier. Près d'elle, Léopoldine et Charles, qui se tiennent par la main, et Julie, la sœur d'Adèle, qu'il a fallu recueillir depuis que sa mère a disparu.

Il reste un long moment immobile, suivant des yeux cette femme et ces enfants dont il se sent responsable.

Depuis que Léopold n'est plus, il est le mât et la figure de proue, le rameur et le capitaine. Il doit écrire pour que le navire dont il a la charge ne dérive pas vers cette mer de misère dont il a entrevu les périls et qu'il ne veut plus jamais connaître.

Il pense à ce destin glorieux. Son souvenir continue de le hanter et il a pour cet homme, au-delà de l'amour filial, de l'admiration, et presque de l'envie.

Il est beau, conquérant, législateur, prophète,
De marcher, dépassant les hommes de la tête ;
D'être en la nuit de tous un éclatant flambeau ;
Et que de vos vingt ans vingt siècles se [souviennent !...
— Voilà ce que je dis : puis des pitiés me viennent
Quand je pense à tous ceux qui sont dans le [tombeau[143] !

Il tente de se convaincre de cela, mais il éprouve tout de même un sentiment de nostalgie pour les temps héroïques qu'a connus son père.

Des images de ce qu'il a vu, enfant, en Espagne, lui reviennent.

Mais il n'est plus qu'un chef de famille, qui vit bourgeoisement rue Notre-Dame-des-Champs, et dont l'épouse semble de plus en plus lasse, se dérobant aux étreintes, arguant de sa dernière maternité si proche encore, de l'allaitement de François-Victor.

Hugo a le sentiment qu'entre elle et lui, un fossé se creuse et s'élargit chaque jour, et il se sent empoigné par le désir, sensible à ces jeunes femmes qu'il croise et qui soutiennent son regard, attirées par sa gloire.

Il reprend la plume. Il veut terminer la préface des *Orientales*, qui doivent paraître sous peu.

Il devine déjà, à certains propos, que l'on va critiquer sa virtuosité, le choix de ce sujet, comme s'il était coupable, en traitant de l'Orient, de ses couleurs, de ses légendes, d'abandonner le terrain politique ou celui de l'art pour une fantaisie superflue.

D'autres déjà murmurent que *Le Dernier Jour d'un condamné*, dont la publication a été annoncée par l'éditeur Gosselin, est un jeu stérile, inquiétant, et une atteinte à la morale.

Ces remarques, qui ne sont encore que chuchotées, mais qu'il pressent, le révoltent : « L'ouvrage est-il bon ou mauvais ? Voilà tout le domaine de la critique… À voir les choses d'un peu haut, il n'y a en poésie, dit-il, ni bons ni mauvais sujets, mais de bons et de mauvais poètes. D'ailleurs, tout est sujet, tout relève de l'art ; tout a droit de cité en poésie… Ne nous enquérons donc pas du motif qui vous a fait prendre ce sujet… »

Et lorsqu'il ouvre le numéro du 21 janvier du *Globe*, il mesure combien ses craintes étaient justifiées. On ne discute pas ses arguments, on le critique avec violence pour le sujet choisi. Les jeux sont faits dans les salles de rédaction, sans même qu'on ait examiné son livre.

La première édition est cependant déjà épuisée et Gosselin décide d'en tirer aussitôt une deuxième, annonçant même dans un long prospectus qu'il met « en souscription les œuvres complètes de Victor

Hugo » en dix volumes. Soit, mais ce monsieur, fort de son contrat, de sa qualité de libraire-éditeur, s'est permis de suggérer quelques modifications au texte du *Dernier Jour d'un condamné*.

Hugo a été saisi par la colère : « Monsieur, a-t-il répondu à Gosselin, la lettre que vous m'avez fait l'honneur de m'écrire est la première de ce genre que je reçois. Jusqu'ici — et c'est à regret que je suis forcé de rappeler cela — les libraires, de ma main, avaient pris sans lire. Je ne leur ai jamais ouï-dire qu'ils s'en fussent mal trouvés. J'espère qu'il en sera de même de vous, car je ne crois pas avoir rien fait qui ait plus de chance de vente… »

Sa colère est retombée.

Il essaie maintenant d'observer avec détachement les critiques qui se multiplient contre *Les Orientales* et déjà contre *Le Dernier Jour d'un condamné*.

Il rédige la préface à la deuxième édition du recueil de poèmes.

« Ce livre, écrit-il, a obtenu le seul genre de succès que l'auteur puisse ambitionner en ce moment de crise et de révolution littéraire : vive opposition d'un côté, et peut-être quelque adhésion, quelque sympathie de l'autre… » Il conteste qu'il soit, comme on l'a dit, « une espèce de jeune Louis XIV entrant dans les plus graves questions, botté, éperonné et une cravache à la main ». Il s'arrête d'écrire…

Et cependant il est bien devenu une sorte de chef d'école.

Il le sent aux visites que lui rendent, rue Notre-Dame-des-Champs, de jeunes poètes, comme Gérard de Nerval ou Théophile Gautier.

Sainte-Beuve vient en voisin deux fois par jour, admiratif et courtisan, susurrant des compliments, attentif au moindre geste d'Adèle Hugo, à tout ce qu'elle dit, écrivant des lettres trop humbles : « Le peu de talent que j'ai m'est venu par votre exemple et vos conseils déguisés en éloges. J'ai fait parce que je vous ai vu faire et que vous m'avez cru capable de faire ; mais mon fond propre à moi était si mince que mon talent vous est revenu, tout à fait, et après une course un peu longue, comme le ruisseau au fleuve ou à la mer ; je ne m'inspire plus qu'auprès de vous, de vous et de ce qui vous entoure. Enfin ma vie domestique n'est encore qu'en vous, et je ne suis heureux et chez moi que sur votre canapé ou à votre coin du feu... »

Victor observe l'homme dont la présence, parfois, le gêne.

Il devine ce qu'un « seigneur » tel que Vigny pense de ce « petit homme assez laid, figure commune, dos plus que rond, qui parle en faisant des grimaces obséquieuses comme une vieille femme ; il s'exprime péniblement, a un grand fond d'instruction et beaucoup d'habileté à la critique littéraire. À force d'esprit, il a fait d'excellents vers sans être poète instinctif... ».

Étrange personnage qui vit avec sa mère et semble vénérer Adèle, peut-être la seule femme qu'il ose approcher. Ne murmure-t-on pas qu'il est atteint d'une malformation ? Il serait hypospade * et ne fréquenterait que les filles, pour de brèves amours vénales. Quels sentiments nourrit-il pour Adèle ?

Victor ne veut pas s'attarder à écouter ces ragots. Il a conscience qu'on l'accuse de tirer de Sainte-Beuve des connaissances, des réflexions, puisqu'on prétend qu'il a passé sa vie à aller d'un homme à l'autre pour les « écumer ».

Et il est vrai que ce dernier l'aide à réfléchir à l'évolution de cette monarchie, qui se ferme de plus en plus. Charles X constitue un gouvernement ultra, avec Polignac, Bourmont, La Bourdonnais. Et l'ami Émile Bertin dit dans *Le Journal des débats* que c'est « Koblenz, Waterloo, 1815, voilà les trois principes, voilà les trois personnages du ministère… Prenez, tordez ce ministère : il ne dégoutte qu'humiliations, malheurs et dangers ».

Bertin est condamné à six mois de prison.

Peut-on ne pas changer d'opinion quand de tels faits se produisent ? Hugo comprend qu'Alfred de Vigny est heurté par ses hésitations :

« Le Victor que j'aimais n'est plus… Il était un peu fanatique de dévotion et du royalisme, chaste comme une jeune fille, un peu sauvage aussi, tout cela lui allait bien ; nous l'aimions ainsi. À présent, il aime les propos grivois et il se fait libéral, cela ne lui va pas. »

* L'urètre s'ouvre sous la verge et non à son extrémité. La fécondation est impossible ou très difficile.

Hugo est mortifié. Il souffre de ces amis qui s'écartent, dissimulant souvent leur rivalité littéraire et leur jalousie derrière leurs choix politiques.

Charles Nodier, dans *Le Journal des débats*, écrit : « Je ne relirai pas *Le Dernier Jour d'un condamné* : Dieu m'en garde ! C'est un mauvais rêve dont on n'ose pas se souvenir de jour, pour n'y pas retomber de nuit… Pourquoi ce livre ?… Pour finir, ces sortes d'ouvrages ne peuvent guère donner de la popularité à un écrivain. Ils sont d'un si sûr et si effrayant effet que pour la majorité des lecteurs, il est difficile d'isoler l'écrivain du sujet, et de faire l'honneur à qui de droit des plaisirs de la lecture… »

Il y a pire.

Il ouvre *La Quotidienne*, et cette phrase d'un article de Jules Janin le frappe au visage : « Le succès ne peut pas justifier un écrivain, le talent ne peut pas le rendre excusable, rien ne peut lui faire pardonner son acharnement à flétrir une âme d'homme, à effleurer la paix d'une nation… »

Les coups pleuvent de tous côtés !

Nodier critique maintenant *Les Orientales* : « Jusqu'à quel point la poésie a-t-elle le droit en France d'emprunter des couleurs à un sol qui n'est pas soumis à notre cadastre… »

Hugo souffre dans son corps.

« Je ne me porte pas très bien… Mes entrailles se tordent depuis huit jours d'une horrible façon. » Il a de nouveau mal aux yeux. Il les cache sous un bandeau et ne peut plus ni lire ni écrire.

C'est un sinistre vingt-septième anniversaire !

Et il doit cependant travailler, régler de sordides questions domestiques, l'héritage de son père, que Catherine, la veuve, dispute. Il faut se rendre chez les avoués, les commissaires-priseurs, surveiller les inventaires. « Qu'il est triste de penser que les chagrins deviennent si vite des affaires ! »

Mais la plus grande tristesse, c'est l'éloignement des proches.

Adèle s'enferme dans son indifférence et ne paraît s'animer que lorsque Sainte-Beuve, assis près d'elle, soupire, chuchote.

Nodier est devenu un critique obstiné.

— Et quel moment avez-vous pris pour cela ? lui lance Hugo. Celui où les ennemis se rallient de toutes parts plus nombreux et plus acharnés que jamais, où les voilà ourdissant sans relâche et de toutes mains un réseau de haines et de calomnies autour de moi… Ah ! Charles, dans un instant pareil j'avais droit du moins de compter sur votre silence. Ce que vous avez voulu rompre est rompu, j'en souffrirai toujours… C'est une chose bien triste pour moi, et pour vous aussi, car de votre vie, Charles, jamais vous n'avez perdu d'ami plus profondément et plus tendrement et plus absolument dévoué.

Hugo se cabre. Il faut vivre ! Négocier avec le directeur de *La Revue de Paris*…

— Je n'ai jamais vendu de manuscrit, si mince qu'il fût, moins de cinq cents francs !

... Soutenir les amis qui demeurent, Lamartine,

qui sollicite son appui auprès de quelques académiciens.

« Mon cher ami, lit-il, j'ai recours à vous avec confiance comme en pareil cas, je désirerais que vous eussiez recours à moi. Je voudrais me présenter à l'Académie… Vous connaissez et vous influencez M. Soumet. Je voudrais que vous reteniez sa voix pour moi si elle est à vous… »

Hugo s'entremet, Lamartine est élu au premier tour ! Satisfaction.

Il rêve un instant. Un jour, il sera candidat, c'est dans la logique des choses. Soumet ne lui a-t-il pas écrit : « Lamartine et vous, cher et grand Victor, manquez à l'Académie, où votre place est marquée près de Chateaubriand… » ?

Mais quand ?

Pour l'heure, il a le sentiment que des « misérables — Janin, Latouche — postés dans tous les journaux épanchent de là leur envie et leur rage et leur haine. Ils ont fait une défection fatale dans nos rangs au moment décisif. Un orage terrible s'amoncelle sur moi, et la haine de tout ce bas journalisme est telle qu'on ne tient plus compte de rien ».

— C'est bien triste, comme vous voyez, dit-il à Sainte-Beuve. On nous fait payer bien cher l'avenir…

Il est à la fois accablé et exalté par ce combat qu'il doit mener.

Il va le dire à Lamartine :

— Quant à moi, je lutte, vous le savez peut-être. Je suis en ce moment livré aux bêtes, mais je les laisse faire et je pense à autre chose. Cependant la cohue s'acharne. Je suis en proie aux feuilletons de toute grandeur. J'en ai lu un l'autre jour qui avait cinq pages. C'est de la bêtise au mégascope. Ce qui ne peut ni grandir, ni grossir, c'est ma tendre amitié pour vous.

Il doit une nouvelle fois protéger ses yeux douloureux par un bandeau. Il écoute Adèle lui lire la lettre qu'elle vient de recevoir de Sainte-Beuve, qui voyage, séjourne à Besançon, avant de se rendre en Allemagne.

« En vérité, Madame, écrit Sainte-Beuve, quelle folle idée ai-je donc eue de quitter ainsi sans but votre foyer hospitalier, la parole féconde et encourageante de Victor, et les deux visites par jour, dont une était pour vous ? Je suis toujours inquiet parce que je suis vide, que je n'ai pas de but, de constance, d'œuvre… Il n'y a plus qu'un point fixe et solide, auquel dans mes fous ennuis et mes divagations continuelles je me rattache toujours : c'est vous, c'est Victor, c'est votre ménage et votre maison… Pourquoi donc vous quitter et m'en venir dans une auberge de Besançon ?… »

Victor se lève, retire son bandeau.

Il décide d'aller marcher dans le jardin du Luxembourg, tout proche. Il n'y a qu'une porte à pousser au bout du parc qui entoure la maison de la rue Notre-Dame-des-Champs, et le voici dans les allées.

Il pense à cette relation singulière qui s'est établie entre Adèle, Sainte-Beuve et lui. À la manière aussi dont il pourrait tourner ses adversaires qui s'attaquent aux *Orientales* et au *Dernier Jour d'un condamné*. Il songe à l'accueil triomphal qu'a reçu la pièce de Dumas, *Henri III et sa cour*, à la Comédie-Française.

Le théâtre ! Voilà un front où il a déjà tenté de vaincre avec *Cromwell*, mais où il doit à nouveau s'avancer. S'il y connaît le succès, ce peut être non seulement la déroute de ses ennemis, mais aussi des revenus importants assurés.

Il rentre.

Il se met au travail, dans les premiers jours de juin. Ce sera un drame, *Un duel sous Richelieu*. Un thème voisin de celui abordé par Vigny dans *Cinq-Mars*, mais il veut que la figure centrale soit une femme, Marion de Lorme, une courtisane qui s'est retirée, amendée, et qui est aimée par un jeune homme pur, Didier. Elle est retrouvée par l'un de ses anciens amants, le marquis de Saverny. Entre les deux hommes, ce sera un duel, et pour eux, après cent péripéties, le châtiment infligé par Richelieu à ceux qui osent défier l'interdiction royale de se battre.

Il s'enferme. Tant pis pour les yeux, les douleurs des entrailles.

Le 26 juin, le drame est terminé. La passion et la mort y sont enveloppées par la « soutane rouge » du cardinal :

… Sa pourpre est faite avec des gouttes
De leur sang…

Hugo est épuisé. Il écrit les dernières répliques.

La litière du cardinal, entourée de hallebardiers, passe sur les lieux du supplice où Didier et Saverny, condamnés, vont être exécutés. Marion se traîne sur les genoux jusqu'à la litière dont les rideaux sont tirés :

Au nom de votre Christ, au nom de votre race,
Grâce ! Grâce pour eux, Monseigneur !

Une Voix, sortant de la litière :

Pas de grâce !

Marion alors se dresse, échevelée, montrant la litière au peuple…

Regardez tous ! Voilà l'homme rouge qui passe !

… et « elle tombe sur le pavé ».

Il vient de lire cette dernière phrase dans la soirée un peu étouffante du 9 juillet.

Le salon de l'appartement de la rue Notre-Dame-des-Champs est rempli par les amis qu'il a conviés à cette lecture. Il y a là Sainte-Beuve, Balzac, Musset, Delacroix, Dumas, Mérimée, Vigny et bien d'autres, les Devéria, les Bertin, et Taylor, le directeur du Théâtre-Français. Des applaudissements enthousiastes éclatent.

Alexandre Dumas s'approche, lui tend les bras,

le prend par la taille et le soulève en s'écriant : « Nous vous porterons à la gloire ! »

Puis Dumas le repose à terre, répétant :

— Admirable, admirable ! avant de se diriger vers le buffet, de commencer à engloutir des gâteaux en affirmant, la bouche pleine, qu'on meurt de plaisir, que c'est admirable !

Victor va de l'un de ses amis à l'autre. Il aperçoit Sainte-Beuve qui parle à Adèle, puis vient vers lui, multipliant les compliments.

— On se pâme, on n'en peut plus…, lancent les femmes dans la chaleur de la nuit estivale.

On se quitte à l'aube. Hugo est fourbu. Il a l'impression qu'il a gagné. À peine s'est-il endormi qu'on annonce — il est neuf heures du matin — que Taylor veut le voir : il est chaleureux, il veut le drame pour le Théâtre-Français ! Comment ne pas promettre ?

Mais voici que le directeur du théâtre de la Porte-Saint-Martin, puis Harel, le directeur de l'Odéon, arrivent à leur tour et réclament la pièce. Il les écoute, puis d'un mouvement de tête refuse. Il a fait une promesse à Taylor, il s'y tiendra.

Il attend maintenant la lecture qui doit officiellement précéder la réception de la pièce au Théâtre-Français. Il revoit Taylor qui parle de la sensation provoquée par le texte. Magnifique ! Et puis le directeur baisse la voix. Il explique que la censure exigera sûrement des modifications. Le portrait de Louis XIII qu'il a brossé ne peut que susciter la réprobation des censeurs. Ils vont craindre que les spectateurs n'imaginent que l'auteur a voulu critiquer Charles X.

Hugo est bientôt partagé entre la surprise et l'indignation car, dès le 1er août, Taylor lui transmet la nouvelle. Briffaut, un académicien qui s'est pourtant, quelque temps, présenté comme romantique mais qui préside la Commission de la censure, a décidé de l'interdiction de la pièce. Est-ce possible ?

Il écrit au ministre de l'Intérieur.

« Vous ne prendrez pas une décision si contraire à mes intérêts, et souffrez, Monseigneur, que j'ajoute aux vôtres. »

Il ne veut pas renoncer sans combattre. Il obtient une audience du roi.

C'était le sept août. Ô sombre destinée !
[...]
Seuls dans un lieu royal, côte à côte marchant,
Deux hommes, par endroits du coude se touchant,
Causaient. Grand souvenir qui dans mon cœur se
[grave !
Le premier avait l'air fatigué, triste et grave...
[...] C'était un roi ; vieillard à la tête blanchie,
Penché du poids des ans et de la monarchie.
L'autre était un jeune homme étranger chez les
[rois,
Un poète, un passant, une inutile voix.
[...]
Or entre le poète et le vieux roi courbé,
De quoi s'agissait-il ?
[...]

Le poète voulait faire un soir apparaître
Louis Treize, ce roi sur qui régnait un prêtre ;
[...]
Le vieillard hésitait : — Que sert de mettre à nu
Louis Treize, ce roi chétif et mal venu ?
À quoi bon remuer un mort dans une tombe ?
[...]
Le poète luttait fermement, comme un homme
Épris de liberté, passionné pour l'art
Respectueux pourtant pour ce noble vieillard.
[...]
Puis, choisissant les mots pour cette oreille [auguste,
Il disait que les temps ont des flots souverains ;
Que rien, ni ponts hardis, ni canaux souterrains,
Jamais, excepté Dieu, rien n'arrête et ne dompte
Le peuple qui grandit ou l'océan qui monte [144].

Mais le roi ne cède pas. La pièce, rebaptisée *Marion de Lorme*, est interdite. Et lorsqu'il reçoit une lettre de M. de La Bourdonnais, nouveau ministre de l'Intérieur, lui annonçant que « la pension d'homme de lettres dont vous jouissez sur le budget de mon département sera désormais de six mille francs par année… Je suis heureux, Monsieur le baron, d'être auprès de vous l'organe de la bonté du roi… », Hugo se sent humilié, souffleté.

Est-ce possible ? Pour qui le prennent-ils ? Ils imaginent qu'il peut sans se renier accepter cette « compensation » ?

Il est debout dans son cabinet, cette lettre du ministre à la main. Il regarde Adèle et Sainte-

Beuve, qui l'observent. Il leur tend la lettre, et pendant que Sainte-Beuve lit, il commence à écrire sa réponse, rappelant que sa famille est depuis des siècles dévouée à l'État :

« Mon père et mes deux oncles l'ont servi quarante ans de leur épée… »

Il lève les yeux. Que ces ultras, ces hommes de Koblenz, de Waterloo et de 1815 se souviennent de cela !

« Monseigneur, cette pension si modique qu'elle soit, me suffit, poursuit-il. Il est vrai que toute la fortune de mon père est détenue sous séquestre par le roi d'Espagne… Il est vrai pourtant encore que, vivant de ma plume, j'avais dû compter sur le produit légitime de mon drame *Marion de Lorme*… »

Il est heureux et fier de ce refus. Et il rejette de même, les jours suivants, une « position politique au Conseil d'État et une place dans l'administration » que M. de La Bourdonnais lui offre.

Il montre ses réponses à Sainte-Beuve, et il sait que celui-ci va aller d'un journal à l'autre rapporter l'incident, et que les journaux vont donner à ces refus une signification politique. Il n'est donc pas surpris par les premiers articles qui paraissent dès le samedi 15 août.

On y oublie qu'il a aussi écrit au ministre : « Le roi ne doit attendre de Victor Hugo que des preuves de fidélité, de loyauté et de dévouement. »

Le Globe au contraire parle de « premier coup d'État littéraire » : « M. Victor Hugo a eu l'honneur de recevoir le premier coup politique dans cette guerre à mort qui recommence contre les idées… »

Le Journal des débats, *Le Constitutionnel* font des commentaires identiques : « Il est bon que le public sache les nouveaux droits que le jeune poète vient d'acquérir à son estime », écrit l'un. « La jeunesse n'est pas aussi facile à corrompre que l'espèrent MM. les ministres », ajoute l'autre.

Et *Le Globe* conclut, le 18 août : « Quant aux journaux ministériels qui chicanent sur le chiffre de la pension, et font reproche à M. Hugo d'en avoir accepté une, la réponse est facile. Il y a tel jour et telle heure où une grâce honore ; changez le jour et l'heure, c'est une flétrissure… »

Victor a le sentiment d'avoir remporté une victoire, reconquis ces journaux qui au début de l'année lui étaient hostiles. La jalousie et la haine sont toujours là, tapies dans les bas-fonds du journalisme, chez les écrivains impuissants et rivaux, mais elles doivent cependant baisser la tête.

Et il n'a pas rompu avec le roi !

Il faut exploiter cette situation. Écrire une autre pièce, qu'il sera plus difficile au pouvoir de refuser.

Il se met à sa table, dès le 2 septembre. Il se souvient de ce village espagnol traversé, lorsqu'il se rendait avec sa mère et son frère Eugène à Madrid, Ernani.

Il écrit en titre *Hernani ou l'Honneur castillan, ou la Jeunesse de Charles Quint.*

Il pense au *Cid*, à cet ébranlement que représenta, en 1636, la pièce de Corneille. Il faut que *Hernani* soit, près de deux siècles plus tard, le même coup de tonnerre.

Il condamne sa porte.

Il écrit comme s'il s'enfonçait dans un rêve, où surgissent le proscrit Hernani, son rival don Ruy Gomez, et la belle doña Sol — qu'ils aiment tous deux et que courtise aussi don Carlos, roi d'Espagne, bientôt empereur Charles Quint, que les deux rivaux, pour des raisons politiques différentes mais convergentes, veulent assassiner.

Le drame se noue. Don Carlos est généreux. Mais Hernani a promis à don Ruy Gomez de renoncer à la vie si celui-ci la lui demande. Et Hernani obéira. La fatalité est ainsi à l'œuvre, poursuivant le héros, le vouant à la mort, alors que les hommes lui ont donné le droit d'être heureux.

Hernani sait qu'il est « marqué », il le dit à doña Sol, et Hugo, à chaque mot qu'il écrit, a l'impression qu'il se confie.

Oh ! par pitié pour toi, fuis ! — Tu me crois peut-être
Un homme comme sont tous les autres, un être
Intelligent, qui court droit au but qu'il rêva.
Détrompe-toi. Je suis une force qui va !
[...]
Je descends, je descends, et jamais ne m'arrête.
Si parfois, haletant, j'ose tourner la tête,
Une voix me dit : Marche ! et l'abîme est profond,
Et de flamme ou de sang je le vois rouge au fond !
Cependant, à l'entour de ma course farouche,
Tout se brise, tout meurt. Malheur à qui me touche !
Oh ! fuis ! détourne-toi de mon chemin fatal,
Hélas ! sans le vouloir, je te ferais du mal !

Et doña Sol répond, se jetant à son cou :
Vous êtes mon lion superbe et généreux !
Je vous aime[145].

Il entend de nouveau les acclamations de ses amis, rassemblés dans son salon le 30 septembre. Il vient de leur lire la pièce, et à la dernière tirade, celle de don Ruy Gomez constatant la mort d'Hernani et de doña Sol…

Morte ! — Oh ! je suis damné.

… ils se sont levés, enthousiastes.

Le 5 octobre, après une lecture saluée par des applaudissement, la pièce est reçue à la Comédie-Française.

Victoire ?

Hugo ne réussit pas à chasser l'inquiétude, il sent que ses adversaires n'ont pas désarmé.

L'académicien Briffaut aurait déclaré qu'il fallait autoriser la pièce : « Il est bon que le public voit jusqu'à quel point d'égarement peut aller l'esprit humain, affranchi de toutes règles. »

Mais le ministre de l'Intérieur et la commission de la Censure exigent des modifications : « Il en est quatre contre lesquelles il m'est impossible de ne pas réclamer », répond Hugo à M. de La Bourdonnais.

Ces escarmouches, ces traquenards l'irritent et l'affectent.

« Cette maudite inflammation que vous me

connaissez dans les intestins se met en marche, remonte dans la tête et se jette sur mes yeux. Me voilà alors aveugle, enfermé des jours entiers dans mon cabinet, store baissé, volet fermé, porte close, ne pouvant travailler, ni lire, ni écrire », confie-t-il à Sainte-Beuve.

Il est fiévreux. Paris est saisi en ces derniers mois de l'année par un froid si vif que la Seine gèle. Il doit pour se rendre au Théâtre-Français traverser les ponts balayés par le vent, et pour éviter de glisser revêtir des chaussons. Et lorsqu'il arrive dans la salle du Théâtre, l'atmosphère est tendue.

Il entend Mlle Mars, la grande comédienne, refuser de dire « Vous êtes mon lion superbe et généreux ». Elle ne veut pas être ridicule, répète-t-elle.

Il faut la semoncer, lui annoncer qu'on la récuse. Elle s'indigne, baisse la tête, mais Hugo n'est pas sûr qu'elle sera fidèle au texte.

Il doit aussi affronter les rumeurs. Il aurait intrigué, prétend-on, pour que *Othello*, la pièce traduite par Vigny et depuis longtemps inscrite au répertoire, soit malgré le calendrier établi jouée après *Hernani*. On veut définitivement le brouiller avec Vigny ! *Le Globe* fait paraître des échos perfides sur « M. Hugo, chef des Pygmées romantiques », méprisant à l'égard de l'œuvre de Vigny.

Il faut répondre, dire : « *Hernani* avant *Othello*, jamais ! » Écrire à Vigny : « On cherche à nous désunir, mais je vous prouverai, le jour d'*Othello*, que je suis plus que jamais votre bon et dévoué ami. »

Cela suffit-il aux serpents ?

Les censeurs se déchaînent et Hugo s'inquiète. Son manuscrit remis à la Commission circule dans les rédactions des journaux. On se moque. On le parodie. Dans *La Revue de Paris*, un long article d'Henri de Latouche dénonce « la camaraderie littéraire », cette entente, à en croire l'auteur, entre jeunes écrivains — et il sait bien qu'il est visé — pour défendre leurs œuvres respectives.

« Qui donc a changé nos mœurs littéraires au point de faire qu'on ne rencontre plus que des princes et des courtisans, des grands hommes et leurs serviteurs, ou plutôt des charlatans et des compères ? » s'interroge Latouche. Ainsi, « l'amitié sera devenue une spéculation, la vanité aura servi de lien social » et se seront constituées partout des « mutuelles compagnies d'assurances pour la vie des ouvrages… ».

La tension monte. C'est bien une bataille décisive qui est engagée. Il faut la gagner avec des moyens nouveaux. Il refuse qu'on utilise, lors des représentations, un « claqueur » professionnel comme c'est la coutume. Il fera appel à ses amis.

Il contre-attaque :

— La censure a un manuscrit, un manuscrit à sa discrétion, un manuscrit pour son bon plaisir. Elle en peut faire ce qu'elle veut. La censure est mon ennemie littéraire, la censure est mon ennemie politique. La censure est de droit improbe, malhonnête et déloyale. J'accuse la censure…

Ce sont les derniers jours de l'année. La Seine est toujours prise par les glaces. Mais il a le sentiment qu'il vient de remporter un succès.

La censure recule, accepte *Hernani*.

« Vous êtes autorisé à laisser subsister sur le manuscrit, va même jusqu'à écrire le baron Trouvé, chef du bureau des Théâtres, les expressions suivantes, adressées à don Carlos : *lâche*, *insensé*, *mauvais roi*... »

Mais il ne faudra pas laisser subsister : *« Crois-tu donc que les rois à moi me soient sacrés ? »* On dira : *« Crois-tu donc que pour nous il est des noms sacrés ? »* Soit.

L'essentiel est que la pièce soit jouée et que rien d'important n'ait été changé. Va pour trois mots, si c'est à ce prix qu'on peut conduire la bataille ! Car c'en est une de chaque instant.

Charles Nodier l'a abandonné. Vigny est aigri par le petit succès de son *Othello*. Les journaux sont aux aguets.

Hugo a besoin de se confier.

« Vous me voyez obéré, écrasé, surchargé, étouffé, écrit-il à Saint-Valry à la mi-décembre. La Comédie-Française, *Hernani*, les répétitions, les rivalités de coulisses, d'acteurs, d'actrices, les menées des journaux et de la police, et puis d'autre part mes affaires privées toujours fort embrouillées, l'héritage de mon père non liquidé... Voilà ma vie... Vous êtes au port, tenez-vous-y ! Moi, je nage, je lutte, je remonte le courant... »

Le 31 décembre, pour ce dernier jour de l'année,

un dernier coup, la mort de l'ami Alphonse Rabbe, ce défiguré, cette victime héroïque.

Hélas ! que fais-tu donc, ô Rabbe, ô mon ami,
Sévère historien dans la tombe endormi !
[...]
Ô noble ami, pareil aux hommes d'autrefois,
Il manque parmi nous ta voix, ta forte voix
Pleine de l'équité qui gonflait ta poitrine,
Il nous manque ta main qui grave et qui burine,
Dans ce siècle où par l'or les sages sont distraits,
Où l'idée est servante auprès des intérêts[146]…

1830

Juillet vous a donné, pour sauver vos familles,
Trois de ces beaux soleils qui brûlent les bastilles...

Hugo voit s'avancer Mlle Mars jusqu'au bord de la rampe du théâtre.

Il connaît la petite mise en scène que la comédienne recommence chaque jour depuis ce début du mois de janvier, interrompant la répétition, mettant la main au-dessus de ses yeux, faisant mine de chercher l'auteur alors qu'elle sait à quel fauteuil d'orchestre il est assis.

Il se lève.

Mlle Mars dit un vers et interroge :

— Est-ce que vous aimez cela, Monsieur Hugo ?

Il conserve son calme. Il se sent habité par une immense lassitude et une aussi grande certitude.

— Je l'ai écrit ainsi, Madame, donc j'ai cru que c'était bien.

Elle secoue la tête. Elle conteste d'une voix pincée.

Il reprend.

— En jouant le rôle de doña Sol, vous voulez rester Mademoiselle Mars. Si vous étiez vraiment la pupille de Ruy Gomez de Silva…

Il poursuit d'une voix posée. Il faut accepter avec patience les remarques des acteurs.

La première d'*Hernani* est prévue pour le 25 février, la veille même de son vingt-huitième anniversaire. Jusque-là, il ne faut avoir qu'un but, et tout y subordonner. Il a l'impression qu'il ne voit plus ses enfants et Adèle. Il est préoccupé. Il doit faire face aux répétitions, aux critiques, aux ragots, aux bons conseils des anciens et des faux amis.

Charles Nodier s'est confié à Lamartine. Et Hugo le sait.

« Mon amitié pour lui, a dit Nodier, me ferait déplorer le hasardeux courage avec lequel il se livre, au péril de son repos et de son bonheur, à toutes les chances d'une publicité orageuse qui cette fois menace de prendre l'aspect d'une petite guerre civile… »

Il l'accuse d'avoir changé de caractère.

« Quand à vingt-sept ans, on a fait secte, il est bien rare qu'on puisse se rendre encore aux froides représentations de la raison. L'enthousiasme de ses jeunes admirateurs doit produire sur lui l'effet des chants de la sirène… »

Hugo hausse les épaules. L'hypocrisie, l'aigreur

percent sous les propos que susurre Nodier. « Puisse l'avenir lui épargner des tribulations ! »

Sainte-Beuve lui-même, l'ami le plus cher, a un curieux comportement. Il ne parle pas d'*Hernani*. Il semble déchiré. Il se lamente. Il soupire. Il dit qu'il veut s'exiler dans « quelque université allemande, à Berlin, à Munich, chez ce bon roi de Bavière », vivre là, enseigner la littérature française, apprendre l'allemand.

Heureusement, il y a les lettres de Mérimée, de Benjamin Constant, de Thiers, de toutes les « sommités intellectuelles », comme dirait *Le Globe*, qui réclament des places pour la première représentation.

Et quand Hugo voit tous ces jeunes gens envahir son appartement, ces étudiants des Beaux-Arts aux vêtements baroques, aux cheveux longs, aux chapeaux extravagants, il se sent emporté par une vague de confiance. Ils vont, avec les amis fidèles, Gautier, Devéria, Nerval, Balzac, Berlioz, Pétrus Borel, Delacroix, occuper des dizaines de fauteuils d'orchestre et soutenir la pièce, combattre la cabale par leurs applaudissements.

Les « chefs » de ces « tribus » — les ateliers d'architecture — viennent réclamer des places rue Notre-Dame-des-Champs.

Hugo achète plusieurs rames de papier rouge. Il coupe les feuilles en petits carrés, sur lesquels il imprime avec une griffe le mot espagnol *Hierro* — « Fer ». Il distribue ces « sauf-conduits » aux chefs de tribus qui s'installeront aussi dans les secondes galeries.

Il découvre que pour ces bataillons de jeunes gens « farouches et bizarres », il représente plus que lui-même. Il rencontre Théophile Gautier qui ira à la représentation en gilet rouge, avec ses cheveux tombant jusqu'à la taille !

Lorsque, le 25 février, jour de la première, il se rend en début de cet après-midi glacial au Théâtre-Français, il voit toute la foule de ses partisans qui, dès trois heures, s'engouffre dans la salle.

Elle va y patienter durant plus de quatre heures, chantant, ripaillant de saucisson à l'ail et de cervelas, se répandant dans les coins obscurs du théâtre pour s'y « soulager » et accueillant par des sarcasmes le « public » qui vient, en robe de soie, en redingote et gilet noir, prendre place et que révulsent cette foule « bizarre », échevelée, et ces odeurs de victuailles et d'urine.

Hugo regarde par le trou du rideau, puis il restera en coulisse, guettant les vagues d'applaudissements et de cris, les sifflets. Mais la bataille du premier soir est gagnée, il le sent.

Mlle Mars s'avance vers lui, à la fin de la représentation.

— Eh bien, dit-elle, vous n'embrassez pas votre doña Sol ?

Quand il sort du théâtre, des dizaines de jeunes gens l'entourent, le portent en triomphe et le raccompagnent jusqu'à la rue Notre-Dame-des-Champs, en criant, en chantant, en applaudissant.

On se presse dans les salons. Dumas exulte, Gautier, rayonnant dans son gilet rouge, lance :

— Cette soirée décide de notre vie !

On murmure le montant de la recette : cinq mille cent trente-quatre francs et vingt centimes, un succès considérable.

Hugo s'écarte de quelques pas : la bataille, dit-il, ne fait que commencer. Les représentations les plus difficiles seront dans quelques jours, quand les « amis » ne seront plus aussi nombreux, même si le directeur du Théâtre-Français, Taylor, est disposé à donner à l'auteur une centaine de places. Mais il y a quinze cents spectateurs. Il faudra donc se battre à chaque fois, maintenir le niveau de la recette, réchauffer l'enthousiasme des acteurs qui sont plus favorables au drame classique qu'à *Hernani*.

Les jeunes gens, Dumas, Pétrus Borel, Gautier, s'engagent à ne pas déserter le théâtre jusqu'à ce que la pièce soit définitivement acceptée.

Les jours suivants, il a pourtant le sentiment qu'il n'en aura jamais fini avec des adversaires dont certains furent ses amis.

À l'exception d'un article dans *Le Journal des débats*, tous les chroniqueurs critiquent la pièce, les conditions de sa représentation :

« L'auteur avait amené des spectateurs dignes de sa pièce, des espèces de bandits, des individus incultes et déguenillés, ramassés dans on ne savait quels bouges, qui avaient fait d'une salle respectée une caverne nauséabonde… »

Il lit avec amertume l'article que donne, dans *Le National*, un quotidien libéral lancé le 3 janvier par Thiers, Armand Carrel. Le chroniqueur l'accuse de méconnaître toutes les règles de l'art et affirme qu'il ne peut pas confondre liberté politique et licence dans la création artistique.

Il est bien sûr attentif à l'avis des personnalités qu'il estime.

Chateaubriand lui dit son admiration* : « Je m'en vais, Monsieur, et vous venez. » Et Hugo a l'impression qu'il a enfin atteint le but de son adolescence, « être Chateaubriand ou rien ».

Mais lorsqu'il voit, dans le *Feuilleton des Journaux politiques*, l'article de Balzac, il est atteint par ces phrases impitoyables : « Tous les ressorts de cette pièce sont usés, le sujet inadmissible, les caractères faux, la conduite des personnages contraire au bon sens… L'auteur nous semble, jusqu'à présent, meilleur prosateur que poète, et plus poète que dramatiste. Monsieur Victor Hugo ne rencontrera jamais un trait de naturel que par hasard… *Hernani* aurait été tout au plus le sujet d'une ballade. »

Il devrait, il le sait, il se le répète, ne pas se soucier de ces critiques, être rassuré par la fréquentation du théâtre : encore une recette de quatre mille neuf cent sept francs et quatre-vingts centimes pour la dixième représentation. Et il a touché cinq mille

* Voir le Prologue.

francs comptant de l'éditeur-libraire Mame pour la publication de la pièce à deux mille cinq cents exemplaires. Il va signer pour une nouvelle édition avec un autre éditeur. Et le texte est publié en feuilleton par le *Cabinet de lecture*.

C'est plus de vingt mille francs qu'il va toucher dans l'année, de quoi placer cinq cents francs à cinq pour cent ! Enfin la sécurité matérielle pour près de dix-huit mois !

Il n'est cependant pas satisfait.

Il voudrait convaincre, s'expliquer. Il est tenté d'écrire à Carrel. C'est un journaliste qui compte en ces temps où l'opinion change…

Deux cent vingt et un députés ont voté contre le gouvernement après le discours du trône. Et Charles X a dissous la Chambre, mis en œuvre une expédition militaire à Alger pour essayer de rassembler les électeurs autour de lui. Mais chacun s'accorde à penser que, quelles que soient les séductions et les pressions, les deux cent vingt et un opposants reviendront plus nombreux.

Dans les salons, dans les rédactions, on souhaite un changement politique tranquille, dans l'ordre, qui remplacerait les Bourbons par les Orléans.

Louis-Philippe d'Orléans, fils de Philippe Égalité, le régicide et ancien soldat de la République, pourrait éviter l'explosion d'une révolution violente que tout fait craindre.

Car non seulement une partie du pays, sa jeunesse, se rebiffe contre les ultras au pouvoir, ces hommes du drapeau blanc qui limitent la liberté de la presse, mais la misère est là. Les chômeurs sont de plus en plus nombreux, le prix du pain augmente. Et ces jeunes gens qui se sont pressés au Théâtre-Français pour applaudir *Hernani*, en criant aux chauves du parterre « À la guillotine, les genoux ! », qui ont bousculé les élégantes, montré leur mépris pour les usages, font frémir.

Si leur vigueur juvénile, leur hostilité à l'ordre rencontraient la colère des pauvres, les ambitions des républicains, où irait-on ? Vers un nouveau 1793 ?

Hugo sent cette montée de la misère et de l'opposition libérale et républicaine. Il écrit un poème qui sera édité au bénéfice des pauvres et des chômeurs de Normandie, et que publiera *Le Globe*.

Il veut mettre en garde les « riches, heureux du monde », les inciter à « l'aumône », pour éviter la révolution.

Peut-être un indigent dans les carrefours sombres
S'arrête, et voit danser vos lumineuses ombres
Aux vitres du salon doré…
[...]
Une loi, qui d'en bas semble injuste et mauvaise,
Dit aux uns : Jouissez ! aux autres : Enviez !
Cette pensée est sombre, amère, inexorable,
Et fermente en silence au cœur du misérable.
Riches, heureux du jour, qu'endort la volupté,
Que ce ne soit pas lui qui des mains vous arrache
Tous ces biens superflus où son regard s'attache ;
Oh ! que ce soit la charité[147] *!…*

Mais il s'inquiète dès que le texte paraît. Tant d'hostilité autour de lui ! Il veut que soit expliqué « que c'est par une voix indirecte que ces strophes sont parvenues au *Globe*. Autrement, il ne manquerait pas de gens pour dire que je n'ai fait cette espèce de bonne œuvre poétique (si pareille chose mérite un tel nom) que pour avoir l'occasion de la publier. Là est le péril, vous seriez bien bon de m'en préserver… ».

Que peut-on contre l'incompréhension, nourrie par l'aigreur et la jalousie ? Il s'étonne du silence persistant de Sainte-Beuve, qui n'a toujours rien écrit sur *Hernani*. Il finit par l'interroger, puisqu'il le considère comme le plus proche de ses amis. Et la réponse tombe comme un couperet :

« Il m'est impossible de faire dans ce moment-ci un article sur *Hernani* qui ne soit détestable de forme comme de fond. Je suis blasé sur *Hernani*, je ne sais plus qu'une chose : c'est que c'est une œuvre admirable. Pourquoi ? Comment ? Je ne m'en rends plus compte. »

Hugo ne peut aller plus avant dans sa lecture.

Que signifie « blasé » ? Au moment où de toutes parts pleuvent les critiques, les moqueries sur sa pièce, où à chaque représentation la cabale des spectateurs, des femmes surtout, tente de la ridiculiser en s'esclaffant après chaque vers, en interrompant les acteurs, ne faudrait-il pas que l'ami le plus cher prenne la défense d'une œuvre qu'il dit « admirable » ?

Quand de nombreux théâtres affichent des

pièces qui tournent en dérision *Hernani*, et campent une Demoiselle Parasol en lieu et place de doña Sol dans des « vaudevilles » qui s'intitulent *N.I. Nini ou le Danger des Castilles, amphigouri romantique en cinq tableaux et en vers*, ou *Oh que Nenni ou le Mirliflore fatal*, ou bien *Harnali ou la Contrainte par cor*, ne faudrait-il pas contre-attaquer dans cette bataille qui n'en finit pas ?

Il reprend sa lecture. Et il pense avoir trouvé la clé du comportement de Sainte-Beuve dans les phrases cruelles qui suivent les premiers mots de la lettre : « Cette lutte que vous entamez, quelle qu'en soit l'issue, vous assure une gloire immense. C'est comme Napoléon. Mais ne tentez-vous pas comme Napoléon une œuvre impossible ? En vérité, à voir ce qui arrive depuis quelque temps, votre vie à jamais en proie à tous, votre loisir perdu, les redoublements de la haine, les vieilles et nobles amitiés qui s'en vont, les sots ou les fous qui les remplacent, à voir vos rides et vos nuages au front, qui ne viennent pas seulement du travail des grandes pensées, je ne puis que m'affliger, regretter le passé, vous saluer du geste et m'aller cacher je ne sais où ; Bonaparte consul m'était bien plus sympathique que Napoléon empereur ! »

Une amitié finit-elle ? Il ne peut l'accepter. Et pourtant ce jugement est plein d'amertume, de dureté, et sans une once de fraternité.

« Vous aurez Austerlitz, Iéna, poursuit-il. Peut-être même qu'*Hernani* est déjà Austerlitz, mais quand vous serez à bout, l'art retombera ; votre héritage sera vacant et vous n'aurez été qu'un brillant et sublime épisode qui aura surtout étonné les contemporains… »

Hugo sent l'amertume lui remplir la bouche. « Déchirez, oubliez tout ceci… », conclut Sainte-Beuve.

Mais il a plongé son poignard, lui aussi.

Et puis il y a ces quelques lignes écrites en diagonale, dans la marge de la lettre, comme un cri de colère qu'on n'a pu étouffer, comme un accès de jalousie qu'on n'a pas pu dissimuler :

« Et Madame ? Et celle dont le nom ne devrait retentir sur votre lyre que quand on écouterait vos chants à genoux ; celle-là même exposée aux yeux profanes tout le jour, distribuant des billets à plus de quatre-vingts jeunes gens à peine connus hier ; cette familiarité chaste et charmante, véritable prix de l'amitié, à jamais déflorée par la cohue ; le mot de dévouement prostitué, l'utile, apprécié avant tout, les combinaisons matérielles l'emportant !!! »

Il relit la lettre. L'a-t-on jamais autant insulté ? Soupçonné de sordides calculs ?

Qui est-il cet ami qui prend la défense de l'épouse ? De quel droit ?

Hugo a l'impression qu'on ne lui pardonne pas cette gloire, et cette réussite financière, car, il le dit à Taylor, le directeur du théâtre : « Les recettes se maintiennent toujours au-delà de quatre mille francs, malgré vents et marées, ce qui est admirable. » Et les envieux le savent, calculent ce qu'il reçoit et cela conforte leur hargne, leur haine.

Savent-ils d'où il vient ?

Il ne peut se désintéresser de l'opinion de ces chroniqueurs. D'eux dépendent l'écho de ses œuvres, et donc le niveau de ses revenus, et donc sa survie.

Il s'adresse à l'éditeur d'*Hernani* : « Je prie, Monsieur Mame, de me faire savoir demain matin par un mot si les envois d'exemplaires ont été faits aux journaux ? J'en ai déjà reçu plusieurs plaintes et il ne faut pas les mécontenter. Il est donc urgent que *Hernani* leur soit promptement envoyé. Voici, je crois, à quels journaux surtout il importe de déposer l'ouvrage. Tous les journaux politiques, y compris, bien entendu, *Le Globe*, *Le Temps*, *Le National*... »

Il se replonge dans le deuxième article que, dans ce journal, Armand Carrel a consacré à *Hernani*. Il en est ulcéré ! Pourquoi un homme comme Carrel, un opposant politique, ne saisit-il pas qu'il y a dans le mouvement qui soutient *Hernani* l'expression de la volonté d'un changement politique, que tout annonce ?

Malgré les appels du roi Charles X, les élections se terminent par l'envoi à la Chambre de deux cent soixante-quatorze députés d'opposition au lieu des deux cent vingt et un qui avaient refusé la confiance au gouvernement. Et personne n'est dupe des raisons de l'expédition à Alger. On peut lire dans *Le Journal des débats* : « Il y a l'espoir insensé de faire d'une victoire contre Alger une victoire contre nos libertés et de transformer la gloire qu'on espère acquérir en un moyen de corruption et de violence. »

Qu'au moins ce Carrel sache qui est le poète dont il critique la pièce !

Hugo veut le convaincre.

« À une époque où tout se fait par les salons et par les journaux, lui écrit-il, j'ai commencé et continué ma route sans un salon, sans un journal. Toute mon affaire a été la solitude, de conscience et d'art. Et je prie, Monsieur Carrel, de faire attention à ceci : destiné à une grande fortune sous l'Empire, l'Empire et la fortune m'ont manqué. Je me suis trouvé, à vingt ans, marié, père de famille, n'ayant pour tout bien que mon travail et vivant au jour le jour comme un ouvrier… »

Ce mot suffira-t-il à lui faire comprendre qui est Hugo ?

« Pauvre, continue le poète, j'ai cultivé l'art comme un riche, pour l'art, avec plus de souci de l'avenir que du présent. Obligé par le malheur des temps de faire à la fois une œuvre et une besogne, je puis dire que jamais la besogne n'a taché l'œuvre. »

Cette lettre l'apaise momentanément, et les revenus dont enfin il dispose pour les dix-huit mois à venir le rassurent. « Le côté matériel de l'affaire — *Hernani* — m'importe peu », confie-t-il désormais.

Il y a bien sûr Gosselin, l'éditeur auquel il a promis de donner *Notre-Dame de Paris* — dont il a seulement ébauché le plan et rassemblé la documentation — et qui s'impatiente…

Gosselin est amer, il veut profiter du tumulte d'*Hernani* pour lancer le livre :

— Vous ne pouvez retarder plus longtemps la publication de cet ouvrage sans nuire gravement à mes intérêts, et je suis décidé à faire valoir mes droits !

Hugo est furieux. Gosselin déjà a voulu lui donner une leçon de littérature pour *Le Dernier Jour d'un condamné*, et maintenant il brandit ce contrat comme une menace judiciaire. Il en relit le texte, il est impératif. Il faut donc tenter de parvenir à un accord. Il le rencontre et l'écoute rappeler les frais engagés pour diffuser un prospectus annonçant ses œuvres complètes. Sainte-Beuve a été l'auteur du texte. N'est-il pas son ami ? N'est-ce pas une preuve supplémentaire de l'engagement de ce dernier ? Il sera compromis si Hugo n'honore pas son contrat… Hugo serre les dents.

Il se sent menotté. Il faut souscrire aux conditions draconiennes imposées par l'éditeur dans un nouveau contrat. Et s'engager à livrer *Notre-Dame de Paris* achevé pour le 1er décembre, sinon il faudra verser mille francs d'amende par semaine de retard, et après deux mois de retard, deux mille francs en sus, soit dix mille francs au 1er février !

Une fois le contrat signé, il veut dire son fait à ce maître chanteur :

— Il est difficile que j'oublie que c'est par une espèce de menace, à trois reprises répétée, de faire figurer dans le scandale d'un procès le nom d'un de mes amis les plus chers, que vous m'avez entraîné à déserter mon droit et à souscrire à vos exorbitantes déclarations !

Mais que répondre à Gosselin quand il écrit : « Si

pour conserver des relations avec vous, il faut se soumettre à vos caprices et à votre volonté, je me trouverai fort heureux de n'en point avoir d'autres que celles auxquelles vous ne pouvez vous soustraire. Au reste, si j'avais reçu votre lettre avant l'arrangement amiable auquel j'ai voulu consentir, je vous déclare que les tribunaux seuls auraient prononcé entre nous... » ?

Il froisse la lettre. Ah ! ne jamais plus être ainsi dépendant d'un éditeur ! Ne plus jamais être contraint d'obéir à quelqu'un d'autre que soi ! A-t-il tant espéré, tant lutté, pour qu'à vingt-huit ans il soit encore dans une telle situation ?

Il a l'impression que son esprit est emporté dans un tourbillon désespéré, comme si toute l'œuvre accumulée, la gloire conquise, ne conduisaient à rien, comme s'il découvrait qu'un abîme est devant lui, qu'il a été trop loin, qu'il aurait mieux valu être futile.

Amis, ne creusez pas vos chères rêveries ;
Ne fouillez pas le sol de vos plaines fleuries ;
Et quand s'offre à vos yeux un océan qui dort,
Nagez à la surface ou jouez sur le bord ;
Car la pensée est sombre ! Une pente insensible
Va du monde réel à la sphère invisible ;
La spirale est profonde et quand on y descend,
Sans cesse se prolonge et va s'élargissant,
Et pour avoir touché quelque énigme fatale,
De ce voyage obscur souvent on revient pâle !
[...]
Oh ! cette double mer du temps et de l'espace
Où le navire humain toujours passe et repasse [148]...

Peut-être cette angoisse qui le saisit, cette vision nocturne où il se noie la nuit, vient-elle du fait que, alors qu'il doit se mettre au travail pour honorer le contrat signé avec Gosselin et qu'il peine à commencer *Notre-Dame de Paris* — qu'il doit impérativement livrer sous peine d'être étranglé par l'éditeur —, tout semble se conjuguer pour l'empêcher de se concentrer.

Il y a l'attitude de Sainte-Beuve, les lettres qu'il écrit, tourmentées, à la fois admiratives et pleines de ressentiment. Ces reproches qu'il fait parce qu'il n'est plus le voisin de la rue Notre-Dame-des-Champs.

Pour le coup, il s'emporte ! Sainte-Beuve croit-il que c'est par plaisir qu'on est allé s'installer aux Champs-Élysées, 9, rue Jean-Goujon, au milieu des cultures maraîchères, dans cet hôtel particulier — le seul bâtiment de toute cette banlieue ! — de M. de Mortemart * ? Mais les propriétaires de la rue Notre-Dame-des-Champs ne supportaient plus les réceptions, les assemblées, le charivari qui accompagnaient les représentations d'*Hernani*. Et même si la dernière — la trente-sixième — a lieu le 26 juin, ils n'ont pas renouvelé le bail.

Alors va pour la rue Jean-Goujon !

Hugo arpente les pièces vastes. Il décore son cabinet de travail de tableaux, de lithographies, d'esquisses. Il dispose de cinq ou six chaises et de plusieurs tables, sur lesquelles il dépose les grands

* Voir le Prologue.

in-folios qu'il doit consulter pour *Notre-Dame de Paris.*

Lorsqu'il ouvre la fenêtre, il aperçoit les jardins, la campagne, les arbres, et au loin le dôme des Invalides. Il pourrait, il devrait travailler.

Mais il y a maintenant cette visite de Sainte-Beuve, après les lettres où il parle d'Adèle comme un amant jaloux. « Dites à Madame Hugo qu'elle me plaigne et prie pour moi ! »

Qu'est-ce que cela signifie ?

Hugo observe son visage chafouin. Il n'a pas envie de lui parler. Il a l'intuition qu'entre Sainte-Beuve et lui, une faille profonde s'est ouverte dans l'amitié. Et il n'est pas étonné de recevoir une lettre qui en prend acte :

« Hier, nous étions si tristes, si froids, nous nous sommes si mal quittés que tout cela m'a fait bien du mal ; j'en ai souffert tout le soir, en revenant, et la nuit. Je me suis dit qu'il m'était impossible de vous voir souvent à ce prix, puisque je ne pouvais vous voir toujours ; qu'avons-nous en effet à nous dire, à nous raconter ? Rien, puisque nous ne pouvons tout mettre en commun comme avant… »

Hugo regarde Adèle. Il se souvient de la complicité qu'il avait constatée entre elle et Sainte-Beuve. Et tous les propos tenus, écrits par ce dernier, cette attention portée sur elle lui reviennent en mémoire.

Il en ressent non de la jalousie, mais de la compassion. Cet homme souffre. L'amour est tombé sur lui comme une fatalité. Pourquoi le condamner, d'autant plus qu'il semble lutter ?

« J'ai d'affreuses, de mauvaises pensées, des haines, des jalousies, de la misanthropie, écrit-il. Je ne puis plus pleurer ; j'analyse tout avec perfidie et une secrète rigueur. Quand on est ainsi, il faut se cacher, tâcher de s'apaiser, laisser déposer son fiel sans trop remuer la vase, s'accuser soi-même devant un ami comme vous, ainsi que je le fais en ce moment. » Et il implore de nouveau la clémence de « Madame Hugo » !

Hugo s'interroge. L'amour de Sainte-Beuve est-il partagé ? Il se tourne encore vers Adèle, elle a la tête baissée. Et ce ne sont pas les fatigues des dernières semaines de la grossesse qui l'affectent ainsi, ni les chaleurs de l'été dont elle souffre. Son visage est pourtant celui de la tristesse…

Oh ! pourquoi te cacher ? Tu pleurais seule ici.
Devant tes yeux rêveurs qui donc passait ainsi ?
Quelle ombre flottait dans ton âme
Était-ce long regret ou noir pressentiment,
Ou jeunes souvenirs dans le passé dormant,
Ou vague faiblesse de femme[149] ?

Il voudrait s'approcher, mais la pudeur, la gêne le retiennent, peut-être aussi ne veut-il pas savoir vraiment.

En plus, il y a ces événements qui se succèdent. Les troupes ont envahi les Champs-Élysées, mis des canons en batterie dans les jardins maraîchers. Leurs bivouacs sont là, sous les arbres. On tire.

Il sort. Un adolescent entouré de soldats est attaché à un tronc. Il aurait fait le coup de feu contre la troupe… Hugo s'interpose. On ne va pas fusiller un enfant !

Il obtient qu'on le libère, et apprend que tout Paris est en révolution. Charles X a promulgué des ordonnances : elles dissolvent la Chambre, soumettent la presse à la censure la plus rigoureuse, et menacent de mise sous séquestre toutes les presses et les caractères qui auront servi à l'impression des journaux interdits.

On se bat.

La rancœur accumulée depuis peut-être 1815 déborde. Ce drapeau tricolore que les Bourbons ont déchiré, ne laissant que le blanc, le voici brandi.

On se bat, les 27, 28 et 29 juillet.

Les polytechniciens se mêlent aux artisans. Les bourgeois libéraux du *National*, Thiers, Carrel, manœuvrent pour que, sur le balcon de l'Hôtel de Ville, le 1er août, après ces trois glorieuses journées, Louis-Philippe d'Orléans soit embrassé par le général La Fayette, et devienne roi des Français.

— Le baiser républicain de La Fayette fit un roi, murmure Chateaubriand.

Hugo répond :

— Après juillet 1830, il nous faut la chose *république* et le mot *monarchie*.

Il n'a pas pu se battre. Il dit qu'il le regrettera toute sa vie. Mais le 28 juillet, il a marché devant la porte de la chambre conjugale alors que le canon tonne au loin. Sa femme accouche d'une petite fille que l'on prénomme, comme sa mère, Adèle.

— Le bon Dieu vient de m'envoyer un grand bonheur, clame Hugo, ma femme est heureusement accouchée cette nuit d'une grosse fille, joufflue et bien portante.

Il s'approche du lit où repose la mère. Elle a une expression lasse et cependant déterminée. Elle lève la main, le repousse, murmure que c'est là son dernier enfant, le cinquième en huit années, trois garçons — le premier, mort — et deux filles, cela suffit.

Elle tourne la tête. Elle fera désormais chambre à part.

Puis elle murmure qu'elle souhaite que Sainte-Beuve soit le parrain d'Adèle.

Hugo est fatigué.

Tout se mêle ! La « révolution » privée et la révolution politique à laquelle il ne peut participer. Il décide même de se réfugier avec ses enfants à Montfort-l'Amaury, pour quelques jours. Et il constate que, pour les propriétaires du lieu, il est un dangereux révolutionnaire !

— Les révolutions, comme les loups, ne se mangent pas, dit-il.

On l'a placé du « bon côté ».

Quand il rentre à Paris, il découvre que le calme n'est pas rétabli. Louis-Philippe s'enveloppe du drapeau tricolore, pour paraître *roi des Français*, mais il est surtout le *roi bourgeois*. Les républicains ont le sentiment qu'on leur a volé leurs Trois Glorieuses. Ils rechignent à déposer leurs armes.

— Quand la France en sera aux coups de fusil, observe Hugo, il y a en moi un vieil enfant de troupe qui se retrouvera.

Et en même temps, il est choqué par les revirements politiques.

— C'est pitié de voir tous ces gens qui mettent une cocarde tricolore à leur marmite, murmure-t-il.

Il ne veut pas être de ceux qui insultent Charles X partant en exil.

Il écrit. Il veut célébrer cette révolution.

Soyez fiers ; vous avez fait autant que vos pères.
Les droits d'un peuple entier conquis par tant de
[guerres
Vous les avez tirés tout vivants du linceul.
Juillet vous a donné, pour sauver vos familles,
Trois de ces beaux soleils qui brûlent les bastilles ;
Vos pères n'en ont eu qu'un seul !
[...]
Trois jours, trois nuits, dans la fournaise
Tout ce peuple en feu bouillonna [150]...

Et il ajoute :

Oh ! laissez-moi pleurer sur cette race morte
Que rapporta l'exil et que l'exil remporte,
Vent fatal qui trois fois déjà les enleva !
Reconduisons au moins ces vieux rois de nos pères.
Rends, drapeau de Fleurus, les honneurs militaires
À l'oriflamme qui s'en va [151].

Il se sent digne de dire ainsi que le drapeau tricolore doit savoir s'incliner aussi devant le drapeau blanc.

Mais comment, alors que l'Histoire le sollicite, écrire *Notre-Dame* qui exigerait qu'il s'enfermât ! Il doit demander un nouveau délai à Gosselin, prétextant les dossiers perdus dans le tumulte révolutionnaire. L'éditeur lui accorde deux mois de plus.

Alors, le 1er septembre, il s'enveloppe d'une sorte de grand tricot de laine et commence à écrire, en essayant d'oublier tout ce qui n'est pas cette « cour des miracles », ce « parvis de Notre-Dame », ces deux tours qui, plantées au cœur de Paris, ressemblent à un grand « H ».

Il ne s'interrompt que pour appuyer la demande de quelques députés qui souhaitent que le cercueil de l'Empereur soit rapatrié de Sainte-Hélène et placé sous la colonne Vendôme. Et le temps de composer quelques strophes, c'est comme s'il donnait une suite à l'*Ode à la colonne* qu'il avait écrite en 1827. Plus de trois ans déjà !

Quel chemin parcouru ! Le père disparu ! Une révolution venue ! Les enfants ! Et le doute, l'angoisse, plus grands encore. Adèle qui a cessé d'être sa femme, tout en restant une épouse attentive mais peut-être aimant ailleurs… Et Sainte-Beuve qui, de temps à autre, écrit une lettre et avoue, enfin, son amour pour Adèle tout en demandant la compréhension :

« Si vous saviez comment mes jours se passent et à quelles passions contradictoires je suis en proie, vous auriez pitié de qui vous a offensé et vous me souhaiteriez mort sans me blâmer jamais et en gardant sur moi un éternel silence... Il y a en moi, voyez-vous, du désespoir, de la rage, des envies de vous assassiner par moments, en vérité... Cet amour, Dieu m'est témoin que je l'ai cherché uniquement en vous, dans votre double amitié, à Madame Hugo et à vous, et que je n'ai commencé à me sabrer et à frémir que lorsque j'ai cru voir la fatale méprise de mon imagination et de mon cœur. Que ferais-je désormais à votre foyer, quand j'ai mérité votre défiance, quand le soupçon se glisse entre nous, quand votre surveillance est inquiète et que Madame Hugo ne peut consulter mon regard sans avoir consulté le vôtre ? »

Hugo hésite, parce que Sainte-Beuve le touche encore. Il ne peut pas imaginer qu'Adèle ait succombé à cet homme, même si elle est émue par l'amour qu'il lui manifeste. Et il se sent indulgent pour cette victime de la passion. Que peut-on contre elle ?

« Soyons indulgents l'un pour l'autre, mon ami, répond-il. J'ai ma plaie, vous avez la vôtre... Le temps cicatrisera tout ; espérons que nous ne trouverons dans tout ceci que des raisons de nous aimer mieux. Ma femme a lu votre lettre. Venez me voir souvent. Écrivez-moi toujours. Songez qu'après tout, vous n'avez pas de meilleur ami que moi... »

Sainte-Beuve insiste, se plaint encore.

« Cette amitié est-elle donc finie ? Et finie par ma faute ? L'irréparable est-il donc consommé ? J'ai besoin, croyez-le, d'espérer encore pour un avenir dont je n'ose assigner le terme. »

Mais que veut-il enfin ? Victor soupire, il n'est pas jaloux. Aime-t-il encore Adèle, comme il l'aimait quand le regard d'un passant vers l'une des chevilles de la jeune fille le tourmentait toute une nuit ?

Il doit en convenir, tout est différent. Il est prêt à la laisser choisir entre Sainte-Beuve et lui.

« Allez, j'aurai toujours joie à vous voir, joie à vous écrire, écrit-il encore à Sainte-Beuve. Il n'y a dans la vie que deux ou trois réalités, et l'amitié en est une. »

Il retourne à sa table de travail. Il va continuer *Notre-Dame de Paris*.

Un instant, il relit les vers qu'il a consacrés au projet d'inhumation de Napoléon sous la colonne Vendôme.

Il lui semble que son père aurait été heureux de ce qu'il dit de l'Empereur.

Dors, nous t'irons chercher ! Ce jour viendra peut-
[être !
Car nous t'avons pour Dieu sans t'avoir eu pour
[maître !
Car notre œil s'est mouillé de ton destin fatal...
[...]
Oh ! va, nous te ferons de belles funérailles !
[...]

Tu seras bien chez nous ! — Couché sous ta colonne,
Dans ce puissant Paris qui fermente et
[bouillonne[152]*...*

Et c'est ce Paris-là, déjà, qu'il décrit, grouillant autour de Notre-Dame.

SEPTIÈME PARTIE

1831 - 1832

1831

Alors, oh ! je maudis, dans leur cour, dans leur
[antre,
Ces rois dont les chevaux ont du sang jusqu'au
[ventre !

Hugo entre dans son cabinet de travail. Il aperçoit, posée sur les pages du manuscrit de *Notre-Dame de Paris*, une feuille blanche sur laquelle il devine quelques mots. Il se penche. Il reconnaît l'écriture de Léopoldine, qui aura sept ans cette année. Il lit :

« Mon cher papa, je te souhaite la bonne année et je te promets d'être bien sage et de bien apprendre mes leçons pour que tu m'aimes bien. Didine. »

Il est ému aux larmes. Les enfants sont la seule richesse…

Car vos beaux yeux sont pleins de douceurs infinies,
Car vos petites mains joyeuses et bénies,

N'ont point mal fait encor ;
Jamais vos jeunes pas n'ont touché notre fange,
Tête sacrée ! enfant aux cheveux blonds ! Bel ange
À l'auréole d'or[153] *!*

Il ne peut pas reprocher à Adèle de ne pas les aimer, elle est une mère irréprochable. Mais l'aime-t-elle encore, lui ?

Lorsqu'il a proposé à Sainte-Beuve de s'en remettre à Adèle pour qu'elle choisisse entre eux, il était sûr, au fond de lui-même, qu'elle n'hésiterait pas, que la passion de cet homme la flattait, sans plus. Il lui a donc rapporté les propos qu'il avait tenus à Sainte-Beuve… Elle l'a regardé comme s'il était fou.

Comment pourrait-elle l'abandonner pour Sainte-Beuve ? Et celui-ci pourrait-il même envisager de prendre en charge, contre toute l'opinion, une mère et ses enfants ?

Alors, il s'agit bien d'une passion sans conséquence. Et il pense qu'il est sûr de l'emporter ; Adèle est liée à lui pour la vie.

Mais il y a pourtant cette distance qu'elle a établie entre eux, cette indifférence qu'elle manifeste sous les bonnes manières d'une épouse. Et cela le mine.

Dans le salon, il a aperçu les jouets que Sainte-Beuve a envoyés aux enfants. Léopoldine a écrit un mot de remerciement, sans doute à l'initiative d'Adèle :

« Bonjour Sainte-Beuve, je te remercie bien de ta belle poupée. Charles est bien content aussi et nous t'embrasserons bien quand tu viendras voir papa et maman, ma petite sœur est bien contente aussi.

« Ta petite amie, Didine. »

Hugo hésite. Le souvenir de toutes ces heures passées en famille avec Sainte-Beuve l'émeut. Sainte-Beuve qui est le parrain de la dernière-née.

Ne pourrait-on oublier, effacer ce qui s'est dit ?

Adèle approuve.

Hugo prend sa plume :

« Vous avez été bien bon pour mes petits enfants, mon ami. Nous avons besoin de vous en remercier ma femme et moi. Venez donc dîner avec nous après demain mardi. 1830 est passé !

« Votre ami, Victor. »

« Avez-vous reçu la lettre de Didine ? »

Il retourne dans son cabinet de travail.

Il faut écrire à ce libraire dont il dépend, ce Gosselin qu'il n'aime pas : « Non seulement je suis en mesure de vous livrer *Notre-Dame de Paris* au 1er février, époque convenue, mais encore je puis la mettre à votre disposition dès aujourd'hui — 12 janvier —, n'ayant plus que sept ou huit pages de conclusion à écrire. »

Il feuillette le manuscrit.

Il s'est enfoncé dans ce roman comme peut-être jamais dans aucun autre de ses écrits. Il est l'archidiacre Claude Frollo, déchiré entre le désir et la vertu. Il a parfois l'âme du sonneur de cloches Quasimodo, ou la superbe du capitaine Phœbus de Chateaupers. Il a aimé Esmeralda la bohémienne, comme eux. Elle est née de ses souvenirs d'enfance et d'adolescence. Et de ses rêves aussi. Il croit et redoute la fatalité, dont il imagine que le mot grec qui l'exprime, *Anankê*, est écrit sur les murs de cette « immense église… énorme sphinx à deux têtes, assis au milieu de Paris ».

Et il a prêté à l'archidiacre Frollo ses propres visions.

« La pensée humaine, volatilisée par la presse, s'évaporera du récipient théocratique… Une puissance allait succéder à une autre puissance. Cela voulait dire : la presse tuera l'Église… Toute civilisation commence par la théocratie et finit par la démocratie. »

Il envoie le texte à Gosselin.

Il doit maintenant discuter avec ce libraire retors qui truque peut-être les chiffres de tirage, qui se dérobe et il faut insister. « Je demande simplement et loyalement une déclaration du nombre exact d'exemplaires… » Il faut le harceler, hausser le ton.

« M. Hugo croit dans l'intérêt de M. Gosselin de lui indiquer une liste de personnes amies et influentes dans divers journaux qui pourraient faire ou faire faire promptement des articles… »

Seulement Gosselin est de mauvaise foi. Comment lui confier l'édition du recueil de poèmes qu'il prépare, *Les Feuilles d'automne*, ou la publication du drame *Marion de Lorme*, jadis interdit et que le théâtre de la Porte-Saint-Martin a décidé de monter ?

Il n'y a qu'une seule solution, exiger de lui des sommes importantes pour obtenir de nouveaux contrats d'édition, qu'il refusera de verser, et changer alors d'éditeur, se tourner vers ce Renduel qui est prêt à offrir six mille francs pour quatre mille exemplaires des *Feuilles d'automne*. Et quant à Gosselin, l'oublier !

Il va l'écrire à un journaliste.

« Il y a des choses ou des hommes auxquels on ne répond pas, qu'on ne lit pas, dont on ignore jusqu'à l'existence. Le libraire Gosselin est pour moi un de ces hommes ou une de ces choses. Je ne réponds pas à ce qu'il dit ou fait dire, je ne lis pas ce qu'il imprime ou fait imprimer, je ne sais pas s'il existe… »

Mais c'est encore Gosselin qui diffuse *Notre-Dame de Paris* ! Hugo a l'impression que cette fatalité — *Anankê* — dont il a fait le ressort de son roman pèse sur lui.

Le jour où *Notre-Dame de Paris* est envoyé chez les libraires, des insurgés mettent à sac Saint-Germain-l'Auxerrois où s'étaient rassemblés, pour un service funèbre à la mémoire du duc de Berry, des légitimistes. L'archevêché est entièrement détruit.

Paris d'ailleurs est secoué presque chaque jour par des émeutes, car les républicains n'acceptent pas la confiscation de la révolution de Juillet au bénéfice de Louis-Philippe.

Hugo s'inquiète. On achète peu de livres. On ne va pas au théâtre.

Il se dit prêt, « dans l'état incertain où se trouve la librairie », à revoir les clauses financières du contrat très avantageux qu'il a signé avec Renduel pour *Les Feuilles d'automne*. Mais qui lui saura gré de cette attitude ? De son désintéressement ?

Il entend ces ragots qui le présentent comme un auteur qui « calcule ses productions », qui ne se soucie que d'augmenter ses revenus. Et avare de surcroît, serrant les cordons de sa bourse, contraignant sa femme aux plus petites économies.

« Un misérable », aurait dit Sainte-Beuve, qui aurait ajouté : « Victor va bien, mais sa pauvre femme est assez malade et d'une santé altérée. Victor s'est fait jaloux, par orgueil, et voilà la maladie de sa femme. »

Est-il possible d'être à ce point envié, incompris, haï ? Est-ce le prix du succès ?

Marion de Lorme fait, malgré les émeutes, salle comble au théâtre de la Porte-Saint-Martin. *Notre-Dame de Paris* se vend bien, et sans doute encore plus, car Gosselin doit dissimuler une partie des ventes !... Et voilà que Vigny fait de nouveau grise mine : « Il n'a pas encore eu des succès égaux à son talent », estime Hugo. Au théâtre, il a beau être l'amant de Marie Dorval, qui joue *Marion de Lorme*, il n'a jamais connu une victoire éclatante. Jaloux, donc.

Lamartine se dit d'abord lecteur enthousiaste de *Notre-Dame de Paris* : « Je ne vois rien à comparer dans nos temps à *Notre-Dame*. C'est le Shakespeare du roman, c'est l'épopée du Moyen Âge... Seulement, c'est immoral par le manque de

Providence assez sensible ; il y a de tout dans votre temple, excepté un peu de religion… » Le jeune comte de Montalembert, un admirateur amical pourtant, fait les mêmes reproches.

Ne peut-on avoir une autre idée de la foi en Dieu sans être aussitôt lapidé ?

Le plus inacceptable est l'attitude de Sainte-Beuve, qui refuse d'écrire un article sur le roman !

Hugo se reproche d'avoir fait les premiers pas pour raviver l'amitié — pour essayer aussi, il se l'avoue, d'obtenir une critique. « Je vous enverrai *Notre-Dame de Paris* un de ces matins. N'en pensez pas trop de mal, je vous en prie… », avait-il écrit.

Ne recevant pas de réponse, il a insisté : « Voulez-vous vous charger de *Notre-Dame de Paris* ? Croyez-vous encore n'avoir pas trop de mal à en dire, car si l'on en dit du mal, je ne veux pas que ce soit vous ? »

Il attend.

Le journal *L'Avenir* publie des bonnes feuilles du roman, des articles critiques paraissent, mais rien ne vient de Sainte-Beuve, à part cette lettre mielleuse, pleine d'allusions, par laquelle il se dérobe, accuse :

« Vous-même, écrit-il, aviez envers moi des torts réels dans l'état d'amitié où nous étions placés par manque d'abandon, de confiance, de franchise… Toute la plaie est là… Cela est si vrai que dans tout ce que vous m'écrivez et dans tout ce que je vous écris, nous n'osons même pas aborder par son nom le sujet vrai et si adorable de toute cette discussion. »

Eh quoi ? Que pouvait-il faire et dire de plus que laisser Adèle choisir entre eux ! Il va le répéter à Sainte-Beuve :

« Rappelez-vous ce que je vous ai dit, ce que je vous ai offert, ce que je vous ai proposé, vous le savez, avec la ferme résolution de tenir ma promesse et de faire comme vous voudriez ! »

Et on l'accuse d'avoir manqué de franchise !

Il lit maintenant avec tristesse les lettres successives que l'autre lui adresse, où se mêlent regrets et coups de poignard :

« Vous me blâmez, je le sais, de n'avoir point parlé du roman, mais l'opinion qu'il faudrait exprimer ne sortira jamais de ma plume, avec quelque assaisonnement de louanges que ce soit… »

Et Sainte-Beuve ajoute : « Dites-moi, mon ami, puis-je aller vous serrer la main ? »

Hugo hésite. Comment renoncer à « un grand morceau de nous-mêmes », cette amitié entre eux ?

Sainte-Beuve revient donc, avec cette façon qu'il a de regarder Adèle, de soupirer, et la complaisance de cette dernière l'accable. Il est sûr désormais qu'elle ne l'aime plus.

Alors, assez de ces visites, de cette hypocrisie, de cette douleur aussi ! Autant dire la vérité :

« Cet essai de trois mois d'une demi-intimité mal reprise et mal recousue ne nous a pas réussi… Nous ne sommes plus libres l'un avec l'autre… Tout m'est supplice à présent. L'obligation même qui m'est imposée par une personne que je ne dois pas nommer ici d'être toujours là quand vous y êtes, me dit sans cesse et bien cruellement que nous ne sommes plus les amis d'autrefois... Cessons donc de nous voir, croyez-moi, encore pour quelque temps, afin de ne pas cesser de nous aimer... »

Mais que faire quand cette fois Sainte-Beuve s'obstine, invoque sa bonne foi, s'accroche à l'amitié comme si de rien n'était, sans renoncer cependant à son amour pour Adèle, « restée pour moi, ose-t-il avouer, l'objet d'une affection invincible et inaliénable » ?

Hugo décide de s'éloigner pour quelques jours, de séjourner chez les Bertin au château des Roches. Il y retrouve la paix. Jusqu'au moment où arrivent ces lettres d'Adèle restée à Paris, si calmes dans leur indifférence : « Adieu, cher ami », dit l'une. « À demain sans doute, cher ami », ajoute l'autre. Est-ce ainsi qu'on écrit à un homme qu'on aime ?

Il sent monter en lui tous les souvenirs de son amour pour elle. Les mots lui viennent, qui ressemblent à ceux d'autrefois :

« Tu me manques trop... Cette maison que tu rendais si gaie et si peuplée pour moi me semble à présent vide et déserte... C'est plus fort peut-être encore qu'il y a dix ans. Je ne suis rien sans toi, mon Adèle ! Je ne puis pas vivre. Oh ! comme je sens cela surtout aux moments d'absence. Ce lit où tu pourrais être (quoique tu ne veuilles plus, méchante !), cette chambre où je pourrais voir tes robes, tes bas, tes chiffons traîner sur les fauteuils à côté des miens... Tout cela m'est douloureux et poignant. Je n'ai pas dormi de la nuit ; je pensais à toi comme à dix-huit ans ; je rêvais à toi comme si je n'avais pas couché avec toi. Chère ange !…

« Quand je reviendrai, je te ferai ôter tes bas pour baiser tes petits pieds bien-aimés. Ton Victor. »

Temps révolu, il le sait. Souffrance.

Il écrit :

Si jamais vous n'avez, à l'heure où tout sommeille,
Tandis qu'elle dormait, oublieuse et vermeille,
Pleuré comme un enfant à force de souffrir,
Crié cent fois son nom du soir jusqu'à l'aurore,
Et cru qu'elle viendrait en l'appelant encore,
Et maudit votre mère, et désiré mourir ;

Si jamais vous n'avez senti que d'une femme
Le regard dans votre âme allumait une autre âme,
Que vous étiez charmé, qu'un ciel s'était ouvert,
Et que pour cette enfant, qui de vos pleurs se joue,
Il vous serait bien doux d'expirer sur la roue ; ...
Vous n'avez point aimé, vous n'avez point
[souffert [154] *!*

Il est convaincu à présent que Sainte-Beuve et Adèle s'aiment, se sont vus, peut-être au cours de rendez-vous dans une église. Des rumeurs courent… Sainte-Beuve se répand en confidences, écrit des poèmes pleins d'allusions, semble, au travers de ces textes, assuré de l'amour qu'on lui porte.

Pour tenter de refouler le désespoir, travailler donc, écrire cet hymne aux morts de juillet 1830 que le gouvernement vient de lui commander, et qui sera chanté sur une musique de Hérold.

Il a le sentiment que c'est une autre partie de lui qui écrit :

Ceux qui pieusement sont morts pour la patrie
Ont droit qu'à leur cercueil la foule vienne et prie.
Entre les plus beaux noms leur nom est le plus
[beau.
Toute gloire près d'eux passe et tombe éphémère ;
Et, comme ferait une mère,
La voix d'un peuple entier les berce en leur
[tombeau !

Gloire à notre France éternelle !
Gloire à ceux qui sont morts pour elle[155] *!*

Mais une fois l'hymne terminé, la tristesse et la nostalgie reviennent.

Toujours, au fond de tout, toujours dans son esprit,
Même quand l'art le tient, l'enivre et lui sourit,
Même dans ses chansons, même dans ses pensées
Les plus joyeusement écloses et bercées,
Il retrouve, attristé, le regret morne et froid
Du passé disparu, du passé, quel qu'il soit[156] *!*

Et puis il y a le désir qu'il sent monter en lui.

Il en veut à cette « méchante » Adèle qui le prive du corps d'une femme. Il a besoin de cette libération d'énergie. Il regarde les femmes qui passent, qu'il côtoie dans les coulisses du théâtre de la

Porte-Saint-Martin, l'actrice Marie Dorval, ou bien Marie Nodier, qu'il voit danser dans un salon.

Elle est jeune, elle est belle, désirable.

Madame, autour de vous tant de grâce étincelle,
Votre chant est si pur, votre danse recèle
Un charme si vainqueur,
Un si touchant regard baigne votre prunelle,
Toute votre personne a quelque chose en elle
De si doux pour le cœur[157]...

Il refuse pourtant de s'abandonner à cette pulsion qu'il sent de plus en plus irrépressible. Il regarde ses enfants, et d'abord Léopoldine qui prie, agenouillée. Elle est le frein, le garde-fou...

... *Qui fait que tout le jour, et sans qu'elle te voie,*
Écartant de son cœur faux désirs, fausse joie,
Mensonge et passion,
Prosternant à ses pieds ta couronne immortelle,
Comme elle devant Dieu, tu te tiens devant elle
En adoration[158] !

Mais combien de temps pourra-t-il résister ?

Tout tremble en lui. Il change, il le sent. Le monde qui l'entoure se modifie également. Les émeutes se succèdent à l'annonce de la chute de Varsovie, qui est tombée aux mains des Russes.

Le pouvoir se cabre. Casimir Perier, le conservateur, a succédé à Laffitte, l'homme des réformes. On emprisonne les opposants. Il suffit de représenter Louis-Philippe sous la forme d'une poire pour être condamné ! Les canuts, à Lyon, prennent les armes. Ils se rendent maîtres de la ville. Et il faut vingt mille hommes de troupe, commandés par le maréchal Soult et le duc d'Orléans, fils aîné du roi, pour réduire l'insurrection.

Dans les rues de Paris, Hugo assiste, place des Victoires, à une émeute de femmes. Quel va être le destin de ce pays ?

Il répond à une lettre de Joseph Bonaparte, qui vit à New York et qui l'a félicité pour son *Ode à la Colonne Vendôme*. Il faudrait, dit-il au frère de Napoléon, marier la liberté et le souvenir de l'Empire, incarné par l'Aiglon. Il faudrait s'appuyer sur la jeunesse de France « qui vénère le nom de l'Empereur et sur laquelle, dans une position obscure mais indépendante, j'ai peut-être quelque influence ».

Car il s'en convainc, la France hésite encore. Cette monarchie de Juillet reste instable.

A-t-il le droit, dans un tel climat, de composer un recueil de poésies, comme celui qu'il va publier le 30 novembre ? Est-il légitime de parler de son passé, de ses sentiments, de la nostalgie, au moment où l'on se bat ? Qui va lire ces *Feuilles d'automne*, alors que les journaux sont pleins de l'écho de ces batailles de rue, qu'Émile Girardin évoque les « barbares » — ces pauvres — qui campent sous le mur des villes ?

Il veut se justifier dans la préface des *Feuilles d'automne* :

« Le moment politique est grave : personne ne le

conteste, et l'auteur de ce livre moins que personne. Au-dedans, toutes les solutions sociales remises en question ; toutes les membrures du corps politique tordues, refondues ou reforgées dans la fournaise d'une révolution, sur l'enclume sonore des journaux… C'est folie de publier un volume de pauvres vers désintéressés. Folie ! Pourquoi ? » Et affirmer néanmoins que « l'art persiste, que l'art s'entête, que l'art se reste fidèle à lui-même… ».

Mais il n'est pas indifférent. Il ne veut pas l'être :

Je suis fils de ce siècle !…
[...]
Je hais l'oppression d'une haine profonde.
Aussi, lorsque j'entends, dans quelque coin du
[monde,
Sous un ciel inclément, sous un roi meurtrier,
Un peuple qu'on égorge appeler et crier…
[...]
Alors, oh ! je maudis, dans leur cour, dans leur
[antre,
Ces rois dont les chevaux ont du sang jusqu'au
[ventre !
Je sens que le poète est leur juge ! Je sens
Que la muse indignée, avec ses poings puissants,
Peut, comme au pilori, les lier sur leur trône
Et leur faire un carcan de leur lâche couronne…
[...]
Oh ! la muse se doit au peuple sans défense.
J'oublie alors l'amour, la famille, l'enfance,
Et les molles chansons, et leur loisir serein,
Et j'ajoute à ma lyre une corde d'airain[159] *!*

1832

Vos mères aux laquais se sont prostituées !
Vous êtes tous bâtards !

Hugo cache ses yeux sous ses paumes. Il appuie lentement sur ses paupières, comme s'il pouvait ainsi faire disparaître ces brûlures et cette gêne qui, certains jours, l'empêchent de travailler. Il essaie de ne pas s'irriter contre ses « méchants yeux », ses « yeux bien malades », mais l'inquiétude le saisit.

Il va avoir trente ans, dans moins de deux mois. Et il se sent déjà comme engoncé dans son corps devenu trop lourd. Il a l'impression que son visage s'est modifié, les yeux rougis, le front plus vaste. Il n'est plus Bonaparte, déjà un peu Napoléon.

Mais sur quoi règne-t-il ?

Il observe Adèle. Elle a grossi. Elle est paisible et assurée, comme quelqu'un qui aime et est aimée.

Elle voit sans doute Sainte-Beuve, lui donne-t-elle son corps dont elle prive son mari ?

Il ne peut l'imaginer. Mais serrer une femme dans ses bras, caresser ses pieds, ses jambes, lui manque. Il est de plus en plus troublé quand l'une de ces jeunes actrices le frôle dans les couloirs d'un théâtre ou d'une salle de concerts.

L'amour, miel et poison, l'amour, philtre de feu,
Fait du souffle mêlé de l'homme et de la femme,
Des frissons de la chair et des rêves de l'âme[160]...

Il ne connaît plus ça. Il a même parfois le sentiment qu'il ne l'a jamais connu, que tout un monde qu'il ignore encore, qu'il n'a fait qu'effleurer avec Adèle, peut surgir du désir.

Il ne règne donc pas sur Adèle. Elle lui échappe. Il note, traçant les mots avec amertume :

« Malheur à qui aime sans être aimé... Voyez cette femme, c'est un être charmant ; elle est douce, blanche, candide, elle est la joie et l'amour du toit. Mais elle ne vous aime pas. Elle ne vous hait pas non plus. Elle ne vous aime pas, voilà tout... Toutes vos pensées d'amour viennent se poser sur elle ; elle les laisse repartir comme elles sont venues, sans les chasser, sans les retenir... »

Pourra-t-il longtemps vivre ainsi ? La vie ne serait plus alors une fête, une joie...

La salle est magnifique et la table est immense.
Toujours par quelque bout le banquet
[recommence[161]...

Car sans amour, la scène change :

... Il faut ouvrir d'abord.
Il faut qu'on laisse entrer ! Et tantôt c'est la mort,
Tantôt l'exil qui vient, la bouche haletante,
L'une avec un tombeau, l'autre avec une tente,
La mort au pied pesant, l'exil au pas léger,
Spectre toujours vêtu d'un habit étranger[162] *!*

Il s'interroge. Trente ans, c'est aussi l'heure d'un premier bilan. Il a perdu l'amour d'Adèle. A-t-il au moins gagné d'être reconnu comme le premier des écrivains ?

C'était l'un de ses buts... Chateaubriand ou rien ! Il est temps de savoir. Il le répète, en marchant sous les galeries du Palais-Royal en compagnie d'Antoine Pierre Fontaney, un écrivain ami, connu dans le salon de Nodier, et qui lui aussi pleure l'amour, celui de Marie Nodier.

Il a besoin de se confier, « il veut la première place, dit-il. S'il savait ne devoir point primer, prendre rang au-dessus de tous, il se ferait demain notaire ».

Fontaney le regarde avec étonnement, le rassure. Qui pourrait rivaliser avec lui ? Lamartine ?

Hugo hausse les épaules. Il suffit que quelqu'un — ainsi Sainte-Beuve — constate que « drame, roman, poésie, tout relève aujourd'hui de cet écrivain qui n'est pas moins grand prosateur que grand poète... » pour que l'on conteste sa place, que l'on récrimine, que l'on se fâche avec lui.

Et peut-être d'ailleurs les compliments de Sainte-Beuve n'ont-ils que ce but, l'isoler, le désigner aux envieux, exciter Vigny contre lui mais aussi Lamartine et bien d'autres !

Cette jalousie, ces rivalités sordides, cette hypocrisie, ces manœuvres de Sainte-Beuve le tourmentent. Comme si, soudain, l'horizon s'assombrissait.

Il reçoit une lettre du directeur de la Maison royale de Charenton, qui lui demande de contribuer à la pension et aux soins d'Eugène. Il accepte, mais il a l'impression que son frère aîné se dresse devant lui, accusateur.

Il sollicite l'autorisation de rendre visite à Eugène. Le médecin-chef Esquirol répond, le 28 janvier : « Les devoirs d'un médecin le forment à l'administration des moyens propres à guérir les malades confiés à ses soins, voilà pourquoi, Monsieur, parfaitement étranger au matériel de la Maison de Charenton… je vous indique que M. Eugène est à peu près dans le même état, indifférent pour tout, même pour lui, et je persiste, comme mon prédécesseur, à croire qu'il est préférable que vous ne le voyiez pas… »

Il ne veut pas imaginer Eugène dans son abîme. Le souvenir de ce compagnon des premières années est comme un tourment qui le déchire.

Il reçoit alors une nouvelle lettre de Charenton, et il ne comprend plus. Le directeur écrit : « Vos visites ne sauraient plus nuire à Monsieur votre frère. Elles auraient peut-être aujourd'hui pour effet d'éveiller en lui quelques-unes de ces émotions dont son état moral paraît malheureusement ne presque plus offrir aucun vestige ; peut-être votre présence ferait-elle vibrer en lui quelque corde secrète. Sa santé physique est assez bonne ; mais ses jambes sont habituellement enflées, ce qui tient à son inertie, à son immobilité presque complète… »

Que faire ?

La vie décide…

On relève, rue Mazarine, la première victime du choléra morbus. Et l'épidémie se répand aussitôt de façon fulgurante, traînant avec elle les rumeurs les plus folles. « On » empoisonnerait l'eau des puits et des fontaines. « On » voudrait décimer le peuple de Paris. « On » murmure que le gouvernement favorise le « mal » pour se débarrasser des opposants. On s'enferme. On brûle de l'encens. On a peur.

Hugo se sent démuni. Charles vomit, se raidit, Charles tremble de froid. Hugo prend son « cher gros petit Charlot » contre lui, le frictionne, tente de le réchauffer. Le médecin appelé diagnostique une attaque légère de choléra. Après plusieurs heures de désespoir, l'enfant va mieux. La mort s'éloigne. Mais elle frappe le concierge de la maison de la rue Jean-Goujon, emporte « Madame » Martin-Chopine, la Goton, la tante jadis haïe, au temps d'Eugène.

Et voici précisément que le docteur Esquirol réitère son interdiction de voir Eugène.

Tout est sombre.

Une nuit, il s'éveille en sursaut.

Une femme échevelée, hurlante, tente de pénétrer dans la chambre. Hugo se lève. Elle se précipite, crie, gesticule. Que veut-elle ? Il recule. Il reconnaît la mère d'Ernest de Saxe-Cobourg, un jeune homme qui au temps d'*Hernani* a soutenu la pièce de son enthousiasme et vénère à ce point le poète qu'il a voulu venir habiter près de la rue Jean-Goujon. Il vient de mourir, victime lui aussi de l'épidémie. Et la mère est folle de désespoir. Elle tend le bras. Il comprend qu'elle l'accuse d'avoir assassiné son fils ! Il faut la maîtriser, la calmer.

La mort fauche de tous côtés. Casimir Perier, le président du Conseil, meurt à son tour, et avec lui des milliers de Parisiens qu'on emporte sur des charrettes. Hugo a l'impression que toute la société est ébranlée.

Il reste cloîtré. Il écrit une nouvelle préface pour *Le Dernier Jour d'un condamné*.

« L'édifice social du passé reposait sur trois colonnes, le prêtre, le roi et le bourreau, explique-t-il. Il y a déjà longtemps qu'une voix a dit : *Les dieux s'en vont !* Dernièrement, une voix s'est élevée et a crié : *Les rois s'en vont !* Il est temps maintenant qu'une troisième voix s'élève et dise : *Le bourreau s'en va !*… La civilisation n'est autre chose qu'une série de transformations successives… »

Mais il suffit qu'il quitte sa maison pour qu'il découvre la violence, cette « clef hideuse » qui tue.

Il se promène aux Tuileries, pénètre dans le passage du Saumon, et tout à coup on ferme les grilles. C'est une émeute. On a enterré ce jour, le 5 juin, le général Lamarque, député de l'opposition, ancien de la Grande Armée, et des républicains ont dressé les barricades, se sont enfermés dans le cloître Saint-Merri. L'état de siège est proclamé.

Hugo observe, note.

Sainte-Beuve le sollicite : les journalistes du *National* veulent lancer une pétition contre l'état de siège, en sera-t-il ?

« Je m'unis à vous de grand cœur, répond-il aussitôt. Je signerai tout ce que vous signerez à la barbe de l'état de siège.

« Votre ami dévoué, Victor. »

Il ne peut décidément pas rompre avec Sainte-Beuve ! « L'ami » est toujours aussi ambigu : il envoie des cadeaux aux enfants, il s'inquiète de la santé de Charles, il publie un article favorable sur *Les Feuilles d'automne*. Et sans doute voit-il Adèle !

Mais il a accès aux journaux, ses articles comptent. Et on peut échanger des idées avec lui. Il a choisi le bon camp. Contre les « misérables escamoteurs politiques ».

Hugo est indigné de la répression qui balaye Paris. Il est ému par la résistance des insurgés dans le cloître Saint-Merri.

Il craint les condamnations à mort, les exécutions au mur de Grenelle des « jeunes cervelles trop chaudes mais si généreuses ». Si c'était le cas, il serait prêt à se joindre à une émeute.

Mais il se veut prudent, modéré d'opinion.

« Sachons attendre », dit-il. La République viendra, mais plus tard.

« Il ne faut pas souffrir que des goujats barbouillent de rouge notre drapeau… Ces gens-là font reculer l'idée politique qui avancerait sans eux. Ils effraient l'honnête boutiquier qui devient féroce de contrecoup. Ils font de la République un épouvantail. 93 est un triste asticot. Parlons un peu moins de Robespierre et un peu plus de Washington. »

Pourtant il est déçu, indigné par les agissements des « escamoteurs politiques », de ces gouvernants qui sont capables de payer grassement un homme pour qu'il trahisse et livre aux policiers la duchesse de Berry, rentrée clandestinement en France pour tenter de soulever la Vendée derrière le drapeau blanc des légitimistes contre le gouvernement des Orléans. Il stigmatise ce délateur, Simon Deutz, ce fils du grand rabbin converti au catholicisme.

C'est l'honneur, c'est la foi, la pitié, le serment
Voilà ce que ce juif a vendu lâchement !
[...]
Ce n'est pas même un juif ! C'est un païen immonde,
Un renégat, l'opprobre et le rebut du monde,
Un fétide apostat, un oblique étranger[163]*…*

Il se fait l'écho de ce que ressent le pays, hostile à l'étranger et ennemi des juifs, ou blessé quand on apprend que le duc de Reichstadt, l'Aiglon, est mort. Ainsi une porte se ferme. Lui qui correspond avec Joseph Bonaparte, que le souvenir de Napoléon habite, ne voit plus d'avenir pour cette lignée.

Tous deux sont morts. — Seigneur, votre droite est
[terrible !
Vous avez commencé par le maître invincible,
Par l'homme triomphant ;
Puis vous avez enfin complété l'ossuaire ;
Dix ans vous ont suffi pour filer le suaire
Du père et de l'enfant !
[...]
Longue nuit ! Tourmente éternelle !
Le ciel n'a pas un coin d'azur.
Hommes et choses, pêle-mêle,
Vont roulant dans l'abîme obscur.
Tout dérive et s'en va sous l'onde,
Rois au berceau, maîtres du monde,
Le front chauve et la tête blonde,
Grand et petit Napoléon[164] *!*

Que doit-il faire ? S'enfermer. Travailler. Il pense au théâtre. Les revenus procurés par une pièce à succès peuvent être considérables. L'auteur perçoit jusqu'à douze pour cent des recettes, et l'on peut en outre toucher une somme de quelques milliers de francs pour l'impression en volume du drame. Et puis le théâtre, il le sait depuis *Hernani*, est une « chaire », une « tribune », d'où l'on peut s'adresser directement au public rassemblé, et la résonance est plus grande, plus collective qu'avec un livre.

Il écrit. Il veut mettre en scène un roi, François Ier, et faire vivre autour de lui les courtisans. Montrer que, lorsque *Le roi s'amuse*, des êtres souffrent. Triboulet, le fou du roi, bossu, jouet des intrigues de la Cour, provocateur bouffon, va sans le savoir être responsable de la mort de sa fille, Blanche, séduite par le roi. Hugo veut peindre l'impitoyable égoïsme des grands, qui se moquent cruellement de :

Triboulet le bouffon, Triboulet le difforme,

pauvre homme, victime de la fatalité.

Les vers s'enchaînent, l'indignation éclate, ici et là, quand Triboulet s'emporte, s'adresse aux courtisans :

Vos mères aux laquais se sont prostituées !
Vous êtes tous bâtards[165] *!*

À peine a-t-il terminé, levé la tête de son manuscrit, qu'il sent le poids de la solitude.

Il se rend au château des Roches chez les Bertin, alors qu'Adèle est à Paris, dans le nouvel appartement où ils viennent d'emménager, quittant les Champs-Élysées pour le numéro 6 de la place Royale *.

Parfois, c'est Adèle qui est aux Roches et Vic-

* L'actuelle place des Vosges.

tor qui reste à Paris, dans ces grandes pièces qu'il décore, où il écrit.

Il sort, fait quelques pas sur la place. Il aime sentir autour de lui cette vie populaire, entendre le bruit que font les ateliers des artisans. Dans ce quartier qui fut souvent celui des insurrections, avec le faubourg Saint-Antoine si proche, ces ruelles où le torrent de l'émeute a roulé, il a l'impression d'être au cœur de l'histoire de Paris, donc de la France.

Mais quand il rentre et qu'Adèle est absente, son cœur se serre.

« La maison me paraît bien vide, va, quand tu n'y es pas, lui écrit-il. Tu ne sais pas, mon Adèle, à quel point tu fais partie de mon existence, tu ne le sais pas assez, vois-tu, tu doutes souvent de moi, et tu as bien tort. Je suis capable de tout, excepté de cesser de t'aimer… »

Il soupire. Il ne peut oublier Sainte-Beuve et l'indifférence d'Adèle.

Il se remet au travail avec acharnement. Il va peindre une femme pécheresse, criminelle, Lucrèce Borgia, qui, la fatalité étant une fois encore à l'œuvre, empoisonnera l'homme qu'elle aimait, ce Gennaro, ce fils qu'elle voulait sauver. Et c'est lui qui, avant de mourir, la tuera.

Le 20 juillet, il en a terminé avec ces deux drames. À la fin du mois d'août, il lit *Le roi s'amuse* à la Comédie-Française et Taylor, le directeur, prend la décision de monter la pièce.

Hugo se rend aux auditions, et chez lui, place Royale, il s'affaire à installer l'appartement.

« Voilà huit jours que je suis dans le chaos, que

je cloue et que je martèle, que je suis fait comme un voleur, écrit-il à Louise Bertin qui vit au château des Roches. C'est abominable. Mettez au travers de tout cela mes répétitions où je suis forcé d'aller… »

Dans les jours qui précèdent la première représentation, fixée au 22 novembre, il constate que « toute la salle est louée, et louée je ne sais trop comment, à je ne sais trop qui… ».

Quand il rentre dans le théâtre, comble depuis quatre heures, une partie des spectateurs chante *La Marseillaise*, le *Ça ira*, crie : « À bas les aristocrates ! », « À bas Poulot ! » — le surnom qu'on donne à Louis-Philippe.

Hugo recule. La politique s'est emparée de cette représentation, de sa pièce. Il a l'intuition qu'elle va être victime de cette situation, et quand, le lendemain matin, il ouvre l'enveloppe que vient de lui adresser le directeur de la scène du Théâtre-Français, il s'attend au pire.

Il ne se trompe pas.

« Il est dix heures et demie, écrit le directeur, et je reçois à l'instant l'ordre de suspendre les représentations du *Roi s'amuse*. C'est Monsieur Taylor qui me communique cet ordre de la part du ministère. »

Dans les heures qui suivent, la pièce est interdite.

Il ne veut pas « d'une démonstration violente » que des jeunes gens s'apprêtent à organiser. Elle

« aboutirait peut-être à l'émeute que le gouvernement cherche à se procurer depuis si longtemps ».

Mais il étouffe de colère. Ce régime né d'une révolution rétablit la censure !

« Ma destinée m'entraîne, dit-il. Je suis furieux contre la Comédie-Française, et j'ai besoin d'un procès pour me soulager. Ce qui est extraordinaire, c'est qu'il paraît certain que je gagnerai, avec de gros dommages et intérêts que le gouvernement paiera, à ce que disent Messieurs les sociétaires. »

Il faut pour cela que l'opinion se lève à ses côtés. Or, lorsqu'il lit les journaux, il est déçu. La plupart des chroniqueurs jugent la pièce sévèrement. Il faut faire comprendre à la presse qu'il n'est plus question de théâtre, mais de politique.

Il s'adresse à Armand Carrel, du *National*. Il ne se fait pas d'illusion sur l'hostilité de ce dernier au drame romantique, mais le journaliste d'opposition se doit de saisir l'occasion pour attaquer le gouvernement. Il le rencontre.

« J'ai vu Carrel, mon cher ami, rapporte-t-il à Sainte-Beuve, et je l'ai trouvé cordial et excellent… Il a ajouté de son propre mouvement que je pouvais vous prier de sa part de faire un article politique étendu à toute la question et sur la nécessité où est l'opposition de me soutenir chaudement dans cette occasion si elle ne veut pas abdiquer elle-même. J'ai besoin de tous ces appuis, mon cher ami, dans la lutte où me voilà contraint de m'engager et de persister, moi à qui vous connaissez des habitudes si recueillies et si domestiques. Je me remets tout entier dans vos mains.

« Votre ami à toujours, Victor. »

Il faut écrire cela et attendre l'article. Et naturellement Sainte-Beuve biaise, ne publie rien : « Je n'ai pas d'idées nettes sur cette question de législation théâtrale... », répond-il.

Il faut donc se battre seul, écrire au ministre de l'Intérieur pour lui annoncer qu'on renonce à la pension royale de deux mille francs, et puis, surtout, il faut assurer aux côtés de l'avocat Odilon Barrot sa défense lors du procès qui va s'ouvrir.

Mais d'abord s'en prendre dans la préface du *Roi s'amuse* à « ces quelques pauvres diables de gâcheurs politiques, lesquels s'imaginent qu'ils bâtissent un édifice social parce qu'ils vont tous les jours à grand-peine, suant et soufflant, brouetter des tas de projets de loi des Tuileries au palais Bourbon et du palais Bourbon au Luxembourg ! ».

Et surtout, il faut les accabler de mépris.

Il parle dans la salle du tribunal de commerce, qui siège au palais de la Bourse. Il sent que la foule bruissante, tendue, le soutient.

Il martèle : « Je dis que le gouvernement nous retire petit à petit tout ce que nos quarante ans de révolution nous avaient acquis de droits et de franchises... Napoléon lui ne fut ni sournois ni hypocrite. Napoléon ne nous filouta pas nos droits l'un après l'autre à la faveur de notre assoupissement, comme on fait maintenant. Napoléon prit tout à la fois, d'un seul coup et d'une seule main. Le lion n'a pas les mœurs du renard… Souvenons-nous que notre liberté nous fut largement payée en gloire…

« Ce n'était pas la France comme nous la voulons, la France libre, la France souveraine d'elle-même, c'était la France esclave d'un homme et maîtresse du monde… Alors, je le répète, c'était grand ; aujourd'hui, c'est petit. Nous marchons à l'arbitraire comme alors, mais nous ne sommes pas des colosses… »

Il éprouve à parler ainsi, pour la première fois en public, une vibration intérieure presque aussi forte que lorsqu'il écrit.

Il ajoute :

« Je n'ai plus que quatre mots à dire, Messieurs… Il n'y a eu dans ce siècle qu'un grand homme, Napoléon, et une grande chose, la liberté. Nous n'avons plus le grand homme, tâchons d'avoir la grande chose. »

Lorsqu'il se fraie un passage dans la foule, on l'acclame. On se presse dans les galeries, comme dans les rues voisines du palais.

Il est porté par ces voix qui l'approuvent, cette rumeur qui l'entoure. Il est sûr qu'il va imposer sa marque, son œuvre à ce siècle, et peut-être changer le cours des choses.

Le 29 décembre, il se rend au théâtre de la Porte-Saint-Martin. Harel, le directeur, lui présente le contrat qu'il a préparé pour *Lucrèce Borgia*, qui attisera d'autant plus la curiosité que *Le roi s'amuse* a été interdit.

Hugo lit les différentes clauses. Il recevra dix pour cent de la recette, et des primes proportionnelles au succès de la pièce lui seront versées. Il pourra ainsi toucher mille francs à la remise du manuscrit, puis deux mille et trois mille francs.

Il signe.

Il se sent fort, aguerri, sûr de lui.

Il rentre à pied place Royale.

HUITIÈME PARTIE

1833 - 1843

1833

Blanche avec des yeux noirs, jeune, grande,
[éclatante.
Tout en elle était feu qui brille, ardeur qui rit...

Hugo regarde et écoute Mlle George, cette comédienne d'une cinquantaine d'années qui, sur la scène du théâtre de la Porte-Saint-Martin, lance d'une voix forte l'une des premières répliques de *Lucrèce Borgia* :

Et que m'importe ? S'ils ne savent pas qui je
[suis, je n'ai rien
À craindre. S'ils savent qui je suis, c'est à eux
[d'avoir peur.

Elle est belle encore, cette femme qui a été la maîtresse de Napoléon et qui maintenant domine Félix Harel, le directeur du théâtre, son amant.

Elle a voulu le rôle, et elle impose sa présence, son jeu, à tous les autres acteurs — même à Frédéric Lemaître — qui se tiennent un peu en retrait.

Dans la pénombre de la scène où vont et viennent des machinistes qui préparent les décors pour la première représentation, qui doit avoir lieu le 2 février, dans un mois, il reconnaît une silhouette qu'il a déjà aperçue au cours des répétitions précédentes. Peut-être il y a quelques mois, à l'occasion d'un bal ? Cette jeune femme s'appelle Juliette Drouet.

Son corps est élancé, sa taille bien prise dans la robe de taffetas rose. Les cheveux noirs encadrent un visage à l'ovale parfait.

Elle semble à la fois désinvolte et naïve.

Il sent qu'elle l'observe avec insistance, comme une de ces actrices qui veulent séduire, conquérir. Mais il y a de la sincérité, de la pureté dans ses yeux.

Elle a les attitudes et les poses d'une femme libre et pourtant des timidités et des grâces de jeune fille.

Il est troublé. Attiré. Il tente de ne pas la regarder, de ne pas s'approcher. Mais ces épaules, ces bras, ces seins qu'il devine, ces cuisses, ces pieds qu'il aperçoit, le fascinent. Elle doit interpréter le rôle de la princesse Negroni. Elle n'a qu'à traverser la scène, à dire quelques répliques.

Elle a d'abord protesté puis, avec un beau mouvement d'épaules, elle a ajouté :

— Il n'y a pas de petit rôle dans une pièce de Monsieur Victor Hugo !

Il veut encore essayer de résister à la tentation, au désir. Il murmure, comme pour se justifier qu'on ait attribué un rôle à Mlle Juliette :

— Que voulez-vous, je ne puis empêcher cette pauvre fille de montrer sa marchandise…

Il se sent honteux, presque sacrilège de juger ainsi cette jeune femme.

Mais qui est-elle ? Il interroge Harel, qui l'a connue à Bruxelles, lui a donné son premier rôle. Ce n'est d'ailleurs pas vraiment une comédienne... Hugo écoute, découvre par bribes la vie de cette Bretonne de vingt-sept ans, mère d'une petite fille, Claire. Orpheline à sept ans, placée dans un couvent, elle est devenue modèle chez un sculpteur, James Pradier, qui est le père de cette enfant. Puis, lorsqu'il a décidé de se séparer d'elle, elle est passée d'un homme à l'autre.

Hugo ressent, à chaque nouvel épisode de la vie de cette « fille », de l'émotion, de la compassion et de la colère, comme s'il était déjà jaloux.

Elle a posé nue pour Pradier. Il a vendu des statues aux poses osées, notamment un couple, *Le Faune et la Bacchante*, qui a été exécuté à la demande du prince Demidoff. C'est ce riche propriétaire de mines dans l'Oural qui l'entretient, dans un appartement de la rue de l'Échiquier, au numéro 35.

Mais elle est, malgré les largesses du Russe, couverte de dettes. Et Demidoff n'est que le dernier en titre de ses amants. Il y a eu un graveur italien, Bartolomeo Pinelli, puis Alphonse Karr, un journaliste, écrivain, échotier, démuni d'argent, qui a vécu à ses crochets. L'homme qui le remplace, Charles Séchan, un peintre de décor du Théâtre-Français, se conduit de la même manière.

Il ne peut la quitter des yeux. Qui peut connaître tous les hommes qui l'ont possédée ? Elle est de ces actrices que les messieurs viennent cueillir pour une nuit, parce qu'elles sont charmantes, faciles, gaies, libres, et qu'elles espèrent toutes rencontrer un soir l'homme qui les aimera et qu'elles aimeront vraiment.

Hugo hésite encore. Il est un bon époux. Mais le désir le brûle, et il n'est plus aimé. Adèle qui lui refuse son lit continue, à n'en pas douter, de rencontrer Sainte-Beuve. Et cette situation, cette solitude, même si les enfants sont là, même si Adèle est une mère attentive, le désespèrent.

Il a la nostalgie des temps où on l'aimait.
Ces temps sont passés. — À cette heure,
Heureux pour quiconque m'effleure,
Je suis triste au-dedans de moi.
J'ai sous mon toit un mauvais hôte.
Je suis la tour splendide et haute
Qui contient le sombre beffroi.

L'ombre en mon cœur s'est épanchée.
Sous mes prospérités, cachée
La douleur pleure en ma maison[166]...

Et voilà que voir Juliette Drouet, sentir son regard, lui donnent la sensation de revivre. Il ne se lasse pas de l'admirer :

Blanche avec des yeux noirs, jeune, grande,
[éclatante.
Tout en elle était feu qui brille, ardeur qui rit.

Mais il ne peut plus résister…

Elle allait et passait comme un oiseau de flamme,
Mettant sans le savoir le feu dans plus d'une âme,
Et dans les yeux fixés sur tous ses pas charmants
Jetant de toutes part des éblouissements !

Il lui parle. Il lui baise la main cérémonieusement, emprunté, timide, rougissant. Il se rend dans sa loge. Il sent bien que Mlle George, Frédéric Lemaître, Harel, les autres comédiens se moquent de lui, de la considération dont il semble entourer cette « fille ».

Toi, tu la contemplais, n'osant approcher d'elle,
Car le baril de poudre a peur de l'étincelle[167].

Il est si fasciné par la « beauté régulière et délicate, la bouche d'un incarnat humide et vivace, petite même dans les éclats de la plus folle gaieté, le front clair et serein comme le fronton de marbre blanc d'un temple grec, les cheveux noirs abondants d'un reflet admirable, le col, les épaules, les bras d'une perfection tout antique », comme dit Théophile Gautier, qu'il n'est même pas anxieux le soir de la première.

Il la regarde traverser la scène, il l'entend prononcer les quelques mots de son rôle, mais il est emporté par le triomphe que rencontre la pièce. Cependant que les acclamations déferlent, il félicite Mlle George, puis se rend de nouveau dans la loge de Juliette. Il voudrait lui dire : « Quel jeu muet, quelle âme ! » Il ne peut que la regarder avant de s'éloigner.

La foule l'attend à la sortie du théâtre, l'accompagne jusqu'à la place Royale.

Il n'est plus maître de ses sentiments.

Il vit en apparence comme par le passé. Il s'indigne parce que le tribunal de commerce l'a condamné aux dépens dans le procès qu'il avait intenté à la suite de l'interdiction du *Roi s'amuse*.

Il répond à Joseph Bonaparte qui l'a félicité pour son plaidoyer, où il a dit de Napoléon qu'il était le plus grand homme de ce siècle : « À la vérité, nous marchons plutôt vers la République que vers la monarchie, mais à un sage comme vous la forme extérieure du gouvernement importe peu. »

Il continue d'être le bon père qui joue avec ses enfants, l'époux complaisant qui ne veut pas croire que les ragots qui courent sur son compte sont alimentés par l'amant de sa femme...

En fait, il est un autre depuis qu'il a reçu ce mot d'elle, le 16 février :

« Monsieur Victor,

« Viens me chercher ce soir, chez Madame K.

« Je t'aimerai jusque-là pour prendre patience.

« À ce soir. Oh ! ce soir ce sera tout !

« Je me donnerai à toi tout entière. »

Il sait que Juliette dispose d'une chambre chez cette amie, Mme Krafft, au 5 *bis* du boulevard Saint-Martin.

Il a reçu une invitation pour participer au bal que donnent les comédiens pour cette période de quelques jours où l'on fête le Mardi gras. Mais lorsqu'il la voit dans le salon de Mme Krafft, lorsqu'il croise son regard, il sait, comme elle le lui a écrit, que « ce soir ce sera tout ».

Pas de bal, pas de témoin, pas de musique autre que celle des corps qui se trouvent enfin.

Il ne savait rien. Il a l'impression de naître si tard à la vie avec cette femme si belle, si pleine de désirs et de liberté !

Il a donc fallu qu'il attende jusqu'à sa trente et unième année pour découvrir ce que cela signifie aimer, faire résonner son corps et le corps de l'autre, d'une tonalité si aiguë et si grave, en harmonie, qu'on en oublie le temps, que tout s'abolit, hormis le plaisir. Et cet accord n'est pas que celui des sensualités, mais aussi celui des âmes.

Il la regarde. Il ressent une nouvelle fois, plus vives encore, de la colère et de la jalousie en pensant à ceux qu'elle a connus avant. Et cependant elle a la pureté d'une vierge qui se donne pour la première fois.

Lui aussi se sent vierge, comme si ce qu'il avait connu avec Adèle appartenait à un autre monde, gris et fade, alors qu'il vient de découvrir le flamboiement des couleurs et des saveurs.

Il le dit.

« Le 26 février 1802, je suis né à la vie, le 17 février 1833, je suis né au bonheur dans tes bras. La première date n'est que la vie, la seconde, c'est l'amour. Aimer, c'est plus que vivre. »

Il a l'impression d'avoir enfin crevé la chrysalide, accédé à une liberté, à une puissance dont il pressentait l'importance, mais qu'il n'avait jamais éprouvée. Il voudrait vivre toujours

Dans l'alcôve qu'embaume une senteur de rose et
[aller
Vers cet être charmant que je sers à genoux[168]...

Il ne se lasse pas de la regarder, de l'aimer.

Il lit les lettres qu'elle lui adresse plusieurs fois par jour. Il est étonné et ravi, un peu inquiet aussi tant elle paraît absolue, tout entière engagée dans cet amour, alors qu'il ne songe pas à quitter Adèle, ses enfants, à changer de vie.

Elle dit, elle écrit en haut d'une page blanche : « Tout ou rien. »

Et il sent qu'elle dit vrai, même si elle continue de vivre dans cet appartement de la rue de l'Échiquier, à voir sans doute le prince Demidoff, et même si elle hésite à quitter cette existence parce qu'elle est prise à la gorge, que les créanciers la harcèlent, la lacèrent, parce qu'elle doit des milliers de francs aux blanchisseurs, aux ébénistes, aux fournisseurs. On murmure déjà dans Paris qu'il la rencontre dans l'appartement de Demidoff, qu'il paie ses dettes.

Alors il s'emporte. Devient violent. Il voudrait nier ce passé qu'elle traîne. Il veut qu'elle rompe. Elle est à lui.

Il hurle.

Elle répond : « J'aime mieux te quitter que de

m'exposer encore à de nouveaux chagrins qui finiraient par détruire ou ma raison ou mon amour. »

Et elle est jalouse, elle aussi ! Elle le met en garde contre la « vieille femme », cette Mlle George qui, depuis qu'elle sait qu'ils s'aiment, fait pression sur Harel pour qu'on interrompe les représentations de *Lucrèce Borgia*, alors que la pièce triomphe ! Harel qui cède, malgré les recettes qu'il n'a jamais connues aussi importantes. Il se dispute avec Hugo, le menace même d'un duel, puis on se réconcilie, et l'auteur promet une nouvelle pièce ; il a besoin d'argent, il faut combler les dettes de Juliette !

En quelque vingt jours, entre le 12 août et le 1er septembre, il écrit *Marie Tudor*, dont la première représentation doit avoir lieu le 6 novembre, Juliette jouant le rôle de Jane, la belle et jeune rivale de la reine Marie — *Bloody Mary* —, qu'interprétera Mlle George.

C'est aussitôt la cabale contre la « maîtresse de l'auteur », cette « méchante » actrice, qu'à sa première apparition on juge ridicule, empesée, maladroite, bégayant son texte. Dès le deuxième soir, il accepte sous la pression de lui retirer le rôle.

Et les scènes commencent…

« Mon Victor bien-aimé,

« Mon Victor, je t'aime.

« J'ai le cœur flétri, je manque de force et d'énergie. Fais ce que tu voudras de ma vie et de mon bonheur.

« Tout ce qui m'arrive d'injustement honteux

m'ôte le courage d'accepter la continuation de ton dévouement.

« Fais de moi ce que tu voudras.

« Quoi que tu fasses, quoi qu'il arrive, je t'aimerai avec la même foi et la même ardeur jusqu'à mon dernier soupir.

« Juliette. »

Ses lettres le brûlent. Elle dit encore :

« Mon Victor, mon amour, mon ange, je t'aime encore plus depuis que notre amour est menacé... Je t'aime. Je ne serai jamais qu'à toi, je te le jure. » Puis, dans un moment de désespoir et un dernier sursaut, elle déchire et brûle toutes les lettres qu'il lui a écrites !

Il ressent cela comme si on lui arrachait et détruisait une partie de son corps, de sa vie. Mais il sait dans quels tourments elle se débat.

« Je vous aime, mon pauvre ange, vous le savez bien, lui dit-il. Vous avez l'air jeune comme un enfant et l'air sage comme une mère ; aussi je vous enveloppe de tous ces amours à la fois.

« Baisez-moi, belle Juju ! »

Oui, il veut payer ses dettes, la délivrer de l'emprise des créanciers, du prince Demidoff !

« Cet argent est à vous. Je viens de le gagner pour vous. C'est le reste de ma nuit que j'ai voulu vous donner. Je ne suis pas comme les autres hommes. Je fais la part de la fatalité. Même dans votre chute, je vous regarde comme l'âme la plus généreuse, comme la plus digne et la plus noble créature que le sort ait jamais frappée. Ce n'est pas moi qui me réunirais aux autres pour accabler une pauvre femme terrassée…

« Personne n'aurait le droit de vous jeter la première pierre, excepté moi. Si quelqu'un vous la jette, je me mettrai devant… »

Elle a déchiré ses lettres ? Il va lui écrire encore.

« Je veux qu'on retrouve un jour la trace de ta vie dans la mienne… Je veux qu'on sache que je t'ai aimée, que je t'ai estimée, que j'ai baisé tes pieds, que j'ai eu le cœur plein de culte et d'adoration pour toi… J'ai déploré plus d'une fois les fatalités de ta vie, mon pauvre ange méconnu, mais je te le dis dans la joie de mon cœur, si jamais âme a été noble, pure, grande, généreuse, c'est la tienne, si jamais cœur a été bon, simple, dévoué, c'est le tien, si jamais amour a été complet, profond, tendre, brûlant, inépuisable, infini, c'est le mien.

« Je baise ta belle âme sur ton beau front.

« Victor. »

Il éprouve de la pitié pour elle. Il l'adore comme une sainte déchue qui se rachète par l'amour. Elle est si belle, si abandonnée, si dévouée, si pleine d'élans. Elle est toute habitée par lui, et il est grisé par ce don qu'elle lui fait et qui l'oblige à se hisser à cette hauteur de sentiments.

Elle le comprend. Elle l'écoute. Elle copie les poèmes qu'il lui soumet. Elle le vénère. Et elle l'éclaire.

Il lui dédie ces vers :

Oui, je suis le regard et vous êtes l'étoile.
Je contemple et vous rayonnez !
Je suis la barque errante et vous êtes la voile.
Je dérive et vous m'entraînez !
Près de vous qui brillez je marche triste et sombre,
Car le jour radieux touche aux nuits sans clarté,
Et comme après le corps vient l'ombre
L'amour pensif suit la beauté[169].

Il souffre pour elle, il voudrait la consoler de la déception, de l'humiliation qu'elle ressent à avoir été ainsi, dès la deuxième représentation, écartée de la scène et remplacée dans ce rôle de Jane par Ida Ferrier, la maîtresse d'Alexandre Dumas. Et il se brouille avec Dumas, même si, en apparence, des articles écrits contre Dumas dans *Le Journal des débats,* dont son ami Bertin est le directeur, sont la cause de leur mésentente.

Car tout se tient. Il sait que Paris bruit de commérages. Que Sainte-Beuve, habile, en sous-main, les suscite ou les colporte, qu'Adèle qui ne dit mot est avertie de l'existence de Juliette. Et peut-être est-ce pour se venger, pour blesser ce mari qui trouve ailleurs ce qu'elle ne lui a jamais donné, qu'elle envisage d'enfermer Léopoldine, l'enfant préférée, dans la Maison de la Légion d'honneur, à Saint-Denis, où elle a déjà placé sa jeune sœur Julie.

Mais Hugo ne peut, ne veut renoncer.

Il est lié à Juliette pour toujours, il le pressent. Elle fait désormais partie de sa vie.

Il désire lui faire connaître cette maison où il vit,

place Royale. Adèle est aux Roches, avec les enfants.

Il fait entrer Juliette dans son bureau, lui fait visiter toutes les pièces. Il croit qu'elle est heureuse de connaître ainsi son intimité… mais elle lui écrit :

« J'ai rapporté de cette visite une tristesse et un découragement affreux. Je sens bien plus qu'avant combien je suis séparée de vous et à quel point je vous suis une étrangère. Ce n'est pas votre faute, mon pauvre bien-aimé ; ce n'est pas la mienne non plus ; mais c'est comme cela ; il ne serait pas sensé que je vous attribue dans mon malheur plus de part que vous n'y avez, mais je puis sans cela vous dire que je me trouve la plus misérable des femmes. »

Comment la réconforter ?

Il ne quittera pas Adèle, sa vie est ainsi. Elle sera double. Il ne peut pas se mutiler. Il se sent assez fort pour donner à chacun de ceux qui l'entourent une part de lui-même.

Il redit à Juliette qu'elle a été victime, dans *Marie Tudor*, d'une injustice.

« Vous avez joué ce rôle devant deux mille personnes, et une seule vous a comprise, moi. C'est que deux mille personnes, ce n'est pas deux mille intelligences… Soyez tranquille. On vous rendra justice un jour. Si mon nom vit, votre nom vivra.

« Vous avez une âme profonde, un noble cœur, une intelligence qui s'adapte à tout, une beauté qui idéalise toutes les réalités d'un rôle… Vous n'êtes pas le caillou qui a besoin d'être frappé à plusieurs reprises pour donner un peu de feu. Vous êtes le diamant à qui un rayon de lumière suffit pour jeter mille étincelles. »

Il la serre contre lui. Il lui murmure une nouvelle fois : « Baisez-moi, belle Juju… » Il la sent si dépendante de lui.

« Si vous avez quelque pitié de moi, mon cher amour, dit-elle, vous m'aiderez à sortir de cette posture accroupie et humiliante dans laquelle je suis, et qui torture mon esprit en même temps que mon corps. Aidez-moi à me relever, mon bon ange, que j'aie foi en vous et en l'avenir ! Je vous en prie, je vous en prie. »

Elle le bouleverse. Elle le grandit.

Elle lui révèle le plaisir des corps avec une fougue et une invention qui le laissent exalté, ébloui.

Il veut qu'elle soit à lui, à tout instant, quand il le désire, qu'elle vive pour lui, recluse s'il le faut. Il n'accepte même pas l'idée qu'elle puisse côtoyer un autre homme.

Et lui continuera à vivre comme par le passé, enrichi par cet amour, blotti au fond d'une caverne.

C'est cela qu'il veut.

Il se moque des murmures, des critiques, des médisances qui clapotent autour de lui. Les uns le jalousent, les autres s'inquiètent de cette vie « double ».

Qu'ils lisent la préface de *Lucrèce Borgia* :

« Faites circuler dans tout une pensée morale et compatissante, et il n'y a plus rien de difforme ni de repoussant. À la chose la plus hideuse, mêlez une idée religieuse, elle deviendra sainte et pure. Attachez Dieu au gibet, vous avez la croix. »

Mais il a un mouvement d'irritation quand les amis les plus chers, les plus sincères, ne devinent pas ce qu'il vit. « Personne ne me comprend donc, écrit-il à Victor Pavie, pas même vous… Cela est douloureux pour moi. »

Il veut s'expliquer sur son œuvre, ses intentions.

« Le théâtre est une sorte d'église, l'humanité est une sorte de religion… C'est beaucoup d'impiété ou beaucoup de piété. Je crois accomplir une mission… »

Et puis il y a ce qu'il a découvert, vécu, depuis cette « nuit sacrée » du 17 février, qu'il commémore comme un acte de naissance ou un baptême.

« Je n'ai jamais commis plus de fautes que cette année, poursuit-il, et je n'ai jamais été meilleur. Je vaux bien mieux maintenant qu'à mon temps d'*innocence* que vous regrettez. Autrefois, j'étais innocent ; maintenant, je suis indulgent. C'est un grand progrès. Dieu le sait… »

Mais que ses amis ne se soucient pas trop de son œuvre. Qu'ils se rassurent.

« Allez ! Je vois bien clair dans mon avenir, car je vais avec foi, l'œil fixé au but. Je tomberai peut-être en chemin, mais je tomberai en avant. Quand j'aurai fini ma vie et mon œuvre, fautes et défauts, volonté et fatalité, bien ou mal, on me jugera.

« Aimez-moi toujours, je vous serre dans mes bras.

« V. H. »

1834

Ô Madame ! pourquoi ce chagrin qui vous suit ?
Pourquoi pleurer encore…

Hugo ouvre la porte de son cabinet de travail. Un homme est là, qui lui tend une lettre, puis s'en va.

Il reconnaît l'écriture de Juliette. Il hésite.

Ces jours derniers, ils se sont déchirés, aimés. Il l'a rudoyée. Il s'est montré jaloux, impitoyable. Il a appris qu'elle a dû déposer au Mont-de-Piété « quarante-huit chemises de batiste brodée, trente-six chemises de batiste, vingt-cinq robes, dont deux sans manches, trente et un jupons brodés, douze camisoles brodées, vingt-trois peignoirs, un cachemire rayé à volants, un châle en cachemire de l'Inde… ».

Il n'a pas voulu poursuivre cette énumération. C'était comme si chaque vêtement rappelait un amant, une nuit, une scène, une turpitude, ce passé qui souvent revient entre eux, parce que les dettes sont là, comme les fauteuils et le lit dans lesquels s'est assis et couché le prince Demidoff.

Il lui en veut, et il se le reproche. Enfin, il lit la lettre :

« 1er janvier 1834, 2 heures du matin.

« À toi,

« Mon Victor, je n'ose rien te dire, devine-moi et fais de moi ce que tu voudras.

« Je t'aime, le souvenir du passé et la crainte de l'avenir m'empêchant de te le dire comme autrefois, oublie le passé et charge-toi de l'avenir, et je retrouverai la faculté de te dire je t'aime, comme je le sens.

« Je t'aime. Juliette. »

Il ne sait pas s'il peut continuer de l'aimer. Autour de lui, par des regards, des allusions, il n'ignore pas qu'on lui reproche sa liaison. Adèle se tait, indifférente, voire ironique, comme si elle était sûre d'elle, comblée par ailleurs par Sainte-Beuve qui rôde, écrit, chuchote, publie des poèmes où il évoque ses amours.

Hugo a le sentiment d'être victime d'une injustice, presque d'une persécution. Il pense à ces hommes de la Révolution que l'on a critiqués, préférant parfois les plus médiocres et les plus ternes d'entre eux aux plus flamboyants, aux plus courageux. Il lit les *Mémoires* de Mirabeau, que l'on vient de publier. Il commence à écrire une biographie du tribun puis, parce qu'il a l'impression de vivre une nouvelle période de sa vie, il veut faire le point sur lui-même, rassembler tout ce qui n'est pas encore édité, en deux volumes, *Littérature* et *Philosophie mêlées.*

« Il y a dans la vie de tout écrivain consciencieux un moment où il sent le besoin de compter avec le passé… » écrit-il en présentant ce recueil. Il insérera, en conclusion de ces volumes, ce *Mirabeau* auquel il travaillait.

Il a besoin d'écrire pour se rassurer, et parce qu'il veut faire entendre sa voix en ce moment où le gouvernement piétine, rogne sur les libertés et les droits.

« La Révolution française a ouvert pour toutes les théories sociales un livre immense, une sorte de grand testament. Mirabeau y a écrit son nom, Robespierre le sien, Napoléon le sien. Louis XVIII y a fait sa rature. Charles X a déchiré la page. La Chambre du 7 août [1830] l'a recollée à peu près, mais voilà tout. Le livre est là, la plume est là. Qui osera écrire ? »

Et si c'était lui, si c'était là son avenir ?

Il se laisse aller à rêver. Il compare :

« Voltaire parle à un parti, Molière à la société, Shakespeare à l'homme. »

Et pourquoi ne parlerait-il pas, lui, à l'humanité ?

Il se grise quelques instants avec ce rêve. « Vous êtes le Mirabeau de la parole écrite », lui dit-on. « Lorsque vous entrerez dans votre phase politique… », ajoute-t-on.

Pourquoi pas ?

Mais il ne sait comment agir. Quand l'heure viendra, si elle doit venir, il sera saisi par l'événement. Et peu importeront alors les critiques des « hommes comme il faut, qui sont les hommes comme il ne faut pas ». « Le peuple qui n'est pas envieux parce qu'il est grand, le peuple était pour Mirabeau. » Le peuple un jour sera peut-être pour Victor Hugo.

Il se rend chez Juliette. C'est de nouveau l'embrasement de la passion, et aussi le déchaînement de la colère. Il se sent coupable quand il l'entend lui dire :

« Vous vous êtes servi, cette nuit, pour m'accabler des calomnies infâmes, d'une George et des malheurs de ma vie passée… Au risque de vous entendre répéter que je suis une femme sans âme, sans honneur, sèche et vaniteuse, que les dettes qui m'accablent viennent de mon inconduite et de ma coquetterie… Je vous dirai qu'il n'y a plus rien de possible entre nous… Je vous demande de ne pas repousser la vérité de l'amour pur et vif que j'ai eu pour vous. N'imitez pas ces enfants qui voyant passer un vieillard doutent qu'il ait été jamais jeune et fort.

« Moi, je vous ai aimé de toutes les puissances de mon âme. »

Il prend la plume pour lui répondre. Il lit la phrase qu'il a écrite sur son carnet, le 13 janvier à onze heures et demie du soir : « Aujourd'hui encore son amant, demain… » Il en a honte. Il ne peut se séparer d'elle, rejeter cet amour qu'elle lui offre.

Il va lui écrire, célébrer le premier anniversaire de leur première nuit.

« Croire, espérer, jouir, vivre, rêver, sentir, aspirer, soupirer, vouloir, pouvoir, tous ces mots-là tiennent dans un seul mot : aimer. De même, ma Juliette, tous les rayons du ciel, ceux qui viennent du soleil, ceux qui viennent des étoiles, ceux de la nuit, comme ceux du jour, sont mêlés dans un regard de toi… Je t'aime, je t'aime profondément. Quelque chose remue dans mes entrailles quand je songe à toi, comme pour mes enfants. Pauvre âme ! Espère ! Tu as contre toi le sort, pour toi, l'amour.

« Je baise tes petits pieds et tes grands yeux. Victor. »

Il veut l'aider à échapper à ses créanciers qui la menacent de saisie, d'expulsion, de procès devant le tribunal correctionnel, se sachant en partie responsable de cette situation, puisqu'il a exigé d'elle qu'elle rompe toute relation avec Demidoff et qu'elle a accepté de vivre ainsi, presque comme une recluse, mais toujours poursuivie par son passé, ces dettes dont elle ne réussit pas à se libérer.

Ils se déchirent une nouvelle fois.

— Rien de tout cela n'a pu trouver grâce à vos yeux, lui dit-elle. Je suis encore pour vous, aujourd'hui, ce que j'étais pour tout le monde il y a un an, une femme que le besoin peut jeter dans les bras du premier riche qui veut l'acheter…

Il s'emporte. Il n'est pas fortuné, lui ! Il doit dresser jour après jour l'état des dépenses de son ménage. Il exige d'Adèle un état précis des achats, lui donnant à peine trois cent cinquante francs par mois, demandant à ce qu'elle lui rembourse le trop-perçu. Mais savent-ils, ceux qui le critiquent, que chaque franc qu'il dépense est le produit des mots qu'il trace dans la pénombre de la nuit ?

« Je suis, à l'heure où je vous écris, à peu près aveugle, confie-t-il. Je me suis brûlé les yeux dans les nuits de travail de *Notre-Dame de Paris* ! »

Il a besoin de se sentir rassuré par l'argent, qui lui donne l'indépendance, sans laquelle on ne peut écrire librement. Il se rebelle, presque malgré lui, à l'idée qu'il va devoir assumer les dettes de Juliette. Un refus instinctif, dont il n'est pas fier.

Il veut trouver une solution. Il réussit à faire engager Juliette au Théâtre-Français, à raison de trois mille francs par an. Elle pourra ainsi poursuivre sa carrière d'artiste, et payer le loyer de la rue de l'Échiquier.

Il se sent pour quelques semaines moins oppressé. Il peut s'abandonner à l'amour, ébloui par l'exaltation des corps. « Je donnerai un siècle de paradis pour une heure dans tes bras », murmure-t-il.

Juliette le comble en s'abandonnant ainsi. Il a le sentiment d'être devenu pour elle aussi nécessaire que l'air qu'elle respire.

Il lit avec étonnement les lettres qu'elle lui écrit. Elle est sans fard, sans rouerie, nue :

« Bonjour, mon cher bien-aimé, bonjour, mon grand poète, bonjour, mon dieu… Mon Toto, je vous aime, vous m'avez rendue bien heureuse cette nuit, je n'aurais eu aucun regret, aucun désir à former, si elle avait pu se prolonger autant que ma vie… »

Mais il craint que ce bonheur ne doive se payer par encore plus d'hostilité, de jalousie, de bassesse.

Sainte-Beuve consacre un article à son livre sur Mirabeau. C'est un mélange pervers de compliments apparents et d'aigreur. Hugo lève la tête, regarde Adèle. On lui a rapporté qu'ils se retrouvent dans une calèche ou dans une petite chambre, et quand Adèle séjourne au château des Roches, Sainte-Beuve l'attend chaque jour dans les environs.

Hugo ne souffre plus de cette liaison, mais de l'hypocrisie de l'amant : « J'aimerais mieux moins d'éloges et plus de sympathie. D'où cela vient-il ? Est-ce que nous en sommes là ? Interrogez-vous consciencieusement... », lui écrit-il. Il n'est pas surpris que Sainte-Beuve se dérobe une fois de plus.

Il faut bien en finir avec cette amitié fausse !

« Il y a tant de haines et tant de lâches persécutions à partager aujourd'hui avec moi, que je comprends fort bien que les amitiés, même les plus éprouvées, renoncent et se délient. Adieu donc, mon ami. Enterrons chacun de notre côté, en silence, ce qui était déjà mort, et ce que votre lettre tue en moi. Adieu. »

Vient l'allusion perfide de Sainte-Beuve :

« Revenez à votre œuvre comme moi à mon métier. Je n'ai pas de temple et ne méprise personne. Vous avez un temple ; évitez tout scandale. »

Voilà donc comment Sainte-Beuve se sert de Juliette !

« Sainte-Beuve devient amer et haineux. Il m'attaque, je le plains... À travers ses phrases ouatées, on sent percer la pointe d'envie. »

Mais il est blessé. Comment accepter cette incompréhension qui l'entoure ?

Il semble que personne ne veuille saisir dans ce qu'il écrit la révolte contre un monde où le malheur est à chaque pas présent. Il veut le dénoncer, raconter ainsi la vie de ce Claude Gueux, « pauvre ouvrier » : « L'homme vola… Ce que je sais, c'est que de ce vol il résulte trois jours de pain et de feu pour la femme et pour l'enfant, et cinq ans de prison pour l'homme. » Alors le « misérable », entraîné ainsi par la machine sociale, en arrive à tuer un gardien, et tente de se suicider. En vain. On le condamne donc à mort. Horreur une fois de plus.

« La tête de l'homme du peuple, voilà la question… Cultivez-la, arrosez-la, fécondez-la, éclairez-la, moralisez-la, utilisez-la, vous n'aurez pas besoin de la couper. »

Mais il est tellement plus simple de trancher ! De bombarder du haut des collines lyonnaises les quartiers où les canuts se sont insurgés, ou bien, quand l'émeute éclate à Paris, de massacrer les habitants de la rue Transnonain !

Il est indigné, révolté par ce gouvernement où Thiers, ministre de l'Intérieur, dirige la répression avec une férocité tranquille, lui, l'historien, l'ancien opposant.

Comment faire comprendre à ces ministres « que le cœur social a un vice dans le sang » parce que le peuple n'est pas instruit et qu'il y a donc « trop de forçats, trop de prostituées ». Et qu'on ne peut guérir cela à coups de canon, ou en piétinant les corps comme rue Transnonain sous les sabots des chevaux des dragons ?

Faut-il descendre dans l'arène politique, devenir député comme Lamartine ? Ou bien, comme il le fait en écrivant *Claude Gueux*, crier si fort qu'enfin on entendra ce qu'il dit ?

Il doute, déçu par le pouvoir issu pourtant des Trois Glorieuses :

« À Naples, ce sont les filles qui troussent leurs jupes et qui montrent leur derrière. Ici, c'est le gouvernement ! »

Il parcourt les rues du quartier du Marais, non loin de la place Royale.

Il veut voir. Des barricades ici et là, et partout des soldats et des gardes nationaux, hargneux, haineux. On l'entoure. Il n'a pas de papiers. Quel est ce livre qu'il tient sous le bras ? On le lui arrache.

— Saint-Simon ?

On le bouscule. Il est donc l'un de ces « saint-simoniens », l'un de ces « socialistes » qui allument le feu de la révolte dans la tête du peuple ! Il essaie de se faire entendre. Il s'agit des *Mémoires* du duc de Saint-Simon, contemporain de Louis XIV, explique-t-il. Il répète qu'il est Victor Hugo, l'auteur d'*Hernani*, de *Notre-Dame de Paris*. À la fin, on le relâche.

L'émeute se calme, s'éteint. Il marche avec Juliette dans les rues de Montmartre. Il s'installe sous les frondaisons, dans la cour d'un « cabaret ». On se croirait à la campagne. Il fait beau. Il commence à lire le manuscrit de *Claude Gueux*. Lorsqu'il lève les yeux, il devine l'émotion de Juliette, au bord des larmes.

Il écrit sur la première page du manuscrit : « À ma Juliette bien-aimée, à qui j'ai lu ces quelques pages immédiatement après les avoir écrites, le 24 juin 1834, sur la colline Montmartre, entre trois et quatre heures après midi. Il y avait deux jeunes arbres qui nous donnaient leur ombre, et au-dessus de nos têtes un beau soleil, moins beau qu'elle. »

Il vit un moment de grâce. L'été est là.

Il décide de quitter Paris pour quelques jours, avec Juliette. Et naturellement il choisit d'aller dans la vallée de la Bièvre, non loin du château des Roches où, chez les Bertin, séjournent Adèle et les enfants, comme chaque été. Il parle à Juliette de Louise Bertin, qui compose la musique de *La Esmeralda*, un opéra dont il écrit le livret, tiré de *Notre-Dame de Paris*. Il récite, en serrant Juliette contre lui, en découvrant aux Metz, non loin des Roches, au-delà d'une forêt de châtaigniers, une petite maison blanche dont il va louer pour elle une chambre. Ainsi, lorsqu'il habitera aux Roches avec Adèle et les enfants, il pourra chaque jour venir la retrouver !

Juliette ne proteste pas. C'est une vie à double face. Elle en accepte la part cachée, qui n'est pas une part d'ombre. Ainsi, lorsqu'elle passe une nuit avec lui à l'Écu de France, une auberge de Jouy-en-Josas, elle écrit :

« Moi, Juliette, j'ai été la plus heureuse et la plus fière des femmes de ce monde ; je déclare encore que jusque-là, je n'avais pas senti dans toute sa plénitude le bonheur de t'aimer et d'être aimée de toi. Cette lettre qui a toutes les formes d'un procès-verbal est en effet un acte qui constate l'état de mon cœur. Cet acte fait aujourd'hui doit servir pour tout le reste de ma vie dans le monde. Le jour, l'heure et la minute où il me sera représenté, je m'engage à remettre ledit cœur dans le même état où il est aujourd'hui, c'est-à-dire rempli d'un seul amour qui est le tien et d'une seule pensée qui est la tienne.

« Fait à Paris, le 4 juillet 1834, à trois heures de l'après-midi.

« Juliette.

« Ont signé pour témoins les mille baisers dont j'ai couvert cette lettre. »

Il est heureux, exalté, et pourtant une inquiétude sourd, comme si cet amour était trop absolu, trop grand pour ne pas receler un danger, être payé d'une contrepartie dont il ne connaît pas la nature.

L'anxiété demeure, même quand il touche le corps de Juliette, qu'il dit : « Mon amour ! Mon ange !... N'oublie jamais que ces lignes ont été écrites dans ton lit, toi dans mes bras, nue, et adorable, tandis que tu me chantais les chansons de moi, avec une voix qui ravissait mon âme. Pauvres chansons que tu me rendais charmantes ! J'en avais fait les vers, tu en faisais la poésie... »

L'amour peut-il réussir à organiser le monde ?

Juliette quitte la rue de l'Échiquier.

« Gardons un éternel souvenir de cette chambre où nous avons été si heureux et si malheureux, dit-il, de cette chambre que j'aime après tout et dont le plafond a été si souvent le ciel pour moi.

« Ne repassons jamais dans cette rue, ma Juliette, devant cette porte, sous ces fenêtres qu'avec un sentiment profond dans le cœur.

« Adieu donc à cette maison, mais bonjour éternel à l'amour ! »

Elle emménage 4 *bis*, rue de Paradis, dans une petite chambre, sordide, mais « cette rue est bien nommée, ma Juliette ! Le ciel est pour nous dans cette chambre, dans ce lit. C'est une vie nouvelle que nous commençons. Commençons-la avec notre ancien amour. Qu'il n'y ait rien de changé qu'autour de nous. Qu'en nous tout soit comme par le passé, tendre, bon, sympathique, dévoué et amoureux ! Je veux toujours la même vie avec toi… ».

Il réfléchit en relisant ces lignes avant de les envoyer à Juliette. Tout cela ne va-t-il pas de soi ? Ne le répète-t-il que pour s'en convaincre, pour étouffer l'angoisse ?

Car les créanciers ont retrouvé sa trace. Ils montrent leurs crocs. Elle a vingt mille francs de dettes ! Hugo sent l'affolement qui le gagne. Il vient de signer un contrat avec le libraire Renduel pour la réédition de certaines de ses œuvres, et il a obtenu neuf mille francs ! C'est pour un écrivain une somme considérable ! Et voilà qu'un gouffre de vingt mille francs s'ouvre là, sous ses pas.

Il hurle, puis il s'en va. Découragé. Il lit plus tard la lettre que Juliette lui fait porter.

« Ces lignes seront le cadavre froid de mon âme,

de mes pensées, et de mon amour, comme mon corps sera le cadavre de ma vie de chair et de sang.

« J'écris pour confesser ma foi.

« J'écris pour obtenir le pardon de mes crimes.

« J'écris pour pleurer, parce que mes pleurs m'étouffent, parce qu'ils me tuent.

« Ce soir, je serai dans la rue. J'y resterai tant que mes forces ne m'abandonneront pas.

« J'y resterai sans espoir. Mais j'y resterai. »

Il hésite. Il faut trouver une conclusion à cet amour : « Il paraît que tout est aussi bien fini chez vous que chez moi... Je ne veux pas que ces dernières lignes que je vous écris soient trop amères... » Il propose « une dernière conversation, nécessaire pour régler ensemble vos intérêts... ».

Oui, en finir avec cette passion, cette angoisse, en finir, retrouver le calme, écrire.

Et ce mot tout à coup qu'on apporte, daté du « samedi, à midi, 2 août » : « Adieu pour jamais, adieu pour toujours. C'est toi qui l'as dit, adieu donc, et puisses-tu être heureux et admiré autant que je suis malheureuse et déchue... Adieu, ce mot-là contient toute ma vie, toute ma joie, tout mon bonheur. Adieu. Juliette.

« Je pars avec ma fille, je vais en ce moment la chercher et retenir nos places. »

Tout s'effondre. Il court d'une rue à l'autre, veut un passeport pour aller à sa poursuite jusqu'à Brest, où Juliette s'est réfugiée chez sa sœur, Mme Kock. Il fait inscrire sur le passeport sa femme de vingt-huit ans et leur fille, Claire. Il les ramènera. C'était folie que de vouloir rompre !

« Juliette ! Juliette ! Ma bien-aimée ! Je retire toutes mes dures paroles de désespoir. Non, je ne te maudis pas, je te plains, je te pardonne, je t'aime, je t'aime, je te bénis… Je suis dans les ténèbres, je baise tes pieds. Le ciel est bien noir, mais je sais pourquoi j'espère. Tu es faite pour moi, Juliette. Il me semble impossible que je ne te revoie pas, et bientôt. »

Il n'a plus que cela en tête. Il s'accuse. Il est coupable. Il ne peut se mutiler ainsi et faire souffrir.

Il faut trouver de l'argent. Il se rend chez James Pradier :

« Je l'ai pris par les entrailles et il est convenu que le père de ton enfant et moi nous ferions tout pour te sauver. Il s'engage comme moi s'il le faut. » Mais Juliette doit rentrer à Paris…

« Pour me guider et tout débrouiller… Moi, de mon côté, je viens de ramasser mille francs avec mes ongles. Tu vois ce que peut l'amour. Je vais courir à la malle-poste… Je n'ai pas mangé depuis trente heures, mais je t'aime… »

Il s'est blessé au bras et c'est comme si cette douleur qui le tenaille était la marque dans son corps de la souffrance qu'il ressent.

Avant de partir, il fait le tour des créanciers. Il en désintéresse certains. Il promet à d'autres. Il offre sa caution.

« Je ne veux pas qu'il soit dit que je t'ai abandonnée dans la plus affreuse des positions. Je ne veux pas qu'il y ait sous le ciel une preuve de dévouement possible que je ne t'aie donnée. D'abord avant tout te sauver… »

Il prend la malle-poste, passe par Rennes. Enfin Brest, puis Saint-Renan où Juliette demeure.

Il sait maintenant qu'ils ne se sépareront plus. Leur amour vient de franchir la passe difficile, celle où il pouvait sombrer.

Il veut l'écrire, ce 9 août :

« Il est sept heures du soir. Le temps est comme notre destinée ; après une journée de brume et d'orage, nous venons d'avoir un beau jour. Le ciel et la mer, tristes et gris pendant notre séparation, se sont faits bleus et sereins pour te sourire avec moi. Belle âme, Dieu t'aime !

« Ici, notre union s'est scellée dans une promesse solennelle. Ici, nos deux vies se sont soudées à jamais. Souvenons-nous toujours de ce que nous nous devons désormais l'un à l'autre. Ce que tu me dois, je l'ignore ; mais ce que je te dois, je le sais, c'est le bonheur. »

On rentre lentement, par Nantes, Angers, Tours, Amboise, Orléans, Étampes, Montlhéry, Versailles.

À chaque étape, il s'isole quelques minutes. Le pacte avec Juliette est scellé, mais celui avec Adèle ne peut être rompu. Alors il faut lui écrire : « Tu vois et tu sais comme je t'aime… Ta vie est ma vie. Ta joie est ma joie. À bientôt, mon Adèle, je t'aime plus que jamais. Je t'aime bien, va… À bientôt, ma bien-aimée. Pense à moi souvent, je pense à toi toujours. »

Que fait-elle ? Sainte-Beuve rôde-t-il autour des Roches et le retrouve-t-elle chaque après-midi ?

Il reçoit enfin une lettre d'elle, qu'il lit et relit, parce que sous les phrases il devine une sorte de condescendance presque méprisante :

« Mon pauvre ami, je ne veux pas te dire rien qui puisse t'attrister de loin, ne pouvant être près de toi pour t'en consoler. Et puis d'ailleurs, je crois que tu m'aimes au fond de tout cela et que tu t'amuses, puisque tu tardes ainsi à revenir, et en vérité ces deux certitudes me rendent heureuse. J'espère que nous ne nous quitterons plus après et que tu sentiras le bonheur d'être auprès d'une amie si véritable et si dévouée et près de tes chers petits qui t'aiment tant, et que tu aimes tant ; car tu es plus mère que père… »

Le voilà néanmoins rassuré.

Et il est d'autant plus heureux de retrouver Juliette, de l'installer dans cette chambre de la petite maison des Metz, à moins d'une heure de marche du château des Roches où il va passer les mois d'août et de septembre, en compagnie de sa famille.

Il peut enfin écrire dans la paix de cette belle demeure, regarder Léopoldine, Charles, François-Victor et Adèle, la dernière-née, jouer dans le parc en compagnie de Louise Bertin.

Puis il part, s'enfonce dans la forêt, glisse une lettre dans la fissure du tronc d'un grand châtaignier. S'il n'a pu s'attarder, Juliette, lorsqu'elle viendra là, à ce lieu de rendez-vous, la trouvera. Ou bien, s'il peut l'attendre, ils s'aimeront dans les hautes herbes, à l'abri des arbres. Et souvent il gagnera avec elle la maison des Metz.

Le soir, il rentre aux Roches. Parfois, Adèle est absente. Peut-être est-elle allée rejoindre Sainte-Beuve ? Il ne faut pas y penser.

Il a la certitude qu'il peut comprendre, aimer, se faire aimer, que la générosité doit diriger son comportement. Quand Adèle rentre enfin, qu'il la voit embrasser les enfants, il sait bien qu'il n'aurait jamais pu rompre ce lien qui depuis l'enfance l'unit à elle.

Et lorsque Juliette, dans sa chambre, le serre contre elle, lorsqu'il embrasse ses pieds et les caresse, lorsqu'il lit dans ses yeux l'amour, la dévotion qu'elle lui porte, il sait aussi que seule la mort mettra fin à leur relation.

Il saura la protéger, il la sent victime des circonstances. Elle n'aura pas droit, comme elle le dit, à « un foyer joyeux, à une famille douce ». Il doit donc ne pas ajouter à sa peine.

Il se promène avec elle, il aperçoit une église.
Elle était triste et calme à la chute du jour,
L'église où nous entrâmes ;
L'autel sans serviteur, comme un cœur sans amour
Avait éteint ses flammes.

Juliette s'agenouille, prie.

« Seigneur, autour de moi rien n'est resté debout.
Je pleure et je végète,
Oubliée au milieu des ruines de tout,

Comme ce qu'on rejette !»
« Pourtant je n'ai rien fait à ce monde d'airain... »

Il l'écoute avec émotion.

« Ô Madame ! pourquoi ce chagrin qui vous suit ?
Pourquoi pleurer encore,
Vous, femme au cœur charmant, sombre comme la
[nuit,
Douce comme l'aurore[170] *? »*

Et ce poème qu'il compose, il va le glisser plus tard dans le tronc du châtaignier afin qu'elle le trouve.

Il a écrit sur la première page cette dédicace : « À vous que je respecte, à toi que j'aime. »

Puis il rentre au château des Roches, voit Adèle...

C'est elle ! La vertu sur ma tête penchée ;
[...] La femme dont ma joie est le bonheur suprême ;
Qui, si nous chancelons, ses enfants ou moi-même,
Sans parole sévère et sans regard moqueur,
Les soutient de la main et me soutient du cœur[171]*...*

Il s'assied, prend sa tête à deux mains. Ses yeux sont douloureux encore. Sa trente-deuxième année s'achève. Il a une épouse, quatre enfants, une maîtresse, des revenus conséquents. Il est décidément un homme installé dans la vie.

1835

Allez-vous-en avec vos fleurs toutes fanées ;
J'ai dans l'âme une fleur que nul ne peut cueillir !

Hugo est seul dans son cabinet de travail. Il a placé devant lui ce portrait de son père, qu'il a dessiné il y a plusieurs années déjà. Il se laisse envahir par les souvenirs, en cette nuit du 1er janvier, et se met à tracer à l'encre des silhouettes, des paysages, des ruines de château. Il éprouve de plus en plus de plaisir, une sorte d'envoûtement, à peindre, à dessiner, à tracer à la plume des visages, ceux de ses personnages, ceux surgis de ses rêves. Il doit souvent se forcer à s'interrompre, tant il pourrait laisser ainsi glisser le temps.

Il prend une feuille blanche, il veut écrire à Juliette. Il va lui envoyer ce portrait de Léopold Hugo.

« 1er janvier 1835

« Je te donne le père ; tu as déjà le fils.

« Nous sommes depuis un quart d'heure dans

l'année 1835 ; encore un mois et seize jours et il y aura deux ans que tu es à moi, deux ans que je suis à toi. Cela finira je ne sais pas quel jour, car qui sait le jour de sa mort ?

« Et cela ne finira que pour recommencer ailleurs. Le ciel n'est qu'une continuation de l'amour. »

Il ajoute : « Je te baise mille fois dans toutes les parties de ton corps, car il me semble que partout sur ton corps je sens la place de ton cœur… »

Chaque fois qu'il pense à elle, c'est avec émotion, mais peut-être doit-il avoir le courage de se l'avouer : il est déjà moins attiré physiquement par elle. Deux ans bientôt d'une relation, cela suffit-il à épuiser les ardeurs du corps ? Le feu a-t-il été trop vif ?

Je puis maintenant dire aux rapides années :
— Passez, passez toujours ! Je n'ai plus à vieillir !
Allez-vous-en avec vos fleurs toutes fanées ;
J'ai dans l'âme une fleur que nul ne peut
[cueillir[172] *!*

Il la retrouve dans l'appartement qu'il a loué pour elle rue des Tournelles, parce que le logement de la rue de Paradis était trop exigu. Ici, elle a pu disposer les quelques meubles que lui ont laissés ses créanciers.

Elle est couchée. Elle recopie les poèmes qu'il lui apporte et qu'il veut voir figurer dans ce recueil des *Chants du crépuscule*. Il faut qu'elle s'occupe utilement. Il ne veut pas qu'elle sorte. Il faut que toutes les tentations soient écartées. Ni toilettes, ni distractions. Il faut qu'elle ait une vie rigoureuse et économe.

Elle n'a pas d'autres ressources que celles qu'il lui donne. Car elle ne montera jamais plus sur une scène.

Il fait ses comptes. Il laisse chaque fois qu'il vient la voir de petites sommes, mais cela fait au total près de huit cents francs par mois !

Elle dépend donc entièrement de lui, et il ressent cela d'une manière étrange. Elle fait partie de sa vie, aussi profondément que si elle était l'un de ses enfants. Il a une autorité absolue sur elle. Et en même temps, le désir est moins grand, comme si cette fusion de leurs vies avait transformé leurs relations.

Il est encore l'amant, mais la passion pour son corps s'est en partie évanouie. Il se sent un peu gêné quand, avec sa franchise sans préjugés, elle lui dit :

« Je vous aime, vous êtes charmant, et je vous désire. Je ne me suis jamais mieux portée que ce soir. Si vous aviez l'esprit d'en profiter, ce serait ravissant, mais vous êtes plus bête qu'un bonhomme en pain d'épice et vous n'êtes pas même bon à être mis en loterie. »

Que dire lorsqu'elle insiste :

« Nous nous conduisons d'une manière tout à fait ridicule. Il est temps de faire cesser le scandale de deux amoureux vivant dans la plus atroce chasteté… Il y a si longtemps que nous ne nous sommes vus qu'à minuit et avec trois doubles couvertures entre nous deux, que cela ne manquerait pas d'originalité si nous nous voyions plus tôt et de plus près. »

Et puis il y a la jalousie de Juliette qui peste :

— Je vous dis que je vous aime et que je vous tuerai si vous vous en allez. Est-ce assez clair ? répète-t-elle.

Il est lui-même jaloux.

Il veut utiliser ce sentiment-là, écrire un drame pour lequel Jouslin de La Salle, le nouveau directeur de la Comédie-Française, est disposé à payer une avance de quatre mille francs, alors que l'éditeur Renduel offre neuf mille francs pour avoir le droit d'éditer le texte. Et il y aura en plus un pourcentage sur les recettes du théâtre.

Écrire donc l'histoire de cet *Angelo, tyran de Padoue*, dont l'épouse, Caterina, aime un jeune homme, Rodolphe, lui-même adulé par la Tisbé, une comédienne. Angelo est jaloux, comme les deux femmes ; et allant de l'un à l'autre, il y a l'hypocrite, l'espion, Homodei, qui dévoile les relations des uns et des autres avec la volonté de nuire.

Il achève le drame en moins d'un mois et en fait la lecture à Mlle Mars et à Marie Dorval, qui doivent interpréter les personnages de la Tisbé et de Caterina. Il indique que Homodei « change de forme selon le temps et le lieu, mais au fond il est toujours le même : espion à Venise, eunuque à Constantinople, pamphlétaire à Paris ».

Et il pense à ces chroniqueurs, à ces journalistes, entre autres à ce Gustave Planche qui multiplie contre lui les critiques, ou à Sainte-Beuve qui ose rendre compte des poèmes rassemblés dans *Les Chants du crépuscule* en y relevant « un manque de tact littéraire ».

Sainte-Beuve n'a pas supporté qu'à la suite des poèmes célébrant Juliette, il y en ait un, *Date lilia*, qui soit un hommage à Adèle :

Oh ! qui que vous soyez, bénissez-la. C'est elle !
La sœur, visible aux yeux, de mon âme immortelle !
Mon orgueil, mon espoir, mon abri, mon recours !
Toit de mes jeunes ans qu'espèrent mes vieux [jours[173] !

Hugo sent la hargne l'empoigner lorsqu'il lit la suite du commentaire de Sainte-Beuve :

« On dirait qu'en finissant l'auteur a voulu jeter une poignée de lis aux yeux. Nous regrettons que l'auteur ait cru ce soin nécessaire... Il n'a pas vu que l'impression de tous serait qu'un objet respecté eût été mieux honoré et loué par une omission entière. »

Est-ce à cet hypocrite de donner des leçons de morale ? De prendre la défense d'Adèle ?

Hugo envisage de le provoquer en duel, puis se ravise. Il vaut mieux le mépriser. Mais la douleur demeure, s'ajoute aux reproches de Juliette, jalouse elle de Marie Dorval.

« Une autre que moi est admise à interpréter tes plus nobles pensées... Est-ce que vous ne trouvez pas bien amer pour moi que je sois exclue du bonheur qu'il y a à exprimer vos conceptions... à vivre cette alliance de la pensée d'une femme avec celle d'un homme, cette espèce de mariage de l'intelligence de l'actrice avec l'auteur ? »

Il est las de ces querelles, de ces critiques qui l'empêchent d'écrire. Car il a besoin de calme.

Il ne pouvait donner un rôle dans *Angelo* à Juliette, sous peine de susciter de nouvelles cabales, alors que la pièce connaît le succès ! Pourquoi ne le comprend-elle pas ? Les recettes s'élèvent à une moyenne de deux mille deux cent cinquante francs par soirée, et l'on va jouer le drame plus de soixante fois !

On a acclamé Marie Dorval.

— Si tu savais avec quelle probité je l'ai applaudie, murmure Juliette, avant d'exprimer de nouveaux regrets.

Il est touché par son dévouement, son honnêteté. Mais reste cette hostilité de la presse, des salons… Comme si, à l'envie suscitée par ses succès, s'ajoutait la condamnation morale.

On peut tolérer une brève liaison avec une « fille » comme Juliette, mais pas un amour véritable, une liaison presque officielle. Et les critiques pleuvent de toutes parts.

« Te voilà donc, ô toi dont la foule rampante
Admirait la vertu,
Déraciné, flétri, tombé sur une pente
Comme un cèdre abattu !
« Te voilà sous les pieds des envieux sans nombre
Et des passants rieurs,

Toi dont le front superbe accoutumait à l'ombre
Les fronts inférieurs !
[...]
« Les méchants, accourus pour déchirer ta vie,
L'ont prise entre leurs dents,
Et les hommes alors se sont avec envie
Penchés pour voir dedans[174] ! »

Il est cet Olympio dont il retrace les tourments, et auquel il dit, en parlant à lui-même :

« Laissons gronder en bas cet orage irrité
Qui toujours nous assiège ;
Et gardons au-dessus notre tranquillité,
Comme le mont sa neige[175]. »

Il sait qu'il ne peut trouver la paix et la joie qu'en s'éloignant de Paris avec Juliette. Les événements ne lui parviennent alors qu'assourdis.

Même l'attentat perpétré contre Louis-Philippe par Fieschi le jour anniversaire de la révolution de 1830, le 28 juillet, n'est plus qu'une péripétie, presque irréelle, lorsque la nouvelle en est connue plusieurs jours plus tard, alors qu'il voit se dérouler les campagnes de Picardie et celles de Normandie. Il est heureux de la joie de Juliette, du plaisir paisible et quotidien retrouvé. Adèle est à Nantes, puis à Angers avec Sainte-Beuve à l'occasion du mariage de Victor Pavie. Il la rejoindra aux Roches, installant Juliette de nouveau dans la maison des Metz.

Mais c'est déjà l'automne. Paris est proche, les nouvelles arrivent, plus brutales. Fieschi et ses complices arrêtés seront bientôt jugés, condamnés à mort ; des lois limitant la liberté de la presse sont votées en septembre. Hugo pense, comme le socialiste Louis Blanc, que « l'attentat de Fieschi en glaçant la France d'horreur a fortifié la monarchie ». La République lui apparaît plus que jamais comme un régime lointain, alors que le roi voit s'ouvrir sous les plus favorables auspices son avenir. Et qu'il faudra donc vivre dans ce régime-là.

Et peut-être accepter d'y devenir un « notable », chargé de titres et de fonctions.

Il se félicite d'avoir répondu favorablement à la proposition du ministre Guizot, qui l'a incité à faire partie du *Comité des monuments inédits de la littérature, de la philosophie, des sciences et des arts considérés dans leurs rapports avec l'histoire générale de la France*. Il y retrouve Victor Cousin et Mérimée. Il est ainsi, pour la première fois, membre d'une institution, et cela lui plaît.

Il écoute avec attention ceux qui insistent pour qu'il fasse acte de candidature à l'Académie française, où un fauteuil est vacant.

Il commence, en cette fin d'année, les visites que tout candidat doit rendre aux membres de la Compagnie. Juliette l'attend, blottie dans la calèche, heureuse de l'accompagner alors qu'aux Metz elle était recluse dans la maison blanche. Elle avait même une fois encore songé à le quitter, désespérée, lui écrivant :

« Je te supplie à genoux de me laisser sortir, je n'ai pas assez de voix, pas assez de prière pour te le demander, et vois-tu, mon pauvre ami, je suis si malheureuse, si humiliée, et je m'éloignerais de toi, malgré toi. Il vaut mieux que tu me donnes ton consentement, j'aurai au moins la triste satisfaction, en m'éloignant de toi pour toujours, de ne t'avoir pas désobéi. »

Naturellement, il n'a pas accepté. Il a multiplié les serments, les déclarations, les lettres. Il ne l'a pas convaincue, et s'est-il lui-même vraiment persuadé qu'il l'aime avec autant de force qu'autrefois ?

« J'observe depuis plus de six mois, et je vois bien que tu m'aimes de jour en jour moins », écrit-elle.

Mais il refuse de la laisser partir, pour elle, pour lui. Il ne peut rompre. Et il est rassuré, quand il sort de l'une de ces « visites académiques », de la retrouver dans la calèche.

Chaque fois, il doit expliquer que l'académicien qu'il vient de voir — qu'il s'agisse du ministre de l'Intérieur Thiers ou de M. Villemain — s'est montré réservé. Il y a certes Alexandre Soumet, Lamartine et quelques autres qui lui sont favorables, mais cela ne fait pas une majorité, même si Chateaubriand lui apporte son soutien :

« Vous avez raison de vous présenter à l'Académie, a-t-il dit. C'est une bêtise mais tous les hommes de génie l'ont fait. Racine et Corneille ont été de l'Académie. Il ne faut pas leur donner un démenti. Il est d'ailleurs bon que les hommes de valeur barrent le passage aux intrigants… J'ai fait comme vous, Monsieur Hugo, je me suis présenté à l'Académie, je suis académicien ; j'ai eu cette faiblesse... »

Juliette se serre contre lui.

Il se sent à la fois résolu à persévérer, à obtenir les honneurs et les distinctions, et en même temps il n'est pas satisfait de lui, de ces démarches. Il murmure : « De combien de côtés je me suis déjà écroulé ! »

Qu'au moins il ne soit pas injuste pour cette femme qui lui donne sa vie et dont la générosité, la noblesse, malgré son passé, le touchent.

Oh ! n'insultez jamais une femme qui tombe !
Qui sait sous quel fardeau la pauvre âme succombe !
Qui sait combien de jours sa faim a combattu !
[...]
La faute en est à nous ; à toi, riche ! à ton or !
Cette fange d'ailleurs contient l'eau pure encor.
Pour que la goutte d'eau sorte de la poussière,
Et redevienne perle en sa splendeur première,
Il suffit, c'est ainsi que tout remonte au jour,
D'un rayon de soleil ou d'un rayon d'amour[176] !

1836

À quoi je songe ? — Hélas ! loin du toit où vous
[êtes,
Enfants, je songe à vous ! à vous, mes jeunes têtes…

Hugo feuillette lentement *La Revue de Paris*. On lui a rapporté que le numéro de janvier contiendra « un article féroce » contre lui, d'un certain Nisard. Le voici.

Il lit le titre : « Victor Hugo en 1836 ». Que de pages, que de mots pour dire qu'il est un poète « mort » !... Un homme qui s'est renié, légitimiste devenu orléaniste et presque républicain ; et dont la vie privée est scandaleuse.

Au fur et à mesure qu'il lit, il se sent sali par cette prose haineuse. On le déteste.

Il y a bien sûr des amis fidèles, Lamartine, Béranger, qui vient d'écrire à l'académicien Lebrun : « Quant à Hugo, puisqu'il vous fait l'honneur de rechercher un fauteuil, pour Dieu ne le repoussez pas ! »

Ou bien ce jeune poète, Auguste Vacquerie, qui lui envoie ses œuvres, qui veut le rencontrer et qui répète :

« Je ne sais si vous avez oublié un pauvre jeune homme qui ne vous a pas oublié, lui, et qui donnerait sa vie pour vous. »

Et comment ne pas se souvenir de cela, alors qu'autour de soi on n'a que l'envie, la jalousie, la haine ou les récriminations ?

Il n'est pas étonné quand l'Académie française lui préfère, le 18 février, Dupaty, un médiocre auteur dramatique, beau-frère du maréchal Grouchy. Il n'a recueilli au quatrième tour que deux voix, sans doute celles de Lamartine et de Chateaubriand.

Et peu importe que Dupaty lui écrive…

« Avant vous, je monte à l'autel,
Mon âge seul peut y prétendre.
Déjà vous êtes immortel
Et vous avez le temps d'attendre. »

… il se présentera de nouveau. C'est vrai qu'il n'a, après tout, que trente-quatre ans ! Mais réussira-t-il à faire oublier son talent, ses succès, cette notoriété « immortelle » déjà que reconnaît Dupaty, et Juliette ?

Mesure-t-elle ce que lui coûte leur liaison, « immorale » aux yeux de bien des académiciens ?

Elle n'est pourtant pas satisfaite. Il peut la comprendre, mais ce harcèlement quotidien, ces dizaines de lettres qu'elle lui envoie chaque semaine accentuent encore le trouble qui l'habite, qui l'empêche d'entreprendre une nouvelle œuvre.

Elle dit d'abord qu'elle renonce à un réengagement à la Comédie-Française : « Vous voilà libre de faire reprendre au Théâtre-Français vos anciennes pièces et de n'en pas donner de nouvelle. »

Mais elle ajoute :

« Je voudrais devenir une grande acteuse, d'abord pour jouer vos rôles, et puis pour gagner beaucoup d'argent, et puis pour vous enrichir, ce qui serait assez phame. » Et elle étudie le rôle de Marion de Lorme, en rappelant : « Il me semble que tu m'aimais déjà en ce moment-là… Marion n'est pas pour moi un rôle, c'est moi. »

Elle l'étouffe !

Et elle se plaint de la tyrannie qu'il exerce sur elle. Mais il ne veut pas qu'elle se montre à ses côtés à Paris, ou bien qu'elle erre dans les rues à la merci d'une tentation ! Peut-être compense-t-il en la tenant ainsi recluse et soumise le désir qui le fuit.

Elle récrimine : « Je ne peux m'empêcher de souffrir de cette vie d'attente continuelle et de me révolter contre cette espèce de tyrannie que tu exerces sur moi à propos de tout et pour tout. »

Il a envie de crier : « C'est ainsi ! » Mais il ne peut que l'écouter lorsqu'elle assure :

« J'ai bien avec moi un Victor dévoué, mais je n'ai plus mon Victor aimant d'autrefois. Si cela était, comme je le crois de plus en plus, il est certain que ton devoir serait de me quitter tout de suite, car jamais je n'ai prétendu vivre avec toi autrement qu'en maîtresse aimée, et non en femme dépendante d'un ancien amour. Je ne demande ni ne veux de pension de retraite. Je veux ma place entière dans ton cœur… »

Il est touché. Il lui répète qu'il l'aime. Et il l'aime ! Et d'autant plus qu'ils sont loin de Paris.

Adèle et les enfants sont installés dans une grande maison à Fourqueux, au cœur de la forêt de Marly. Ils vont y passer le printemps et l'été. Et lui peut accomplir enfin ce voyage avec Juliette, qui est déjà devenu un rite.

Il va la chercher dans le nouvel appartement, petit, modeste, où elle vient d'emménager, 14, rue Saint-Anastase.

Elle dit :

— Je m'abrutis dans la crasse et les immondices, moi, si laide et si sale… Vous verrez que dans le ciel je serai aussi belle que vous…

Il l'entraîne.

Et ce sont les routes poussiéreuses de Normandie, les auberges de Saint-Malo et du Mont-Saint-Michel, puis de Cherbourg, de Bayeux, de Pont-l'Évêque, de Honfleur.

Il est heureux. Oubliés les envieux de Paris !

Je gravis lentement la falaise au dos vert,
Et puis je regardai quand je fus sur la cime.

Devant moi l'air et l'onde ouvraient leur double
[abîme
[...]
Le vent chassait les flots où des formes sans nombre
Couraient. Des vagues d'eau berçaient des vagues
[d'ombre.
L'ensemble était immense et l'on y sentait Dieu[177].

Mais il se sent parfois mutilé. Léopoldine et la petite Adèle, Charles et François-Victor lui manquent.

À quoi je songe ? — Hélas ! loin du toit où vous êtes,
Enfants, je songe à vous ! à vous, mes jeunes têtes...
[...]
À la table qui rit, au foyer qui pétille,
À tous les soins pieux que répandent sur vous
Votre mère si tendre et votre aïeul si doux[178] !

Il écrit à sa femme, qui semble s'ennuyer à Fourqueux en compagnie de son vieux père Foucher, l'« aïeul si doux » qui s'entoure désormais de prêtres.

On prépare la première communion de Léopoldine, qui aura lieu le 8 septembre. C'est Juliette qui taillera la robe blanche de l'enfant dans une de ses anciennes robes d'organdi !

Au ton des lettres d'Adèle, Hugo imagine qu'elle a dû rompre avec Sainte-Beuve, à moins que ce dernier ne se soit lassé. Dans les premiers jours de juillet, il reçoit d'elle une lettre qui le surprend. Elle est pleine d'une compréhension un peu suspecte :

« Ne te prive de rien — moi je n'ai pas besoin de plaisirs, c'est le calme qu'il me faut. Je suis bien vieille par les goûts et assez triste quoique sans chagrins. Que peut-on de mieux dans cette vie ?… Le bonheur de la vie est passé pour moi. Je le cherche dans la satisfaction des autres… Tu peux faire tout au monde, pourvu que tu sois heureux, je le serai — ne crois pas que ce soit indifférence, mais c'est dévouement et détachement pour moi de la vie. »

Il relit ces phrases, pétries de religiosité, d'esprit de sacrifice, de renoncement.

« D'ailleurs, continue Adèle, jamais je n'abuserai des droits que le mariage me donne sur toi. Il est dans mes idées que tu sois aussi libre qu'un garçon, pauvre ami, toi qui t'es marié à vingt ans, je ne veux pas lier ta vie à une pauvre femme comme moi. Au moins ce que tu me donneras, tu me le donneras franchement et en toute liberté. Ne te tourmente donc pas et crois que rien dans mon âme n'altérera ma tendresse pour toi, si solide et si complètement dévouée *quand même*. Adieu mon bon Victor, écris le plus souvent possible à ta vieille amie… »

Elle lui donne la liberté, et il ne s'est jamais autant senti attaché à elle ! Comme à Juliette ! Parfois, il pense qu'il a deux épouses, auxquelles le lient l'affection, des souvenirs, mais que peut-être, et cette hypothèse l'effraie et l'attire, la passion est ailleurs, qu'il y a place dans sa vie, qu'il y aurait place, pour un sentiment plus fort encore.

Il marche le long de la grève, à Saint-Valery-sur-Somme. Il regarde les embarcations qui s'éloignent de la côte.

Oh ! combien de marins, combien de capitaines
Qui sont partis joyeux pour des courses lointaines,
Dans ce morne horizon se sont évanouis !
Combien ont disparu, dure et triste fortune !
Dans une mer sans fond par une nuit sans lune,
Sous l'aveugle océan à jamais enfouis !
[...]
Nul ne sait votre sort, pauvres têtes perdues !
Vous roulez à travers les sombres étendues,
Heurtant de vos fronts morts des écueils inconnus[179]...

Mais il faut rentrer, retrouver les enfants et leur mère à Fourqueux, compter l'argent du ménage et entendre Adèle qui proteste :

— Tu devrais, au lieu d'avoir l'air de m'en vouloir pour la dépense, dit-elle, voir que je fais ce que je peux...

Et baisser la tête, quand elle ajoute :

— Fais un peu quelque chose de ton côté, je t'en prie. Je ne te parle pas souvent de cela, mais je suis triste parce qu'il me semble que tu fais maintenant peu pour ta famille... Je voudrais bien, mon ami, te voir travailler...

C'est vrai que cette année, il n'a écrit que

quelques pièces de vers. Que l'opéra *La Esmeralda*, tiré de *Notre-Dame de Paris* et dont il a écrit le livret, sur la musique de Louise Bertin, n'a connu à l'Académie royale de musique que cinq représentations ! Malgré Berlioz, qui a réalisé des orchestrations, et Liszt, une cabale dirigée contre les Bertin — le père de Louise étant toujours le directeur du *Journal des débats* ! — a couvert la voix des chanteurs.

Ce n'est pas cette œuvre-là qui fera rentrer de l'argent dans les caisses ! Et il a de la peine à concevoir une nouvelle grande œuvre.

Parfois, il sent pourtant la colère qui le saisit. Cette société, ce régime le révoltent. Trop de misérables ! Trop d'injustice ! Il ne peut approuver la « conspiration des poudres » de Barbès et Blanqui, vite réprimée, ou bien, pis encore, les attentats contre Louis-Philippe, dont les auteurs sont exécutés. L'un d'eux, Alibaud, qui a tiré sur le roi, s'écrie avant de mourir, la tête recouverte du voile noir des parricides : « Je meurs pour la liberté ! »

Et que penser de ce Louis Napoléon Bonaparte, neveu de l'Empereur, qui tente, le 30 octobre, de soulever la garnison de Strasbourg et qu'on expulse ?

Il ne peut rien naître de bon de la violence, du crime, même s'il est politique. Et pourtant Hugo a souvent envie de crier !

Ô muse, contiens-toi ! Muse aux hymnes d'airain !
Muse de la loi juste et du droit souverain...

[...] Oh! ne dis rien encore et laisse-les aller!
Attends que l'heure vienne où tu puisses parler[180]...

Il a la certitude qu'un jour, sa voix sera si forte qu'elle changera peut-être le cours de l'histoire et le destin des peuples. Alors que, pour l'instant, il a l'impression d'être enseveli sous les préjugés.

Il écrit à son ami Saint-Valry :

« Vous ne me connaissez plus, vous me supposez. C'est une faute que commettent souvent à mon endroit les plus bienveillants. Un jour viendra où vous et les autres me rendrez justice. »

Mais il le sait, ce temps n'est pas venu.

Il faut s'obstiner néanmoins, en ces derniers jours de décembre.

Il rend de nouveau visite aux académiciens, parce qu'il a décidé d'être candidat au fauteuil du vieux Raynouard, qui avait aidé ses premiers pas de jeune poète.

Pourtant il n'a guère d'espoir.

Le 29 décembre, le verdict tombe. Il n'a obtenu au quatrième tour que quatre voix, et l'historien Mignet, élu, seize !

Il est déçu.

On lui explique que ses résultats sont meilleurs que lors de sa première candidature. Mais dans combien d'années sera-t-il accepté ? Et quelles preuves d'assagissement devra-t-il fournir ?

Le 31 décembre, il a besoin d'écrire à Juliette qu'il sait seule. Hugo se sent coupable de l'abandonner ainsi à chaque fin d'année, et il a besoin aussi de parler à un être dévoué, sur qui il peut compter.

« Je veux, mon pauvre ange, que l'année finisse aujourd'hui chez moi par une pensée pour toi et qu'elle commence demain, chez toi, par une pensée pour moi… Ce que je te souhaite pour l'année qui vient et pour toutes les autres, c'est le bonheur. Ce que je me souhaite, c'est ton amour. Je l'ai, n'est-ce pas ? »

1837

Doux et blond compagnon de toute mon enfance,
Oh ! dis-moi, maintenant, frère marqué d'avance...

Hugo griffonne. Il écrit un vers, rature.

Il voudrait écouter les interventions des membres de la commission de la Propriété littéraire, mais il n'entend plus que cette voix intérieure qui lui dicte ces mots :

Ô siècle inachevé, plein d'angoisse et de doutes...
[...]
Où les rois à tâtons vont demandant leurs routes...
[...]
Redoutable avenir où le poète sombre
Voit les trônes pencher de plus en plus dans l'ombre
Sous un amas croulant d'événements confus[181] !

Il lève la tête, regarde les écrivains, le ministre, rassemblés autour d'une longue table, au ministère de l'Intérieur.

Qui pourrait croire que l'ordre est menacé ? Et cependant il a le sentiment que des bouleversements se préparent dans le pays, dans sa vie, même si en ces premiers mois de l'année « l'émeute se rendort », et c'est une étrange impression, après des années de troubles, de conspirations et d'attentats.

Hugo est convié à Versailles pour participer à un repas de quinze cents couverts, offert par le roi en l'honneur du mariage de son fils le duc d'Orléans avec la princesse de Mecklembourg-Schwerin. Il hésite, puis adresse une lettre au duc : Dumas et Balzac ne sont pas conviés à cette fête ; ils n'ont pas été admis dans l'ordre de la Légion d'honneur et lui-même n'a pas été élevé au grade d'officier. N'est-ce pas la preuve du dédain dans lequel on tient la poésie, les lettres ? Il ne peut dans ces conditions répondre à l'invitation du roi.

Et il est surpris, le duc d'Orléans lui répond. Dumas et Balzac sont honorés, invités. Il se rend donc à Versailles, et lorsqu'il voit s'avancer vers lui la jeune duchesse Hélène d'Orléans, blonde et sereine, belle, il est aussitôt séduit. Elle connaît les vers de Monsieur Hugo, dit-elle. Elle commence à réciter, puis elle ajoute qu'elle a « visité votre *Notre-Dame de Paris* ». Elle a parlé de lui souvent, avec Monsieur Goethe, conclut-elle.

Il est touché de ses attentions.

Elle le convie à ses soirées du Pavillon de Marsan, aux petites réunions intimes qu'elle veut organiser, et où elle rassemblera quelques amis poètes, des artistes, autour d'une cheminée. Et elle appellera ces rencontres « La cheminée » ! Elle rit. Elle est si jeune, si pleine de grâces. Il se sent flatté.

Puis il est étonné et confus quand, un matin place Royale, des laquais livrent un grand tableau du peintre Saint-Evre, cadeau du duc et de la duchesse d'Orléans. Le titre en est *Le Couronnement du cadavre d'Inès de Castro*, et l'œuvre a été la plus admirée du Salon de Paris.

En remerciement, il va envoyer à la duchesse et au duc un exemplaire du dernier recueil de poèmes qu'il prépare, *Les Voix intérieures*, et dans la préface il veut noter que « la puissance du poète est faite d'indépendance... Il faut qu'il puisse saluer le drapeau tricolore sans insulter les fleurs de lys... Être de tous les partis par leur côté généreux, n'être d'aucun par leur côté mauvais ».

Il souhaite se tenir à cette position, et il peut, ayant affirmé cela, fréquenter les salons de la duchesse, et même penser à inviter le couple ducal chez lui, place Royale. Pourquoi pas ?

Cela ne signifie pas le ralliement aveugle à la monarchie. Mais quel régime est possible ? La République est encore un rêve. Quant à l'émeute, elle ne mérite que le dédain, et il faut savoir allier « le grave respect du peuple au mépris de la foule ».

Pour bien marquer cette indépendance, il va dédier *Les Voix intérieures* à son père...

« À Joseph-Léopold-Sigisbert, Comte Hugo, lieutenant général des armées du roi. Né en 1774, volontaire en 1791, colonel en 1803, général de brigade en 1809, gouverneur de province en 1810, lieutenant général en 1825, mort en 1828.

Non inscrit sur l'arc de l'étoile. »

Et il signe : « Son fils respectueux, V. H. »

Ces mots font déferler les souvenirs.

Il n'a que trente-cinq ans, mais quand il a appris, le 20 février, qu'Eugène était mort à Charenton, il a eu le sentiment que c'était un passé millénaire qui renaissait. Et la douleur, la culpabilité l'ont submergé.

A-t-il été Caïn, pour ce frère vaincu, enfermé, mort ?

Doux et blond compagnon de toute mon enfance,
Oh ! dis-moi, maintenant, frère marqué d'avance
Pour un morne avenir,
Maintenant que la mort a rallumé ta flamme,
Maintenant que la mort a réveillé ton âme,
Tu dois te souvenir !

Tu dois te souvenir de nos jeunes années !
[...]
Tu dois te souvenir des vertes Feuillantines...
Ô Temps ! jours radieux ! Aube trop tôt ravie !

T'en souviens-tu, mon frère[182] *?...*

Il s'est souvenu de la jalousie qu'ils éprouvaient l'un pour l'autre, des défis qu'ils se lançaient, et combien il avait été joyeux de devancer Eugène, de l'évincer, de lui ravir Adèle.

Connaît-il autre chose aujourd'hui, à quelques

exceptions près — Juliette, ce jeune poète Auguste Vacquerie —, que la jalousie, l'envie ?

Sainte-Beuve vient de commettre dans *La Revue de Paris* un récit, *Madame de Pontivy*, qui n'est que l'évocation à peine voilée de ce qu'il a vécu avec Adèle ! Quand il le croise dans les réunions, parfois à l'enterrement d'une amie, il ressent de la haine.

— Un océan passerait sans laver la blessure !

Il s'est réconcilié avec Alexandre Dumas, mais il ne le pourra jamais avec Sainte-Beuve. Adèle, elle, s'est détachée enfin de cet homme, le juge pour ce qu'il est, un envieux, un être ranci, plein de rancœurs et d'impuissances.

Voilà la vie qui l'entoure. Eugène n'a-t-il pas eu la bonne part ?

Et moi, je vais rester, souffrir, agir et vivre ;
Voir mon nom se grossir dans les bouches de cuivre
De la célébrité ;
Et cacher, comme à Sparte, en riant quand on entre,
Le renard envieux qui me ronge le ventre,
Sous ma robe abrité !
Il est blessé, mais il se sent aussi méprisable.
L'homme, vers le plaisir se ruant par cent voies,
Ne songe qu'à bien vivre et qu'à chercher des [proies ;
L'argent est adoré ;
Hélas ! nos passions ont des serres infâmes
Où pend, triste lambeau, tout ce qu'avaient nos âmes
De chaste et de sacré [183] *!*

Il ne réussit pas à maîtriser son désarroi.

Il répond à Vacquerie, qui lui a adressé des vers :

« Je suis triste et par moments accablé, j'ai perdu un frère qui avant sa maladie avait été le compagnon de mon enfance et de ma jeunesse. Ainsi mon père, ma mère, un enfant, ce frère ! Je regarde avec douleur s'élargir cette solitude que la mort fait autour de moi. Envoyez-moi de beaux vers. Il y a dans votre noble et tendre poésie un charme qui me va au cœur… »

Il écoute Juliette qui « partage la tristesse. Tout ce qui t'attriste m'attriste, dit-elle, tout ce que tu aimes, je l'aime, tout ce que tu regrettes, je le regrette… ».

Mais le console-t-elle vraiment ?

Elle est toujours aussi exigeante, obsédante. Elle a son « livre d'anniversaire » placé sous son oreiller. Et elle désire qu'à chaque 17 février, il écrive « la date de notre amour ». Soit. Il l'aime.

Et comment repousser quelqu'un qui dit : « Je vois ce que tu es, c'est-à-dire le Dieu fait homme pour me racheter… Ce que Jésus-Christ a fait pour le monde entier, tu l'as fait pour moi seule, comme lui, tu as racheté mon âme aux dépens de ton repos et de ta vie » ?

Comment refuser à cette femme, recluse toute l'année, le voyage rituel qu'elle réclame ?

« Je veux un voyage, moi, ou rien… Mon Dieu, je n'ai pas d'autre but, moi. Vivre la vraie bonne vie avec toi, pendant quinze jours, mais c'est plus beau que tout au monde et plus nécessaire que d'avoir une chambre, un lit, dans lequel tu ne couches presque jamais… »

Il cède, malgré les résistances d'Adèle, seule désormais.

Il installe les enfants et l'épouse rue Boileau, à Auteuil, pour les mois d'été, et il s'en va avec Juliette en Belgique, de Mons à Ostende, d'Ypres à Bruges, découvrant pour la première fois, entre Anvers et Bruxelles, le chemin de fer !

Il parcourt ces villes médiévales, visite les églises, et chaque jour il écrit à « Mon Adèle, mon pauvre ange », lui répétant « Aime-moi ». Elle répond : « Adieu mon ami, je t'embrasse et je t'aime, sois heureux. »

L'est-il ?

Juliette est déjà pleine de regrets car à la mi-septembre, après un mois, le voyage s'achève. Elle retrouve la solitude. Et revient le temps des affrontements, et des retrouvailles après les colères.

« Mon cher bien-aimé, nous nous sommes fait du mal cette nuit. Nous sommes bien bêtes ou bien méchants, et peut-être pis que cela : nous sommes fous. Quant à moi, je n'en peux plus. Je suis toute meurtrie et de quelque côté que je touche mon cœur, il me fait un mal atroce. J'ai besoin de repos et d'amour pour panser toutes les plaies que ta férocité et ton absence ont faites à mon pauvre cœur. Je t'aime, mon Victor adoré, et dans mes plus grandes douleurs, je ne le nie pas… »

Il le sait et il ne pourrait plus se passer de cette

dévotion, mais cette répétition des mêmes querelles le mine. Il est triste, comme si la vie n'avait plus désormais que des couleurs sombres.

Il a fait transporter le corps de sa mère de sa sépulture provisoire du cimetière de Vaugirard au Père-Lachaise, dans la tombe des Hugo.

Il intente un procès à la Comédie-Française qui, contrairement aux termes du contrat signé avec lui, refuse de remettre au répertoire *Angelo, tyran de Padoue* et *Hernani*. Il gagne son procès.

Mais pourquoi faut-il qu'il faille toujours s'opposer, arracher ce qui est dû, se déchirer alors que la vie est si brève, et que le temps efface tout ?

Même la passion.

Il se souvient de cette vallée de la Bièvre, des séjours aux Metz avec Juliette durant ces étés 1834 et 1835, qui paraissent déjà si éloignés. Il parcourt les lieux de leur amour.

Les champs n'étaient point noirs, les cieux n'étaient pas
[mornes ;
Non, le jour rayonnait dans un azur sans bornes
Sur la terre étendu,
L'air était plein d'encens et les prés de verdures
Quand il revit ces lieux où par tant de blessures
Son cœur s'est répandu !
[...]
Pâle, il marchait. — Au bruit de son pas grave et
[sombre
Il voyait à chaque arbre, hélas ! se dresser l'ombre
Des jours qui ne sont plus !

[...]
« D'autres vont maintenant passer où nous [passâmes.
Nous y sommes venus, d'autres vont y venir ;
Et le songe qu'avaient ébauché nos deux âmes,
Ils le continueront sans pouvoir le finir !
[...]
« Toutes les passions s'éloignent avec l'âge,
L'une emportant son masque et l'autre son couteau,
Comme un essaim chantant d'histrions en voyage
Dont le groupe décroît derrière le coteau.
[...]
« Et là, dans cette nuit qu'aucun rayon n'étoile,
L'âme, en un repli sombre où tout semble finir,
Sent quelque chose encor palpiter sous un voile...
C'est toi qui dors dans l'ombre, ô sacré [souvenir[184] *! »*

Il est cet Olympio que la tristesse navre.

1838

Bon appétit, Messieurs ! — Ô ministres intègres !
Conseillers vertueux !…

Victor Hugo s'avance vers la duchesse et le duc d'Orléans, qui viennent de descendre de leur calèche. Les cavaliers de l'escorte occupent la place Royale. Il s'incline, s'efface, puis précède Leurs Altesses dans l'escalier et les salons. Des jeunes filles chantent, sous la direction de Louise Bertin, le chœur de *La Esmeralda.*

Il regarde autour de lui.

Les artistes, les écrivains, les journalistes, des académiciens, tout ce qui compte à Paris a envahi les salons de l'appartement. Il éprouve un sentiment d'orgueil. Il est enfin là, quelles que soient les jalousies, les critiques, présent au cœur de cette ville qu'il a chantée dans un poème des *Voix intérieures*, publiées il y a un an.

Oh ! Paris est la cité mère !
Paris est le lieu solennel
Où le tourbillon éphémère
Tourne sur un centre éternel !
Paris ! feu sombre ou pure étoile[185] *!*

Il suit des yeux Adèle qui présente ses enfants à la duchesse d'Orléans. Elle le fait avec distinction et une sorte de majesté. Elle est avec élégance la vicomtesse Hugo, puisque depuis la mort d'Eugène le titre est passé d'un frère à l'autre. Elle vient d'être invitée par Madame Adélaïde, la sœur du roi.

Hugo sourit. Il a franchi tous les obstacles, et il sera un jour élu à l'Académie française. Qui pourrait lui refuser un siège ? Peut-être, après, sera-t-il nommé par le roi pair de France. Pourquoi pas ?

Lorsqu'il entre dans les coulisses du Théâtre-Français où l'on répète *Hernani*, puis *Marion de Lorme* — parce qu'il a bien fallu que la Comédie-Française se plie au jugement qui lui impose de respecter son contrat, sous peine d'avoir à dédommager l'auteur des pièces qu'elle s'est engagée à représenter —, il est accueilli par le directeur Vedel et les acteurs comme un auteur célèbre, dont les pièces remplissent les théâtres. Fini le temps de la bataille d'*Hernani* !

Marie Dorval tiendra les rôles de doña Sol et de Marion de Lorme. Il lui chuchote des compliments. Elle roucoule. On va jouer les deux pièces plus de dix fois chacune, et cela rapportera au moins cinq mille francs de droits.

Cette année sera faste, il en est sûr. Et désormais, il séduit. Il veille à être élégant, le buste serré dans un gilet de soie, le pantalon collant, la chevelure peignée avec soin.

Il attire non seulement Marie Dorval, mais toutes ces jeunes actrices qui virevoltent autour de lui, espérant un rôle dans une prochaine création. Ne s'est-il pas engagé à écrire, puisqu'un nouveau théâtre, celui de la Renaissance que dirige Anténor Joly, n'a obtenu ses autorisations que parce que le duc d'Orléans a considéré qu'il fallait que des hommes comme Hugo et Dumas aient une scène à leur disposition ? Tout s'annonce donc sous d'heureux auspices.

Mais il y a Juliette.

Il ne veut pas sortir avec elle. Il ne veut plus afficher leur liaison. Elle s'en plaint : « Je me figure que la résistance que tu apportes à te montrer avec moi en public tient à ce que tu veux faire croire à quelqu'un ou à quelqu'une que notre liaison n'existe plus ! »

Il doit démentir, faire croire que c'est parce qu'il est jaloux qu'il la contraint à rester chez elle.

Elle proteste.

— Je sais bien que tu travailles, que tu as tes affaires. Mais enfin pourquoi me tenir en prison sous ce prétexte et toute l'année encore ?

Il s'interroge. Il ne peut ni ne veut rompre. Où irait-elle d'ailleurs, de quoi vivrait-elle ? Et puis cet amour qu'elle lui porte le satisfait, mais il faut qu'elle se soumette, qu'elle se contente de ce qu'il lui donne.

Alors ce sont entre eux des escarmouches sans fin. Il lui répète : « Plus on est aimé, plus on aime. » Mais elle est si obsédée qu'elle en oublie, et lui aussi, de fêter le cinquième anniversaire de leur première nuit ! Et puis il a du mal à cacher qu'elle ne l'attire plus. Ou de moins en moins.

« Je ne veux pas te gronder de n'être pas venu ce matin, dit-elle, je veux même à l'avenir ne plus t'en parler, parce que rien n'est plus déplacé ni plus ridicule qu'une femme qui sollicite vainement les faveurs de son amant. Ainsi, mon bien-aimé, puisque je dois vivre avec toi comme une sœur avec son frère, tu trouveras bon que je m'abstienne de te rappeler en aucune manière le temps où nous étions mari et femme… »

Or elle ne peut s'empêcher de le faire, jalouse non seulement de Marie Dorval mais aussi de la duchesse d'Orléans. Et il est vrai qu'il n'est pas indifférent à cette jeune duchesse qui sera peut-être un jour reine, et qui l'entoure d'attentions.

Il voit Juliette donc plus rarement. Il s'isole pour écrire cette pièce que le théâtre de la Renaissance attend. Oui, il pense à une reine qu'il pourrait aimer et qui l'aimerait lorsqu'il met en scène doña Maria de Neubourg, reine d'Espagne, victime de la machination d'un don Salluste de Bazan, Premier ministre, qu'elle a humilié, écarté, rejeté, et qui transforme son valet Ruy Blas en un don César capable de se faire aimer par elle. Et qu'elle nommera ministre !

Après des mois de nonchalance, il se sent repris par la furie d'écrire. Les vers, les mots se heurtent comme des épées quand, à la fin de la pièce, Ruy Blas se démasque pour protéger la reine et lance à don Salluste, avant de le tuer puis de s'empoisonner :

Monseigneur, nous faisons un assemblage infâme.
J'ai l'habit d'un laquais, et vous en avez l'âme !
[...]
Monseigneur, lorsqu'un traître, un fourbe [tortueux,
Commet de certains faits rares et monstrueux,
Noble ou manant, tout homme a droit, sur son [passage,
De venir lui cracher sa sentence au visage,
Et de prendre une épée, une hache, un couteau !...
Pardieu ! j'étais laquais ! quand je serais [bourreau [186] *?*

Le 11 août, il écrit le dernier mot de la pièce. Cela fait moins d'un mois qu'il l'a commencée.

Voilà quinze jours qu'il n'a pas vu Juliette. Il a besoin de se relire devant quelqu'un dont l'approbation sera enthousiaste. Il se rend chez elle le 12, dans la matinée. Il commence...

Bon appétit, Messieurs ! — Ô ministres intègres !
Conseillers vertueux ! Voilà votre façon
De servir, serviteurs qui pillez la maison !

Juliette tressaille à chaque vers.

Donc vous n'avez ici pas d'autres intérêts
Que remplir votre poche et vous enfuir après!
Soyez flétris, devant votre pays qui tombe,
Fossoyeurs qui venez le voler dans sa tombe[187] *!*

Elle tremble d'émotion aux ultimes répliques, quand Ruy Blas, le poison bu, enlace la reine qui enfin le reconnaît et l'aime pour l'homme qu'il est. Alors il dit « *merci !* », son dernier mot, son dernier souffle.

Comment ne pas laisser entendre à Juliette qu'elle pourra interpréter le rôle de doña Maria de Neubourg ?

Comment la détromper quand elle dit :

— Je suis comme une pauvre somnambule, à qui on a fait boire beaucoup de vin de Champagne. J'y vois double. Je vois de la gloire, du bonheur, de l'amour et de l'adoration, tout cela dans des dimensions gigantesques et impossibles...

Il part en voyage avec elle pour quelques jours, en Champagne. Il a chargé Anténor Joly de distribuer les rôles, sans exiger vraiment que celui de la reine lui soit attribué. Et quand ils rentrent, à la fin du mois d'août, les jeux sont faits. La reine sera Louise Baudoin, la maîtresse de Frédéric Lemaître, qui interprète lui le rôle de Ruy Blas.

Hugo n'a pas la volonté de résister. Après tout, Juliette a été sifflée lors des représentations de

Marie Tudor ! Peut-il prendre le risque d'un nouvel échec ? Et il devine aussi que derrière le choix du directeur de la Renaissance, il y a Adèle qui a dû intervenir, écrire, exiger qu'on l'écarte. Car Adèle est redevenue l'épouse gardienne du foyer, soucieuse des intérêts de la famille, décidée à éloigner de son « pauvre ami », ce mari aveuglé, la rouée, la « fille » Juliette.

Reste à subir son désespoir, à l'écouter gémir :

« Je suis triste, mon pauvre bien-aimé. Je porte en moi le deuil d'un beau et admirable rôle qui est mort pour moi à tout jamais.

« Jamais Maria de Neubourg ne vivra par moi et pour moi. J'ai un chagrin plus grand que tu ne peux imaginer. Cette dernière espérance perdue m'a donné un coup terrible.

« C'est dans ces moments-ci qu'il faut que tu sois bon et indulgent, car je souffre beaucoup. Aime-moi, aime-moi, aime-moi, si tu veux que je vive... »

Que répondre ?

Aime, et ne désespère pas.
Dans ton âme, où parfois je passe,
Où mes vers chuchotent tout bas,
Laisse chaque chose à sa place [188].

Mais il n'a pas le temps de s'attarder, de penser à son chagrin.

La première représentation a lieu le 8 novembre. Et ce n'est plus le charivari de la première d'*Her-*

nani. Les courtisans sont là, entourant le duc et la duchesse d'Orléans. Il y a quelques sifflets, mais les applaudissements l'emportent. Et chaque soir, durant cinquante représentations, la salle est pleine !

La critique est hostile. Balzac écrit : « *Ruy Blas* est une énorme bêtise, une infamie en vers. » Et Gustave Planche dénonce le « cynisme révoltant de M. Hugo qui a connu la gloire de trop bonne heure. Il s'est enfermé dans l'adoration de lui-même comme dans une citadelle… De cet orgueil démesuré à la folie, il n'y a qu'un pas, et ce pas, M. Hugo vient de le franchir en écrivant *Ruy Blas* ».

Hugo découvre qu'il est moins sensible aux critiques, à la jalousie et à la haine des uns, à l'incompréhension des autres. Il sait que certains détestent dans cette pièce la peinture d'une monarchie corrompue et condamnée. « Dans *Hernani*, le soleil de la Maison d'Autriche se lève, dans *Ruy Blas*, il se couche », écrit-il dans sa préface à l'édition du drame.

Et tant de scandales ternissent le règne de Louis-Philippe qu'il peut admettre que les plus lucides des partisans du roi condamnent sa pièce, et qu'ils dénoncent ainsi les altesses et les courtisans qui approuvent de la tête et des mains cette histoire dans laquelle la royauté est couverte de fange.

Mais désormais, il est à l'abri de la censure. Il est l'ami des princes. Et lorsqu'il signe un contrat avec la société Duriez et compagnie, qui va éditer les vingt-deux volumes de ses œuvres et s'engage à lui verser trois cent mille francs, dont cent quatre-vingts comptant et cent vingt mille après 1840, en quatre annuités successives, il sait qu'il a acquis l'indépendance pour lui et les siens.

Il charge un agent de change de lui acheter pour cent seize mille huit cent vingt-quatre francs et trente-sept centimes de titres de rente.

Il est enfin, en ce mois de décembre, un homme riche.

1839

Grâce encore une fois ! Grâce au nom de la [tombe !
Grâce au nom du berceau !

Victor Hugo a froid. Cette nouvelle année commence mal. Hier soir, Juliette lui a rapporté d'une voix altérée « toutes ces paroles de haine échappées de ces fangeuses coulisses ». Ragots et jalousies de comédiens et de comédiennes. Maintenant il pense à elle, seule dans cette nuit du 1er janvier. Il se sent triste, coupable. Il va lui envoyer ces vers, composés alors qu'il marchait « sur le pavé couvert de givre avec une brume glacée qui me piquait le visage ».

L'hiver blanchit le dur chemin.
Tes jours aux méchants sont en proie.
La bise mord ta douce main ;
La haine souffle sur ta joie.
[...]

Garde ton amour éternel.
L'hiver, l'astre éteint-il sa flamme ?
Dieu ne retire rien du ciel ;
Ne retire rien de ton âme[189] *!*

Il ajoute :

« On nous hait, il faut nous aimer.

« Voici notre viatique pour l'année qui va s'ouvrir. Et je la commence par le mot qui la finira, n'est-ce pas ?

« Je t'aime ! »

Il se rend chez elle, toujours ému par l'amour qu'elle lui donne, ce corps qu'elle offre. Il la serre contre lui, le désir le saisit, il s'y abandonne, avec la joie de combler son attente.

Il reçoit dans les heures qui suivent une lettre d'elle.

« Quelle bonne furia d'amour nous avons eue tout à l'heure et qu'il serait doux d'en crever sur place ! Pour moi, voilà mon opinion ; tout ou rien, c'est surtout en amour que cette devise est bonne et vraie… »

Il sourit, comme si tout son corps se dilatait, se souvenait du plaisir, quand elle ajoute :

« Bonsoir, rhinocéros, tigre royal… J'ai toujours avec vous l'attitude d'une petite fille à qui on va donner le fouet. En vérité, quand je pense à ce que j'étais autrefois et à ce que je suis maintenant, je ne me reconnais plus. »

Mais il sait bien qu'elle changera d'humeur, parce que ce désir qu'il a ressenti s'évanouit de nouveau.

Déjà elle l'irrite en lui répétant qu'il aurait dû « sacrifier l'inspiration à l'amour », ou en l'interpellant, pleine de reproches : « Que diable, on n'allume pas une femme pour la laisser ensuite fumer et s'éteindre toute seule comme un lampion de la Saint-Philippe ! »

Alors, lui écrire, lui réciter des vers, essayer de la calmer avec les mots de la tendresse et de l'amour, lui jurer que « l'amour depuis six ans éclaire toutes mes pensées. Ma vie est une énigme dont ton nom est le mot. Le jour où je t'ai aimée, mon ange, j'ai compris tout. Aimer, c'est à la fois le moyen et le but, c'est la vie et c'est le bonheur ».

Relève ton beau front, assombri par instants ;
Il faut se réjouir, car voici le printemps ;
Avril, saison dorée, où parmi les zéphyres,
Les parfums, les chansons, les baisers, les sourires,
Et tous ces doux propos qu'on tient à demi-voix,
L'amour revient au cœur comme l'ombrage au
[bois[190].

Il se relit, et il est mécontent. Il n'est pas porté par cet élan qui l'a poussé jusqu'à ce point de son œuvre où il se trouve, qui lui a encore permis d'écrire *Ruy Blas*.

Mais depuis, quoi ?

Est-il troublé par cette liaison tumultueuse, ou bien distrait par les fonctions qu'il occupe, à la Société des gens de lettres, nouvellement créée et que Balzac préside, ou bien à la Commission des monuments historiques où il intervient souvent ?

Tout cela n'est pas l'œuvre. Et puis il a l'impression que son corps change. Il grossit. Il a des maux de tête, des éruptions de furoncles, et ses yeux sont toujours douloureux. Il lui semble qu'il a besoin de retrouver en lui le jaillissement d'une nouvelle source, comme si la première était tarie.

Il parcourt les rues, en ces jours de la mi-mai, quand des groupes de jeunes gens, dirigés par Barbès et Blanqui, s'emparent d'armes, donnent l'assaut à quelques postes de police, à l'Hôtel de Ville, puis résistent dans le quartier du Marais. Il observe la troupe qui bivouaque place Royale. Il arpente les rues jusqu'au milieu de la nuit, essuyant des feux de salve, assistant à une cavalcade de hussards.

Cette « émeute des saisons » ne durera pas.

Que peuvent des émeutiers, si frêles qu'ils peinent à porter les fusils et à en supporter le recul, contre des « bataillons entiers… dont les feux de bivouac allumés partout jettent des reflets d'incendie sur les façades des maisons » ?

Hugo note. Il s'abreuve de ces scènes de rue.

« Un homme habillé en femme vient de passer rapidement à côté de moi, avec un chapeau blanc et un voile noir très épais qui cache entièrement la figure… »

Il ne croit pas à la révolution, à la politique telle qu'elle se mène.

« Nos choses politiques sont toujours médiocres et basses… peu de choses s'agitant autour de rien. »

Il faudrait que naisse entre le parti de la Restauration et celui de la révolution « un parti de la civilisation ». Il le dit :

« J'appelle à grands cris le jour où l'on substituera les questions sociales aux questions politiques. »

Mais qui l'écoute ? C'est pourtant son devoir de parler ainsi…

Le poète en des jours impies
Vient préparer des jours meilleurs.
Il est l'homme des utopies ;
Les pieds ici, les yeux ailleurs.
C'est lui qui sur toutes les têtes,
En tous temps, pareil aux prophètes,
Dans sa main, où tout peut tenir,
Doit, qu'on l'insulte ou qu'on le loue,
Comme une torche qu'il secoue,
Faire flamboyer l'avenir[191] *!*

Mais le présent, ce sont ces émeutiers arrêtés qu'on juge, Barbès condamné à mort, Blanqui en fuite.

Il faut intervenir, user de son prestige auprès du roi et des princes pour arracher Barbès au bourreau, et par là même sauver aussi Blanqui.

Il s'adresse à Louis-Philippe, le 12 juillet, le jour même de l'arrêt de mort. Il veut toucher le souverain, lui rappeler la fille qu'il vient de perdre, et le petit-fils qui vient de naître. Il écrit d'un trait :

Par votre ange envolée ainsi qu'une colombe !
Par ce royal enfant, doux et frêle roseau !
Grâce encore une fois ! Grâce au nom de la tombe !
Grâce au nom du berceau[192] *!*

Et il est comblé comme il ne l'a plus été depuis longtemps, quand on lui porte la réponse du roi :

« Ma pensée a devancé la vôtre. Au moment où vous me demandez cette grâce, elle est faite dans mon cœur. Il ne me reste plus qu'à l'obtenir. »

Il se sent mieux durant quelques jours. Il a l'impression que l'élan revient. Il rencontre Auguste Vacquerie, ce jeune poète qui est un des visiteurs réguliers de l'appartement de la place Royale. Auguste bavarde avec Adèle et Léopoldine, leur propose de passer les vacances à Villequier, dans la maison du bord de Seine que sa famille possède entre Le Havre et Rouen. Son frère Charles et ses parents se feront une joie de les accueillir. Adèle accepte. Hugo dit qu'il doit travailler, rester à Paris.

« Figurez-vous, explique-t-il à Auguste Vacquerie, que je suis dans ces jours décisifs où l'on tourne autour d'une œuvre qu'on a dans l'esprit afin de trouver le meilleur côté pour l'entamer. Vous avez vu l'an dernier combien j'étais absorbé au moment de commencer *Ruy Blas*. Il y a une sorte de tristesse sombre et mêlée de crainte qui précède l'abordage d'une grande idée. Vous savez cela, n'est-ce pas ? Je suis dans un de ces instants.

Seulement l'idée est-elle grande ? Je le crois. Vous en jugerez un jour. »

Il se met au travail. Il veut évoquer le frère caché, masqué de fer, le jumeau de Louis XIV, et camper la figure de Mazarin. Il le sait, le sujet est convenu, mais il va le renouveler, connaître le succès. Il s'enferme. Il ne dort pas plus de deux heures par nuit. Un mois plus tard, il sent avec angoisse que l'élan se tarit, que la fatigue, l'épuisement l'écrasent. Il ne peut achever *Les Jumeaux*, comme si ce duel entre deux frères le troublait si fort qu'il ne puisse en faire un drame, comme si le souvenir d'Eugène le paralysait.

Il se réfugie chez Juliette quelques jours.

Peu à peu, les maux de tête disparaissent, la furonculose s'apaise. Autant partir pour un long voyage, au gré du temps et de la fantaisie, de Strasbourg à Bâle, de Zurich à Lausanne, de Genève à Toulon. Et là, visiter le bagne, ses prisons flottantes. Puis gagner Nice, et dans les îles de Lérins chercher la trace du Masque de fer, puis remonter le Rhône en bateau, et ne rentrer à Paris que deux mois plus tard, la tête pleine d'images, les carnets remplis de notes.

Juliette est reconnaissante.

« Je ne suis pas ingrate, ni oublieuse, dit-elle. Je sens bien que tu viens de me donner presque deux mois de bonheur. J'ai encore sur les lèvres les bons baisers de tous les jours et de toutes les nuits… »

Comment la rassurer définitivement ?

Lui proposer une sorte de mariage secret, spirituel, un engagement des âmes, un échange de promesses. Elle renoncera à jamais au théâtre et lui ne l'abandonnera jamais, ni elle ni sa fille Claire.

Elle est transfigurée, et il est bouleversé par la gratitude qu'elle lui manifeste :

« Divine bonté de ton âme…, murmure-t-elle, ma prière et mon lever de ce matin ont été ceux d'une NOUVELLE MARIÉE. Oh ! oui, je suis ta femme, n'est-ce pas, mon adoré ?… Et cependant mon premier titre, celui que je veux conserver entre tous les autres et par-dessus tous les autres, c'est celui de ta MAÎTRESSE, ta maîtresse passionnée, ardente, dévouée, et ne comptant que sur ton regard pour vivre, sur ton sourire pour être heureuse.

« Je te bénis, mon petit homme généreux, d'avoir pensé à ma fille, ma pauvre fille, qui devient ainsi la tienne… »

Quand il rentre chez lui, Adèle est là, qui raconte son séjour à Villequier, la bonne entente, et peut-être plus que cela, qui a régné entre Charles Vacquerie et Léopoldine. C'est un homme de vingt-cinq ans. Et elle en a quinze.

Il ne prête guère attention à ce récit.

— Il y a une place à l'Académie, reprend Adèle. T'y présentes-tu ? Veux-tu que je sache quelle chance il y a pour toi ?

Il est candidat, bien sûr ! Il peut compter sur Lamartine, Chateaubriand, Soumet, Nodier sans doute. Il vient de rencontrer Balzac, qui voulait lui aussi se présenter au fauteuil de l'historien Michaud mais qui, apprenant que Hugo entre en lice, est décidé à se retirer.

Hugo insiste :

— Par grâce, croyez-moi, ne vous retirez pas !

Balzac renonce pourtant.

Mais rien n'y fait. Il n'y aura, le 19 décembre, aucun élu au terme de sept scrutins ; Hugo a obtenu neuf voix au premier tour et huit au dernier. C'est honorable. Il est cependant amer.

Il voit Juliette.

— Ne vous représentez jamais à l'Académie ! dit-elle. Ce qui n'est pas drôle trois fois devient bête et ridicule quatre. Voilà mon opinion littéraire. Quant à mon opinion politique, vous la connaissez : c'est que je vous trouve plus beau que Louis-Philippe. Mais ce n'est pas ma faute et les opinions sont libres.

Il rit. Elle chasse ainsi sa mauvaise humeur.

Mais lorsqu'il apprend, le 31 décembre, la mort de Monseigneur Quélen, archevêque de Paris, et qu'un siège vient donc de se libérer à l'Académie, il sait qu'il sera de nouveau candidat.

1840

Ciel glacé, soleil pur. — Oh ! brille dans [l'histoire,
Du funèbre triomphe impérial flambeau !

Hugo s'interroge. Juliette sera-t-elle un jour apaisée ? Il parcourt des yeux cette lettre qui, ce 2 janvier, vient d'arriver.

« Mon Dieu que je t'aime, mon grand Victor ! » écrit Juliette.

Sa sincérité, sa flamme, ses élans le touchent toujours. Il est ému parce qu'elle parle de Claire : « La pauvre enfant a bien compris tout ce qu'il y avait de noble et de généreux dans ta conduite envers nous, elle en avait les larmes aux yeux. Oh ! je t'aime doublement de te comprendre et de t'aimer. »

Avait-elle besoin de se confier à Claire ?

Mais il faut qu'elle exprime tous ses sentiments. Se rend-elle compte qu'ainsi elle lui interdit de trouver le calme qui est nécessaire à son œuvre ?

« Je souffre, et je suis irritable et je m'ennuie », dit-elle encore. Elle veut qu'il lui apporte des textes à recopier. Et puis elle l'accuse comme tant de fois déjà de « froideur excessive ». Et il a l'impression désagréable d'être percé à jour…

« Je le dis tristement et amèrement, comme une pauvre femme qui croit découvrir une affreuse vérité… Je n'ai pas à me plaindre de ton dévouement, de ta générosité. Mais tout cela, ce n'est pas de la passion, ni de l'amour. »

Elle ajoute qu'elle est « courbaturée, et malade, qu'elle voudrait mourir », parce qu'elle a vu les premières épreuves du daguerréotype. « Vraiment, je suis un monstre de laideur… Je t'aime trop, c'est ce qui me rend si laide. » Elle propose une fois encore la rupture. Elle lui reproche ce qu'elle appelle « le contrôle de ma dépense… Il sera toujours très dur et peut-être même impossible de te rendre compte de carotte de mon pot-au-feu, de la voie d'eau de ma fontaine, de l'opportunité d'une paire de bas et de la nécessité d'une chemise blanche ».

Il se sent las.

Et Adèle de son côté le harcèle.

« Je suis inquiète, je l'avoue, de ton avenir matériel… Je me considère vis-à-vis de toi comme une intendante chargée de surveiller et de tenir ta maison… Je te parle comme le ferait une sœur, une amie… Songe, songe à ton avenir. Vois quels moyens employer afin de diminuer tes charges… N'attends pas que tes plaies guérissables deviennent incurables… » Elle le pousse bien sûr à rompre avec Juliette !

Et il ne le souhaite pas. Juliette l'étouffe parfois avec son amour absolu, sa dévotion, ses récriminations, ses plaintes, ses reproches, mais pourquoi rejeter quelqu'un qui vit par vous, pour vous, qui vous a donné sa vie ? Qui est peut-être l'une des rares personnes, la seule lui semble-t-il parfois, sur qui il peut totalement compter ?

Les autres, les amis, même les plus fidèles, aux moments importants se dérobent.

Quels sont ainsi ceux qui, à l'Académie française ce 20 février, ont préféré, malgré leur promesse, ne pas voter pour lui mais pour le physiologiste Flourens, puis pour le comte Molé, élisant ainsi deux nouveaux académiciens ? Et le laissant, lui, à nouveau aux portes du palais du quai Conti !

Il faut cacher sa déception, jouer l'indifférence quand Dumas s'indigne du résultat, sourire quand il interpelle Népomucène Lemercier, un vieil académicien :

— Monsieur Lemercier, lance Dumas, vous avez refusé votre choix à Victor Hugo, mais il y a une chose que vous serez obligé de lui laisser un jour ou l'autre, c'est votre place !

Et Dumas éclate d'un rire vengeur, tend à Hugo le journal *Le Temps* où un autre académicien, Viennet, écrit : « J'ai constamment voté pour M. Hugo, malgré les satires que j'ai faites contre les romantiques et sans préjudice de celles que je pourrai faire encore. L'auteur des *Odes* et des *Orientales* ne leur appartient pas, c'est un homme de génie, tout à fait digne du fauteuil. »

Juliette s'exclame, rageuse :

— Que le diable les emporte, les vieux blaireaux !

Hugo sait ce qu'elle souhaite : l'enfermement dans l'amour, le refus de la société, la fuite.

« Quant à moi, ajoute-t-elle, je voudrais qu'il n'y ait ni Académie, ni théâtre, ni librairie, je voudrais qu'il n'y ait de par le monde que des grandes routes, des diligences, des auberges, une Juju et un Toto s'adorant ! »

Comme s'il pouvait s'en contenter ! Il sent au contraire le désir de jouer un jour un rôle de plus en plus grand, non plus seulement comme poète mais comme un homme d'action, pesant par ses décisions sur le destin des autres.

Il accepte de succéder à Balzac à la tête de la Société des gens de lettres. Et il lui semble, lorsqu'il dirige les débats, que son autorité est reconnue.

Il voit aussi venir à lui des jeunes gens, non seulement Auguste Vacquerie ou Paul Meurice, des familiers désormais, mais des inconnus. Et les témoignages d'admiration se multiplient.

La haine et la jalousie l'entourent dans les rédactions et les salons parisiens, mais on lui écrit de toute la France. Il reçoit la lettre d'un jeune homme de dix-neuf ans, qui déclare : « Je vous aime comme on aime un héros… puisque vous avez été jeune, vous devez comprendre cet amour que nous donne un livre pour son auteur, et ce besoin qui nous prend de le remercier de vive voix et de lui baiser humblement les mains. »

Ce jeune homme, Charles Baudelaire, le touche infiniment, malgré bien sûr la meurtrissure ; c'est vrai qu'il n'est plus jeune, trente-huit ans déjà ! Il peut lire son âge sur les daguerréotypes où cet homme au visage empâté, c'est lui…

Il rend visite à Balzac, qui est seulement de trois ans son aîné mais qui respire difficilement, comme étouffé par le poids de son corps. Lamartine, lui, est plus âgé de douze ans, et pourtant le temps semble peu à peu effacer cette différence.

Il leur envoie *Les Rayons et les Ombres*, qu'il publie au mois de mai, et Balzac s'enthousiasme dans un article de *La Revue de Paris*.

« M. Hugo est bien certainement le plus grand poète du XIXe siècle ! écrit-il. Si j'avais le pouvoir, je lui offrirais et des honneurs et des richesses, le conviant à faire un poème épique… »

Cela réchauffe.

« Merci, merci, de toute façon et pour tout, répond Hugo. Merci pour votre beau génie, merci pour votre amitié. »

Il ressent une réelle admiration pour Balzac, et aussi de la compassion. Car l'homme est d'une puissance fascinante, mais il souffre. Il est accablé de dettes. Le ministre de l'Intérieur Rémusat vient d'interdire les représentations de *Vautrin*, au prétexte que l'acteur qui interprète le héros de Balzac,

Frédéric Lemaître, s'est fait une coiffure à la Louis-Philippe !

Il faut intervenir, tenter de faire annuler la décision. Démarches vaines…

Hugo observe les difficultés dans lesquelles l'écrivain se débat, malgré le succès et le nombre de ses livres. Les créanciers aboient autour de lui. Comment ne pas en conclure qu'il faut à tout prix se protéger, ne vivre que des revenus d'un capital que l'on augmente dès qu'on le peut, mettre à l'abri les siens, et Juliette et sa fille, de cette misère qui tourmente son ami.

Il sait bien que celui-ci le considère, tout en lui donnant son amitié, comme « l'homme le plus perpétuellement et le plus artificiellement calculé ». Et pourquoi pas ? La vie est aussi une guerre, où il faut vaincre, assurer ses approvisionnements, construire ou conquérir des places fortes, où l'on peut résister aux ennemis. À ce Sainte-Beuve, qui s'en va partout dire que « Hugo est un cyclope… Il ne voit que lui », qui se répand en critiques contre *Les Rayons et les Ombres* sans pour autant oser écrire un article, parce qu'il pense sans doute à son futur siège à l'Académie et qu'il escompte bien obtenir la voix de Hugo lorsque celui-ci y aura été élu ! Il l'avoue d'ailleurs, tout en condamnant dans le recueil « les erreurs de goût, les crudités » qui « pouvaient sembler des inadvertances d'un enfant sublime qui aimait un peu trop en effet le gros et le rouge. Mais aujourd'hui que ce talent est homme fait, cela persiste et s'augmente, s'incruste de plus en plus. Adieu la maturité ! ».

Hugo hausse les épaules quand on lui rapporte ces propos. *Cyclope* ? Pourquoi pas !

Il ressent seulement une pointe d'amertume quand il regarde Adèle qui lit, dans le parc de ce château de la Terrasse, à Saint-Prix — non loin de Paris — où elle va séjourner tout l'été en compagnie des enfants. Elle a donc aimé cet homme ! Il en est encore blessé, étonné. Maintenant elle est l'épouse, la « bonne mère », comme dit Léopoldine.

Il suit des yeux sa fille, dont les cheveux très noirs, tirés en arrière, entourent le beau visage aux traits réguliers. Elle a seize ans. Elle semble avoir été sensible aux attentions de Charles Vacquerie... Est-il possible qu'elle ait déjà pour un homme les attraits d'une femme ?

Cette pensée le stupéfie. Il la repousse. Il observe ses fils, Charles et François-Victor. Ce sont déjà des jeunes gens, de bons élèves qui obtiennent des prix de thème latin. La petite Adèle est, elle, fragile, passant de l'abattement à la morosité. Ce comportement l'inquiète, il repense à Eugène.

Il est tenté de rester auprès d'eux, mais il y a Juliette et les semaines de liberté qu'elle attend, ce voyage rituel dont lui aussi a besoin pour être avec elle, loin des contraintes, des prudences nécessaires, et parce qu'il veut, en outre, découvrir des paysages nouveaux.

Cette année, ce sera l'Allemagne, la vallée du

Rhin, de Cologne à Mayence, de Heidelberg à Tübingen.

Il écrit. Il dessine ces falaises qui dominent le fleuve et au sommet desquelles se dressent d'altiers châteaux. Il lui semble que la France, sur cette rive gauche du Rhin, est proche, présente encore.

Ce paysage, où l'empreinte de l'histoire médiévale mais aussi napoléonienne est si profonde, lui parle. Le voyage se prolonge. On ne rentre à Paris qu'après deux mois d'un long périple. Et il feuillette ses carnets de voyage, remplis de notes et de dessins. Il en tirera un livre.

Il retrouve avec joie la place Royale, Paris toujours contradictoire.

On a accueilli sans émotion la condamnation à perpétuité de Louis Napoléon Bonaparte qui a, une nouvelle fois, tenté un coup de force, à Boulogne, et que l'on vient d'emprisonner au fort de Ham. Et on vibre d'impatience à l'annonce du retour des cendres de son oncle, Napoléon Ier, ramenées de Sainte-Hélène et que l'on va enterrer aux Invalides ! Habile initiative de Louis-Philippe pour séduire les « bonapartistes » et les « patriotes ».

Hugo veut être non seulement témoin mais acteur de cet événement.

Il va écrire un poème, *Le Retour de l'Empereur*, qui sera publié en plaquette le 14 décembre, la veille de la cérémonie. En plus, il rassemble tous les poèmes qu'il a écrits sur l'Empereur, ce sera une « espèce d'épopée napoléonienne », éditée quelques jours plus tard. Il rédige lui-même l'avis de l'éditeur, pour présenter ce livre qui « rapproche si glorieusement du nom auguste de Napoléon le nom illustre de Victor Hugo ».

Il se sent lié à cette histoire impériale, par son père, et même par Juliette, dont l'ancien protecteur et amant, le prince Demidoff, vient d'épouser, à Rome, la princesse Mathilde Bonaparte !

Il le lui dit. Elle semble ne pas avoir entendu, amère, révoltée.

— Jusqu'à présent, gronde-t-elle, j'ai eu la stupidité de me laisser mener comme un chien de basse-cour ; de la soupe, une niche, et une chaîne, voilà mon lot. Il y a d'autres femmes, d'autres chiens qu'on mène avec soi. Mais moi, je n'ai pas tant de bonheur, ma chaîne est trop solidement rivée pour que vous ayez quelquefois l'attention de la détacher !

Il ne veut pas l'écouter pour l'instant. Il doit écrire.

Sainte-Hélène ! — leçon ! chute ! exemple ! agonie !
L'Angleterre, à la haine épuisant son génie,
Se mit à dévorer ce grand homme en plein jour ;
Et l'univers revit ce spectacle homérique :
La chaîne, le rocher brûlé du ciel d'Afrique,
Et le Titan — et le Vautour !
[...]
Toi, héros de ces funérailles,
Roi ! génie ! empereur ! martyr !
Les temps sont clos ; dans nos murailles
Rentre pour ne plus en sortir[193] *!*

Il entend, ce 15 décembre, les tambours battre le rappel dans les rues depuis six heures et demie du matin. Il sort à onze heures. Les rues sont désertes, les boutiques fermées. Il fait très froid. Les ruisseaux sont gelés. Il marche. Il arrive chez Juliette.

Il n'a pas réfléchi. Il veut qu'elle soit là, avec lui, sur cette estrade où le froid saisit les spectateurs qui battent des pieds, alors que des bourrasques de neige balaient l'esplanade des Invalides.

Puis ce sont les coups de canon, le char de l'Empereur.

« On dirait que ce char traîne après lui l'acclamation de toute la ville comme une torche traîne sa fumée. »

Hugo ôte son chapeau. Il crie aux hommes qui l'entourent et qui ne se sont pas découverts : « Chapeau bas ! »

Il fixe ce char qui « cache ce qu'on voulait voir, ce que la France a réclamé, ce que le peuple attend, ce que tous les yeux cherchent en vain : le cercueil de Napoléon ».

Juliette s'appuie sur son bras. Il la sent reconnaissante.

« Quelle joie et quel orgueil pour moi de voir passer ce sublime mort, appuyée sur le bras du plus sublime vivant que le monde verra jamais, dit-elle. Merci, mon adoré Toto, merci du fond du cœur, de m'avoir fait assister à tes côtés au triomphe de notre empereur. Tu ne sais pas, tu ne peux pas savoir toi-même, ce qu'il y avait de rayons dans tes adorables yeux au moment où le char est passé devant nous : on aurait dit que ton regard passait à travers toutes ces planches et toutes ces draperies et se fixait sur le front du mort avec respect et admiration. Tu sais bien que je dis vrai quand je dis qu'il y avait là dans cette fête les deux chefs-d'œuvre de Dieu, l'un mort et déjà saint, l'autre vivant et déjà immortel. »

Il l'écoute. Il a sans doute voulu qu'elle soit à ses côtés pour qu'elle pense et dise cela, qu'elle communie avec lui, seule personne à pouvoir comprendre ce qu'il ressent.

Il murmure tout en marchant, en s'éloignant des Champs-Élysées :

Ciel glacé, soleil pur. — Oh ! brille dans l'histoire,
Du funèbre triomphe impérial flambeau !
Que le peuple à jamais te garde en sa mémoire,
Jour beau comme la gloire,
Froid comme le tombeau[194] *!*

Il rentre seul place Royale.

Cette cérémonie l'a exalté, conforté dans ses ambitions. Il sera de nouveau candidat à l'Académie française, au fauteuil de Népomucène Lemercier, mort cette année, comme l'avait prédit Dumas ! Mais ce ne sera qu'une étape, le moyen d'aller plus haut, de devenir pair de France, ministre peut-être.

Qui sait si ce n'est pas cet amour infini, cette admiration sans limites que lui voue Juliette qui lui donnent cette ambition, cette certitude dans son destin ?

Il va lui écrire. C'est la nuit du 31 décembre.

Elle est seule comme à l'habitude.

« Sois donc heureuse cette année, mon ange, comme les autres années. Sois forte, sois fidèle, sois bonne, sois grande, sois aimante. Ta vertu, c'est ma vie.

« Je t'ai prise femme aux hommes et je te rendrai ange à Dieu.

« Je baise mille fois ta belle bouche adorée.

« V. »

1841

On s'aplatit, on rit, on dit : suis-je jésuite !
On intrigue, on se pousse, on flatte, on rampe, on
[ment...

Hugo attend. Le vote a lieu en ce moment, au milieu de l'après-midi de ce 7 janvier. Hier, il était sûr des voix de dix-sept académiciens. Il avait couru toute la journée de l'un à l'autre, pour s'assurer de leur fidélité. Maintenant, il ne sait plus. Peut-être une nouvelle déception, une nouvelle défaite.

Il trace rapidement quelques vers :

... et l'on part pour la vie en disant :
Je serai vertueux, incorruptible, probe
[...] Puis on avance, et l'on commence à voir
Que le destin n'est pas une ligne bien droite [...]
On s'indigne d'abord, puis on concède un peu.
Il faut, pour réussir, moins planer dans le bleu,

Descendre ; et l'on descend ; on s'amoindrit
[ensuite
On s'aplatit, on rit, on dit : suis-je jésuite !
On intrigue, on se pousse, on flatte, on rampe, on
[ment[195]*...*

Un bruit de porte qu'on ouvre, des éclats de voix. Léopoldine qui se précipite dans le cabinet de travail, qui se jette à son cou. Il est élu, par dix-sept voix (!), académicien !

Il repousse la feuille sur laquelle il a écrit les vers. Il a l'impression qu'il respire mieux, que sa vie s'ouvre à nouveau, qu'un air vif entre en lui, balayant les doutes, les regrets et les hantises.

Les visiteurs se succèdent. On apporte une lettre. Il reconnaît l'écriture de Juliette. Elle sait donc déjà. Il lit.

« Je suis bien contente pour tout le monde, mon cher académicien, que vous soyez enfin nommé. Vous voilà donc un homme assis, en attendant que vous soyez un homme rassis, ce qui n'arrivera pas demain, je vous en réponds, au train dont vous remontez le fleuve de la vie. Vous êtes beaucoup plus jeune que lorsque je vous ai connu, de l'aveu de tout le monde. Enfin, grâce à vos dix-sept voix amies, et malgré les quinze groins de vos adversaires, vous voilà académicien. QUEL BONHEUR ! »

Il est pris dans un tourbillon, la vie l'entraîne. On le félicite. « Vous ne devez rien à personne, Monsieur, votre talent a tout fait, vous avez mis vous-même votre couronne sur votre tête », lui dit Chateaubriand.

Il est un peu grisé. Il pense à Napoléon le jour du sacre.

Et les complimenteurs intéressés, tel Sainte-Beuve, reviennent.

Léopoldine, qui s'est rendue, si belle, si pure, si blanche dans sa robe blanche, à son premier bal — déjà, déjà —, raconte que Sainte-Beuve lui a fait mille politesses au cours de la soirée ! Sainte-Beuve qui pense bien sûr à sa future élection ! Il aurait dit : « Voilà Hugo nommé, mais tout n'est pas gagné encore. Hugo apporte comme candidats de sa prédilection et de sa charge quatre illustres : Alexandre Dumas, Balzac, Vigny ; je suis le quatrième, très indigne et pourtant moins impossible encore, je crois, qu'aucun des trois autres. »

C'est cela le monde.

Delphine Gay, la jeune amie d'autrefois, devenue une puissance puisqu'elle est l'épouse d'Émile Girardin, le propriétaire de *La Presse*, l'invite.

Il y a là le général Bugeaud, on parle de la conquête de l'Algérie.

— C'est un peuple éclairé qui va trouver un peuple dans la nuit. Nous sommes les Grecs du monde…, dit Hugo.

Lorsqu'il se retrouve dans la nuit froide de janvier, il neige. Une fille racole. Il aperçoit un jeune bourgeois qui lui glisse dans le dos une boule de neige. Elle hurle, elle le frappe. L'homme répond.

On se bat. Les sergents de ville surviennent, entraînent la fille, ignorent l'agresseur.

Il suit le groupe jusqu'au commissariat. Il voit la fille malmenée, emprisonnée. Il entre, témoigne, donne son nom, obtient qu'on la libère. Et tant pis si la presse s'empare de l'affaire, prétendant qu'il était en compagnie d'une prostituée et mêlé, lui l'académicien, à une rixe sordide !

Le monde a plusieurs faces. Et si l'on est dans la lumière, il ne faut jamais oublier ceux qui vivent dans la nuit.

Mais le prix à payer, ce sont les calomnies, les articles hostiles, les jalousies plus vives encore.

Il apprend qu'un article perfide doit paraître dans *Le Charivari*, un journal où Balzac a ses entrées. « Vous me rendriez un très grand service si vous pouviez l'empêcher », écrit-il à Balzac. En vain.

« Je n'ai rien obtenu, répond Balzac, Je ne puis rien… Il faudra rendre dix blessures pour une. »

Hugo ne se sent pas capable de cela. Mais il ne se passe pas de jour, d'heure même, où il ne reçoive un coup, même de Juliette, si souvent amère, toujours jalouse : « Bonjour, méchant homme de trente-neuf ans, bonjour vieux bonhomme, bonjour académicien… Je le crierai par-dessus les toits, votre âge, ça vous apprendra à ne pas me faire la cour. »

Alors s'élever, prendre la vie de haut, écrire, avoir de grandes ambitions, et ne pas se soucier des jappements.

Lorsque, le 3 juin, il se lève dans le grand hémicycle du palais Mazarin, sous la coupole, pour prononcer le discours de réception à l'Académie, hommage à celui au fauteuil duquel il a été élu — Népomucène Lemercier —, il est un peu ému.

Il aperçoit Juliette, assise au premier rang. Il a voulu qu'elle soit là. Et non loin d'elle, Adèle et les enfants, puis Balzac et tant d'autres, parmi lesquels le duc et la duchesse d'Orléans, confirmant par leur présence que la Cour a appuyé sa candidature.

Il commence à lire ce discours qu'il a préparé pendant plusieurs semaines, recommencé, modifié jusqu'à la dernière minute, parce qu'il veut en faire un acte politique, indiquer que ses ambitions ne sont pas seulement celles d'un écrivain, enfin admis dans l'illustre Compagnie des immortels, mais d'un homme prêt à servir son pays dans une grande fonction.

« Au commencement de ce siècle, dit-il, la France était pour les nations un magnifique spectacle. Un homme la remplissait alors et la faisait si grande qu'elle remplissait l'Europe. »

Il devine la surprise de l'auditoire au fur et à mesure qu'il brosse le portrait de l'Empereur.

« Tout le continent s'inclinait devant Napoléon, poursuit-il, tout, excepté six poètes, Messieurs, excepté six penseurs restés seuls debout dans l'univers agenouillé ; et ces noms glorieux, j'ai hâte de les prononcer devant vous, les voici : Ducis,

Delille, Madame de Staël, Benjamin Constant, Chateaubriand, Lemercier… »

Il devine que l'assistance se détend. Enfin l'éloge de Népomucène Lemercier va commencer, pense-t-elle. Il se livre à cet exercice obligé, ajoutant cependant que Napoléon « après avoir été l'étoile d'une nation en était devenu le soleil. On pouvait sans crime se laisser éblouir ». Puis, dans la conclusion, il évoque Malesherbes, conseiller du roi, qui, s'il avait été écouté par Louis XVI, eût sans doute évité la Révolution. Il perçoit un frémissement. On comprend sans doute qu'il souhaiterait être aujourd'hui, lui, Hugo, ce conseiller de Louis-Philippe.

Il doit maintenant se rasseoir, écouter la réponse de l'académicien Salvandy qui, d'une voix sèche, déclare : « Les anciens pour triompher s'entouraient des images de leurs ancêtres. Napoléon, Sieyès, Malesherbes ne sont pas vos ancêtres, Monsieur. Vous en avez de non moins illustres : Jean-Baptiste Rousseau, Clément Marot, Pindare, le Psalmiste. Ici, nous ne connaissons pas de plus belles généalogies. »

On veut lui fermer cette voie politique qu'il a souhaité s'ouvrir.

Il croise Royer-Collard, qui lui dit ironiquement :

— Vous avez fait, Monsieur, un bien grand discours pour une bien petite assemblée…

— C'est un programme de ministère, lance un

journaliste, une candidature à l'une de nos deux chambres !

On imagine déjà le duc d'Orléans succédant à Louis-Philippe et formant un gouvernement où siégerait Hugo.

Il apprend que Béranger s'est étonné : « Je trouve bizarre que Victor Hugo entre à l'Académie pour se poser en homme politique et même en futur ministre. C'est une maladie qui gagne. » Et on lui rapporte les persiflages de Sainte-Beuve : « Ça a été seulement de la part du grand homme un pathos long et lourd… très long à mugir dans un Colisée, devant des Romains, des Thraces et des bêtes, tout à fait disproportionné sous cette coupole de l'Institut et devant ce public élégant. »

Qui sont les vrais, les fidèles amis ?

Vacquerie, Meurice et, bien sûr, Juliette.

« Oh ! tu es vraiment beau, noble et sublime, mon bien-aimé, dit-elle, la lumière de mes yeux, la flamme de mon âme, la vie de ma vie. Pauvre bien-aimé adoré, en te voyant entrer si pâle et si ému — sous la Coupole — je me suis sentie mourir… Merci, mon adoré, merci d'avoir pensé à la pauvre femme qui t'aime, dans un moment si sérieux, je pourrais dire suprême, si les gens qui étaient là n'avaient été pour la plupart de hideux crétins et d'immondes gredins… »

Mais le bonheur de Juliette ne peut faire oublier les critiques, le mécontentement de Louis-Philippe aussi, qui n'a pas apprécié d'avoir été qualifié dans le discours d'« aide de camp de Dumouriez ». Il faut accepter, à l'impression du texte, de l'appeler « lieutenant de Dumouriez et de Kellermann » aux victoires de Valmy et de Jemmapes.

Il entend aussi les remarques d'Adèle, qui insiste encore, sans le dire explicitement, pour qu'il rompe avec Juliette.

« Il serait nécessaire que l'état de ta maison fût plus convenable qu'il ne l'est maintenant, dit-elle. Il faudrait que tu puisses recevoir de même que tu es reçu. Je sais que la façon restreinte dans laquelle nous vivons n'empêchera rien, mais sois sûr qu'elle t'enrayera dans ton chemin et t'empêchera d'arriver aussi tôt que tu le voudrais au but que tu te proposes. »

Donc « l'intendante Adèle », qui assure « avoir abdiqué dans ma pensée toute espèce de droit en ce qui touche la fortune que tu peux avoir », veut qu'il ne donne plus rien à Juliette, dans l'intérêt de sa carrière, bien sûr !

Il parcourt les pièces de l'appartement de la place Royale. Il y a entassé des objets anciens, des tableaux, des meubles de prix. Que faut-il de plus ? Les factures qu'envoie La Laiterie suisse, située place Royale, pour des glaces, des cafés, des sandwiches sont de plus en plus lourdes, parce que, en effet, il faut rendre les invitations. N'est-ce pas assez ?

Il ne touchera pas à son capital, garantie d'indépendance. Ce que rapportent les recettes de *Ruy Blas*, remis à l'affiche du théâtre de la Porte-Saint-Martin à l'automne 1840, ne doit pas être dépensé mais doit servir à augmenter les sommes placées. Il faut vivre sur les rentes de l'argent qu'on possède. Ainsi seulement l'avenir est assuré.

Il ne veut s'autoriser que quelques libertés pour des achats de vêtements, des séances chez le coiffeur, pour se faire friser. Habits bien coupés, et mine soignée ; il faut savoir paraître quand on aspire à devenir pair de France, ou ministre. Et tant pis si Juliette se moque de son « Toto qui se serre comme une grisette, Toto qui se frise comme un garçon tailleur, Toto qui a l'air d'une poupée modèle, Toto qui est ridicule ; Toto est académicien !… ».

Il n'est touché que par la peine, contre laquelle il ne peut rien.

« J'ai pleuré sans pouvoir m'en empêcher, en pensant combien tu étais plus jeune et plus beau que moi… Je donnerais les deux tiers de ce qui me reste à vivre pour avoir mon Toto d'autrefois. Tout ce que vous gagnez en coquetterie, je le perds en amour. C'est décidément bien triste. »

Comment la contredire, si ce n'est en lui répétant qu'il ne la quittera jamais, qu'il baisera toujours « ton front, tes pieds aussi nobles et aussi divins que ton front ».

Il lui apporte les manuscrits des deux volumes qu'il vient d'achever et qu'il intitule *Le Rhin*, pour lesquels il a utilisé les notes prises au cours de leur voyage de l'an dernier. Elle est heureuse d'être sa « copiste ». Pour le reste, il ne peut changer ni ce qu'il est, ni ce qu'il désire, ni le mouvement de sa vie, ni la condition de Juliette.

C'est vrai qu'elle a une vie « de prison et de réclusion perpétuelle », comme elle dit. « Je m'y suis condamnée en t'aimant », ajoute-t-elle.

« Je veux que tu taches et que tu déchires tous tes habits le plus possible et je veux que ce soit moi seule qui les raccommode et les nettoie sans partage.

« Vous entendez, mon Toto ? À cette seule condition, j'accepte mon esclavage et ma prison. »

1842

Toi, solitude, aux bruits profonds, tristes et doux,
Laisse les deux géants s'enfoncer dans ton [ombre !

Hugo regarde le buste de marbre que David d'Angers vient de lui remettre. C'est donc ainsi que le sculpteur le voit, avec des plis amers qui cernent la bouche, un visage lourd et triste, où le vide des yeux en marbre accuse l'expression presque désespérée !

Il se détourne.

Il a l'impression qu'il s'est livré avec impudeur et que David d'Angers, même s'il a placé sur sa tête une couronne de lauriers, symbole des succès, n'a pas été dupe.

Hugo l'admet, quelque chose d'indicible le ronge. Est-ce parce que cette année est celle de ses quarante ans, le moment où on peut mesurer ce que l'on a abandonné et perdu depuis sa jeunesse, pour parvenir jusqu'à cette maturité glorieuse ?

Car les signes de la reconnaissance sont là !

Il prend la lettre que vient de lui adresser Lamartine. Le poète, après avoir lu les deux volumes du *Rhin* qui viennent de paraître, affirme : « Ce livre vous fait politique. Le roi vous fera pair et nous vous ferons ministre. Mais qu'importe tout cela à celui que la nature a fait Hugo ? »

Que désirer de plus ?

Balzac de son côté parle de chef-d'œuvre. Et la presse est pleine d'échos et d'hypothèses. On insinue que les conclusions du livre ont été inspirées par la duchesse d'Orléans, parlant au nom de son époux. Hugo s'étonne. Il lui semble qu'il ne dit rien d'extraordinaire. Il affirme que « l'alliance de la France et de l'Allemagne, c'est la constitution de l'Europe ». Que depuis 1815, l'Angleterre et la Russie font tout pour l'empêcher et que, pour la favoriser, il faut restituer la rive gauche du Rhin à la France tout en offrant à la Prusse, comme compensation, de devenir le grand royaume du Nord. Alors l'Europe pourra accomplir son destin, car « faire l'éducation du genre humain, c'est la mission de l'Europe ».

Mais il se sent presque indifférent à ces commentaires, élogieux ou ironiques. Son projet est généreux et visionnaire, décrète l'un, fou, rétorque l'autre : renforcer la Prusse, quel bel avenir pour la France !

Pourquoi est-il si peu sensible à ce débat qu'il a ouvert ? À cet avenir politique qu'on lui promet ? Est-ce le poids de ses quarante ans ?

Il est anxieux. La maladie rôde. Il pressent, il craint une vengeance du destin, comme si ses succès, son élection à l'Académie française, ses projets qui semblent en voie de se réaliser devaient se payer d'une douleur cruelle, d'une tragédie personnelle.

Il écoute le médecin qui diagnostique chez François-Victor, le dernier fils, une pleurésie.

Hugo caresse le front moite de son « ange », de son « petit bonhomme ». Il retrouve la faiblesse de l'enfant dans ce corps d'adolescent de quatorze ans. Et la maladie, au fil des semaines et des mois, ne recule pas, comme si la mort attendait, aux aguets.

Il se souvient du décès de son premier fils, Léopold, de l'impuissance devant la maladie quand elle persiste, s'incruste.

Il se rend chez Juliette. Elle est, elle aussi, malade, alitée, incapable de s'alimenter. Et lui-même est fiévreux, contraint de rester plusieurs jours enfermé.

Ses quarante ans seront-ils donc marqués par la mort ?

Il apprend que la famille Vacquerie, dont le fils Charles veut épouser Léopoldine — et comment accepter que déjà la vie ait transformé la petite Didine en femme désirée ? —, vient d'être durement frappée. La sœur aînée de Charles Vacquerie, Mme Lefèvre, vient de perdre ses deux jeunes fils et son mari !

Hugo se rappelle le mot du maréchal Soult, prononcé il y a quelques jours, après le décès du maréchal Moncey : « Il est clair qu'il se bat un rappel là-haut ! » Et Bertin, l'ami, le propriétaire du château des Roches et du *Journal des débats*, et Stendhal viennent aussi de mourir.

Il a le sentiment d'un danger. Et l'idée que Léopoldine, si jeune, s'éloigne déjà, l'angoisse.

Il reçoit Charles Vacquerie, observe le jeune homme, de près de dix ans l'aîné de Léopoldine. Il l'interroge. Il veut obtenir des garanties financières pour le futur ménage. Un poète ne peut donner une grosse dot, dit-il, c'est donc aux Vacquerie d'assurer l'avenir de Charles et de Léopoldine.

On discute âprement et il accepte finalement qu'on fixe la date du mariage au début de l'année prochaine. Cette décision, qui rend désormais le départ de sa fille inéluctable, l'oppresse.

C'est cela aussi avoir quarante ans ! Vivre la séparation d'avec ses enfants et savoir, alors qu'ils s'élancent dans la vie, pleins de foi et d'amour, que celui-ci peut se transformer et s'effacer.

Que répondre à Juliette quand elle martèle : « Tu es bon de la bonté pleine de pitié et de l'indulgence du bon Dieu, mais tu n'as plus pour moi l'amour d'un homme pour une femme. Ne dis pas le contraire, puisque cela ne peut plus me tromper » ?

Adèle, elle aussi, se plaint :

« Mon ami, écrit-elle, je n'ai pas été heureuse, je te le dis dans le plus profond de mon cœur. Pour me donner quelque joie, je la cherche dans la tienne, et je prie Dieu de t'accorder autant de bonheur que j'en ai peu ressenti depuis tant d'années… Garde cette lettre. Si jamais il t'arrive à nouveau de me broyer le cœur, songe qu'en retour, il n'a eu que dévouement pour toi. »

Elle a oublié Sainte-Beuve ! Elle veut qu'il se sente coupable, parce qu'elle souffre d'avoir découvert sur le registre de l'abbaye de Jumièges qu'elle visitait le nom de Juliette associé à celui de Victor.

Il est las de ces reproches ou de cette bienveillance insistante, qui se prétend désintéressée et où il devine de la complaisance et de l'hypocrisie.

Mais que faire ? Telle est la vie. Si souvent amère.

Le 13 juillet, il a l'impression que tous ses pressentiments sur le caractère sombre de cette année sont confirmés. Le duc d'Orléans, l'héritier du trône, vient de mourir après être tombé de sa voiture emportée par les chevaux emballés. Il avait de l'estime pour cet homme jeune, ouvert, amical, et qui lui avait toujours apporté son soutien.

Il se rend sur les lieux de l'accident, non loin du rond-point de la porte Maillot.

« Le prince s'est brisé le front sur le troisième et le quatrième pavés, à gauche, note-t-il, près du bord. S'il eût été lancé dix-huit pouces plus loin, il serait tombé sur la terre. »

Tel est le mystère du destin.

Hugo marche lentement. Il lui semble que chaque

détail — les arbres, l'enseigne d'une auberge — est lourd de sens.

Là, il remarque les deux nouveaux pavés, fraîchement posés, car le roi a fait retirer ceux qui étaient tachés du sang de son fils. Et c'est sur la route dite « de la révolte » que les chevaux du duc se sont « révoltés ».

Signe ? Coïncidence ? Hasard ou destinée ?

Comment ne pas penser que « depuis que les monarchies existent, le droit dit : le fils aîné du roi règne toujours, et voilà que depuis cent quarante ans, le fait répond : le fils aîné du roi ne règne jamais » ?

En rentrant place Royale, il compose une adresse au roi, qu'il devrait lire demain, au nom de l'Institut — dont il a été nommé directeur cette année. Il veut, dans cette adresse, proclamer son attachement à la monarchie. Il dira :

« Votre royal fils est mort... La nation pleure le prince ; l'armée pleure le soldat ; l'Institut regrette le penseur... Sire, votre sang est le sang même du pays ; votre famille et la France ont le même cœur. Ce qui frappe l'une blesse l'autre... La France qui vous consacrait, il y a douze ans, par l'unanimité de son adhésion, vous consacre aujourd'hui par l'unanimité de sa douleur. »

Il a parlé avec émotion. Et le 23 juillet, le roi lui fait savoir qu'il a été « profondément touché... C'est une grande consolation pour son cœur qu'on lui rende justice, avec tant d'effusion et de talent ».

Hugo relit la lettre. Les circonstances viennent de le favoriser. Le roi l'a distingué.

C'est cela une vie, un enchaînement d'événements. Et peut-être a-t-il fait aujourd'hui, lui que le roi remercie parce qu'il a parlé au nom de l'Institut, un grand pas vers la pairie, vers une fonction ministérielle. Il n'a rien calculé. Mais le bénéfice est là.

Il décide de rendre visite à la duchesse d'Orléans, afin de lui présenter ses condoléances, et il accepte que Juliette l'accompagne et l'attende dans la calèche. Il voit la duchesse enveloppée des voiles du deuil, digne, toujours amicale. Il est ému par la noblesse de cette jeune femme.

Lorsqu'il retrouve Juliette, il ne peut parler. Juliette s'emporte :

— Moi, en déshabillé, à peine débarbouillée, dit-elle, et cette femme dans le prestige d'une grande infortune, c'est-à-dire après la beauté physique, ce qui peut te séduire davantage !

Il ne répond pas.

C'est vrai que les sentiments qu'il éprouve pour elle ont changé. Et cela fait déjà plusieurs années, mais elle ne se résigne pas. Il ne peut que tenter de la rassurer.

Elle baisse la tête, elle dit :

— Mon amour, si longtemps comprimé, dégénère en maladie, presque en folie furieuse. Je souffre à propos de tout et presque de tout. J'ai peur de tout. Enfin je suis une pauvre femme bien à plaindre de t'aimer trop.

Que peut-il face à cette jalousie désespérée ? Comment pourrait-il écrire, poursuivre son œuvre, quand tant de sentiments contradictoires le déchirent ? Il y a le mariage prochain de Léopoldine, les ambitions politiques qui le taraudent, la tristesse d'Adèle, la santé des enfants, l'argent qu'il faut compter.

Il faut pourtant se mettre au travail.

Il s'enferme.

Il veut exprimer dans un drame ce qu'il a ressenti en descendant la vallée du Rhin, en contemplant les châteaux médiévaux, perchés au-dessus des méandres du fleuve. Il veut mettre en scène le bien et le mal, la barbarie et le pouvoir d'un empereur juste.

Il campe le personnage d'un souverain, Job, faible, humilié, tyrannisé par ses féodaux qui emprisonnent et oppriment. Et puis la personnalité de son frère, l'empereur Frédéric, que l'on imaginait mort. Or il revient, rétablit l'ordre et la loi, la civilisation. Il appellera cette trilogie, où se succèdent des tableaux (*L'Aïeul, Le Mendiant, Le Caveau perdu*), *Les Burgraves*.

Il doit maintenant l'écrire, pour se convaincre qu'il peut, bien qu'il n'ait jamais terminé son œuvre précédente, *Les Jumeaux*, aller au bout d'un projet.

C'est fait le 15 octobre. Il trace les dernières lignes.

L'Empereur conclut :

Quel qu'ait été le sort, quand l'heure va sonner,
Heureux qui peut bénir !

Et Job répond, en s'agenouillant :

Grand qui sait pardonner !

Vient ensuite la conclusion du Poète…

Ô colosses ! le monde est trop petit pour vous.
Toi, solitude, aux bruits profonds, tristes et doux,
Laisse les deux géants s'enfoncer dans ton ombre !
Et que toute la terre, en ta nuit calme et sombre,
Regarde avec respect, et presque avec terreur,
Entrer le grand burgrave et le grand empereur[196] *!*

Il retrouve avec joie les acteurs sur la scène du Théâtre-Français. Il leur lit la pièce qu'ils ont acceptée, et qui sera jouée dans les premiers mois de 1843.

Cette année qui vient, celle du mariage de Léopoldine, sera peut-être meilleure… Il veut le croire. Et cependant, l'angoisse en lui demeure.

Il dort mal.

Il se réveille en sursaut. Il est en sueur, et peu à peu le souvenir du rêve surgit.

Il a vu, dans les salons luxueux d'une maison

inconnue, le duc d'Orléans s'avancer vers lui, entouré d'un groupe d'hommes qu'il ne connaissait pas, avec parmi eux La Fayette. Puis il a senti que du sang coulait de son nez.

Et ce sang qui se répandait « sur ma bouche et sur mes joues était très noir et très épais ».

« J'ai eu ce rêve dans la nuit du 13 au 14 novembre… dans la nuit même du jour où expirait le deuil porté pour la mort du prince. »

1843

Aime celui qui t'aime, et sois heureuse en lui.
— Adieu ! — Sois son trésor, ô toi qui fus le
[nôtre !

Hugo regarde sa fille. Léopoldine chantonne, va d'une pièce à l'autre, parfois s'approche de lui et l'embrasse. Il sourit. Dans quelques semaines, le 15 février, elle quittera la maison. Il aura quarante et un ans. Il soupire.

Il ne réussit pas à échapper à ses mauvais rêves, à des cauchemars même qui hantent ses nuits. Est-ce le « bonheur désolant de marier sa fille » qui le trouble ainsi ? Il a envie de pleurer.

Il se contient, place Royale, devant ses enfants et Adèle, mais lorsqu'il arrive chez Juliette, il s'abandonne. Et voudrait-il dissimuler ce qu'il ressent, que Juliette le percerait à jour.

Elle le harcèle de questions.

« Qu'est-ce que tu as, mon pauvre ange ? Tu ne me caches rien, n'est-ce pas, mon adoré ? Hier, quand je te disais que j'avais confiance en cette année, qu'elle me semblait déjà meilleure que l'autre, tu n'as pas paru partager ma confiance et mes espérances. Est-ce que tu as quelque inquiétude ou quelque chagrin, que je ne sais pas ? »

Le sait-il lui-même ?

Il y a le mariage de sa fille, il y a aussi l'idée qu'il ne peut plus rien attendre du monde littéraire, et même du théâtre. Il voudrait que la première représentation des *Burgraves* soit une nouvelle bataille d'*Hernani*. Il a cherché à rassembler des jeunes gens pour assurer le triomphe de la pièce, la défendre, mais quand il a chargé Auguste Vacquerie et Paul Meurice de cette mission, ceux-ci sont revenus bredouilles de leur tournée des ateliers de peinture et d'architecture. On leur a répondu :

— Jeunes hommes, allez dire à votre maître qu'il n'y a plus de jeunesse !

Où sont donc passés les romantiques ? Ils ont vieilli et se sont rangés.

Et puis — et comment l'avouer à Juliette ? — il a besoin d'aimer encore, de revivre la passion. Et c'est peut-être cette absence de joie amoureuse qui le prive d'élan, le plonge dans cette grisaille désespérante, au-delà de la tristesse de voir Léopoldine s'éloigner.

Il détourne la tête pour ne pas répondre à Juliette, toujours à l'affût, toujours perspicace.

« Je sens bien, dit-elle, que tu as des curiosités et des désirs de voir et de connaître, très en détail, les femmes qui s'occupent de toi d'une façon si flatteuse pour ton amour-propre d'homme et de poète. Je ne veux pas t'en empêcher. Je sais seulement qu'à la première infidélité, j'en mourrai, voilà tout… »

Alors il parle de sa fille, et Juliette tente de le rassurer.

— Ne crains rien pour ta Didine, mon adoré, elle sera la plus heureuse des femmes ; c'est moi qui te le prédis et tu sais bien que mes prédictions sont toujours justes, surtout quand il s'agit de toi et de ceux que tu aimes…

Il la sent émue par ce mariage. Elle n'ira pas à la cérémonie qui se tiendra à la chapelle du Catéchisme, dans l'église Saint-Paul-Saint-Louis, à 9 heures le 15 février. La veille aura lieu le mariage civil. Le tout se fera dans l'intimité et sera clôturé par un dîner en famille, place Royale.

Juliette, les yeux baissés, ses cheveux déjà gris en désordre, murmure qu'elle voudrait un souvenir de Léopoldine, « un brimborion de jeune fille qui ne lui serait plus utile maintenant qu'elle va devenir Madame, et qui sera une petite relique pour moi ».

Hugo hésite. Jamais il n'a prononcé le nom de Juliette chez lui. Mais qui peut ignorer son existence ? Il chuchote quelques mots à Léopoldine, qui lui tend aussitôt son livre de messe.

Il est bouleversé, des sanglots l'étouffent. Trop d'émotion. Il voudrait tant que l'amour rassemble tous les siens, tous ceux qui l'aiment.

Mais, malgré la joie de la future mariée, il ne réussit pas à s'arracher à la tristesse, à l'idée de la mort. Il écrit.

Ne laissez rien partir sans adieu : que la tombe
Emporte consolés, hélas ! ceux qu'elle atteint.
Accordez un soupir à la rose qui tombe !
Accordez un regard à l'astre qui s'éteint !
[...]
Seigneur, prenez pitié de l'humaine clameur.
Vers vous de toutes parts, nos bras tendus se [lèvent.
Apaisez ce qui vit ; consolez ce qui meurt[197].

Il voudrait sourire, à la mairie, dans la chapelle. Mais il a l'impression qu'une part de lui-même lui échappe, qu'on le déchire, et qu'il ne pourra plus protéger cette enfant, cet ange, sa Léopoldine. Il regarde vers le petit autel. Il incline la tête cependant que le vicaire donne la bénédiction nuptiale.

Il ne prie pas, mais des mots viennent sur ses lèvres.

Aime celui qui t'aime, et sois heureuse en lui.
— Adieu ! — Sois son trésor, ô toi qui fus le nôtre !
Va, mon enfant béni, d'une famille à l'autre.
Emporte le bonheur et laisse-nous l'ennui !

Ici, l'on te retient ; là-bas, on te désire.
Fille, épouse, ange, enfant, fais ton double devoir.
Donne-nous un regret, donne-leur un espoir,
Sors avec une larme ! Entre avec un sourire[198] *!*

Il essaie d'être gai au cours du dîner. Mais quand, le lendemain, Juliette lui tend le cahier de

« leur » anniversaire, il écrit : « Hier, j'ai marié ma fille, mon enfant bien-aimé. Elle me quitte. Je suis triste de cette tristesse profonde que doit avoir, qu'a peut-être (qui le sait ?) le rosier au moment où la main d'un passant lui cueille sa rose. Tout à l'heure, j'ai pleuré ; tu as caché ma tête dans ta poitrine ; et dans cette étreinte de douleur, comme il y a dix ans dans notre première étreinte d'amour, j'ai senti, mon ange, combien tu m'étais douce, et combien je t'aimais. »

Quand il est avec elle, entre ses bras, il s'apaise comme un enfant bercé par sa mère. Mais dès qu'il quitte le petit logement de la rue Saint-Anastase, il se sent à nouveau anxieux, harcelé, déçu.

Les premières représentations des *Burgraves* sont un échec. Les recettes atteignent à peine un peu plus de quinze cents francs par soirée. Les sifflets soulignent les répliques. Au théâtre du Palais-Royal, on monte, par dérision, une pièce intitulée *Les Hures-graves*, et à l'Odéon, le public et la presse font un triomphe à une *Lucrèce Borgia* d'un certain François Ponsard, un drame d'un classicisme pesant. Hugo a le sentiment qu'il ne peut plus se faire entendre, que l'époque du théâtre romantique est close.

On ne le comprend plus. Il veut tenter de s'expliquer dans la préface qu'il donne à l'édition des *Burgraves*.

« *Les Burgraves* ne sont point… un ouvrage de pure fantaisie, le produit d'un élan capricieux », écrit-il, mais à la manière d'Eschyle, qui exaltait la

Grèce, une façon de parler de l'Europe, cette « grande nationalité », en attendant que les hommes puissent « avoir pour patrie le monde et pour nation l'humanité ».

Mais qui peut entendre ces paroles ? Même Henri Heine exprime sa réprobation. *Les Burgraves* sont « de l'ennui triplé, des figures de bois, un lugubre jeu de marionnettes…, dit-il. Rien qui ne me répugne autant que cette passion de M. Hugo, qui gesticule et se démène d'une façon si bouillante, qui brûle si magnifiquement au-dehors et qui au-dedans est si piteusement sobre et glaciale ».

Voilà comme on le juge !

Certes, il est heureux de recevoir le soutien de Balzac, ou celui de Vigny, qui écrit : « Laissez passer la cabale, mon cher Victor. *Les Burgraves* ne peuvent tomber, c'est une œuvre immortelle. »

Mais il y a la presse qui se moque : on prétend qu'il attribue l'insuccès de sa pièce au passage d'une comète. Et *Le Charivari* de ricaner :

> « Hugo, lorgnant les voûtes bleues,
> Au seigneur demande tout bas
> Pourquoi les astres ont des queues
> Et les Burgraves n'en ont pas. »

Il devrait sourire, être indifférent aux sarcasmes. Il peut se le permettre, les revenus de son capital le mettent à l'abri du besoin. Mais l'échec des *Burgraves*, le triomphe de cette *Lucrèce Borgia* de Ponsard l'affectent. Même si Balzac s'indigne, parle d'une « mystification faite aux Parisiens », et si Théophile Gautier déclare : « On est toujours bien aise de saper un homme de génie par un homme de talent », il est amer. Il doute. Peut-être en a-t-il terminé avec sa vie de poète, d'auteur dramatique, d'écrivain…

Et il se sent seul.

Léopoldine s'est installée au Havre avec son mari. Elle se rend souvent dans la propriété familiale de Villequier, au bord de la Seine. Elle lui manque tant… Il mesure à quel point sa présence juvénile, sa grâce, son affection le rassuraient. Il faut qu'elle le sache.

« Depuis un mois, au milieu de ce tourbillon, entouré de haines qui se raniment, accablé de répétitions, de procès, d'ennuis, d'avocats et de comédiens, fatigué, obsédé, les yeux malades, l'esprit harcelé de toutes parts, je puis dire, mon enfant bien-aimée, que je n'ai pas été un quart d'heure sans penser à toi, sans t'envoyer intérieurement une foule de bons petits messages. Je te sais heureuse, j'en jouis au loin et avec une triste douceur…

« J'ai le cœur gros, mais aussi le cœur plein… Gardez l'unité, mes enfants ; il n'y a que cela de sérieux, de vrai, de bon et de réel… Quand tu recevras *Les Burgraves*, tu liras, pages 96 et 97, des vers que je ne pouvais plus entendre aux répétitions… — ils évoquent la séparation d'un père et de sa fille. Je m'en allais pleurer dans un coin, comme une bête et comme un père que je suis… Je t'aime bien, va, ma pauvre petite Didine… »

Adèle et les enfants vont à leur tour s'installer, pour le printemps et l'été, au Havre. Il est la proie de sentiments contraires. La solitude lui pèse et, en même temps, il jouit de cette liberté que Juliette, soumise et recluse, n'entame pas. Elle se contente de rêver au prochain voyage estival qu'il lui a promis. Comment pourrait-il l'éviter ?

Il écrit aux siens : « Vous me manquez bien tous, allez, mes bien-aimés. Je suis ici comme une pauvre âme en peine. Je travaille beaucoup et je pense à vous encore plus. Ma Didine est heureuse, votre mère est contente, vous êtes joyeux. Ces idées-là me consolent et me remplissent de douceur. »

Il est sincère mais, la lettre cachetée, il traverse joyeusement la place Royale. Il ne rendra pas visite à Juliette, qui est encore d'une humeur chagrine. Elle ne cesse de répéter qu'elle a « l'atroce certitude que tu ne m'aimes plus ou que tu m'aimes moins, ce qui est la même chose ».

Il n'a pas le courage aujourd'hui de la contredire. D'ailleurs, ne lui a-t-elle pas dit aussi : « Arrange ta vie comme il te plaira le mieux, c'est trop juste et je te promets d'accepter sans mot dire tous ces arrangements, quels qu'ils soient. En attendant, mon cher petit, je serai bien raisonnable et bien muette. Tâche de te soigner et de te reposer, tu en as bien besoin. »

Il hausse les épaules. Elle ne se taira pas, bien sûr, mais elle se trompe. Il ne se sent pas las, ce matin.

Il retrouve même cet élan, cette énergie, cette volonté qu'il croyait avoir perdus. Il a rendez-vous avec une jeune femme qu'on lui a présentée il y a quelques semaines. Tout Paris parle de cette Léonie d'Aunet, parce qu'elle a fait partie d'une expédition au Spitzberg en compagnie de son mari, le peintre Biard. Il l'a vue dans une maison de Samois, dont la propriétaire, Mme Hamelin, est une créole qui a été au temps du Directoire et du Consulat l'une des proches de Joséphine de Beauharnais, et donc de Barras et de Bonaparte.

Lorsqu'il a aperçu cette jeune femme blonde, d'à peine vingt-deux ou vingt-trois ans, il a été ébloui. Léonie d'Aunet est grande, avec des yeux clairs et vifs. Et en allant vers elle, en ce mois de mai, il a l'impression que tout vibre en lui. Il n'a pas éprouvé cela depuis sa rencontre avec Juliette. Et il pressent qu'il s'agit, avec Léonie, d'un sentiment plus fort encore, peut-être parce qu'il est plus vieux et elle si jeune, ou bien parce qu'elle est une femme qu'il devine hardie, indépendante. Avec elle, il ne sera ni l'époux ou le fils, ni le frère ou le maître, mais seulement l'homme mûr, glorieux. Et puis il y a le désir, cette brûlure si vive quand il pense à elle et ce renouvellement que cela provoque en lui.

Toutefois, elle ne s'abandonne pas encore. Et il doit ménager Juliette, lui cacher ce qui naît, car il craint qu'elle ne commette un acte irréparable si elle apprend son infidélité. Et il en a commis quelques-unes, rapides, décevantes, mais libératrices. Pourquoi condamner ces « filles » dont les âmes « impures, folles, courtisanes, décriées, perdues, valent autant que les autres »…

Mais il veut plus. Il a besoin de passion. Et Léonie d'Aunet, comme lui, il en est sûr, est à la recherche d'un grand feu où brûler sa vie.

Il pense à elle, même lorsque, le 9 juillet, il est au Havre en compagnie des siens. Léopoldine est là, aux côtés de Charles, d'Adèle et des enfants. Il est « si heureux dans cette journée » ! Cependant, il ne veut pas céder lorsque tous insistent pour qu'il prolonge son séjour. Il répond qu'il doit travailler, se rendre dans le Midi pour se soigner à Cauterets, visiter les monuments, se nourrir de paysages qui enrichiront son œuvre.

En fait, il veut rester quelques jours à Paris, seul, pour voir Léonie, avant de partir avec Juliette, puisqu'une fois encore il a accepté ce voyage.

Dès six heures du matin, le 10 juillet, il part avec regrets et enthousiasme. Car il va vivre autre chose. Et il a besoin de ces découvertes. Mais il doit cacher ce qu'il ressent, répéter : « Je suis triste… » Et il l'est. Écrire, et il se sent sincère, à Adèle, pour lui dire : « J'ai été si heureux dans cette journée que j'ai passée au Havre ! Si parfaitement et si pleinement heureux ! Je vous voyais tous pleins de beauté, de vie, de joie et de santé. Je me sentais aimé, dans ce milieu rayonnant. Tu étais toi — Adèle — parfaitement belle et tu as été bonne, douce et charmante pour moi. Je t'en remercie du fond du cœur. »

Il recommence, le même jour, 18 juillet, pour Léopoldine :

« Cette journée passée au Havre est un rayon dans ma pensée ; je ne l'oublierai de ma vie. Qu'il m'en a coûté de vous résister à tous ! Mais c'était nécessaire. Je suis parti avec un serrement de cœur. Et le matin, en passant près du bassin, j'ai regardé les fenêtres de ma pauvre chère Didine endormie. Je t'ai bénie et j'ai appelé Dieu sur toi, du plus profond de mon cœur. Sois heureuse, ma fille, toujours heureuse et je serai heureux. Dans deux mois, je t'embrasserai. En attendant, écris-moi, ta mère te dira où… »

Il sait qu'à chaque étape de ce voyage qui le conduit de Paris à Bordeaux, puis à Bayonne et en Espagne, où il visite Tolosa, Saint-Sébastien, Pampelune, il écrira à Adèle :

« Toute l'Espagne que j'ai vue dans mon enfance m'apparaît ici… »

Il suffit d'un volet vert, d'arcades, des pavés d'une place pour qu'il se souvienne.

« Quel mystère que le passé ! Et comme il est vrai que nous nous déposons nous-mêmes dans les objets qui nous entourent. »

Est-ce ce retour aux lieux de l'enfance qui le rend mélancolique ? Ou bien le souvenir de Léonie d'Aunet, que la présence de Juliette, pourtant heureuse, ne parvient pas à estomper ?

Il repasse les Pyrénées, s'arrête à Cauterets, pour faire une courte cure thermale. Il pense à sa vie, aux haines qu'il suscite :

Tu sais, ami rêveur qui vois ma destinée,
Quelle meute envieuse, âpre, immonde, acharnée,
Jappe après mes talons, et m'insulte, et me mord,
Comme si j'étais grand, comme si j'étais fort[199] *!*

La nuit, il s'étonne de ces cauchemars qui le tiennent éveillé. Il écrit et, lorsqu'il se relit, il s'étonne, tant les vers sont imprégnés de désespoir et d'angoisse.

J'ai de l'oiseau sinistre écouté les huées ;
J'ai vu la pâle fleur trembler dans le gazon,
Et l'arbre en pleurs sortir du crêpe des nuées,
Et l'aube frissonner, livide, à l'horizon.

J'ai vu, le soir, flotter les apparences noires...
[...]
J'ai vu dans les sapins passer la lune horrible,
Et j'ai cru par moments, muet, épouvanté,
Surprendre l'attitude effarée et terrible
De la création devant l'éternité[200].

Cette tristesse, ce désespoir, cette peur aussi, il a le sentiment qu'au fur et à mesure qu'il remonte vers le nord — Périgueux, Jarnac, Cognac, Saintes, Oléron —, ils ne le quittent plus.

Le 8 septembre, assis aux côtés de Juliette dans l'île d'Oléron, il regarde l'horizon. Il note sur son carnet : « Aucune voile. Aucun oiseau. Au bas du ciel, au couchant, apparaît une lune énorme et ronde qui semble, dans ces brumes livides, l'empreinte rougie et dédorée de la lune. J'ai la mort dans l'âme. Ce soir, tout est pour moi funèbre et mélancolique. Il me semble que cette île est un grand cercueil couché dans la mer et que cette lune en est le flambeau… »

Ils reprennent, le 9, le bac pour Rochefort. Autour du visage et des mains, « des moustiques monstrueux, des mouches de chevaux grises et longues » virevoltent et les piquent au sang.

À Rochefort, le départ de la diligence pour La Rochelle, qu'ils veulent emprunter, est fixé à six heures. Il y a quatre heures à attendre. Juliette propose d'entrer dans ce Café de l'Europe, afin d'y regarder la presse.

Il la suit au fond de la salle. Le patron apporte une bouteille de bière. Sur une table voisine, il y a des journaux. Il commence à lire *Le Siècle*.

Et ses yeux se brouillent. Il a l'impression que tout son sang se retire de son visage, reflue vers la gorge et le cœur.

Il s'efforce de continuer à lire cet article, d'abord paru dans *Le Journal du Havre*, et que *Le Siècle* reproduit :

> « Un affreux événement qui va porter le deuil dans une famille chère à la France littéraire est venu, ce matin, affliger de son bruit sinistre notre population qui, parmi les victimes, compte des concitoyens.
>
> « Hier, vers midi, M. P. Vacquerie, ancien capitaine et négociant au Havre, qui habite à Villequier une propriété située sur les bords de la

Seine, ayant affaire à Caudebec, entreprit d'accomplir ce petit voyage par eau. Familier avec la navigation de la rivière et la manœuvre des embarcations, il prit avec lui, dans son canot gréé de voiles auriques, son jeune fils âgé de dix ans ; son neveu M. Charles Vacquerie et la jeune femme de ce dernier, fille, comme on le sait, de M. Victor Hugo…

« Une demi-heure à peine s'était écoulée que l'on fut informé à terre qu'un canot avait chaviré sur le bord opposé de la rivière, par le travers d'un banc de sable appelé le Dos-d'Âne. On courut immédiatement au lieu de l'accident…

« On trouva dans l'intérieur le cadavre de M. Pierre Vacquerie incliné et la tête penchée sur le bord. Les trois autres personnes avaient disparu…

« On dragua les environs du lieu du sinistre, et, du premier coup, le filet ramena le corps inanimé de l'infortunée jeune femme, qui fut transporté à terre et déposé sur un lit…

« Mme Victor Hugo a appris ce matin au Havre, qu'elle habite depuis quelque temps avec ses deux autres enfants, le terrible coup qui la frappe dans ses affections de mère. Elle est repartie immédiatement pour Paris. M. Victor Hugo est actuellement en voyage. On le croit à La Rochelle. »

Il se tourne vers Juliette. Il lui dit d'une voix étranglée : « Voilà qui est horrible[201] ! » Elle le regarde avec des yeux effarés, « sans transition, je le retrouvais foudroyé, ses pauvres lèvres étaient blanches, ses beaux yeux regardaient sans voir... ». Elle prend le journal. Elle lit.

Il voudrait qu'elle ne pleure pas. Il faut sortir de ce « café maudit ». Il l'entraîne.

On marche dans les rues. On monte dans la diligence. Elle roule le long des eaux stagnantes qui répandent une odeur irrespirable.

Hugo se sent « dévasté ».

Léopoldine est morte, le 4 septembre. Peut-être la tristesse noire qu'il ressentait depuis des semaines annonçait-elle cette fin. Mais, aveugle, il écrivait à Adèle le 7 septembre : « Dans peu je serai des vôtres. Encore douze ou quinze jours, et je vous embrasserai tous et nous serons réunis. »

Maintenant, ce 10 septembre, il lui confie :

« Je viens de lire un journal par hasard. Ô mon Dieu, que vous ai-je fait ? J'ai le cœur brisé... Pauvre femme. Ne pleure pas, résignons-nous, c'était un ange. Rendons-le à Dieu. Hélas, elle était trop heureuse. Oh, je souffre bien... Que ces affreux coups du moins resserrent et rapprochent nos cœurs. »

Il a besoin de s'épancher. Il ne peut le faire avec Juliette, trop affectée, et peut-être lui en veut-il.

Il écrit à Louis Boulanger, qui a peint tant de portraits de Léopoldine.

« Dieu nous a repris l'âme de notre vie et de notre maison... J'avais donc raison dans mes rêveries qui étaient si souvent attachées sur elle, d'être effrayé de tant de bonheur… J'ai le cœur navré. »

Il raconte à Louise Bertin : « J'entre dans un café. On m'apporte de la bière et un journal, *Le Siècle*. J'ai lu, c'est ainsi que j'ai appris que la moitié de ma vie et de mon cœur était morte. J'aimais cette pauvre enfant plus que les mots ne peuvent le dire… Ô mon Dieu, que vous ai-je fait ? Elle était trop heureuse. Elle avait tout, la beauté, l'esprit, la jeunesse, l'amour. »

Il ne supporte plus ce voyage, ces voyageurs qui parlent comme si rien ne s'était produit, ce cimetière que la diligence côtoie, cette vitre de la portière qui éclate en centaines de morceaux, comme une vie qui explose.

Voici Paris, le 12 septembre.

On l'a déjà enterrée à Villequier, dans le même cercueil que son époux. Il serre contre lui Adèle, qui ne cesse de passer ses mains dans la chevelure coupée de Léopoldine et que les sanglots étouffent.

Et il aperçoit sur un meuble la robe que Léopoldine portait.

Il parcourt les lettres que Juliette lui adresse chaque jour.

« Je suis comme une folle tant mon inquiétude et mon chagrin sont au comble… »

« Quand te verrai-je, mon Dieu, et comment te verrai-je ? Je suis pleine d'horribles craintes. Je sens bien qu'il est impossible de souffrir comme tu le fais sans compromettre ta santé. »

Il lui répond enfin. Il essaie de la calmer en lui demandant de faire le récit de ces derniers jours.

Il s'enferme dans son cabinet de travail pour écrire à Lamartine, qui a vu lui aussi mourir sa fille, son unique enfant : « J'ai comme vous perdu l'ange de mon avenir. »

« Je suis anéanti par cette douleur », dit-il à Auguste Vacquerie. Et au poète Édouard Thierry : « Quant à moi, je crois, j'attends une autre vie. Comment n'y croirais-je pas ? Ma fille était une âme ; cette âme, je l'ai vue, je l'ai touchée pour ainsi dire, elle est restée dix-huit ans près de moi, et j'ai encore le regard plein de son rayonnement. Dans ce monde même elle vivait visiblement dans la vie supérieure… »

Il note le silence de Sainte-Beuve.

Mais il lui faut affronter le désespoir renouvelé de Juliette, si inquiète pour sa santé : « Tu sais combien le sang se porte avec violence à ta pauvre tête, mon cher adoré… Il faudrait surtout ne pas t'absorber comme tu le fais, pauvre père, dans ta douleur et dans ton désespoir… »

Comment échapper à la souffrance du deuil, quand tout rappelle Léopoldine, ses portraits, sa robe et les gémissements, les cris étouffés d'Adèle. Comment ne pas être déchiré par le remords, ne pas se demander si cette mort n'est pas le prix à payer pour les amours illégitimes, Juliette, les femmes fugaces d'une heure, et maintenant Léonie d'Aunet ?

Car c'est sa seule faute.

Je vous supplie, ô Dieu! de regarder mon âme...
[...]
Considérez encor que j'avais, dès l'aurore,
Travaillé, combattu, pensé, marché, lutté,
Expliquant la nature à l'homme qui l'ignore,
Éclairant toute chose avec votre clarté;

Que j'avais, affrontant la haine et la colère,
Fait ma tâche ici-bas,
Que je ne pouvais pas m'attendre à ce salaire,
Que je ne pouvais pas

Prévoir que, vous aussi, sur ma tête qui ploie
Vous appesantiriez votre bras triomphant,
Et que, vous qui voyiez comme j'ai peu de joie,
Vous me reprendriez si vite mon enfant[202] *!*

Il en veut à Dieu, qui a non seulement ravi Léopoldine, mais aussi Charles Vacquerie, cet homme jeune qui a « donné sa vie à ma Colombe ». Car Charles a tout tenté pour l'arracher au fleuve...

N'ayant pu la sauver, il a voulu mourir.
Sois béni[203]*...*

Il reste plusieurs jours enfermé place Royale, où seuls des sanglots déchirent le silence. Puis, peu à peu, il sent que cette douleur trouve sa place en lui, qu'elle ne disparaîtra jamais mais qu'elle ne dévorera pas toute sa vie, qu'il la contiendra, en fera une source.

Il va donc continuer à vivre. Il le sait.

Et le souvenir de Léonie d'Aunet, le désir de la revoir, le besoin de rencontrer une femme qui n'est en rien mêlée aux « jours déchirants » qu'il a vécus reviennent.

Il sort. Il se rend aux réunions de l'Académie française et participe à la discussion qui s'engage sur l'évolution de la langue.

C'est comme s'il retrouvait des forces après une maladie de plusieurs semaines. Il est pareil à un mutilé dont le moignon brûlera toujours. Mais qui persiste à vivre avec ce manque, ce souvenir.

Il voit enfin Léonie dans les derniers jours de décembre, et il est bouleversé. Elle est si belle, si jeune, si pleine de vie. Il a besoin de caresser ce visage, ces mèches blondes, d'embrasser sa bouche, de caresser ses jambes, ses pieds.

Il veut écrire pour elle, ouvrir ainsi un nouveau chapitre de sa vie au terme de cette année, qui partage son destin en deux, parce que Léopoldine est morte, et qu'il aime à nouveau.

L'amour n'est plus l'antique et menteur Cupido,
L'enfant débile et nu qu'aveuglait un bandeau ;
C'est un fier cavalier, la visière baissée,
Qui brise et foule aux pieds la haine terrassée ;
C'est le vainqueur — armé — du sort sombre et
[jaloux.
Madame, il est puissant quand il combat pour
[vous,

Au-dessus de son front quand il vous voit sans
[voiles
Planer, belle âme ailée, au milieu des étoiles,
Ô rayonnant esprit ! rayonnante beauté !
Il est fort ; il abat, d'un bras plus irrité,
L'envie, impur démon qui jusqu'à vous se traîne ;
Il triomphe ; et, rempli d'une fierté sereine,
Tour à tour il regarde, avec un œil joyeux,
Le monstre sous ses pieds, et l'ange dans les
[cieux[204].

Il aime. La vie le remplit, le soulève.

Et l'amour rend généreux.

C'est le 31 décembre, il va écrire à Juliette. Il doit la tenir à bout de bras, la sauver du désespoir et de l'amertume.

« Songe donc que je t'aime, et laisse-moi baiser tes pieds avec adoration, comme je les baisais le premier jour, comme je les baiserai le dernier. »

Les mots d'amour, il s'en persuade, ne sont jamais des mensonges.

NOTES

1. *Hernani*, acte III, scène 4.
2. *Ibid.*
3. *Les Feuilles d'automne*, I, *Ce siècle avait deux ans !...*, juin 1830.
4. *Les Feuilles d'automne*, XXIX, *La Pente de la rêverie*, mai 1830.
5. *Les Feuilles d'automne*, XIV, *Ô mes lettres d'amour, de vertu, de jeunesse...*, mai 1830.
6. *Ibid.*
7. *Ibid.*
8. *Ibid.*
9. *Les Feuilles d'automne*, XXIX, *La Pente de la rêverie*, mai 1830.
10. *Les Feuilles d'automne*, XIX, *Lorsque l'enfant paraît...*, mai 1830.
11. *Les Feuilles d'automne*, XVIII, *Où donc est le bonheur ? disais-je...*, mai 1830.
12. *Les Feuilles d'automne*, I, *Ce siècle avait deux ans !...*, juin 1830.
13. *Ibid.*
14. *Ibid.*
15. *Ibid.*
16. *Odes et Ballades*, Livre V, Ode neuvième, *Mon enfance*, 1823.
17. *Ibid.*

18. *Ibid.*
19. *Les Feuilles d'automne*, I, *Ce siècle avait deux ans!...*, juin 1830.
20. *Actes et Paroles*, I, Avant l'exil, Le Droit et la Loi, IV.
21. Trois cahiers de vers français, Poésies diverses, *À Maman, pour le jour de sa fête*.
22. *Odes et Ballades*, Livre V, Ode neuvième, *Mon enfance*, 1823.
23. *Ibid.*
24. *Ibid.*
25. *Ibid.*
26. *Ibid.*
27. *Ibid.*
28. *Ibid.*
29. *Actes et Paroles*, I, Avant l'exil, Le Droit et la Loi, IV.
30. *Ibid.*
31. *Ibid.*
32. *Ibid.*
33. *Les Feuilles d'automne*, XXX, *Souvenir d'enfance*, novembre 1831.
34. *Actes et Paroles*, I, Avant l'exil, Le Droit et la Loi, IV.
35. *Ibid.*
36. *Les Contemplations*, Livre cinquième, En marche, X, *Aux Feuillantines*, 1855.
37. *Actes et Paroles*, I, Avant l'exil, Le Droit et la Loi, IV.
38. *Ibid.*
39. *Ibid.*
40. *Ibid.*
41. *La Légende des siècles*, XLIX, Le Temps présent, VI, *Le Cimetière d'Eylau*, 1874.
42. *Ibid.*
43. *Ibid.*
44. *Actes et Paroles*, I, Avant l'exil, Le Droit et la Loi, IV.
45. Voyages, *Pyrénées*, 1843.
46. *Ibid.*
47. *Odes et Ballades*, Livre V, Ode neuvième, *Mon enfance*, 1823.
48. *Ibid.*

49. *L'Art d'être grand-père*, IX, Les Fredaines du grand-père enfant, *Pepita*, 1811.
50. *Ibid.*
51. *Actes et Paroles*, I, Avant l'exil, Le Droit et la Loi, IV.
52. *Les Rayons et les Ombres*, XIX, *Ce qui se passait aux Feuillantines vers 1813*, mai 1839.
53. *Ibid.*
54. *Ibid.*
55. *Ibid.*
56. *Ibid.*
57. *Ibid.*
58. Cahiers de vers français inédits, *À Madame la Générale Lucotte, pour le 1er janvier 1814.*
59. *La Légende des siècles*, XXI, Le Cycle pyrénéen, III, *La Paternité.*
60. Trois cahiers de vers français (1815-1818), *Élégie.*
61. *Ibid.*
62. Trois cahiers de vers français (1815-1818), *À Maman pour le jour de sa fête : Sainte-Sophie.*
63. Trois cahiers de vers français (1815-1818), *Vive le Roi ! Vive la France !*
64. *Ibid.*
65. *Ibid.*
66. *La Légende des siècles*, XXI, Le Cycle pyrénéen, III, *La Paternité.*
67. Trois cahiers de vers français (1815-1818), *Réponse à M. Baour-Lormian.*
68. Trois cahiers de vers français (1815-1818), *À Madame Lucotte, pour la Sainte-Rosalie, sa fête, le 4 septembre 1816.*
69. Trois cahiers de vers français (1815-1818), *À Maman, en lui envoyant « Irtamène ».*
70. Trois cahiers de vers français (1815-1818), *Dernier Jour du monde.*
71. *Ibid.*
72. Trois cahiers de vers français (1815-1818), *À Maman, en lui envoyant « Irtamène ».*
73. Trois cahiers de vers français (1815-1818).

74. *Les Misérables*, Première partie, *Fantine*, Livre troisième, I, *L'Année 1817.*

75. Trois cahiers de vers français (1815-1818), *À Maman, en lui envoyant « Irtamène ».*

76. Trois cahiers de vers français (1815-1818), *Bonheur que procure l'étude dans toutes les situations de la vie.*

77. *Ibid.*

78. *Ibid.*

79. *Athélie ou les Scandinaves*, acte I, scène 1.

80. *A.Q.C.H.E.B.*, scène 24.

81. Trois cahiers de vers français (1815-1818), *Bonheur que procure l'étude dans toutes les situations de la vie.*

82. Trois cahiers de vers français (1815-1818), *La France au duc d'Angoulême, grand amiral.*

83. Trois cahiers de vers français (1815-1818), *À Maman, le 1er janvier 1818.*

84. *Les Contemplations*, Livre premier, Aurore, VII, *Réponse à un acte d'accusation*, 1834.

85. Trois cahiers de vers français (1815-1818), *Le Désir de la gloire*, nuit du 2 au 3 février 1818.

86. Trois cahiers de vers français (1815-1818), *À Maman, le 1er janvier 1818.*

87. Trois cahiers de vers français (1815-1818), *La Mort de Louis XVII,* du 29 janvier au 2 février 1818.

88. *Ibid.*

89. *Odes et Ballades*, Livre I, Ode troisième, *Les Vierges de Verdun*, octobre 1818.

90. Trois cahiers de vers français (1815-1818), *Réponse à l'Épître au Roi de M. Ourry,* du 28 au 29 août 1818.

91. Trois cahiers de vers français (1815-1818), *Mes adieux à l'enfance*, août 1818.

92. *Ibid.*

93. Trois cahiers de vers français (1815-1818), *Ce que je ferais dans une île déserte*, 29 juin 1818.

94. *Odes et Ballades*, Livre I, Ode sixième, *Le Rétablissement de la statue de Henri IV*, février 1819.

95. *Ibid.*

96. Cahiers de vers français inédits, *Dialogue entre le Drapeau et la Girouette.*

97. Poèmes académiques, *L'Enrôleur politique.*

98. *Odes et Ballades*, Livre I, Ode deuxième, *La Vendée,* 1819.

99. Poèmes académiques, *Le Télégraphe.*

100. *Ibid.*

101. Poèmes académiques, *L'Enrôleur politique.*

102. *Odes et Ballades*, Livre V, Ode première, *Premier Soupir*, décembre 1819.

103. *Les Contemplations*, Livre cinquième, En marche, III, *Écrit en 1846.*

104. *In Le Conservateur littéraire.*

105. *Odes et Ballades*, Livre I, Ode septième, *La Mort du duc de Berry*, février 1820.

106. *Les Misérables*, Première partie, *Fantine*, Livre troisième, I, *L'Année 1817.*

107. *Odes et Ballades*, Livre IV, Ode sixième, *Le Génie*, juillet 1820.

108. Poèmes académiques, *Le Jeune Banni.*

109. *Odes et Ballades*, Livre I, Ode huitième, *La Naissance du duc de Bordeaux*, octobre 1820.

110. *Odes et Ballades*, Livre I, Ode quatrième, *Quiberon*, du 11 au 17 février 1821.

111. *Odes et Ballades*, Livre I, Ode neuvième, *Le Baptême du duc de Bordeaux*, mai 1821.

112. *Odes et Ballades*, Livre V, Ode quatrième, *À Toi*, décembre 1821.

113. *Odes et Ballades*, Livre I, Ode onzième, *Buonaparte*, mars 1822.

114. *Odes et Ballades*, Livre I, Ode cinquième, *Louis XVII*, décembre 1822.

115. *Odes et Ballades*, Livre V, Ode douzième, *Encore à Toi*, 1823.

116. *Odes et Ballades*, Livre II, Ode quatrième, *À mon Père*, août 1823.

117. *Ibid.*

118. *Odes et Ballades*, Livre V, Ode quinzième, *À mes Amis*, 1823.

119. *Odes et Ballades*, Livre V, Ode seizième, *À l'ombre d'un enfant*, octobre 1823.
120. *Odes et Ballades*, Livre II, Ode septième, *La Guerre d'Espagne*, novembre 1823.
121. *Odes et Ballades*, Livre II, Ode huitième, *À l'Arc de triomphe de l'Étoile*, novembre 1823.
122. *Odes et Ballades*, Livre IV, Ode treizième, *L'Antéchrist*, 1823.
123. *Les Contemplations*, Livre troisième, Les Luttes et les Rêves, XXIII, *Le Revenant*, août 1843.
124. *Odes et Ballades*, Livre III, Ode deuxième, *À M. de Chateaubriand*, juin 1824.
125. *Odes et Ballades*, Livre III, Ode troisième, *Les Funérailles de Louis XVIII*, septembre 1824.
126. *Odes et Ballades*, Livre V, Ode vingt-deuxième, *Le Portrait d'une enfant*, novembre 1825.
127. *Odes et Ballades*, Livre III, Ode quatrième, *Le Sacre de Charles X*, mai-juin 1825.
128. *Odes et Ballades*, Livre III, Ode première, *À M. Alphonse de L.*, 1825.
129. *Odes et Ballades*, Livre III, Ode sixième, *Les Deux Îles*, juillet 1825.
130. *Ibid.*
131. *Odes et Ballades*, Livre V, Ode vingt-deuxième, *Le Portrait d'une enfant*, novembre 1825.
132. *Cromwell*, acte IV, scène 2.
133. *Odes et Ballades*, Livre III, Ode septième, *À la colonne de la place Vendôme,* février 1827.
134. *Ibid.*
135. *Les Orientales*, XL, *Lui*, décembre 1827.
136. *Ibid.*
137. *Odes et Ballades*, Livre V, Ode vingt-troisième, *À Madame la comtesse A. H.*, décembre 1827.
138. *Les Feuilles d'automne*, XXXV, *Soleils couchants*, août 1828.
139. *Les Orientales*, XVIII, *L'Enfant*, 8-10 juin 1828.
140. *Les Orientales*, XXVIII, *Les Djinns*, août 1828.
141. *Les Feuilles d'automne*, XXXV, *Soleils couchants*, août 1828.
142. *Odes et Ballades*, Livre III, Ode huitième, *Fin*, mai 1828.

143. *Les Feuilles d'automne*, XIII, *C'est une chose grande et que tout homme envie...*, juillet 1829

144. *Les Rayons et les Ombres*, II, *Le sept août mil huit cent vingt-neuf*, juin 1839.

145. *Hernani*, acte III, scène 4.

146. *Les Chants du crépuscule*, XVII, *À Alphonse Rabbe*, septembre 1835.

147. *Les Feuilles d'automne*, XXXII, *Pour les Pauvres*, janvier 1830.

148. *Les Feuilles d'automne*, XXIX, *La Pente de la rêverie*, mai 1830.

149. *Les Feuilles d'automne*, XVII, *Oh! pourquoi te cacher?...*, juin 1830.

150. *Les Chants du crépuscule*, I, *Dicté après juillet 1830*, 10 août 1830.

151. *Ibid.*

152. *Les Chants du crépuscule*, II, *À la colonne*, octobre 1830.

153. *Les Feuilles d'automne*, XIX, *Lorsque l'enfant paraît...*, mai 1830.

154. *Les Feuilles d'automne*, XXIII, *Oh! qui que vous soyez...*, novembre 1831.

155. *Les Chants du crépuscule*, III, *Hymne*, juillet 1831.

156. *Les Feuilles d'automne*, XXXVI, *Un jour vient où soudain l'artiste généreux...*, novembre 1831.

157. *Les Feuilles d'automne*, XXIV, *Madame, autour de vous tant de grâce étincelle...*, avril 1831.

158. *Les Feuilles d'automne*, XXXVII, *La Prière pour tous*, juin 1830.

159. *Les Feuilles d'automne*, XL, *Amis, un dernier mot...*, novembre 1831.

160. *Les Chants du crépuscule*, IV, *Noces et festins*, août 1832.

161. *Ibid.*

162. *Ibid.*

163. Les Chants du crépuscule, X, *À l'homme qui a livré une femme*, novembre 1832.

164. *Les Chants du crépuscule*, V, *Napoléon II*, août 1832.

165. *Le roi s'amuse*, acte III, scène 3.

166. *Les Chants du crépuscule*, XXVI, *À Mademoiselle J.*, mars 1835.
167. *Les Voix intérieures*, XII, *À OL.*, mai 1837.
168. *Toute la Lyre*, VI, L'Amour, II, *Oh! si vous existez, mon ange...*, février 1833
169. *Toute la Lyre*, VI, L'Amour, XXIX, *Oui, je suis le regard et vous êtes l'étoile...*, 1833.
170. *Les Chants du crépuscule*, XXXIII, *Dans l'église de ****, octobre 1834.
171. *Les Chants du crépuscule*, XXXIX, *Date lilia*, septembre 1834.
172. *Les Chants du crépuscule*, XXV, *Puisque j'ai mis ma lèvre à ta coupe encor pleine...*, janvier 1835.
173. *Les Chants du crépuscule*, XXXIX, *Date lilia*, septembre 1834.
174. *Les Voix intérieures*, XXX, *À Olympio*, octobre 1835.
175. *Ibid.*
176. *Les Chants du crépuscule*, XIV, *Oh! n'insultez jamais une femme qui tombe!...*, septembre 1835.
177. *Dernière Gerbe*, XXXII, *Un jour que mon esprit de brume était couvert...*
178. *Les Voix intérieures*, XXIII, *À quoi je songe ?...*, juillet 1836, Saint-Valery-en-Caux.
179. *Les Rayons et les Ombres*, XLII, *Oceano Nox*, juillet 1836.
180. *Les Voix intérieures*, XXXII, *Ô muse, contiens-toi!...*, septembre 1836.
181. *Dernière Gerbe*, XLVII, *Ô siècle inachevé, plein d'angoisse et de doutes...*, 1837.
182. *Les Voix intérieures*, XXIX, *À Eugène vicomte H.*, mars 1837.
183. *Ibid.*
184. *Les Rayons et les Ombres*, XXXIV, *Tristesse d'Olympio*, octobre 1837.
185. *Les Voix intérieures*, IV, *À l'Arc de triomphe*, février 1837.
186. *Ruy Blas*, acte V, scène 3.
187. *Ruy Blas*, acte III, scène 2.
188. *Les Contemplations*, Livre deuxième, L'Âme en fleur, XX, *Il fait froid*, décembre 1838.

189. *Ibid.*

190. *Dernière Gerbe*, LXI, *Relève ton beau front, assombri par instants...*, 13 janvier 1839.

191. *Les Rayons et les Ombres*, I, *Fonction du poète*, avril 1839.

192. *Les Rayons et les Ombres*, III, *Au roi Louis-Philippe, après l'arrêt de mort prononcé le 12 juillet 1839*, 12 juillet, minuit.

193. *La Légende des siècles*, XLVIII, *Le Retour de l'Empereur*, décembre 1840.

194. *La Légende des siècles*, XLVIII, *Le 15 décembre 1840, écrit en revenant des Champs-Élysées.*

195. *In Victor Hugo* de Henri Guillemin, Le Seuil.

196. *Les Burgraves*, troisième partie, scène 4.

197. *Toute la Lyre*, III, La Pensée, LVIII, *Ne laissez rien partir sans adieu...*, 18 janvier 1843.

198. *Les Contemplations*, Livre quatrième, Pauca meæ, II, *15 février 1843.*

199. *Toute la Lyre*, V, Le « Moi », XXXV, *Envoi*, 25 août 1843.

200. *Toute la Lyre*, II, La Nature, VIII, *Seigneur, j'ai médité dans les heures nocturnes...*, 28 août 1843, Cauterets.

201. *Journal* de Juliette Drouet.

202. *Les Contemplations*, Livre quatrième, Pauca meæ, XV, *À Villequier*, 4 septembre 1847.

203. *Les Contemplations*, Livre quatrième, Pauca meæ, XVII, *Charles Vacquerie*, 4 septembre 1852.

204. *Toute la Lyre*, VI, L'Amour, XIX, *L'amour n'est plus l'antique et menteur Cupido...*, 29 décembre 1843.

BIBLIOGRAPHIE

L'œuvre — poésie, romans, discours, articles, choses vues, carnets, etc. — de Victor Hugo est un océan. Il faut y joindre l'œuvre graphique, la correspondance immense, etc.

On se reportera :

— aux *Œuvres complètes, édition chronologique*, le Club Français du Livre, 1967-1970, sous la direction de Jean Massin. Elle compte dix-huit volumes — dont les deux derniers consacrés à l'œuvre graphique — avec notes, préfaces, annexes, chronologie, index.
Elle est la somme incontournable, l'instrument de travail sans lequel cette biographie n'aurait pas été possible.

— aux *Œuvres complètes* de la collection « Bouquins », Robert Laffont, 1985, en quinze volumes, sous la direction de Jacques Seebacher, qui sont la mise au point la plus récente. Les volumes sont thématiques : Poésie I, II, etc., Romans… Elle est indispensable. Le volume d'index n'a jamais été publié.

— à la *Correspondance familiale et écrits intimes*, deux tomes (1802-1839), qui est essentielle, édition établie par Jean Gaudon, Sheila Gaudon et Bernard Leuilliot, collection « Bouquins », Robert Laffont, 1988 et 1991. Avec notes et index. Mais elle s'interrompt en 1839.

Il existe de nombreuses biographies de Victor Hugo. On a retenu les plus remarquables et les plus accessibles. Elles comportent une bibliographie à laquelle je renvoie.

— Henri Guillemin, *Victor Hugo*, collection « Écrivains de toujours », Le Seuil, 1951 (nouvelle édition en 1994).

— André Maurois, *Olympio ou la Vie de Victor Hugo*, Hachette, 1954, repris dans la collection « Bouquins », Robert Laffont, 1993.

— Alain Decaux, *Victor Hugo*, Librairie Académique Perrin, 1984.

— Hubert Juin, *Victor Hugo*, trois volumes, Flammarion, 1986.

— Jean-François Kahn, *L'Extraordinaire Métamorphose ou Cinq ans de la vie de Victor Hugo, 1847-1851*, Le Seuil, 1984.

Deux livres, construits autour d'une iconographie hugolienne, permettent de retrouver les proches de Victor Hugo et de reconstituer les décors et les lieux dans lesquels Hugo a vécu :

— Martine Écalle et Violaine Lumbroso, *Album Hugo*, Bibliothèque de la Pléiade, Gallimard, 1964.

— Sophie Grossiord, *Victor Hugo, « Et s'il n'en reste qu'un... »*, collection « Découvertes », Gallimard, 1998.

M. G.

TABLE

PROLOGUE

Oh ! cette double mer du temps et de l'espace
Où le navire humain toujours passe et repasse... 9

PREMIÈRE PARTIE (1802-1808) 21

1802 *Enfant, sur un tambour ma crèche fut posée.*
Dans un casque pour moi l'eau sainte fut puisée... 23
1803 *Ô l'amour d'une mère ! amour que nul n'oublie !*
Pain merveilleux qu'un dieu partage et multiplie ! 34

1804 *Je vous dirai peut-être quelque jour Quel lait pur, que de soins, que de vœux, que d'amour...* 42
1805 *Maman, que faut-il donc que ce cœur te souhaite ?
Des trésors ? — des honneurs ? — des trônes ? —
Non ; ma foi !* 47
1806 *J'ai des rêves de guerre en mon âme inquiète ;
J'aurais été soldat, si je n'étais poète...* 51
1807 *Avec nos camps vainqueurs, dans l'Europe asservie
J'errai, je parcourus la terre avant la vie...* 55
1808 *Quand je balbutiais le nom chéri de France,
Je faisais pâlir l'étranger...* 60

DEUXIÈME PARTIE (1809-1813) 65

1809 *Notre mère disait : « Jouez, mais je défends
Qu'on marche dans les fleurs et qu'on monte aux échelles. »* 67
1810 *La neige nous avait tous couverts en silence
D'un suaire, et j'y fis en me dressant un trou...* 77

1811 *L'Espagne me montrait ses couvents, ses bastilles ;*
Burgos, sa cathédrale aux gothiques aiguilles... 80
1812 *Grandir, vivre ! Laisser refroidir sans murmure*
Tout ce sang jeune et pur, bouillant chez mes pareils... 93
1813 *J'eus dans ma blonde enfance, hélas ! trop éphémère,*
Trois maîtres : — un jardin, un vieux prêtre et ma mère. 99

TROISIÈME PARTIE (1814-1817) 107

1814 *J'ai droit à la colère à mon âge. L'offense,*
Tombant du père au fils, est la fin de l'enfance... 109
1815 *Ma mère des vertus m'offrait un pur modèle,*
Elle eut formé mon cœur... Je suis séparé d'elle !... 121
1816 *Ô Maman ! Daigne donc, sur ces faibles essais,*
Jeter un regard peu sévère... 133
1817 *Mon Virgile à la main, bocages verts et sombres,*

Que j'aime à m'égarer sous vos paisibles ombres ! 142

QUATRIÈME PARTIE (1818-1821) 157

1818 *Gloire, c'est à toi que j'aspire ; Ah ! fais que ton grand nom m'inspire...* 159
1819 *Moi qui, dans tout excès, cherche un juste équilibre, Loin des indépendants je prétends vivre libre...* 170
1820 *Adieu surtout, hélas ! la trop douce espérance Des baisers que tu m'as promis...* 185
1821 *Arrache de mon sein le trait envenimé ; Daigne vivre pour moi, pour toi laisse-moi vivre...* 205

CINQUIÈME PARTIE (1822-1828) 225

1822 *C'était un bel enfant qui fuyait de la terre ; Son œil bleu du malheur portait le signe austère...* 227
1823 *Toi, mon père, ployant ta tente voyageuse, Conte-nous les écueils de ta route orageuse...* 248

1824 *Il est, Chateaubriand, de glorieux navires*
Qui veulent l'ouragan plutôt que les zéphires... 264
1825 *Comme il était rêveur au matin de son âge !*
Comme il était pensif au terme du voyage ! 278
1826 *Ah ! malheureux Cromwell ! ton fou te fait envie.*
Te voilà tout-puissant — Qu'as-tu fait de ta vie ? 297
1827 *Prenez garde ! — La France, où grandit un autre âge,*
N'est pas si morte encor qu'elle souffre un outrage ! 306
1828 *Oh ! sur des ailes dans les nues*
Laissez-moi fuir ! Laissez-moi fuir ! 321

SIXIÈME PARTIE (1829-1830) 339

1829 *Une voix me dit : Marche ! et l'abîme est profond,*
Et de flamme ou de sang je le vois rouge au fond ! 341
1830 *Juillet vous a donné, pour sauver vos familles,*
Trois de ces beaux soleils qui brûlent les bastilles... 364

SEPTIÈME PARTIE (1831-1832) 389

1831 *Alors, oh ! je maudis, dans leur cour, dans leur antre,*
Ces rois dont les chevaux ont du sang jusqu'au ventre ! 391
1832 *Vos mères aux laquais se sont prostituées !*
Vous êtes tous bâtards ! 405

HUITIÈME PARTIE (1833-1843) 421

1833 *Blanche avec des yeux noirs, jeune, grande, éclatante.*
Tout en elle était feu qui brille, ardeur qui rit... 423
1834 *Ô Madame ! pourquoi ce chagrin qui vous suit ?*
Pourquoi pleurer encore... 438
1835 *Allez-vous-en avec vos fleurs toutes fanées ;*
J'ai dans l'âme une fleur que nul ne peut cueillir ! 456
1836 *À quoi je songe ? — Hélas ! loin du toit où vous êtes,*
Enfants, je songe à vous ! à vous, mes jeunes têtes... 466

1837 *Doux et blond compagnon de toute mon enfance,*
Oh! dis-moi, maintenant, frère marqué d'avance... 476
1838 *Bon appétit, Messieurs! — Ô ministres intègres!*
Conseillers vertueux! 485
1839 *Grâce encore une fois! Grâce au nom de la tombe!*
Grâce au nom du berceau! 494
1840 *Ciel glacé, soleil pur. — Oh! brille dans l'histoire,*
Du funèbre triomphe impérial flambeau! 503
1841 *On s'aplatit, on rit, on dit : suis-je jésuite!*
On intrigue, on se pousse, on flatte, on rampe, on ment... 515
1842 *Toi, solitude, aux bruits profonds, tristes et doux,*
Laisse les deux géants s'enfoncer dans ton ombre! 525
1843 *Aime celui qui t'aime, et sois heureuse en lui. — Adieu! — Sois son trésor, ô toi qui fus le nôtre!* 535

Notes 555

Bibliographie 565

Imprimé en France sur Presse Offset par

BRODARD & TAUPIN

GROUPE CPI

14135 – La Flèche (Sarthe), le 21-08-2002
Dépôt légal : août 2002

POCKET – 12, avenue d'Italie - 75627 Paris cedex 13
Tél. : 01.44.16.05.00